Direito de Família
Contemporâneo

G499d   Giorgis, José Carlos Teixeira
    Direito de família contemporâneo / José Carlos Teixeira Giorgis.
– Porto Alegre: Livraria do Advogado Editora, 2010.
    325 p.; 23 cm.
    ISBN 978-85-7348-674-2

    1. Direito de família. I. Título.

                            CDU – 347.6

    Índice para catálogo sistemático:
    Direito de família   347.6

(Bibliotecária responsável: Marta Roberto, CRB-10/652)

José Carlos Teixeira Giorgis

Direito de Família Contemporâneo

Porto Alegre, 2010

© José Carlos Teixeira Giorgis, 2010

Capa, projeto gráfico e diagramação
Livraria do Advogado Editora

Foto da capa
Escultura "Família" – Museu Egípcio de Berlim

Revisão
Rosane Marques Borba

Direitos desta edição reservados por
Livraria do Advogado Editora Ltda.
Rua Riachuelo, 1338
90010-273 Porto Alegre RS
Fone/fax: 0800-51-7522
editora@livrariadoadvogado.com.br
www.doadvogado.com.br

Impresso no Brasil / Printed in Brazil

Para

Neusa Maria,
Clarisse, Letícia e Lúcia,
Luis e Henrique,
nó e ninho.

Maria Berenice Dias,

Luis Felipe Brasil Santos,

Sérgio Fernando de Vasconcellos Chaves,

Walda Maria Melo Pierro,

> *... Minha alma estava estreita*
> *Entre tão grandes almas minhas partes.*
> Fernando Pessoa

Jefferson Carús Guedes.

> *Quando digo*
> *a palavra amigo*
> *a minha alma abre os postigos.*
> Luis Coronel

Escrever. Mas por quê? Por vaidade, está visto...
Pura vaidade, escrever!
Pegar da pena.. Olhai que graça terá isto,
Se já se sabe tudo o que se vai dizer!...

        Mário Quintana

Prefácio

Caleidoscópico – a palavra cai como uma luva, mas, talvez, os jovens não saibam seu significado.

Quem sabe multifacetário – outra expressão que serve, mas, igualmente, pode esbarrar em quem tem menos idade.

Bem, mas o fato que é que não há palavras mais adequadas para definir José Carlos Teixeira Giorgis – Juca, como é carinhosamente chamado por quem tem a sorte de desfrutar do seu convívio.

De professor a procurador. De advogado a magistrado. De historiador a filósofo. Mas não é só. Também é especialista em Processo Civil e Administração Universitária. Assim, transita com a liberdade de quem sabe nas áreas de processo civil e processo penal. Leciona e tem livros nessas disciplinas e até em finanças públicas.

Apesar de todas essas qualificações, o Juca tem uma característica muito própria. Sua simplicidade e seu jeito afável de ser a todos encanta. É que ele se dá por inteiro, sem pejo de mostrar sua alma prenhe de afetividade (mais palavras que talvez não passem pelo teste do tempo).

Por ele ser assim, exatamente como se deixa desnudar, é fácil, muito fácil falar, não do advogado, do procurador, do professor, do magistrado, mas do amigo, única pessoa neste mundo que me chama de mimosa.

A chance de conviver com o então Desembargador, quando integrávamos a mesma câmara do Tribunal de Justiça do Rio Grande do Sul, me fez uma pessoa mais inteira. Afinal, passei a ver o olhar de um advogado, o que em muito tem me auxiliado nos meus novos sonhos.

José Carlos Teixeira Giorgis chegou ao Tribunal com a bagagem de quem sabe das agruras de uma vida dedicada à busca da justiça do "outro lado do balcão". Veio, mas não esqueceu suas vivências, pois continuou com a capacidade de ver que cada processo representa a vida de alguém aguardando uma resposta, a qual, muitas vezes, irá decidir o seu destino. Suas decisões escritas com humanidade e doçura sempre revelaram sua enorme consciência do significado do que é julgar.

A enorme preocupação com o justo nunca deixou de nortear suas decisões. Para isso vasculhava os caminhos da lei na busca de uma solução que correspondesse ao ideal de justiça que sempre teve o dom de vislumbrar.

Mas essas não são as únicas características deste causídico a quem caiu tão bem as vestes talares de magistrado. Toda a riqueza de sua linguagem, que mescla sua enorme cultura com um viés poético, transformaram votos em pura poesia. A palavra lhe escorre fácil e pinta laudas e laudas com um colorido que só uma alma encharcada de sensibilidade consegue produzir.

Por isso há um fato que ninguém contesta. A sua trajetória marcou a magistratura gaúcha.

Basta referir que foi dele a primeira decisão que arrancou da invisibilidade significativa parcela da população. Em um país em que o legislador tem medo de aprovar leis, e a justiça, ainda de olhos vendados, não consegue ver a existência de direito quando não há lei que o chancele, é preciso ter muita ousadia para reconhecer as uniões homoafetivas como uma entidade familiar a ser abrigada no âmbito do direito das famílias.

Precisou a coragem de um Juca Giorgis para que o Judiciário se desse conta que a falta de lei não significa ausência de direito. Foi o que bastou. A partir de sua histórica decisão, vem se cristalizando a jurisprudência a permitir que se reconheça a existência de um novo ramo do direito: o direito homoafetivo.

Felizmente a aposentadoria – que lhe foi imposta, por uma vesga discriminação de que a idade compromete a capacidade – não arrefeceu suas ideias e ideais. A enorme responsabilidade de quem é, e sempre foi, um mestre, não se esgota em fazer petições, memoriais e arrazoados. Ainda bem. Qualquer novidade, um fato, um acontecimento, uma nova lei, tudo serve de fonte de inspiração. Quando surge algo, sempre em primeira mão, lá vêm suas pérolas: textos breves, argutos comentários, sempre uma análise para lá de ponderada. Muitas vezes, tece críticas, mas diz o que pensa e mostra o que sente de forma desassombrada.

E esta é a característica mais importante desta obra: um apanhado amadurecido de seus escritos. Como diz o próprio autor na nota introdutória, o produto inicial engravidou e acabou se transformando não em mais um livro nas estantes, mas nesta importante contribuição à ciência jurídica.

Ter o privilégio de se deixar levar pela linguagem fluída de quem bem sabe manejar – agora, não mais a pena – as palavras no teclado do computador, não é só aprender Direito. Também não é exclusivamente conhecer as questões jurídicas e suas intrincadas especificidades.

É muito mais a delícia de ler algo de quem fala com a alma e com o coração.

Maria Berenice Dias
Advogada. Ex-Desembargadora do Tribunal de Justiça do RS
Vice-Presidente Nacional do IBDFAM

Nota do autor

O ofício da escritura tem incidências peculiares; uma frase mais longa, a exclusão de algum adjetivo, o uso de pontuação como ritmo, às vezes uma expressão mais rebuscada.

Também a literatura jurídica tem circunstâncias que surgem com a obstinação; e estratégias que vêm da contumácia em reincidir.

Começa com um texto curto para o compromisso jornalístico; um pouco de pesquisa, algumas leituras complementares, o produto engravida e se muda em artigo que se encaminha para uma revista especializada; mais alguns acréscimos, e se tem uma colaboração para obra coletiva; finalmente, com bastante transpiração do autor e incorporadas outras páginas de entendimentos e julgados, eis um livro novo nas estantes.

Às vezes o resultado provém da adaptação de um parecer, do recurso bem sucedido; da pesquisa para uma contestação; ou do conteúdo de acórdão, que se alarga para o formato da impressão.

Não é o roteiro obedecido deste trabalho, onde se incluem composições já conhecidas, a que se juntaram outras debutantes, algumas especialmente destinadas a esse projeto.

Não se nega o desafio de questões novas, oriundas de outras ciências, que se almeja sejam incorporadas nos afetos do direito de família; há que se cultivar a amizade multidisciplinar.

Aguarda-se que permitam meditação mais criativa e melhor desenvolvimento que destas páginas.

Porto Alegre, julho de 2009.

José Carlos Teixeira Giorgis
jgiorgis@terra.com.br

Sumário

Capítulo I – Arqueologia das famílias: da ginecocracia aos arranjos plurais 17
   1. Notas iniciais 17
   2. A família 19
   3. Em nome da mãe 21
   4. A paternidade 28
   5. O cardápio das famílias 31
   6. Arranjos plurais e seus efeitos 38
   7. Conclusão 48

Capítulo II – A prova dinâmica no direito de família 49
   1. Primeiras notas 49
   2. Distribuição da prova 50
   3. Teoria da carga probatória dinâmica 53
   4. A prova dinâmica e a jurisprudência 57
   5. A prova dinâmica e o direito de família 61
   6. A pessoa vulnerável 65
   7. Conclusão 69

Capítulo III – A incomunicabilidade dos frutos e a congruência das normas de família e sucessões 71
   1. Notas iniciais 71
   2. A Constituição e os outros ordenamentos 74
   3. A sistemática do Código Civil 78
   4. Uma interpretação congruente 79
   5. A incomunicabilidade dos frutos 80
   6. Conclusões 83

Capítulo IV – Os conceitos vagos no direito de família 85
   1. Notas prévias 85
   2. Conceitos vagos ou indeterminados 85
   3. Os conceitos vagos no direito de família 89
      3.1. Comunhão de vida 90
      3.2. Prazo razoável 97
      3.3. Má-fé 101
      3.4. Insuportabilidade da vida em comum 102
      3.5. Melhores condições 104
      3.6. Outros conceitos indeterminados 106

Capítulo V – A união estável e os pressupostos subjacentes
1. Notas iniciais 107
2. Breve memória sobre o concubinato e seus elementos 108
3. O tempo, fator de duração 112
4. A coabitação, elemento da comunhão de vida 117
5. A fidelidade como dever de lealdade 122
6. A concubina desamparada 126
7. Conclusões 129

Capítulo VI – Adoção: invalidade da ação por enfermidade do adotante 131
1. Notas prévias 131
2. Procedimento 132
   2.1. Natureza jurídica 132
   2.2. Legitimação ativa 134
   2.3. Legitimação ativa e Doença de Parkinson 137
   2.4. Legitimação passiva 138
   2.5. Intervenção do Ministério Público 141
3. Instrumentos de impugnação e ação anulatória 145
4. Da indisponibilidade dos bens da adotada 149

Capítulo VII – Adoção póstuma 153
1. Meditação prévia 153
2. Adoção póstuma 155
3. Conclusão 165

Capítulo VIII – Alimentos: classificação 167
1. Notas iniciais 167
2. Classificação dos alimentos 171
   2.1. Quanto à natureza 171
   2.2. Quanto à causa jurídica 177
   2.3. Quanto à finalidade 189
   2.4. Quanto ao momento da prestação 196
   2.5. Quanto às modalidades 197
   2.6. Outras classificações 200

Capítulo IX – A execução de alimentos e a penhora de bem clausulado, numa visão constitucional 205
1. Notas iniciais 205
2. O título executivo na obrigação alimentar 206
3. A coerção patrimonial 207
4. A clausulação testamentária e a penhora 209
5. A clausulação sob a ótica constitucional 212
6. Conclusão 219

Capítulo X – O culto ao beato DNA 221
1. Breve história do DNA 221
2. Critérios de avaliação 223
3. O DNA e o sistema de provas 226
4. Conclusão 234

Capítulo XI – A recusa ao exame do DNA, Constituição e bioética 237
 1. Notas iniciais 237
 2. Direitos da personalidade 238
 3. Direito à intimidade 245
 4. O princípio da proporcionalidade 249
 5. A prova hematológica 253
 6. O STF e o paradigma 255
 7. A bioética e o princípio da autonomia 267
 8. Conclusão 272

Capítulo XII – Divórcio sem partilha e eficácia de pacto posterior 275
 1. Notas iniciais 275
 2. Divórcio sem partilha e impedimento matrimonial 275
 3. Regime da separação obrigatória 278
 4. Ineficácia do pacto antenupcial 279
 5. Separação obrigatória e concorrência sucessória 280
 6. Conclusão 286

Capítulo XIII – A natureza jurídica da relação homoerótica 287
 1. Notas iniciais 287
 2. O homoerotismo como vocabulário 288
 3. O homoerotismo e a união estável 294
 4. A força ativa da constituição 298
 5. A união homoerótica e o princípio da dignidade humana 305
 6. A união homoerótica e o princípio da igualdade 308
 7. A união homoerótica e a analogia 310
 8. A união homoerótica e a jurisprudência 315
 9. Conclusão 315

Referências bibliográficas 317

Capítulo I – Arqueologia das famílias da ginecocracia aos arranjos plurais

A família é um construído.
Luiz Edson Fachin

1. Notas iniciais

O desenvolvimento científico foi uma das características marcantes dos últimos cem anos, e com repercussões em todos os setores sociais; há uma multiplicação do conhecimento, em parte devido à explosiva teoria da informação; embora o progresso das ciências naturais tenha enfrentado o temor e a desconfiança, pois não se descortinam os limites a que pode chegar, nem as graves consequências que algumas descobertas almejam.

É verdade que numa sociedade pluralista, organizada em Estado de Direito, a pauta de valorização das novidades se defronta com o respeito aos direitos humanos, tanto sob a ótica jurídica como moral, configurando-se o debate e a informação como imprescindíveis para qualquer elaboração normativa;[1] o que se alia a um notório despertar da consciência ética em numerosos setores.

Essas observações que se endereçam mais aos saberes médicos ou biotecnológicos não se mostram avessas ao que ocorre também nas relações familiares.

Há um consenso entre os civilistas de que o **direito de família** é uma das disciplinas jurídicas que mais sofreu **mutações** nestes últimos tempos; e isso porque os fatos que regulamenta ficaram insubmissos, logo buscam a alforria legal e acomodação no ordenamento; e em seguida, mal ingressados na aceitação e bonomia, de novo se aceleram, enfeitando-se de novidades que obrigam outras tutelas, e assim para diante.

---
[1] CASADO, Maria. *Bioética, derecho y sociedad*. Valladolid: Editorial Trotta, 1998, p. 11.

Ou seja, embora a prudência que sempre atrasa a vigência de uma regra jurídica, o atropelo voraz dos acontecimentos e a mudança quase cotidiana dos costumes familiares põem em discussão outros paradigmas que tornam dinâmico esse ramo da erudição privada.

Também porque a família é o oceano onde navegam as caravelas dos afetos, mas porto onde desembarcam os golpes da decepção e da crueldade; pois o amor também se desarranja, desafeiçoa-se, fica impiedoso; e suas feridas exalam desilusão e ressentimentos, afetando a melodia da congruência do tecido humano.

Ao desvelar frequências sonoras que sintonizavam no final do século passado com as portas de novos horizontes instigantes, respeitável doutrina alertava que a técnica engessada das fórmulas acabadas não transforma o tema em algo perdido no ar quando ensinar é percorrer a geografia do construir; não se devendo conviver com atitude de indiferença ou renúncia a uma posição avançada na inovação e mesmo na revisão e superação dos conceitos, mas contribuir abertamente para fomentar questionamentos e fazer brotar uma inquietude que estimule o estudo e a pesquisa comprometidos com seu tempo e seus dilemas.[2]

Há bem pouco, a família era objeto das piores imputações; uma juventude sôfrega de liberdade a tinha como instância alienante, os rebeldes denunciavam sua estrutura de dependência concebida nos moldes feudais, associando-a habitualmente aos grilhões da propriedade e da dominação repressiva; houve uma rotação completa nisso tudo, pois na escala de valores a família deixou de ser o circuito de onde se procurava escapar mais cedo, eis que os jovens, agora, ficam anos morando com os pais; e em geral os adolescentes manifestam perfeito entendimento com os pais; é a única instituição pela qual a maioria dos europeus afirma estar pronto para sacrificar, se possível, a própria vida.[3]

O jurista não se deve acanhar em enfrentar os desafios que a modernidade lhe propõe, nem claudicar nos processos obstativos criados para escurecer sua visão periférica, identificando encruzilhadas e nós; e como historiador ponderar a seriedade de suas fontes primárias, mergulhando com seu descortino nas interrogações do problema, como o minerador que busca com compulsão a pedra preciosa.

O ponto de partida pode estar fincado na observação colhida dos fatos, indicadores de manifesta tendência de **rearranjo** social dos modelos; pois entre a resistência viva à transformação e as necessidades que se im-

---

[2] FACHIN, Luiz Edson. *Elementos críticos do Direito de Família.* Rio de Janeiros: Renovar, 1999, p. 2.
[3] LIPOVETSKY, Gilles. *A sociedade pós-moralista.* Barueri: Manole, 2005, p. 136-137.

põem pelos fatos, o papel a ser exercido pelos operadores jurídicos poderá antecipar, em parte, aquilo que virá.[4]

O declínio do patriarcalismo, o avanço de feminismo e a liberalização sexual fez pensar que a família entrou em desordem ou em crise, sendo natural que em meio a um processo histórico se tenha um olhar medroso e pessimista às mudanças; é compreensível que as coisas novas amedrontem, mas o processo é uma evolução histórica, e não de decadência, onde as turbulências do caminho são decorrências naturais.[5]

Famílias monoparentais, recompostas, binucleares, casal com filhos de matrimônios anteriores e seus novos filhos, mães criando filhos sem pais, meninos de rua e na rua, casais homossexuais, parentalidade socioafetiva, inseminações artificiais, útero de substituição: é grande a lista dos diversos arranjos familiares, mas estará a família perdendo sua função de célula básica da sociedade?[6]

A conclusão inafastável é que a família moderna passa por **inquietação** que determina a implosão de códigos e valores estatuídos, rompendo estruturas e abalando concepções, cobrando do jurista mais assiduidade e presteza ante os vulcões que afloram.

A história da família é longa, feita de **rupturas sucessivas**,[7] mas é inegável que desde a família romana até a família nuclear da sociedade industrial tem íntima ligação com as transformações operadas nos fenômenos sociais.[8]

Almeja a meditação apontar o surgimento de outras células familiares, verificando sua pertinência frente aos institutos vigentes, como ainda relatar as terapias que a doutrina e os tribunais receitam.

2. A família

Afirma-se que a família é a mais antiga de todas as sociedades, e a única natural; é o primeiro modelo de sociedade política, onde o chefe é a imagem do pai; o povo, a dos filhos; e todos, ao nascerem iguais e livres, só alienam a sua liberdade pela utilidade que daí obtém. A diferença é que, na família, os cuidados paternos são pagos pelo amor que os filhos lhes

---

[4] FACHIN, p. 5-6.
[5] PEREIRA, Rodrigo da Cunha. *Princípios fundamentais norteadores do Direito de Família*. Belo Horizonte: Del Rey, 2006, p. 3-4.
[6] Idem, p. 4-5.
[7] PERROT, Michelle. *O nó e o ninho*. São Paulo: Veja 25: reflexões para o futuro, 1993, p. 75.
[8] FACHIN, p. 11.

têm, e no Estado o prazer de governar substitui esse amor que o chefe não tem pelo seu povo.⁹

Em verdade, a vida familiar se apresenta praticamente em todas as sociedades humanas, mesmo naquelas cujos hábitos sexuais e educativos são muito distantes dos nossos, e não tenha desempenhado papel importante, como grupo residente no mesmo domicílio.¹⁰

E a despeito de críticas e das vicissitudes que, em alguns períodos da história, e ainda recentemente, têm posto à prova seus alicerces, a família subsiste, sendo considerada em todos os países e sistemas legislativos como instituição necessária, cercada, no momento atual, de favores de inspiração diversa aos quais a lei confere garantia coercitiva; é essencialmente um organismo social, que obedece a influências da religião, dos costumes e da moral.¹¹

A palavra deriva do latim *famulus*, *famulia* e daí *famel*, usada pelos oscos, povo que habitava o centro da Itália, e que segundo opinião majoritária, constituía um conjunto de pessoas obedientes ao patriarca, aqui também os servos e os bens, tal como aconteceria nos grupos romanos (chefe, parentes consanguíneos, adotados, recepcionados pelo casamento religioso, escravos); a presença dos empregados domésticos como integrantes da família não é estranho ao direito pátrio.¹²

A acepção de família é plurivalente ou polissêmica, acolhendo-se, até, que habite o domicílio dos conceitos vagos ou indeterminados, hoje tão ao gosto dos legisladores, e com boa presença no direito de família.¹³

Nesse feitio, a ideia de família não é unívoca, pois entendida ora como célula da sociedade, ou conjunto de indivíduos ligados pela consanguinidade/afinidade; ou indivíduos unidos pelo casamento e pela filiação; mas também comunidade formada pelos pais e seus filhos; ou agrupamento natural vinculado por elemento espiritual; ou nicho que realiza o sentido material, intelectual e espiritual da pessoa; ou finalmente espaço de realização do afeto.

Como se vê, a concepção será preenchida pela valoração filosófica ou histórica, antropológica, religiosa ou psicanalítica de cada pensador.

A família é um elemento ativo, nunca permanece estacionária, mas passa de uma forma inferior para a superior à medida que a sociedade

---

⁹ ROUSSEAU, Jean-Jacques. *Contrato social*. Rio de Janeiro: Martins Fontes, 1977, p.10-11.

¹⁰ ROUDINESCO, Elisabeth. *A família em desordem*. Rio de Janeiro: Zahar, 2002, p.13.

¹¹ ESPÍNOLA, Eduardo. *A família no Direito Civil Brasileiro*. Rio de janeiro: Gazeta Judiciária, 1954, p. 12-13.

¹² CC, artigo 1.412, § 2º.

¹³ Conceitos vagos ou indeterminados são expressões ou signos cujo referencial semântico não tem nitidez; são palavras indicadas na lei de conteúdo impreciso, genérico ou lacunoso, preenchidos pelo artesanato judicial.

evolui de um grau mais baixo para outro mais elevado. Os sistemas de parentesco, ao contrário, são passivos, só depois de longos intervalos registram os progressos feitos pela família; e não sofrem modificação senão quando a família já se mudou radicalmente; esse fenômeno também se anota nos sistemas políticos, jurídicos, religiosos e filosóficos.[14]

Sua instituição, que repousa na diferença anatômica, supõe, na mesma proporção, a existência de outro princípio diferencial, cuja aplicação assegura, na história da humanidade, a passagem da natureza à cultura; uma família não seria capaz de existir sem sociedade ou sem uma pluralidade de famílias prontas a reconhecer que existem outros laços além da consanguinidade; ou que o processo natural da filiação somente pode prosseguir através do processo social da aliança, daí derivando a troca – estabelecimento de laços entre os grupos sociais e a circulação de mulheres – e a proibição do incesto, onde se supõe que as famílias se podem unir às outras, mas não cada uma por sua conta, consigo.[15]

Em conclusão, a família pode ser considerada uma instituição humana duplamente universal, pois associa um fato de cultura, construído pela sociedade, a um fato da natureza, inscrito nas leis da reprodução biológica.[16]

3. Em nome da mãe

A história da família encontra-se envolta em dúvidas, baseando-se em pesquisas antropológicas ou da sociologia calcadas no estudo de alguns grupos contemporâneos, o que nem sempre leva a um grau de certeza; nada prova que tais conjuntos tenham ultrapassado os estágios que se estima; é inquestionável, todavia, a seriedade de muitas conjecturas permitindo uma colcha de coincidências que levam a uma conclusão dialética razoável.

O homem pré-histórico, nas etapas de seu desenvolvimento, é conhecido através de monumentos e implementos inanimados que restaram dele, através das informações sobre sua arte, religião e atitude com a vida; e que chegaram até aqui pela tradição transmitida por lendas, mitos e contos de fadas, bem como pelas relíquias de seu modo de pensar que sobrevivem ainda em nossas maneiras e costumes; a par disso, porém, num

---

[14] ENGELS, Friedrich. *A origem da família, da propriedade privada e do Estado.* Rio de Janeiro, 1964, p.27. Aqui o autor adota o pensamento de Lewis Morgan e também de Karl Marx.
[15] ROUDINESCO, p. 15.
[16] Idem, p. 16.

certo sentido, ele ainda é nosso contemporâneo, pois há homens vivendo em nossa época que, acredita-se, estão muito próximos do homem primitivo, até mais que os atuais, e a quem se consideram herdeiros e representantes diretos.[17]

Transita como coisa julgada entre os cientistas sociais o entendimento de que a **sociedade primitiva desconhecia a paternidade,** nem suspeitava do princípio da procriação pela união dos sexos, alertando alguns que era uma invenção da sociedade.[18]

A rigor, é possível prescindir do pai e talvez isso algum dia aconteça; a maioria das espécies animais faz dele apenas um genitor, biologicamente necessário, sem dúvida, mas que se preocupa tão pouco com sua prole, caso saiba que a tem, quanto esta se preocupa com ele.[19]

Há populações humanas, como os Na, na China, que ignoram o casamento e também a paternidade. As mulheres se entregam, ou melhor, se emprestam, por uma noite ou um pouco mais. Aparece uma gravidez? Ninguém sabe quem é o pai, a criança viverá com a mãe, que vive com a sua, e com os seus meio-irmãos e irmãs, o que resulta numa sociedade particularmente livre e pacífica, segundo os etnólogos. O pai é biologicamente necessário, humanamente supérfluo. A sociedade, bem mais que a natureza, lhe dará esse lugar exorbitante que ocupa, o do poder, do ter e do sobrenome **patronímico**, ao passo que a criança fala a língua **materna**, o que diz tudo: a mãe ensina a falar, o pai transmite seu nome (...).[20]

Nos primeiros tempos, segundo lição italiana, as pessoas viviam nas chamadas **hordas promíscuas,** unindo-se ao outro sexo sem vínculos civis ou sociais; depois, organizada a sociedade em **tribo**, a família se forma em torno da mulher, admitindo-se a **poliandra** e o **matriarcado** pelo qual, sendo desconhecido o pai, os filhos tomavam o nome da mãe; e com o desenvolvimento da civilização começou a surgir a ideia de que o filho tivesse sido gerado por obra do homem, conduzindo-se à ideia de paternidade e do **patriarcado**, a princípio na forma de **poligamia**; depois, a **monogamia**.[21]

Para alguns, a promiscuidade do homem primitivo não se considera ilimitada, mas como restrita aos indivíduos da mesma tribo, podendo-se dizer que já era uma **espécie de matrimônio;** ou seja, uma poliginia combinada com poliandria, a que se deu também o nome de **matrimônio comunal**, indicando-se com tal locução que todos os homens e todas as mulheres se

---

[17] FREUD, Sigmund. *Totem e tabu*. Rio de Janeiro: Imago, 2005, p. 12.
[18] DUPUIS, Jacques. *Em nome do pai.Uma história da paternidade*. Rio de Janeiro: Martins Fontes, 1989, prefácio.
[19] COMTE-SPONVILLE, André. *A vida humana*. São Paulo: Martins Fontes, 2007, p. 21.
[20] Idem, p. 21.
[21] ESPÍNOLA, p. 9.

consideravam igualmente maridos e esposas unos dos outros respectivamente; esse fato é sabido em algumas tribos australianas, como os Kâmilorôi, os aborígenes de Porto Lincoln, os lúbus da Sumatra, e outros.[22]

Esse matrimônio comunal não era estranho à antiguidade, pois na Babilônia a mulher estava obrigada, uma vez na vida, a entregar-se aos estrangeiros no templo de Mylitta, para satisfação da deusa; havia algo semelhante no Chipre e na Armênia, onde as filhas das boas famílias se consagravam a Anaitís, uma divindade fálica, entregando-se aos adoradores da deusa; no vale do Ganges, as virgens ofereciam-se aos homens, antes do casamento, nos templos dedicados a Juggernaut, costume também seguido em Pondichery e Goa; recorde-se entre as tribos líbias, o *jus primae noctis* destinado aos convidados para a boda; a posse da noiva pelos parentes e amigos do noivo, entre os habitantes de Manta, no Peru; nas Ilhas Baleares, durante uma noite, a mulher casada era tida como propriedade de todos os convidados, depois do que passava a pertencer exclusivamente ao marido; a prática de emprestar a mulher é encontrada, ainda, em vários povos não civilizados; nem sempre a oferta era da própria mulher, acontecendo a disposição ainda com a filha, a irmã, ou a empregada doméstica, como em Madagascar; esses costumes assentavam nas ideias selvagens sobre a hospitalidade, eis que constituíam uma honra aos hóspedes.[23]

A regra era a promiscuidade sexual ou **heterismo**. As moças eram defloradas desde jovens e atendiam aos machos, originalmente da mesma clã, depois das outras; a confusão sexual era a regra, irmãos e irmãs se acasalavam como também **pais** e **filhos**, não era concebida a ideia de família nuclear ou de vínculos de sangue; as relações sexuais eram, em princípio, entre os componentes do grupo, e muitas entre os consanguíneos (**endogamia**).

Para outros antropólogos, a evolução social em todos os seus estágios aparenta produzida pelos laços de sangue quanto às suas consequências. Partindo-se do **heterismo** como primeiro fato social universal, a supremacia do macho cede ao domínio feminino, graças à situação peculiar da fêmea que detém os filhos e os adestra, gerando-se uma **ginecocracia**, como ao tempo das Amazonas.[24]

Tais agrupamentos desconheciam a noção de castidade, sendo possível o incesto (*in-castus*, o que significa não casto, impudico, não religioso),

---

[22] WESTERMARCK, R. *Historia del matrimonio en la espécie humana*. Madrid: La Espana Moderna, 1896, p.65-68.

[23] Idem, p. 86-89.

[24] POSADA, Adolphe. *Théories modernes sur lês origines de la famille, de la societá et de l'État*. Paris: V. Giard & E. Briére Libraires-Éditeurs, 1896, p. 4, que adota posição de Bachofen., que se baseia em quatro provas: a existência da filiação uterina, a influência de um grande número de costumes imorais, a poliandria e principalmente os mitos.

conceito e interdição que só aflorou nos sistemas patrilineares, como se verá adiante.

Tudo se estrutura em torno da mulher, sua autoridade interna e o domínio do grupo: era o exercício da **ginecocracia**, onde os pais não podiam reinar, já que não os possuíam, não tendo direitos ou deveres com a linhagem.

O núcleo em torno de que a família cresce não é a relação homem e mulher, mas mãe e filho, que pertence à mulher; e somente ao pai, quando a fêmea fosse dele; o que caracteriza as primeiras formas de família não é o anonimato do pai, mas a indiferença quanto a sua identidade no sentido fisiológico.[25]

Tem valor apenas a filiação materna, pois a paternidade é incerta, aqui surgindo a noção de **matrilinearidade** ou linhagem exclusivamente feminina, germe do princípio mais caro aos romanos (*mater semper certa est*);[26] todas as investigações particulares sobre a origem das sociedades desembocam no mesmo resultado: a verificação de que a estrutura matrilinear precedeu a patrilinearidade.[27] Antes do homem, ou seja, antes de um ser humano qualquer há uma mulher. Sempre.[28]

Embora a ginecocracia revelou-se nestas sociedades matrilineares que o irmão mais velho da mãe é quem tinha autoridade sobre suas irmãs e os filhos delas, assim também quanto a seus irmãos de sangue: ou seja, as diretrizes eram femininas, mas a gestão era masculina, uma espécie de germe de patriarcado não paternal. A essa função associava-se um poderoso vínculo afetivo, que liga o tio materno a seus sobrinhos e sobrinhas uterinos, por isso no desempenho de prerrogativas que mais tarde foram assumidas pelo pai, o que passou para muitas outras sociedades, aonde o tio detinha tanto poder quanto seu cunhado (*avunculato*).[29]

Na filiação matrilinear ou uterina o laço do parentesco é transmitido unicamente pelas mulheres; o homem é apenas o marido da mãe, sendo o papel de pai social exercido, como visto, pelo irmão da mãe; é comum entre grupos sedentários que se dedicam à agricultura, onde o estatuto parental é passado pela linha feminina, como ocorre nas ilhas Trobriand e em famílias chinesas.[30]

---

[25] SIMMEL, Georg. *Filosofia do amor*. São Paulo: Martins Fontes, 2006, p.30-31.
[26] GRISARD FILHO, Waldir. *Famílias reconstituídas. Novas uniões depois da separação*. São Paulo: Revista dos Tribunais, 2007, p. 39.
[27] DUPUIS, p. 41.
[28] COMTE-SPONVILLE, p. 21.
[29] DUPUIS, p. 47-48.
[30] SANTOS, Armindo dos. *Antropologia do parentesco e da família*. Lisboa: Instituto Piaget, 2006, p. 86.

Havia, no início, tendências sociais cuja origem estava na natureza humana, as pessoas tinham uma afinidade que se pode chamar como natural, que não residia nos laços de sangue, mas semelhanças de línguas, hábitos e costumes; assim, as primeiras sociedades não foram famílias, e sim **agregados** mais ou menos determinados, nos quais ainda não se havia formado nenhum laço definido de parentesco.[31]

A família patrilinear firmou-se como instituição durante a **idade dos heróis**, tendo como pano de fundo um cenário de refregas e conquistas, que gerou uma nova classe, a dos guerreiros; e a tipagem do grupo, pai, mãe, irmãos e irmãs, primos e primas; disso brota a migração interclânicas, não mais de rapazes que antes formavam os **maridos visitantes**, mas das moças que perdiam sua inamovibilidade no grupo; organizam-se reinos e impérios, abala-se a propriedade coletiva, acontece a interdição do incesto.[32]

Para eruditos, aqui nasce a família, como resultado de uma diferenciação que aconteceu dentro da tribo, emergindo de uma massa homogênea, ao mesmo tempo, sentimentos e uma moral doméstica;[33] ou seja, na idade dos predadores e de senhores; não é um ato santo ou moralizador, mas de predação sexual, em conformidade com a moral das sociedades primitivas, um ato de violência que desloca as antigas clãs matrilineares e faz surgir pouco a pouco uma nova sociedade; nesta pilhagem de seres humanos, as jovens cativas são os primeiros modelos da mulher submissa a um homem, assim ligada a seu senhor como uma **coisa**, um **bem imobiliário**, um **objeto de tráfico**; é uma idade bárbara que produz a ruptura das clãs matrilineares.[34]

Alguns cientistas, ao laborar a etimologia do casamento em sânscrito, vislumbram que o termo significa o **rapto da noiva**, para concluir que o instituto deriva de um ato de pilhagem cometido em detrimento da matrilinearidade, onde a mulher era inamovível; e que isso concorreu para o **matrimônio por compra**, pois aqui as mulheres haviam se tornado um bem imobiliário, o que permitia adquiri-las dos irmãos, em primeiro lugar; dos pais, depois.[35]

Na filiação patrilinear, a descendência se faz exclusivamente pela linhagem paterna, havendo uma fusão dos papéis de pai biológico e pai social, embora a mãe não deixe de exercer sua função afetiva; a criança não pertence ao grupo de parentes consanguíneos maternos, como exemplifi-

---

[31] DURKHEIM, Émile. *Ética e sociologia da moral*. São Paulo: Landy, 2006, p. 89.
[32] PEREIRA E SILVA, Reinaldo. *Biodireito: a nova fronteira dos direitos humanos*. São Paulo: LTr, 2003, p. 175.
[33] DURKHEIM, p. 89-92..
[34] DUPUIS, p. 97-99.
[35] Idem, p. 100.

cam grupos árabes, turcos e iranianos, entre outros; a mulher não adota o nome do marido, mas de seu pai; os filhos têm apenas o nome paterno.[36]

A patrilinearidade subverte as regras das relações interclânicas com o desenvolvimento da exogamia, desaparecendo, em primeiro lugar, o incesto com a mãe, oriundo exatamente da obrigação de acasalamento sexual com um grupo não consanguíneo (relação interclânica), e também porque as crianças já identificavam sua genitora; o incesto com o pai era possível pela ignorância da paternidade, mas quando ela foi descoberta o hábito daquelas relações sexuais passou por um período de inércia, e logo foi interdito, quando o vínculo de parentesco se tornou evidente graças à fidelidade exigida da esposa; mais tardia foi a vedação do relacionamento íntimo entre irmãos.[37]

O problema da proibição do **incesto** apresenta-se como uma discussão ambígua, pois a vida sexual exprime o mais alto grau da natureza animal do homem e atesta a sobrevivência mais característica dos instintos; assim, a regulamentação das relações sexuais constitui invasão da cultura no interior da natureza; destarte, a interdição do incesto está no limiar da cultura, mas ao mesmo tempo é a própria cultura, divergindo os sociólogos quanto à explicação desse questionamento: para alguns, a origem da proibição do incesto é natural e social, constituindo-se em medida de proteção ou uma defesa da espécie com os resultados nefastos dos casamentos consanguíneos; para outros, é somente a projeção ou reflexo no plano social de sentimentos ou tendências humanas que a natureza explica suficientemente; o horror do incesto deriva de aspectos fisiológicos ou psíquicos, não instintivos; a repugnância ao incesto se explica pelo papel negativo dos hábitos cotidianos sobre a excitabilidade erótica. Um terceiro grupo vê na interdição uma regra puramente social, cuja expressão em termos biológicos é acidental e secundária, derivando de formas de exogamia que se comporta de modo diverso consoante o grupo examinado, uns proibindo o casamento entre consanguíneos e colaterais, outros admitindo um círculo mais abrangente, sem base biológica. Contudo, alerta-se que a proibição do incesto não é nem puramente natural nem puramente cultural, nem dosagem de elementos variados, mas passo fundamental que realiza a passagem da natureza à cultura, verdadeiro vínculo que une uma à outra; é um processo pelo qual a natureza ultrapassa a si mesma, o advento de uma nova ordem, deixando a natureza do homem de existir.[38]

É sabida também a divisão da pré-história cultural em três estágios: o estado selvagem, a barbárie e a civilização.

---

[36] SANTOS, p. 85.
[37] DUPUIS, p. 112-114.
[38] LÉVI-STRAUSS, Claude. *As estruturas elementares do parentesco*. Petrópolis: Vozes, 2003, p. 50-63.

O **estado selvagem** compreende uma **fase inferior**, que constitui a infância do gênero humano, em que as pessoas viviam nos bosques e parcialmente em árvores, o que lhes permitia a sobrevivência entre as feras; alimentavam-se de frutos, nozes e raízes; forma-se a linguagem articulada; a **fase média**, caracterizada pelo uso do fogo pelo atrito e a alimentação com base em peixes, crustáceos, moluscos e outros animais aquáticos; tornam-se independentes, pois seguem o curso dos rios e as costas dos mares, espalhando-se pela superfície terrestre; os toscos instrumentos de pedra pertencem a todos; as raízes e tubérculos são cozidos em cinza quente ou em buracos no chão; as primeiras armas, como a clava e a lança, permitem a caça; cogita-se da existência da antropofagia; a **fase superior** começa com a invenção do arco e da flecha, tornando-se os animais obtidos a principal fonte de alimentação; há indícios de residência fixa em aldeias e produção de vasos e utensílios de madeira, feitos à mão com fibras de cortiça; as pirogas são feitas com troncos e usam-se pedaços de árvores em edificações.

A **barbárie** também compreende três etapas.

A **fase inferior** começa com a introdução da cerâmica; nasce o costume de recobrir os cestos e vasos com argila, tornando-os refratários ao fogo; acontece a criação e domesticação dos animais, bem como o cultivo de cereais; na **fase média**, cultivam-se as hortaliças através da irrigação e com emprego do tijolo secado ao sol e da pedra nas construções; algumas tribos plantam milho, abóbora, melão; trabalham em metais, exceto o ferro; formam-se rebanhos que levam a lugares adequados à vida pastoril; desaparece a antropofagia, agora somente um rito religioso ou como sortilégio; na **fase superior**, flagra-se a fundição do minério de ferro; surge a escrita alfabética e seu emprego para registros literários; os arados de ferro puxados por animais tornam possível uma agricultura em grande escala, derrubam-se bosques e sua transformação em pastagens e terras cultiváveis; também aumentam as populações, fase bem descrita em poemas homéricos.

A **civilização** registra um período em que o homem continua aprendendo a elaborar os produtos naturais, enfatizam-se a indústria e a arte; os gregos levam para esse estágio os instrumentos de ferro aperfeiçoados, os foles de forja, o moinho à mão, a roda de olaria, a preparação do azeite e do vinho, os trabalhos em metais, as carretas e os carros de guerra; também a construção de barcos com pranchas e vigas; a arquitetura como arte, as cidades amuralhadas com torres e ameias: é a fase da cultura.[39]

---

[39] ENGELS, p. 21-25; como antes dito, o autor segue, aqui também, a classificação feita por Lewis Morgan.

4. A paternidade

Consoante afirmado alhures, nenhum ser vivo pode conhecer as condições fisiológicas da procriação se elas não lhe forem reveladas, pois os animais se acasalam por instinto, ignorando a finalidade procriadora de seu ato: o mesmo ocorreu com a espécie humana primitiva. O conhecimento do princípio da procriação **não é um dado imediato da consciência, mas uma descoberta experimental.**[40]

Anote-se que em sistemas antigos a presença dos filhos no ventre materno era atribuída ao contato com algum animal ou objeto; em algumas tribos, acreditava-se que a gravidez derivava da introdução dos filhos nos flancos da mãe sob a forma de espíritos muito tênues.

Os antropólogos ensinam que as primeiras sociedades eram nômades, os grupos se deslocavam em busca dos alimentos e da proteção; muitas vezes os homens não eram acompanhados pelas mulheres, que se quedavam em cavernas ou abrigos, em vista de gravidez e parto, como ainda pela atenção aos filhos recém-nascidos.

Os primeiros homens que tomaram ciência da procriação só puderam fazê-lo num contexto que permitia o controle da sexualidade, o que se deveu com o cativeiro dos animais, lembrando-se que na etapa inicial da organização humana tais seres viviam em semiliberdade.

Contudo, quando os homens sofrearam a vida errante e estacionaram os grupos, impôs-se o aprisionamento dos animais, aí se torna evidente que os machos não podiam ser mortos para se conservarem as fêmeas, que se tornavam estéreis; a partir dessa observação concreta e do seguimento das experiências esboçou-se a reflexão que conduziu progressivamente à ideia de paternidade; e quando as sociedades mais evoluídas começaram a sedentizar-se, as primeiras aglomerações aldeãs reuniam comunidades biológicas e grupos consanguíneos ligados exclusivamente pelas mães, já que a filiação uterina era a única sabida e não se tinha qualquer noção do parentesco individual, que surgiria lentamente por força da estruturação das comunitárias; recorde-se que, nesse instante, as relações sexuais estavam livres de qualquer interdito; os comportamentos eram anárquicos, não exclusivas, os *pais* não conheciam os filhos que geravam; a organização vigente e a educação dos filhos era matrilinear; os filhos não pertenciam a um ou a outro, constituindo uma comunidade de jovens.[41]

---
[40] DUPUIS, p. 7.
[41] Idem, p. 9 e 43.

Assim, impende admitir-se que a consciência da paternidade se originou de dado experimental, acontecendo no período neolítico,[42] o que se pode precisar graças a processos de datação e estudo da mitologia.

Mais adiante, a descoberta da paternidade biológica, aliada à conduta exogâmica e ao relacionamento interclânico, determina o surgimento do parentesco descritivo (pai, mãe, irmão, tio, primo); ainda, fruto das guerras, das espoliações e do predomínio da classe dos guerreiros assegura-se a patrilinearidade, estruturam-se os impérios e surge a família, como asseverado antes.

A hierarquia do sistema familiar tem reflexo no patrimônio, antes propriedade coletiva ou grupal: as terras e animais passam a pertencer ao chefe da clã, que substitui o irmão mais velho da mulher, eis que ela agora lhe pertence; depois a seus filhos do sexo masculino, e daí à descendência exclusivamente masculina; troca-se a **poliandria fraternal** – muitos homens para uma mulher – pela **poliginia sororal**, ou muitas mulheres ou irmãs para um só homem; isso também reflete na sucessão, pois caso a mulher ficasse viúva antes de nascer seu filho, deveria desposar o cunhado mais novo, que assumiria a função procriadora.[43]

O **levirato** ou casamento em segundas núpcias consta da obrigação da mulher em casar com o irmão mais novo do seu marido falecido; os filhos desse matrimônio não são considerados descendentes de seu genitor, mas do defunto considerado o pai social; em sociedades poligínicas, quando o homem morre, seus filhos partilham entre si suas mulheres, com exceção da própria mãe, como se a esposa fosse acervo do grupo social e parte da herança do marido.[44]

Ao inverso, o **sororato** consiste em princípio segundo o qual, quando a esposa falece, o grupo de parentes originários se obriga a fornecer outra esposa em substituição da finada, valendo também quando se cuide de mulher estéril; nestes casos, uma irmã mais nova poderá substituí-la, e os filhos que nascerem serão tidos como da primeira esposa, como acontece com os índios shoshones do Nevada ou os curdos.[45]

Essa atitude não é estranha a outros povos, em que os meninos impúberes são noivos de moças adultas que, até a maturidade dos primeiros, têm relações com outros homens, principalmente o sogro: os filhos dessas

---

[42] Segundo os historiadores, o período neolítico constitui a última etapa da idade da pedra, caracterizando-se pelo desenvolvimento da agricultura, a domesticação dos animais e o uso de artefatos de pedra polida. Ingressa na idade do Bronze, aparecendo na Pré-História entre 7.000 a.C. e 2.500 a.C.

[43] PEREIRA E SILVA, p. 175-176. Segundo o jurista catarinense, para as Leis de Manu, a mulher é o *campo* do marido, onde tudo que aí cresce pertence ao proprietário, podendo cultivá-lo ele mesmo ou fazê-lo cultivar por outrem.

[44] SANTOS, p. 76.

[45] Idem, ibidem.

uniões são tidos como filhos do menino, que é o proprietário jurídico da mulher; entre os cafres,[46] o filho herda as mulheres do pai, mas não as toca, emprestando-as e tendo os filhos delas como de seu pai; e como toda a propriedade passa aos filho, os descendentes acima indicados também lhe pertencem, diretamente, sem adoção ou reconhecimento. Mais notável é o fenômeno que acontecia em tribos primitivas em que os homens se esforçavam para fazer suas mulheres terem relações com o chefe, o sacerdote ou outros homens eminentes, acreditando nas qualidades do procriador e nas vantagens para ele e sua família. Tais fatos formam um estatuto dissociado da paternidade, onde a noção de pai é puramente jurídica e estranha aos vínculos sanguíneos e teve de percorrer uma longa evolução antes que seu sentido original, que incluía apenas a posse do filho por meio da posse da mãe, se tornasse o de uma relação direta e individual entre o procriador e o filho.[47]

O desmoronamento do direito materno foi a grande derrota histórica do feminismo, segundo alguns, quando o homem se apodera da direção da casa; a mulher se viu degradada, convertida em servidora, a escrava da luxúria masculina, instrumento de reprodução; essa baixa condição da mulher, manifestada principalmente entre os gregos dos tempos heróicos foi gradualmente retocada, dissimulada e até suavizada, mas jamais suprimida.[48]

É relevante sublinhar que muitos entendidos vinculam essa apoteose masculina ou um despertar da consciência para a importância do patrimônio, com a origem da propriedade privada.

Diz-se, então, que quando o homem adquiriu e lutou por uma posse pessoal mais vasta, desejou deixá-la a um herdeiro de seu próprio sangue; a herança dos bens é a noção que faz fortalecer a de uma transmissão biológica. A paternidade não adquiriu demasiada importância enquanto não acarretou consequências notáveis em matéria de propriedade. Em compensação, esse interesse traz consigo a exigência da absoluta fidelidade conjugal da mulher, embora a do homem não tenha a mesma raiz, emergente talvez da igualdade entre os sexos e de um mandamento de simples justiça; a monogamia, daí, se torna uma forma permanente de casamento, somando-se a ela fatores subjetivos.[49]

A **origem da monogamia** não é fruto do amor sexual individual, com o qual nada tem em comum, já que os casamentos eram de conveniência, como observado em povos cultos. E essa primeira forma de família não se

---
[46] População banta do sudoeste africano, negra e não muçulmana; em geral, pessoas rudes.
[47] SIMMEL, p. 31-32.
[48] ENGELS, p. 48.
[49] SIMMEL, p. 32.

baseava em **condições naturais, mas econômicas e no triunfo da propriedade privada sobre a propriedade comum primitiva**, originada espontaneamente. Os gregos proclamavam abertamente que os únicos objetivos da monogamia eram a preponderância do homem na família e a procriação de filhos que só pudessem ser seus para herdar; a lei ateniense não só obrigava o casamento, como ao cumprimento de um mínimo de deveres conjugais; a monogamia não aparece na história como uma reconciliação entre o homem e a mulher, ou como forma elevada do casamento; mas segundo o marxismo, como uma forma de escravização e um conflito entre os sexos; o primeiro antagonismo de classes que apareceu na história.[50]

Contudo, se num primeiro momento a família patrilinear pareceu implicar no rebaixamento do estatuto da mulher, retirando-lhe a liberdade de opção sexual e parecendo torná-la mero instrumento de procriação, assegurou-lhe, em seu desenvolvimento, o exercício pleno da maternidade. Com efeito, a instituição do parentesco descritivo assegurou à mulher uma identidade própria no contexto familiar emergente e o fez com a superação do comunismo matrilinear e sua decorrente despersonalização; evidenciam-se na concepção da família universal dois vínculos, um de natureza conjugal que une um homem e uma mulher, e outro biológico que os liga, como pai e mãe, a seus filhos e filhas; isso como tributo da descoberta da paternidade em sentido biológico e o parentesco descritivo como salvaguarda posterior.[51]

5. O cardápio das famílias

A literatura costuma prospectar diversas formas de família ao identificá-las no curso dos tempos.

Assim, a família matrimonial, informal, homoafetiva, monoparental, anaparental, pluriparental, paralela e eudemonista;[52] família constituída pelo matrimônio, constituída pela união estável e monoparental;[53] família arcaica, patriarcal, monogâmica, romana, moderna, pós-moderna;[54] consanguínea, punaluana e sindiásmica; ou iroquesa, grega, romana, celta, germânica.[55]

---

[50] ENGELS, p. 54-55.
[51] PEREIRA E SILVA, p. 177.
[52] DIAS, Maria Berenice. *Manual de Direito das Famílias*. 4ª ed. São Paulo: Revista dos Tribunais, 2007, p.42-53.
[53] OLIVEIRA, José Sebastião de. *Fundamentos constitucionais do Direito de Família*. São Paulo: Revista dos Tribunais, 2002, p. 91-222.
[54] GRISARD FILHO, p. 36-71.
[55] ENGELS, p. 32 e ss., que adota as classificações de Morgan.

Um bom exemplo de *família patriarcal* encontra-se no estado romano, aonde todas as pessoas e bens se achavam subordinados ao poder do *pater familias*; assim, os descendentes, a mulher, os libertos, os escravos, todos os bens imóveis ou móveis faziam parte da sociedade familiar, vale dizer, os entes livres, os servos, o patrimônio, o patrono e seus libertos; mais adiante, o conceito se desdobra para envolver as pessoas sujeitas ao pátrio poder, ou à coletividade das pessoas unidas pela agnação (parentesco civil) ou cognação (parentesco biológico). Em primeiro instante, tinha por razão o patrimônio mais que a consanguinidade, e somente após os patrícios começaram a valorizar os seus filhos biológicos. Não se olvide que tudo girava em torno das comunidade de culto, que representava um fator de agregação de todos em volta do altar, sendo o casamento a cerimônia de admissão ao deus doméstico.[56]

Nos primeiros tempos de Roma, a célula romana observava alguns princípios, como o direito recíproco de herança, dando-se a transmissão pela linhagem masculina, excluída linha feminina, e na falta dos filhos, sucediam os agnados masculinos e só na ausência destes os demais membros do grupo; um local para o sepultamento; solenidades religiosas em comum; obrigação de não casar dentro do grupo, quando a mulher saía para casar, perdiam ela e seus filhos o direito aos bens paternos; posse comum da terra; ajuda e socorro mútuos dentro das gens; direito ao uso do nome familiar, também assegurado aos escravos que obtivessem alforria; possibilidade de adotar estranhos e trazê-los para a intimidade do grupo; direito de eleição do chefe e de sua destituição.[57]

O casamento era presidido pelo deus doméstico, começando com a oferta de um sacrifício pelo pai da noiva, na presença da família e do pretendente; logo era dita uma fórmula sacramental e declarada a entrega da mulher ao mancebo, já que ela não poderia adotar o culto do noivo, sem desvincular-se do fogo sagrado de sua estirpe; a jovem é carregada pelo noivo para sua nova residência, seu rosto está coberto e porta uma coroa, além de um vestido branco, sendo precedida por um arauto com um archote nupcial; há cânticos no trajeto; na casa nova, a jovem é colocada em presença da divindade doméstica, sendo aspergida com água lustral; toca o fogo e são pronunciadas orações; os esposos dividem pães e frutas, partilhando os alimentos com os deuses; a união é consumada com o proveito de um bolo de farinha, ante os olhos dos familiares; ela se desliga de seus parentes e culto original.[58]

---

[56] DIAS, Adahyl Lourenço. *A concubina e o direito brasileiro*. 2ª ed. São Paulo: Saraiva 1975, p. 8.
[57] ENGELS, p. 97/98.
[58] COULANGES, Fustel de. *A cidade antiga*. São Paulo: Hemus, 1975, p. 36-39.

Aponte-se que a situação da **família patriarcal brasileira** não fugia muito daqueles contornos gerais, tanto que os códigos elaborados a partir do século XIX tiveram em ótica uma sociedade rural, cuja feição assemelhava-se às greis antigas.

A mulher se dedicava aos afazeres domésticos, e seus direitos eram diferentes e menores que os do homem. O marido era o chefe, administrador e representante da sociedade conjugal; os filhos, submetidos à autoridade paterna, não lhes tocava nem autonomia para escolher sua profissão e até o casamento; havia forte influência do direito canônico, o matrimônio era indissolúvel; as uniões entre cônjuges não católicos simplesmente não tinham qualquer valor legal, nem pela igreja nem pela legislação civil;[59] distinguiam-se os filhos em espúrios, incestuosos, adulterinos, ilegítimos, legítimos; a incapacidade relativa da mulher era regra, não opinava sobre o domicílio, nem podia libertar escravos, uma conduta desviada dela a afastava da sucessão; a virgindade da cônjuge era fator de eficácia da boda, a mulher que não casava virgem podia ser deserdada pelos pais, como punição, além de ter o matrimônio anulado;[60] a paz doméstica era o paradigma, até para negar a paternidade dos filhos da esposa o marido desfrutava de prazos reduzidos.

Não é possível ignorar que a família do sobrado não diferia muito da casa-grande no que tange ao caráter patriarcal e hierarquizado que em ambas se apresenta; a esposa atendia aos deveres de recato e de boa-fama impostos pela condição feminina e vivia em harmonia com os familiares do marido; ao homem se destacavam as virtudes e a honra como pontos hereditários, que se transmitiam de uma geração a outra; esse modelo de família devia reproduzir-se nos filhos: as mulheres criadas com recato necessário para se tornarem boas mães e obterem um exitoso casamento e treinadas para serem boas esposas; os homens recebiam instrução esmerada para que pudessem assumir as responsabilidades e administrar o patrimônio.[61]

Era uma família patriarcal, hierarquizada, matrimonializada e patrimonializada e que atravessou o novecentismo.

O Código Civil de 1916 incorporou princípios morais, emprestando-lhe conteúdo jurídico, particularmente no direito de família, não esteve ausente o *privatismo doméstico* que tem marcada influência na organização social brasileira; expressava um direito mais preocupado com o círculo social da família do que com os da nação, denunciando

---

[59] GRINBERG, Keila. *Código Civil e cidadania*. Rio de Janeiro: Zahar, 2001, p. 39.
[60] Idem, p. 45.
[61] RUZYK, Carlos Eduardo Pianovski. *Famílias simultâneas: da unidade codificada à pluralidade constitucional*. Rio de Janeiro: Renovar, 2005, p. 116/117. São Paulo: Martins Fontes, 2003, p. 14.

vários preceitos à preponderância do núcleo familiar ainda despoticamente patriarcal.[62]

Assim, para o casamento de menores, onde discordando os pais sobre o consentimento, prevalecia a vontade paterna; o marido era o chefe da sociedade conjugal, competindo-lhe administrar os bens particulares da mulher, fixar e mudar o domicílio da família e autorizar a profissão da esposa; o juiz podia ordenar a separação dos filhos da mãe, quando ela ou o padrasto não os cuidassem de modo conveniente; a mãe bínuba perdia os direitos de pátrio poder quanto aos filhos do leito anterior; ao pai cabia indicar tutor; o conservadorismo se registra ainda quanto à adoção do regime da comunhão universal de bens como regime legal; a substituição fideicomissária para conservar os bens na família; a cláusula da inalienabilidade vitalícia; alarga-se a colateralidade sucessória até o sexto grau; na vocação hereditária, o viúvo prefere irmãos, tios e demais parentes, mas depois dos ascendentes e descendentes; tanto que alguns doutrinadores apontaram tais direitos como compondo um *direito afetivo*, inspirado mais por causas sentimentais, embora cercadas de sugestões patriarcais e capitalistas; o código refletia as aspirações de uma *aristocracia de anel*, e ficasse contido pela realidade subjacente que cristalizava os costumes, convertendo-os em instituições jurídicas tradicionais; e a família, daí, incorpora instituições básicas, como a propriedade, a família, a herança e a produção; também a filosofia e os sentimentos da classe senhorial.[63]

Já em tempos modernos, a **família nuclear ou conjugal** ganha relevância, eis que composta apenas pelos pais e seus filhos. Sua importância deriva da ideologia do indivíduo privado, autossuficiente e isolado. Há uma divisão dos papéis entre o casal, cabendo á mulher a organização do consumo, os serviços domésticos e a atenção aos filhos; ao homem toca desempenhar as tarefas remuneradas fora do lar, como único responsável pelo sustento econômico da família. Tudo assegura uma dependência recíproca entre os cônjuges, mas revela uma indisfarçável relação de autoridade em que o sujeito passivo é a esposa. É uma verdadeira divisão sexual de poder; um externo, do homem; outro, interno e da mulher.[64]

É a família estampada pelo Código Civil anterior, em que a mulher assumia a condição de mera colaboradora do marido nos encargos familiares, competindo-lhe velar por sua direção material e moral, modelo abolido pela Carta de 1988 que rompeu com a sociedade disciplinária, hierarquizada e coercitiva vigente; e que estabeleceu a igualdade entre os cônjuges e entre os filhos de qualquer natureza, reconhecendo como

---

[62] GOMES, Orlando. *Raízes históricas e sociológicas do Código Civil Brasileiro*.
[63] Idem, p. 14/22.
[64] GRISARD FILHO, p. 56.

entidades familiares a união estável e a família monoparental, objetivando critérios para a dissolução dos vínculos matrimoniais.[65]

Vários são os fatores que contribuíram para que a família fosse concebida como unidade formada por pais e filhos, tendo o aspecto econômico fundamental importância, pois é razoável a noção de custo em ter descendentes na atualidade, embora fale alto a realização pessoal com o sucesso do ato procriativo; basta referir a diminuição do número de filhos na sociedade brasileira; também foi afastada a coexistência de parentes no âmbito da família por idênticas razões; acrescente-se além do fator econômico ainda a consciência das partes interessadas na felicidade do grupo.[66]

O desaparecimento da família patriarcal e a irrelevância para o direito do vínculo genético têm sequência com a tendência à diminuição das famílias numerosas calcada em duas razões: o ônus da criação de um filho que representa constantes exigências a serem satisfeitas no campo da dieta alimentar, da instrução, dos cuidados médicos e tantos outros, e a desvalorização da mão de obra diante dos processos de mecanização e automação.[67]

A família nuclear é um estado de espírito, antes que uma estrutura, distribuição e arranjo da casa, distinguindo-se dos demais padrões pela peculiar solidariedade que une os membros dessa unidade doméstica, ao mesmo tempo em que os separa da coletividade. Têm eles um aguçado sentimento de viver em clima afetivo que os protege contra qualquer intrusão, isolando-os através dos muros da privacidade, tendendo a restringir-se ao casal e filhos sob o mesmo teto, deixando de fora os ascendentes (avós), os colaterais (tios e sobrinhos) e mesmo os filhos economicamente independentes.[68]

O embrião parece ter sido o século XVIII, quando a família passou a manter a sociedade a distância, a confiná-la a um espaço limitado, aquém de uma zona cada vez mais extensa de vida particular. A organização da casa passou a corresponder a essa nova preocupação de defesa contra o mundo; era a casa moderna que assegurava a independência dos cômodos, fazendo-os abrir para um corredor de acesso; isso aconteceu ao mesmo tempo em que a intimidade, a discrição e o isolamento; as camas já não mais se espalhavam pela casa, mas reservadas aos quartos de dormir, com equipamentos de toalete e higiene; comia-se nas salas, onde se recebiam visitas; os criados restringiam-se a áreas separadas, chamados por campainhas; quando se ia ao domicílio de um amigo, costumava-se avisá-lo com antecedência; a reor-

---

[65] GRISARD FILHO, p. 56.
[66] OLIVEIRA, p. 231-232.
[67] GOMES, Orlando. *Novos temas de direito civil*. Rio de Janeiro: Forense, 1983, p. 166-167.
[68] LEITE, Eduardo de Oliveira. *Temas de direito de família*. São Paulo: RT, 1994, p.19.

ganização da casa e a reforma dos costumes deixaram espaço maior para a intimidade, que foi preenchida por uma família reduzida a pais e filhos, da qual se excluíam os criados, os clientes e os amigos.[69]

A clivagem desse tipo de família vai acontecer por sua despatrimonialização e substancial alteração dos papéis em seu ambiente, devidos principalmente aos processos de industrialização, urbanização e mudança dos ritos educacionais.

A diáspora das mulheres contribui para a corrida ao mercado de trabalho e atração para os centros urbanos, aonde se oferecem as oportunidades para a autonomia e elevação da igualdade; a dispensa aos labores da educação solitária dos filhos, agora entregues à tutela das escolas estatais, também favorece o êxodo da dependência: é o atestado de óbito da família patriarcal.

A ideia de família formal cede lugar à certeza de que é o envolvimento afetivo que garante o espaço de individualidade e assegura a privacidade indispensável ao pleno desenvolvimento do ser humano: é no âmbito das relações afetivas que se estrutura a personalidade das pessoas, pois esse sentimento organiza e orienta o desenvolvimento das pessoas. A busca da felicidade, a supremacia do amor, a vitória da solidariedade é que ensejam o reconhecimento do afeto como único capaz de dar uma definição eficaz para a família e para a preservação da vida. Essa nova tendência, em que se procura a felicidade individual no interior de um processo de autonomia dos demais membros é que constitui a **família eudemonista**.[70]

Essa maneira moderna privilegia a busca da felicidade e realização pessoal, onde todos os integrantes da célula familiar contribuem para o sucesso de cada um, incentivados pela solidariedade e isonomia, favorecendo o crescimento coletivo, num clima de respeito mútuo e afeto constante.

Uma das maiores características da família hodierna é a afetividade traduzida no respeito de cada um por si e pelos demais membros, a fim de que a família seja respeitada em sua dignidade perante o corpo social; a família torna-se um refúgio para seus componentes, que os protege da intromissão alheia, criando um espaço propício para a elevação pessoal; a afetividade faz a vida familiar mais intensa e sincera, o que só acontece quando seus integrantes vivam contribuindo para a felicidade de todos.[71]

A família nesses dias é informada pelo afeto; é a família eudemonista em que a realização plena de seus integrantes passa a ser razão e justificação da existência do núcleo referido.[72]

---

[69] ÁRIÈS, Philippe. *História social da criança e da família*. Rio de Janeiro:Zahar, 1973, p.265-267.
[70] DIAS, p. 52.
[71] OLIVEIRA, p. 234-235.
[72] TJRS, Sétima Câmara Cível, APC 700005246897, rel. Des. José Carlos Teixeira Giorgis, j. 12.03.03.

O eudemonismo, segundo os dicionaristas, é a busca da felicidade individual ou coletiva como fundamento e fim do comportamento humano; é o anseio do sucesso individual e da realização de cada um como objetivo que se conjuga com o progresso exitoso do grupo no âmbito de sua satisfação plural.

A conversão da família em espaço de realização da afetividade humana marca o deslocamento da função econômica-política-religiosa-procracional para nova função: a *repersonalização das relações civis* que prestigia a pessoa mais que o patrimônio, é a recusa da coisificação ou reificação da pessoa, para ressaltar sua dignidade. A família é o espaço por excelência da repersonalização do direito.[73]

Posta nestes termos, a repersonalização não significa um retorno ao vago humanismo da fase liberal ou ao individualismo, mas é a afirmação da finalidade mais relevante da família: a realização da afetividade pela pessoa no grupo familiar e no humanismo que só constrói da solidariedade, no viver com o outro.[74]

A dinâmica da vida moderna, as valorizações da intimidade e da vida privada, a mudança dos costumes, estão a arquitetar uma travessia, onde a família e a filiação procuram outras definições e onde o tempo eudemonista anuncia um estatuto unitário da filiação e *a família plural* ou *pós-nuclear*.[75]

A leitura das disposições constitucionais sobre as entidades familiares deve obedecer a uma interpretação sistemática que as compreenda como normas abertas, e não como relação clausulada que proíba a inclusão de outras células, como as que foram referidas no preâmbulo desse texto.

Sobressai-se, nessa pós-modernidade, o princípio da dignidade da pessoa humana, fundante da organização social e política do país e também da família; à garantia do pleno desenvolvimento das pessoas que integram a comunidade familiar; também o da liberdade, na de escolha de sua forma constitutiva, de continuidade e dissolução da família, sem experimentar experiências externas, seja de parentes, da sociedade ou do Estado enquanto legislador, ao livre planejamento familiar, à livre aquisição e administração do patrimônio, à definição dos valores morais, culturais e religiosos dos filhos e dos modelos educacionais destes; bem ainda, o da igualdade formal e material, a parificação dos direitos e deveres entre o casal e os filhos, com expurgação da hierarquia e o sepultamento do patriarcado.[76]

---

[73] LOBO, Paulo. *Direito Civil. Famílias.* São Paulo: Saraiva, 2008, p. 11.
[74] Idem, p. 16.
[75] FACHIN, p. 307.
[76] GRISARD FILHO, p. 60.

Fala-se, ainda, de uma *família pós-moralista,* ou uma prótese individualista e instituição em que os direitos e aspirações subjetivas preponderam sobre as obrigações categóricas; a época de sujeição da autonomia individual à ordem familiar está superada, pois o extraordinário crescimento dos direitos individualistas depreciou tanto as obrigações morais do casamento quanto da prole numerosa; sem dúvida, os pais têm deveres a exercer perante os filhos, mas não a ponto de se acharem na obrigação de se manterem unidos por toda a vida ou fazer sacrifício de seus interesses pessoais. São tão flexíveis as características da família pós-moralista hodierna que é viável fazer a montagem ou desmontagem da mesma segundo a preferência de cada um (*família protéica*), pois já não se respeita a família em si, mas só enquanto instrumento de realização pessoal das pessoas.[77]

Nesse cenário, além das formas, novos arranjos batem à porta da controvérsia e de sua institucionalização, como a entidade homoerótica, formada por parceiros do mesmo sexo; as famílias reconstituídas ou mosaico, oriundas de casamento ou união estável de um casal, onde um ou ambos os membros têm um ou vários filhos; as famílias alternativas, formadas por mães solteiras por opção, que têm seus filhos por produção independente com a participação masculina somente para a reprodução;[78] e as famílias simultâneas ou concurso de entidades familiares, estruturadas em **arranjos plurais**.

É o desfecho dessa explanação.

6. Arranjos plurais e seus efeitos

Não é recente a vida dos casais à margem da relação matrimonial, perdendo-se na memória dos tempos os fatos que expressam uniões livres ou irregulares, permanentes ou não.

Apontam-se razões várias, como a ignorância ou a displicência quanto à utilidade dos laços do casamento; entendimento que seja suficiente a presença divina para a consolidação do afeto e dispensada a intervenção humana; a busca de uma felicidade que não foi achada no leito original; na satisfação dos instintos ou na sedução feminina.[79]

Outros registram razões presas ao indivíduo e orientadas por sentimentos pessoais; ou ainda dependentes de condições econômicas, sociais e jurídicas.

---

[77] LIPOVETSKY, p. 139. O autor também fala em *família consumível.*
[78] BARBOZA, Heloisa Helena. O direito de família brasileiro no final do século XX. *A nova família: problemas e soluções.* Vicente Barreto, organizador. Rio de Janeiro, Renovar, 1997, p. 110.
[79] BITTENCOURT, Edgard de Moura. *O concubinato no direito brasileiro.* 2ª ed. Rio de Janeiro: Editora Jurídica e Universitária, 1969, p. 25.

Entre elas se alinham, na tradição latino-americana, à influência póstuma da promiscuidade sexual típica da escravidão, o domínio do impulso sexual sobre as razões de previdência, a ignorância, a miséria e falta de consciência do dever cívico; o desenvolvimento desordenado sem ajustamento dos núcleos sociais, desviante do sentido de família; a emancipação da mulher e seu aperfeiçoamento cultural, assim afastada da hierarquia paterna ou marital, que lhe rende ideias de independência e reforma; as aglomerações operárias e a multiplicação de filhos ilegítimos; a tendência celibatária de alguns homens, temerosos de compromissos formais; casamentos por interesse, sem espontânea atração, que impele a ligação adulterina; oposição familiar a casamentos frustrados, desníveis econômicos e crenças religiosas; legislações antidivorcistas.[80]

Anotam-se a coabitação juvenil, em geral precedendo ao casamento, a indissolubilidade do casamento em determinada época, a favelização, motivação ideológica em romper com o modelo tradicional etc.

Em verdade, **concubinato ou união livre** designa a situação de vida em comum de casais não casados, formulando a maioria dos autores a ideia de que a relação apresenta a aparência de casamento.[81]

Também se entende como a união com diversidade de sexos com intuito de vida em comum, sem as formalidades do casamento; é livre ou informal por que não tem as peias da celebração oficial e dos regramentos estabelecidos na lei para pessoas casadas; em sentido amplo, as situações de vida em comum de pessoas desimpedidas (solteiras, *separadas*, divorciadas, viúvas), como as uniões paralelas ao casamento, ou adulterinas.[82]

Como o casamento, o concubinato é uma comunhão de vida entre homem e mulher, estando entre outros requisitos, a ausência de matrimônio, uma estabilidade prolongada, a notoriedade, onde as relações sexuais não são preponderantes.[83]

A tais elementos, também se acrescenta a fidelidade, a intenção ou *affectio maritalis*, a posse de estado e a dependência econômica.[84]

A legislação brasileira, amoldada às Ordenações, depois da **Independência** já cuidava da proteção dos filhos oriundos do casamento religioso, seguindo-se a instituição do matrimônio civil, prestigiado pelas normas editadas depois da República.

---

[80] BITTENCOURT, Edgard de Moura. *O concubinato no direito brasileiro*. 2ª ed. Rio de Janeiro: Jurídica e Universitária, 1969, p. 28-32.

[81] OLIVEIRA, José Lamartine Corrêa de Muniz, Francisco José Ferreira. *Direito de Família*. Porto Alegre: Sergio Antonio Fabris Editor, 1990, p. 75-85.

[82] OLIVEIRA, Euclides. *União estável. Do concubinato ao casamento*. 6ª ed. São Paulo: Método, 2003, p. 73.

[83] OLIVEIRA; MUNIZ, p. 76-81.

[84] MOURA, Mário de Aguiar. *Concubinato*. 6ª ed. Rio de Janeiro: Aide, 1987, p. 42

O **Código Civil de 1916** não foi amistoso com o concubinato, sendo severas as regras com os concubinos, o que se justifica pela ânsia de preservação da família constituída pelo casamento, verdadeiro paradigma daquela legislação.

Eram muitas as restrições opostas, como impedimento matrimonial do cônjuge adúltero; a filiação extramatrimonial era tida como ilegítima; a invalidade da doação feita pelo cônjuge infiel ao seu cúmplice, o que ainda se estendia ao direito ao seguro de vida; incapacidade da concubina de adquirir por disposição de última vontade de testador casado.

Raro bônus se continha no reconhecimento do concubinato como presunção de vida em comum para investigação de paternidade, salvo de pessoa casada, restando excluídos os descendentes então cognominados incestuosos e adulterinos.

Uma discreta consideração do concubinato, como fruto da evolução dos costumes, ocorreu na **Suprema Corte** com a edição das **Súmulas 35, 380, 382 e 447**, verbetes favoráveis a determinadas circunstâncias da união livre.[85]

Com especial relevo, até mesmo por sua projeção futura e aceitação vigente em alguns tribunais quando examinam a possibilidade de famílias simultâneas, é a consagração da sociedade de fato entre os concubinos, manifestada pelo reconhecimento de uma vida em comum e aquisição de patrimônio com conjugação de esforços, mais tarde abreviada para a simples contribuição indireta.[86]

Ainda no período foram promulgadas várias **normas extravagantes**, como a que permitiu a adoção do patronímico do companheiro ou do regime para quem vivesse em comunhão de vida; das visitas ao preso pela companheira e saída dele em caso de morte ou doença da parceira; da companheira considerada dependente de militar ou de funcionário federal, além de outras disposições.

A **Constituição Federal de 1988** representou uma expressiva ruptura de paradigmas, pois o casamento perdeu seu valor apoteótico, cedendo lugar para o engrandecimento da família.

Para a Magna Carta, família é a base da sociedade, devendo ter especial atenção do Estado (CF, art. 226), consolidando a igualdade entre

---

[85] Súmula 35: "Em caso de acidente do trabalho ou de transporte, a concubina tem direito a ser indenizada pela morte do amásio, se entre eles não havia impedimento para o casamento".

Súmula 380: "Comprovada a existência de sociedade de fato entre os concubinos, é cabível a sua dissolução judicial, com a partilha do patrimônio adquirido pelo esforço comum".

Súmula 382: "A vida em comum sob o mesmo teto, *more uxório*, não é indispensável à caracterização do concubinato".

Súmula 447: "É válida a disposição testamentária em favor de filho adulterino do testador com sua concubina".

[86] STJ, REsp. 483, 3ª Turma, j. 21.08.90.

os filhos (CF, art. 226, § 6º) e inibindo desigualdade entre os direitos do homem e da mulher (CF, art. 226, § 5º).

E disse que para a proteção estatal é reconhecida a **união estável** entre o homem e a mulher como **entidade familiar**, devendo a lei facilitar sua conversão ao casamento; entende-se, também, como entidade familiar a comunidade formada por qualquer dos pais e seus descendentes (CF, art. 226, §§ 3º e 4º).

Com a evolução dos costumes, a Constituição deu nova dimensão à concepção de família, introduzindo um termo generalizante: entidade familiar. E alargou o conceito de família, passando a proteger relacionamentos outros além dos constituídos pelo casamento; também emprestou juridicidade aos enlaces extramatrimoniais até então marginalizados pela lei, colocando o concubinato sob o regime de absoluta legalidade. As uniões de fato entre o homem e a mulher foram reconhecidas como entidade familiar, com o nome de união estável; a proteção também se estendeu aos **vínculos monoparentais**, formados por um dos pais e seus filhos.[87]

Trata-se da adoção do princípio da **pluralidade das formas de família**, que rompeu com o modelo tradicional, não caracterizando a regra uma **norma de clausura**, como pretendem alguns, pois existem várias outras entidades familiares além das ali previstas;[88] ao contrário, é verdadeira **cláusula geral de inclusão**, que admite o albergue de outras entidades que demonstrem laços de afeto, que sejam estáveis e tenham ostensibilidade.[89]

Não há dúvidas de que o legislador quis indicar a possibilidade de outras entidades familiares além do elenco constitucional, o que se deduz pelo emprego de termos que encaminham abrigo maior, não sendo um texto taxativo ("Entende-se, também").

Assim, ao introduzir a ideia de comunidade formada por qualquer dos pais e seus filhos, o tratar de norma aberta que aceita a inserção de outras células, tal como fez a jurisprudência com os casais de mesmo sexo; não há clausura para arranjos que desenhem uma comunhão de vida e intenção de constituir uma família.

A Carta Federal não é um sistema fechado, hermético; ao contrário, abebera-se das novidades da vida social e admite a atualização de seus princípios e regras, para não engessar suas conquistas.

Quando chamado a julgar situações de impenhorabilidade de bens, viu-se o Superior Tribunal de Justiça obrigado a apontar as exceções que

---

[87] DIAS, p. 156.
[88] PEREIRA, p. 165.
[89] LOBO, Paulo Luiz Netto. Entidades familiares constitucionalizadas: para além do *numerus clausus*. In: Pereira, Rodrigo da Cunha (coord.). *Anais do II Congresso Brasileiro de Direito de Família*. Família e cidadania. O novo CCB e a *vacatio legis*. Belo Horizonte: Del Rey, 2002, p. 95.

afastavam o doloroso constrangimento patrimonial; e ao catalogar as entidades familiares que estavam fora da coerção, aí incluiu os imóveis habitados por irmãos solteiros; por viúva e seus filhos; pela mãe e seus descendentes menores; pelo devedor e sua esposa; pelo celibatário; pelo cônjuge separado; com que alargou a abrangência das garantias atribuídas ao bem de família, inclusive para os desacompanhados.

Agora, frente à consolidação dos julgamentos, o tribunal editou verbete afirmando que *o conceito de impenhorabilidade do bem de família abrange também o imóvel pertencente a pessoas solteiras, separadas e viúvas* (STJ, Súmula 364), exaltando a **família solitária**.

Até a incorporação da união estável pelo novo Código Civil, quando essa entidade familiar ganhou seu regramento específico, costumava a doutrina e a jurisprudência reconhecer duas formas de concubinato.

Quando as pessoas envolvidas não tinham qualquer empecilho para se relacionar, cuidava-se do **concubinato puro**; quando estivessem impedidas para a união, tinha-se o **concubinato impuro** ou **adulterino**, a que esporadicamente se admitia algum efeito jurídico ou benefício.

Com o novo estatuto civil, o primeiro passou a constituir a **união estável** (CC, art. 1.723), enquanto a forma imprópria abrigou-se no **concubinato** (CC, art. 1.727), espécie anódina ainda a lutar por sua real identidade.

A censura da lei incide sobre o paralelismo destas uniões, tendo em conta o princípio da monogamia, não visto apenas como uma norma moral, mas como um preceito básico e organizador das relações da família brasileira;[90] e o Direito de Família não contempla as relações poliândricas ou poligâmicas, quer preexista ao casamento ou apenas precedente a união estável, nada diferenciando o fato de a pessoa ser ou não civilmente casada com outra quando convive em dupla união.[91]

Os relacionamentos paralelos, além das denominações pejorativas, são condenados à invisibilidade, pois a tendência é não reconhecer que existam; somente quando a mulher alegar desconhecimento da duplicidade de vida do varão é que tais vínculos se alocam no direito obrigacional e ali tratados como sociedade de fato, desconhecendo-se que são relações de afeto e que, quando presentes os requisitos legais, devem gerar efeitos jurídicos.[92]

Embora negar a existência de famílias paralelas – quer um casamento e uma união estável, quer duas ou mais uniões estáveis – seja fechar os olhos à realidade e cometer muitas injustiças;[93] e o Judiciário não pode se

---

[90] PEREIRA, p. 107.
[91] MADALENO, Rolf. *Curso de Direito de Família*. Rio de Janeiro: Forense, 2008, p. 818.
[92] DIAS, p. 48.
[93] Idem, p. 49.

esquivar de tutelar as relações baseadas no afeto, e, havendo duplicidade de uniões estáveis, cabível é a partição do patrimônio amealhado na concomitância das duas uniões.[94]

Esse entendimento se convalida, ainda, quando se trate de partilha após a morte do varão casado, quando, em caso de prova exuberante de que o mesmo tenha convivido por mais de vinte anos com a parceira, com publicidade e concomitância com a vida de casado, de que não abdicara; eis que deixar a companheira ao desabrigo, seria acolher um enriquecimento ilícito.[95]

Em sintonia, diz-se que não há óbice para reconhecer a união estável e ao deferimento do pedido de percepção de pensão, a manutenção por quaisquer dos companheiros de vínculo matrimonial formal, embora separado de fato há vários anos. A Constituição da República, bem como a legislação que rege a matéria, tem como objetivo precípuo a proteção dos frutos provenientes de tal convivência pública e duradoura formada entre homem e mulher – reconhecida como entidade familiar –, de forma que não tem qualquer relevância o estado civil dos companheiros;[96] a separação de fato, embora ainda casado o militar, implica na divisão igualitária da pensão entre a companheira e a viúva, desde que não haja descendentes.[97]

Todavia, embora as posições doutrinárias e apoio em alguns pretórios estaduais, a tese não conta com a simpatia dos colegiados superiores, salvo alguma situação de excepcionalidade.

Para o Superior Tribunal de Justiça, a teor da jurisprudência da Corte, a existência de impedimento para se casar por parte de um dos companheiros, como quando a pessoa é casada, mas não separada de fato ou judicialmente, obsta a constituição de união estável;[98] pois os efeitos decorrentes do concubinato alicerçado em impedimento matrimonial não podem prevalecer frente aos do casamento pré e coexistente;[99] destarte, mantendo o autor da herança união estável com uma mulher, o posterior relacionamento com outra, sem que se haja desvinculado da primeira, com quem continuou a viver como se fossem marido e mulher, não há como configurar a união estável concomitante, incabível a equiparação ao **casamento putativo**;[100] pois se os elementos probatórios atestam a simul-

---

[94] TJRS, Sétima Câmara Cível, APC 70016969552, rel. Des. Maria Berenice Dias, j. 06.12.06.
[95] TJRS, Oitava Câmara Cível, EI 70017709262, rel. Des. Claudir Fidélis Faccenda, j. 09.03.07.
[96] STJ, Quinta Turma, REsp. 590.971 – PE, rel. Min. Laurita Vaz, j. 25.05.04.
[97] STJ, Sexta Turma, REsp. 354.424, rel. Min. Hélio Quaglia Barbosa, j. 02.12.04.
[98] STJ, Quarta Turma, REsp. 684.407-RS, rel. Min. Jorge Scartezzini, j. 03.05.05;
[99] STJ, Terceira Turma, REsp. 631. 465- DF, rel. Min. Nancy Andrighi, j. 05.08.04.
[100] STJ, Terceira Turma, REsp. 789.293- RJ, rel. Min. Carlos Alberto Menezes Direito, j. 16.02.06.

taneidade das relações conjugais e de concubinato, impõe-se a **prevalência dos interesses da mulher casada**, cujo matrimônio não foi dissolvido, aos alegados direitos subjetivos pretendidos pela concubina; inexiste, sob o prisma do Direito de Família, prerrogativa desta à partilha dos bens deixados peço concubino, não havendo, portanto, como ser conferido estado de união estável à relação concubinária concomitante ao casamento válido.[101]

O Supremo Tribunal Federal, em sede de pensão, é inflexível no entendimento de que o concubinato não se iguala à união estável, no que esta acaba fazendo as vezes, em termos de consequências, do casamento, gerando, quando muito, a denominação de sociedade de fato.[102]

A vedação se estende também à designação do concubino como beneficiário do **seguro de vida**, com a finalidade assentada na necessária proteção do casamento, instituição a ser preservada e que deve ser alçada à condição de prevalência, quando em contraposição com institutos que se desviem da finalidade constitucional; eis que o concubinato paralelo ao matrimônio e à união estável enfrenta obstáculos porque concebido sobre o leito do impedimento dos concubinos para o casamento.[103]

Mas quando aconteça alguma situação peculiar de coexistência duradoura com duas famílias e prole concomitante advinda de ambas as relações, inobstante a regra protetora da família que impede a concubina de ser designada como beneficiária do seguro de vida, admite-se o fracionamento, como solução isonômica;[104] ou tê-la como única beneficiária, desde que haja separação de fato em relação à esposa.[105]

Muitas vezes, a solução é encaminhada ao direito obrigacional, como **sociedade de fato**, considerando-se irrelevante o casamento de algum dos concubinos, porque a censurabilidade do adultério não pode justificar que se locuplete com o esforço alheio, exatamente aquele que o pratica;[106] para tanto, é suficiente a prova da contribuição indireta da companheira, em união em que o casal viveu maritalmente por mais de 28 anos;[107] ou como **indenização dos serviços domésticos**, direito que não é esvaziado pela circunstância de ser o concubino casado, se possível identificar a existência de dupla vida em comum, com a esposa e a companheira, por longo período.[108]

---

[101] STJ, Terceira Turma, REsp. 931.155- RS-, rel. Min. Nancy Andrighi, j. 20.08.07.
[102] STF, RE 397.762– BA, rel. Min. Marco Aurélio.
[103] STJ, Terceira Turma, REsp. 1.047.538- RS, rel. Min. Nancy Andrighi, j. 04.11.08.
[104] STJ, Quarta Turma, REsp. 100.888- BA, rel. Min. Aldir Passarinho Junior, j. 12. 03.00.
[105] TJPR, Nona Câmara Cível, APC 0434938-2, rel. Des. Eugênio Achille Grandinetti, j. 04.10. 07.
[106] STJ, Quarta Turma, REsp. 229.069-SP, rel. Min. Fernando Gonçalves, j. 26.04.05.
[107] STJ, Quarta Turma, REsp. 239.234-SP, rel. Min. Jorge Scartezzini, j. 18.11.04.
[108] STJ, Quarta Turma, REsp. 303.604-SP, rel, Min. Aldir Passarinho Junior, j. 20.03.03; no mesmo sentido e Turma, REsp. 323.909-RS, rel. Min. Hélio Quaglia Barbosa, j. 15.05.07.

Um dos temas também recorrentes nos tribunais é a que respeita à **pensão previdenciária** quando há uma disputa entre a esposa e a concubina.

De um lado, entende-se que a figura de companheiro prestigiada como dependente do segurado falecido, é a que no campo dos fatos está na vida dele como se cônjuge fosse; ou seja, o concubinato que o direito previdenciário prestigia é aquele que se configura como união estável, restando afastado o concubinato adulterino, porque se adulterina a convivência, não há como facilitar-lhe a conversão em casamento;[109] não pode ser reconhecida a união estável com pessoa casada, não separada de fato, ou seja, sem rompimento da relação matrimonial (concubinato impuro adulterino).[110]

Tais entendimentos são abonados pelo Superior Tribunal de Justiça, ao asseverar que o direito à pensão militar por morte só deve ser deferida à esposa, ou à companheira, e não à concubina.[111]

Registre-se, contudo, que o Direito Previdenciário, embora finque suas raízes em conceitos existentes em outras áreas, como os que se referem a casamento, união estável e casamento, tem diverso fim. Enquanto o Direito Constitucional se pauta pelos valores sociais e direitos fundamentais, o Direito Civil, ao tratar do concubinato impuro, busca evitar injustiças advindas de um possível enriquecimento sem causa, encontrando soluções no campo obrigacional, através de indenizações ou partilha de bens; procura também evitar injustiças à família legítima em face do concubinato adulterino; já o Direito Previdenciário tem como sua **finalidade** o assistencialismo, objetivando garantir uma subsistência ao sujeito, evitando sua miserabilidade e afronta à dignidade humana; daí a jurisprudência, com a justificativa do caráter social dos fins previdenciários, se inclina por uma divisão equitativa da pensão por morte entre a esposa legítima e a concubina, embora simultâneas as relações.[112]

Assim, a existência de impedimento para se casar por parte de um dos companheiros, como já ser a pessoa casada, mas não separada de fato ou judicialmente, obsta a constituição de união estável, pautando-se nossa sociedade pelos princípios da monogamia, fidelidade e lealdade, que se encontram não apenas na ética ou na moral, mas que são imposições legais; contudo, **circunstâncias especiais** reconhecidas em juízo admitem o rateio proporcional da pensão entre a esposa (70%) e a concubina (30%), com base na equidade, livre convencimento e igualdade material.[113]

---

[109] TRF3, Nona Turma, AP 64948- SP, rel. Juíza Marisa Santos, j. 18.09.06.

[110] TRF2, APC 016015-2, Juíza Liliane Roriz, DJ 27.07.05; no mesmo sentido, TRF2, APC 344881, rel. Juiz Abel Gomes, j. 12.02.07.

[111] STJ, Quinta Turma, REsp. 813.175- RJ-, rel. Min. Felix Fischer, j. 23.08.07.

[112] Parte do voto do Des. Federal Messod Azulay Neto, TRF2, Segunda Turma, AgIn., j. 22.08.07.

[113] Idem, ementa do acórdão, por maioria.

Desta forma, havendo **condições especiais** no caso concreto – longa duração da relação concubinária, existência de filhos, notoriedade e publicidade da união, trato diário, intimidade – é correto o **rateio da pensão previdenciária**, fixando-se percentual análogo para a esposa e a concubina.[114]

Alinham-se como fatores extraordinários, a longa duração do relacionamento concubinário, a existência de filhos, a notoriedade e a publicidade, o trato diário, a intimidade, conjunto que muitos designam como **sociedade de fato de concubino casado**.

Essa maneira de divisão pode ser usada quanto à partilha dos bens, caso em que se reconhece que o finado vivia em estado de união estável, inclusive com filiação, com uma pessoa e mantinha o casamento com a cônjuge, atribuindo-se à concubina somente 25% dos bens havidos na constância do concubinato.[115]

Dito critério foi denominado de **triação**, eis que o patrimônio adquirido durante a união dúplice é partilhado entre a esposa, a concubina e o finado (parte que tocará aos herdeiros).[116]

Portanto, diferentemente do que acontecia sob a vigência do estatuto passado, o novo diploma reconheceu a existência de uma realidade composta por **relações não eventuais entre homem e mulher, impedidos de casar**, dando nome a tais relações (**concubinato**); nada previu, mas atento a uma de suas diretrizes fundamentais, deixou para o juiz decidir em cada caso concreto os efeitos que entender de justiça.[117]

Como dito, uma das faces da sociedade moderna é a da recomposição dos núcleos familiares, onde avulta o surgimento das **famílias reconstituídas, recompostas** ou **refeitas**, também consideradas uma **segunda família**.

As pessoas separadas, divorciadas, viúvas ou que dissolveram união estável, com filhos da relação anterior, costumam reagrupar-se em teia de relações oriundas do espaço antigo que se associam a deveres frescos: são as **famílias reconstituídas ou mistas**, onde as entidades constitucionalizadas conjugam as obrigações de cada ninho.

É fenômeno sabido em nações com legislações peculiares para a tutela dos efeitos gerados pelos consórcios; e que já desperta questionamentos em nosso país, onde as estatísticas revelam a frequência desses ajustes.

---

[114] STJ, Quarta Turma, REsp. 362.743- PB, rel. Min. Jorge Scartezzini, j. 21.09.04; no mesmo sentido e Turma, REsp. 742.685- RJ, rel. Min. José Arnaldo Gonçalves, j. 04.08.05; e TRF2, APC 195236, rel. Des. Federal Benedito Gonçalves.

[115] TJRS, Oitava Câmara Cível, APC 70004306197, rel. Des. Rui Portanova, j. 27.02.03.

[116] TJRS, Oitava Câmara Cível, APC 70009786419, rel. Des. Rui Portanova, j. 03.03.05; no mesmo sentido e relator, APC 70011258605, j. 25.08.05.

[117] TJRS, Oitava Câmara Cível, APC 70004306197, rel. Des. Rui Portanova, j. 27.02.03.

Podem surgir situações típicas como a extensão do poder familiar em casa ora comandada por parceiro distinto; obediência dos filhos às ordens do padrasto ou da madrasta; sustento à custa destes, e não pela linhagem biológica; o direito de cogestão na educação de descendentes alheios e de herança ao patrimônio do companheiro da mãe; possibilidade de buscar alimentos do pai afetivo quando careça de fortuna o genitor biológico solitário.

Aliás, a literatura procura mudar os títulos de **padrasto** e **madrasta**, que são termos entupidos de preconceitos, para acepções como **pai afim** e **filho afim**, pois como demonstra a ciência, a substituição da palavra gasta é capaz de extinguir o anátema da verbalização contínua.

Acrescente-se que pela legislação vigente cada cônjuge ou parente é aliado ao parente do outro pelo vínculo da afinidade (CC, art. 1.595); como o enteado é parente em linha reta do outro cônjuge ou companheiro este parentesco por afinidade não se extingue com a dissolução do casamento ou da união estável.

Como não se podem casar os afins em linha reta (CC, art. 1.521), obstáculo igual não existe em relação ao enteado que queira casar com o filho do padrasto ou da madrasta, mas em vista das afetividade que há entre eles, pois verdadeiros **irmãos afins**, também se encontram impedidos de se matrimoniar.[118]

As questões jurídicas relativas aos integrantes das famílias mistas ou **mosaico** têm merecido atenção de outras nações.

Assim, na Alemanha, algumas regras tratam da divisão do poder familiar entre o genitor biológico e o afetivo, o direito de visitas, a possibilidade de outro nome; a legislação argentina prevê a possibilidade de obrigação alimentar pelo pai afim; em Maryland, cogita-se da herança do padrasto para o enteado; em Portugal, a cogestão de poderes etc.

Em nosso país, alguns sinais indicam a preocupação com o tema; e anúncio de elaboração breve sobre esse tipo de célula familiar, como a adoção do nome do padrasto pelo filho adotivo, recentemente aprovado; a pensão para enteado, prevista na legislação dos funcionários públicos; ou julgados do Superior Tribunal de Justiça que admitem a retomada de imóvel pela sogra, e a legitimidade do padrasto para pleitear a indenização por morte do enteado;[119] deve-se alertar, contudo, que a família redesenhada é produto de um processo que requer tempo para achar sua própria identidade, por que traz a história familiar do passado, dependendo da mudança de hábitos e rotinas conduzentes da nova família, passando por todas as suas etapas de aceitação, autoridade e afetividade; enfim, trazem

---

[118] GRISARD, p. 119-120.
[119] GRISARD, em sua obra pioneira e erudita sobre o assunto.

relações complexas que exigem atenção do direito brasileiro em vista de sua complexidade.[120]

Parece possível extrair do sistema jurídico brasileiro, forte nos princípios constitucionais, uma tutela jurídica autônoma das famílias recompostas, como entidades familiares próprias.[121]

7. Conclusão

Os tempos vigentes apontam um acelerado progresso da tecnologia e da informação, que refletem na alteração dos costumes e novos hábitos, desembocando na constante **mutação** da estrutura e conteúdo das **famílias modernas**, cuja tendência atual é o surgimento de **rearranjos** dos modelos existentes.

Essa acomodação aos ventos de reformas deriva especialmente do declínio do patriarcalismo, o avanço do feminismo e a liberação sexual, que se aliam às técnicas da reprodução assistida, à valorização do afeto, determinando uma sadia **inquietação** incidente sobre os códigos e valores consagrados.

A história das famílias é um roteiro de **rupturas sucessivas,** onde os agrupamentos se acomodam às mudanças das épocas: família romana, família patriarcal; depois a família nuclear, a eudemonista, a pós-moderna; também a família homoafetiva e a família solitária; as famílias simultâneas e as reconstituídas.

A todas, o direito deu respostas concretas, embora algumas vezes com retardamento, o que constitui esperança de que saberá, no futuro, comportar-se com sensibilidade e justiça.

---

[120] MADALENO, p. 8-9.
[121] LOBO, p. 74.

Capítulo II – A prova dinâmica no direito de família

1. Primeiras notas

Alguns juristas costumam considerar o estudo da prova como centro nevrálgico da ciência do processo. A seu redor dançam os demais institutos como satélites aplaudindo seu brilho; dependentes do fulgor que o astro projeta, seus destinos quedam acorrentados às cadências que promova, pois ficam sem sentido quando divorciados do eixo de giro.

O embate é um conflito de versões que precisa acomodar-se a leito de igualdades e ordem, para não restar anárquico ou injusto; desenrola-se em arena onde as armas terçam em harmonia e respeito, sob o controle imparcial de árbitro obrigatório.

E que precisa ser persuadido pelos argumentos que sustentam as pretensões postas pelos gladiadores em litígio.

A lesão aos direitos subjetivos é levada ao conhecimento da autoridade jurisdicional, única legitimada para dirimir os conflitos resultantes de sua ofensa, em busca da respectiva tutela e proteção.

O juiz deve dirimir a controvérsia, mas como não foi espectador ou coadjuvante do acontecido, é preciso que lhe sejam oportunizados todos os elementos do evento.

Para tanto, a lei estabelece uma repartição de encargos entre as partes, tocando ao autor a demonstração dos pressupostos que enfeitam sua pretensão e ao demandado aqueles que constituem a coroa de sua defesa, em equilíbrio e igualdade próprios do contraditório constitucional e do princípio dispositivo.

Em outras palavras, o código de cânones instrumentais firma que a parte deve demonstrar apoio ao direito invocado, restando ao magistrado, aqui e ali, intervir para ordenar alguma diligência que melhore seu convencimento.

A prova é a soma dos elementos produtores da convicção judicial; segundo uma imagem muito apropriada, é a ponte que liga uma alegação presente aos acontecimentos pretéritos.

As provas servem exatamente para voltar atrás, afirma Carnelutti, elas se prestam para edificar o passado; o juiz é um historiador que reproduz a pequena narrativa, pois a prova é uma reconstrução histórica.[122]

Contudo, enquanto o historiador dispõe de ampla liberdade para investigar os fatos, o juiz se atrela a freios que limitam visão abrangente, pois focaliza somente os cenários postos pelas partes.

Daí prevalecer na doutrina nacional, uma concepção oriunda das fontes lusitanas, que considera a prova um **ato** jurídico processual, meio prudente de convicção e que objetiva, como fim, o convencimento; ou seja, ato, meio e fim.

Assim, prova é tudo capaz de convencer o juiz sobre as afirmações feitas pelas partes no processo.

E na sua ponderação, descabe ao magistrado mostrar-se apático quando o litigante melhor aquinhoado nas condições processuais quase massacra o menos abonado, ferindo a isonomia e a equidade; mas até intervir para nivelar as atividades na busca da verdade real, única capaz de favorecer a paz a que o processo almeja.

2. Distribuição da prova

O exame do ônus da prova contém um encargo e poder processuais concedidos à parte para aferir a possibilidade de escolha de algum comportamento que atinja a meta buscada por sua ação.

É uma conduta oriunda da liberdade da parte; no entanto, é certo que o processo não pode se limitar aos interesses das partes, especialmente quanto à instrução.

As regras de distribuição do ônus da prova, aqui como em outros países, têm abrigo no estatuto instrumental.

No direito romano, verificou-se progressivo aumento do poder do Estado frente às controvérsias privadas, manifestado por uma maior fiscalização sobre a discussão, embora através de excessivo formalismo.

---

[122] CARNELUTTI, Francesco. *As misérias do processo penal*. São Paulo: Conan, 1995, p. 44 e ss.

As primeiras regras de distribuição surgiram no período formulário, quando o pretor redigia um documento com a reprodução dos fatos e das alegações, os direitos de uma e de outra parte; ou seja, uma notória indicação de como obter a vitória.

Mais adiante, já sob a condução do magistrado, foram reduzidas as fórmulas, aumentou a intervenção estatal, criando-se um procedimento com outra visão, adotando-se um sistema tarifário, cumprindo-se a prova estatuída em lei e impondo consequências a quem produzisse prova insuficiente.

Segue-se a etapa do direito germânico, dos "**juízos de Deus**", em que a distribuição era proporcional à capacidade probatória da parte.

O direito canônico registra regras negativas quanto à distribuição; e o jusnaturalismo cunha afirmação de que *todo aquele que alega em juízo deve provar a alegação*, daí assentando-se, na fase pós-medieval, conhecido brocardo de que toca ao outro a prova de sua alegação, para depois recair no demandado.

Enfim, sinalizou-se o apego ao princípio da liberdade das partes, o que chegou a diversas legislações através do estatuto napoleônico; as vertentes italiana e portuguesa aqui plantaram o artigo 344 da Consolidação das Leis do Processo Civil, seguindo-se o Código de 1939 e ao diploma de 1973, onde o princípio repousa no artigo 333, CPC.

A carga da prova constitui motivo de interessantes elaborações, mas também de críticas expressivas.

Assim, para Emílio Betti, em todo o processo há riscos ligados aos ônus processuais; a ação ou exceção expõe o risco à sucumbência; a falta de comparecimento em juízo ou de contraditar gera a contumácia; ou seja, quem tem o ônus da ação, tem o ônus da afirmação e de provar os fatos que fundamentam o que se busca na ação ou na exceção, entendimento peninsular que encontrou abrigo na jurisprudência pátria.[123]

Para Carnelutti, o ônus é apenas um mecanismo de estímulo à atividade da parte no processo, mas também se vincula à necessidade de fornecer subsídios para a cognição de um fato, como existente ou inexistente; daí emergindo o problema de decidir quem deva sucumbir, em caso de ausência ou insuficiência de provas; destarte, o ônus é um instrumento para alcançar o escopo do processo, que não é simples composição, mas a justa composição da lide.

Chiovenda acha que a repartição da prova, além de satisfazer a função de regra de julgamento, também serve para promover a igualdade das partes na demanda, além de incentivá-las a produzir provas com maior

---

[123] STJ, REsp. nº 30.287-7, rel. Min. Barros Monteiro, DJ 08.03.93; também JTARS, 88/321.

cuidado e perfeccionismo; ao autor cabe a prova dos fatos constitutivos ou que produzem determinados efeitos jurídicos; ao réu, os fatos impeditivos ou falta dos fatos que concorrem com os constitutivos, falta que impede a estes de gerar seu efeito natural.

Já Micheli, que é autor de uma das mais relevantes obras sobre o tema, introduz importante afirmação: as regras de distribuição não constituem questão de lógica processual, mas de ética social, pois somente um olhar para a sociedade em concreto a que se aplicam as normas torna possível a análise da matéria. Para ele, o processo é um campo onde se conferem numerosos poderes de vários conteúdos, destinados a alcançar certos resultados jurídicos; o antecedente lógico de cada poder é a capacidade de ser parte e de agir em concreto na demanda, daí derivando os poderes processuais. E onde prevaleça o princípio dispositivo, ergue-se a noção de autorresponsabilidade das partes, diversamente da estrutura de maior poder judicial, onde predomina a gestão publicizada da prova.

Liebman entende o ônus da prova ligado indissociavelmente ao ônus da afirmação, representando na relação processual um limite aos poderes do juiz. Há uma face objetiva, apontando para o que deve ser provado independente de qual parte detém o encargo de provar, e uma face subjetiva, consistente na divisão do ônus entre as partes, o que limita os poderes do juiz. Alude ao princípio da aquisição da prova, o que gera uma comunhão dela pelas partes e ao princípio dispositivo que domina o processo; e a existência de poderes instrutórios do juiz, sendo o ônus da prova uma regra de julgamento: ao autor, os fatos constitutivos; ao réu, os demais.

Rosenberg, também autor de livro clássico, considera o ônus a mera aplicação do direito material, servindo as regras apenas para resolver questões de fato; a distribuição somente ocorre quando o juiz tenha dúvidas sobre a existência dos pressupostos fáticos para aplicação da norma ao caso.[124]

Adequada, para o objetivo dessa reflexão, é a feliz observação de Bentham:

> "La carga de la prueba debe ser impuesta em cada caso concreto, a aquella de las partes que la pueda aportar con menos inconvenientes, es decir, con menos dilaciones, vejámenes y gastos ".[125]

Disso se deflui que a repartição probatória deve basear-se num regime de franca justiça e procedimento natural, acontecendo a distribuição do ônus segundo as possibilidades de produção de cada parte.

---

[124] LEONARDO, Rodrigo Xavier. *Imposição e inversão do ônus da prova*. Rio de Janeiro: Renovar, 2004, p. 98/114.
[125] BENTHAM, J. *Tratado de las pruebas judiciales*. V.II. Buenos Aires: Ejea, 1971, p. 149.

Nessa linha de entendimento, a carga da prova deve ser imposta às partes a que a prova ocasionar menos inconvenientes, isto é, com menos dilações, incômodos ou atos.

A doutrina reconhece que o critério esbarra na dificuldade em delimitar, mediante mecanismos técnicos, qual seria a parte em situação mais favorável para produzir a prova, tanto que o próprio jurista acha que o aforismo criou mais dificuldades que soluções.[126]

3. Teoria da carga probatória dinâmica

A afirmação de Bentham levou o jurista argentino Jorge W. Peyrano a disseminar o que chamou de **teoria da carga dinâmica da prova**, lastreada no seguinte axioma: a prova incumbe a quem, pelas circunstâncias do caso concreto, detém as melhores condições de produzi-la,[127] intenção que rompe a visão estática da mera distribuição.

Não se leva em conta nem a **parte nem a espécie** de fato, se constitutivo, impeditivo, modificativo ou extintivo, mas o **fato em si**, cabendo a prova a quem tiver as condições mais privilegiadas em satisfazê-la.

Desimporta o **prévio e abstrato** encargo, a **posição da parte**, ou a **qualidade do fato**, mas ressalta-se a **concretude do caso**, a **natureza do fato** a demonstrar, remetendo-se o encargo à parte mais acreditada para introduzir a prova no processo.

A denominação se deve à mobilidade da prova em se adaptar ao fato concreto, achando alguns que se cuida de uma simples **releitura do princípio da solidariedade entre as partes**, o que também desemboca na **boa-fé** que norteia a conduta processual, quando se atribui faculdade probatória a quem tenha menos transtornos.

Como se vê, a teoria entroniza em bom altar o princípio do **ativismo judicial** já bem domiciliado em cânone da bíblia processual brasileira, dinamismo que contribui para que a demanda atinja sua máxima finalidade.

A teoria da carga dinâmica da prova, que se acha incorporada ao Código Modelo de Processos Coletivos para Ibero-América, sugere a distribuição do ônus da prova diversamente da regra tradicional do artigo 333, CPC; e parte da premissa de que ambos os sistemas ali referidos não tutelam adequadamente o bem jurídico coletivo, eis que mais preocupados com a decisão judicial do que com a proteção do direito lesado ou

---

[126] LEONARDO, p. 98-99.

[127] PEYRANO, Jorge W. *Aspectos procesales de la responsabilidad profesional*, em *Las responsabilidades profesionales*. Coord Augusto M. Morello e outros. La Plata: LEP, 1992, p.263.

ameaçado de lesão; assim, a prova deve incumbir à parte que **detiver conhecimentos técnicos ou informações específicas** sobre os fatos, ou **maior facilidade na sua demonstração**, não requerendo qualquer decisão judicial de inversão do ônus da prova.[128]

Destarte, a **facilitação da prova** para a tutela do bem jurídico coletivo se dá por força da lei (*ope legis*), não exigindo a prévia apreciação do magistrado (*ope iudicis*) de critérios preestabelecidos de inversão, continuando o juiz como **gestor da prova;** mas com poderes maiores, e sem partir da inversão do ônus, verifica no caso concreto, sem estar atrelado ao critério da verossimilhança da alegação ou da hipossuficiência do consumidor, quem está em melhore condição de produzir a prova e assim distribuir este ônus entre as partes.[129]

Advirta-se que a medida não se trata de **inversão da prova**, mas de justa política judicial de intervir na **distribuição da prova.**

Desta forma, a teoria reforça o senso comum e as máximas de experiência ao reconhecer que quem deve provar é o que se acha em **melhores condições** de demonstrar o fato controvertido, evitando que uma das partes se mantenha inerte na relação processual, pois beneficiada pela dificuldade da prova; a distribuição se dá de forma **dinâmica**, posto que não está atrelada a pressupostos prévios e abstratos, desprezando regras estáticas, para considerar a dinâmica, seja fática, axiológica ou normativa, presente no caso concreto, a ser explorada pelos operadores jurídicos (intérpretes); isso promove a **isonomia** entre as partes, valoriza o **princípio da solidariedade** calcado no dever de os litigantes contribuírem com a **descoberta da verdade**, na própria **litigância de boa-fé** e no dever de reprimir aos contrários à dignidade da justiça.[130]

A decisão que inverte o ônus da prova provoca a liberação ou a diminuição do encargo probatório da parte autora em detrimento da parte ré, e o *thema probandum* que normalmente seria imputado à parte autora passa a ser incumbência da parte ré; ao réu, nesses casos, é imputado, simultaneamente, o ônus extraordinário de comprovar a não ocorrência dos fatos e, cumulativamente, o ônus **ordinário** de demonstrar a ocorrência de algum fato impeditivo, modificativo ou extintivo do direito do autor; as hipóteses legais de inversão costumam ser construídas pelo legislador a partir do reconhecimento de que, em alguns casos, imputar a integralidade da prova dos fatos constitutivos ao autor é o mesmo que negar, na prática, a tutela de seu direito.[131]

---

[128] CAMBI, Eduardo. *A prova civil. Admissibilidade e relevância.* São Paulo: Revista dos Tribunais, 2006, p. 340-341.
[129] Idem, p. 341.
[130] Idem, p. 342.
[131] LEONARDO, p. 217- 218.

A inversão acontece quando não recai sobre a parte tradicionalmente onerada com a prova do fato o ônus de demonstrar, mas sobre a contraparte a quem incumbe demonstrar o fato contrário; por implicação da inversão do ônus da prova, se ela recair sobre um fato constitutivo do direito alegado pelo autor, significa que incumbe ao demandado (réu) provar o contrário desse fato constitutivo, por exemplo, uma causa de exclusão da culpa, sendo o fato constitutivo a culpa do réu no incumprimento.[132]

O rompimento do paradigma das regras de distribuição se deu com o Código de Defesa do Consumidor, que permitiu a inversão do ônus probatório, desde que a alegação fosse verossímil ou hipossuficiente o autor, segundo as regras de experiência (CDC, art. 6º, VIII).

E com isso se perseguiu uma promoção da igualdade material entre as partes, **pois não basta assegurar direitos, sem a indispensável facilitação da defesa do jurisdicionado.**[133]

A distribuição relaciona-se com o princípio dispositivo e o ditado da lei que atribui às partes a indicação da prova sobre os fatos a serem apreciados pelo juiz na sentença; daí a conhecida expressão de que o **ônus da prova incumbe a quem alega;** e de que **ao autor cabe a prova do fato constitutivo do seu direito e ao réu a existência de fato impeditivo, modificativo ou extintivo do direito do autor**, segundo a lição do artigo 333, I e II, do CPC; esse dispositivo ainda veda o acordo entre os atores processuais distribuindo, de modo diverso, a prova sobre direitos indisponíveis ou que crie obstáculo ao exercício do direito (CPC, art. 333, par. único, I e II), pois as partes não podem obstar ao juiz a livre apreciação probatória. Aqui, pois, não se permite qualquer inversão no reparto.

A doutrina da carga dinâmica importa em afastamento excepcional das normas legais sobre a distribuição da prova a que se recorre apenas quando a aplicação delas arrisca consequências manifestamente desvaliosas; e que se traduz em novas regras de repartição da imposição probatória conforme as circunstâncias do caso e aspectos aprioristicos, como o fato a demonstrar, a condição de autor ou réu, destacando-se as que fazem incidir o encargo sobre a parte que está em melhores condições profissionais, técnicas ou fáticas para produzir a prova respectiva.[134]

A teoria sustenta que, além da situação de autor ou réu, em determinadas hipóteses, a carga da prova recai sobre **ambas as partes,** em especial sobre aquela que se ache em **melhores condições para produzi-la.**

---

[132] RANGEL, Rui Manuel de Freitas. *O ônus da prova no processo civil.* 2ª ed. Coimbra: Almedina, 2002, p. 182.

[133] STJ, REsp. nº 506443, rel. Min. Carlos Alberto Menezes Direito, DJ 08.09.03; também, RE nº 347632, rel. Min. Ruy Rosado de Aguiar Jr. DJ 01/09/03.

[134] PEYRANO, Jorge W. Nuevos lineamentos de las cargas probatórias dinâmicas. In: *Cargas probatórias dinâmicas.* Peyrano, W. Jorge e White, Inês Lépori (coords.). Buenos Aires: Rubinzal, 2004, p. 21.

Essa nova corrente não ignora as regras clássicas do ônus da prova, mas cuida de **completá-las ou aperfeiçoá-las**, flexibilizando sua aplicação nos episódios onde a parte que devia provar segundo a regra tradicional se vê impossibilitado de fazê-lo por motivos absolutamente alheios a sua vontade.[135]

A aplicação estrita das regras sobre o ônus da prova pode levar a resultados injustos, especialmente nos casos de **prova diabólica**, em que a comprovação é de difícil concretude pela parte.

Não é demais sublinhar-se que essa doutrina contém uma **carga probatória compartilhada**, como manifestação de uma nova cultura do processo judicial caracterizada pela vigência do princípio da solidariedade e o dever de cooperação de todos em busca de um rendimento mais eficiente do serviço judiciário atual, tornando comum a tarefa probatória das partes; então, o processo não se desenvolve como uma luta, mas, ao contrário, em vista da colaboração das partes com o juízo, e em determinados casos, o encargo toca igualmente a ambos os litigantes, especialmente o que dispõe de melhores condições.[136]

Reitere-se, como fecho, que não se trata de uma inversão da prova, mas da atribuição do peso probatório ao melhor afiançado para fazê-lo, em vista de razões diversas e na busca de uma igualdade material.

A alteração do ônus da prova, aqui, se opera *ope iudicis* e não *ope legis*, cumprindo ao juiz determinar o encargo probatório, variar a carga da prova consoante se mostre a atividade probatória, mais fácil, mais acessível, mormente por se encontrar, aquele a quem se onera, no controle dos meios probatórios.[137]

A distribuição dinâmica da carga não deve ser **arbitrária** nem servir para **prejulgar a causa**, repassando a dificuldade do demandante para o demandado, quando este não está em melhor condições de provar; a liberdade do magistrado deve ser atrelada sempre à responsabilidade, razão por que a decisão que distribui a carga deve ser motivada, levando em consideração os fatores culturais, sociais e econômicos, bem como os princípios e valores contemporâneos; e a prova assim distribuída consolida uma **visão amplamente solidária** do ônus probatório, superando a visão individualista e patrimonialista do processo civil clássico e destarte permite facilitar a tutela judicial dos bens coletivos.[138]

---

[135] WHITE, Inês Lépori. Cargas probatórias dinâmicas. In: *Cargas probatórias dinâmicas*. Peyrano, Jorge W. e White, Inês Lépori (coords.). Buenos Aires: Rubinzal, 2004, p. 60.

[136] LEGUISAMÓN, Héctor E. La necesaria madurez de las cargas probatórias dinâmicas. In: *Cargas probatórias dinâmicas*. Peyrano W. e White, Inês Lépori (coords.). Buenos Aires: Rubinzal, 2004, p. 116.

[137] TJRS, 2ª Câmara de Férias, AI nº 70000004028, rel. Des. Jorge Luís Dall'Agnoll, j. 13.10.99.

[138] CAMBI, p. 343-344.

4. A prova dinâmica e a jurisprudência

O uso da teoria da prova dinâmica não é estranha aos pretórios nacionais, sendo frequentes acórdãos exarados em contratos bancários ou erro médico.

Diz-se em ação de responsabilidade contra a clínica e o médico, que não se viola a regra sobre a prova o acórdão que além de aceitar implicitamente o princípio da carga dinâmica da prova, examina o conjunto probatório e conclui pela comprovação da culpa dos réus.[139]

Assim, em sede revisional, quando o autor deixasse de trazer aos autos os contratos objetos da ação, pode o juiz determinar que a instituição financeira os forneça, aplicando-se a teoria da carga probatória dinâmica, segundo a qual há de se atribuir o ônus de provar àquele que se encontre no controle dos meios de prova; e, por isso, em melhores condições de alcançá-la ao destinatário da prova.[140]

Também razoável, em sede da teoria da carga dinâmica da prova, decisão que determina à entidade bancária juntada dos demonstrativos correspondentes ao prazo de vigência do contrato de abertura de crédito em conta, pois os anteriores negócios já se acham cobertos pelo pagamento, transação ou novação;[141] no mesmo sentido, a produção de prova documental relativa à relação contratual que se pretende revisar é da instituição bancária, pela aplicação do princípio da carga dinâmica das provas em vista da efetividade da jurisdição, ante a prevalência da parte no negócio de adesão, com a habitualidade da sonegação de cópias dos instrumentos e execução extraprocessual unilateral;[142] também é o caso de contrato objeto da revisional que não veio aos autos, ônus que tocava à instituição financeira pela observância do princípio da carga dinâmica da prova.[143]

Em protesto indevido de duplicatas, tendo o sacado negado a existência da relação jurídica que daria motivo à emissão das duplicatas levadas a aponte, cabia à apresentante dos títulos a prova em contrário, não se exigindo daquela a prova da inexistência, cuidando-se de prova negativa ou diabólica, tudo em veneração ao princípio da prova dinâmica que atribui o ônus à parte que tem melhores condições de produzi-la.[144]

---

[139] STJ, 4ª Turma, Resp. 33341-4, rel. Min. Ruy Rosado de Aguiar, DO 26.08.96.

[140] Idem; no mesmo sentido e julgador, AC 599489945, j. 30.09.99 e AC nº 70000619924, j.03.09.00.

[141] TARS, 6ª Câmara Cível, AI nº 196254932, rel. Juiz de Alçada José Carlos Teixeira Giorgis, j. 03.04.97.

[142] TARS, 4ª Câmara Cível, AI nº 196253504, rel. Juiz de Alçada Bertran Roque Ledur, j. 27.0397.

[143] TJRS, 14ª Câmara Cível, AC 70017420225, relª. Desa. Isabel de Borba Lucas, j. 07.12.06.

[144] TJRS, 9ª Câmara Cível, AC 70006513477. rel. Des. Adão Sérgio da Nascimento Cassiano, j. 15.12.04.

Com efeito, o magistrado deve valer-se de todos os elementos indispensáveis à constatação da existência ou não de novação entre as partes, precipuamente de apresentação de todos os contratos realizados. Não se trata de inversão do ônus da prova, mas de mera aplicação do princípio de que à parte que a detém não é lícito negá-la por necessária ao processo, princípio nominado como **carga dinâmica da prova**.[145]

Não se estranha a dificuldade de obtenção de prova, sempre que a ação se funda em erro médico, eis que um arraigado e equivocado conceito de ética médica serve a obstaculizar a elucidação dos fatos, levando, no mais das vezes, à improcedência das demandas que visem à responsabilização de profissionais dessa área. Não é sem razão que se tem trazido a esta seara a teoria da carga dinâmica da prova, que outra coisa não consiste senão em nítida aplicação do princípio da boa-fé no campo probatório. Ou, segundo o acórdão transcrito, deve provar quem tem as melhores condições para tal, sendo logicamente insustentável que o dotado de melhores condições de demonstrar os fatos deixe de fazê-lo, agarrando-se em formais distribuições dos ônus de demonstração. O processo moderno não mais compactua com táticas ou espertezas procedimentais e busca, cada vez mais, a verdade. Daí, o médico é quem deve demonstrar a regularidade de sua atuação.[146]

Em sede de impugnação de pedido de assistência judiciária gratuita, entendeu-se que ao impugnado cabe comprovar com suficiência sua impossibilidade em atender aos ônus processuais; é que a garantia constitucional que garante o benefício exige, além da simples afirmação da pobreza, também comprovação da hipossuficiência, o que enseja a discricionariedade judicial em sua avaliação; e nesses casos, toca ao autor, como parte mais habilitada, cumprir a demonstração, em respeito à teoria da distribuição dinâmica da prova, fornecendo todos os elementos de convicção que persuadam sobre a alegada pobreza.[147]

Em caso de dano moral por inserção de anúncio ofensivo à honra da pessoa veiculado em *site* da internet, aplicou-se a teoria da prova dinâmica ao entender-se que a provedora e prestadora do serviço é quem tinha melhores condições para a prova do fato.[148]

A iteratividade dos julgados locais teve eco em tribunal superior, que entendeu não haver violação da regra sobre prova o veredicto que, além

---

[145] TARS, 6ª Câmara Cível, AI 197124670, rel. Juiz de Alçada Roque Miguel Fank, j. 30.07.97; do mesmo magistrado, já como desembargador da 11ª Câmara Cível, AI 599320462, j. 04.08.99 e AC nº 599229721, j. 30.06.99, respectivamente.
[146] TJRS, 1ª Câmara Cível, AC 597083534, rel. Des. Armínio José Abreu Lima da Rosa, j. 03.12.97.
[147] TJRS, 7ª Câmara Cível, AC 70010284180, rel. Des. José Carlos Teixeira Giorgis, j. 16.03.05; no mesmo sentido e colegiado, AGI 70003479912, j. 06.03.02 e AC 70003612264, entre outros.
[148] TJRS, 6ª Câmara Cível, AC 70013361043, rel. Des. Artur Arnildo Ludwig, j. 21.12.06.

de aceitar implicitamente o princípio da carga dinâmica da prova, examina o conjunto probatório; e também concluiu pela comprovação da culpa dos réus, em ação de responsabilidade civil intentada contra médicos, únicos que têm condições de esclarecer o juízo sobre os fatos da causa sobre o que aconteceu na privacidade da sala cirúrgica.[149]

A introjeção da teoria da prova dinâmica da prova no direito brasileiro pelos julgados oriundos dos tribunais sinaliza sua recepção como já aconteceu nos ordenamentos uruguaio e argentino, não precisando muito esforço para mostrar que o Código de Processo Civil insere princípios que se identificam com os postulados daquela doutrina.

Os indícios foram adelgaçados por Antônio Janyr Dall´Agnoll Junior em ensaio seminal ao inventariar dispositivos de que se infere a possibilidade de utilização da prova dinâmica: os artigos 14, 125, 129, 130 e 339 do catálogo de cânones.[150]

Desta forma, são deveres das partes, entre outros, a probidade processual e a obrigação de colaborar com o julgador, além de proceder com lealdade e boa-fé, abdicando de produzir provas inúteis ou desnecessárias (CPC, art. 14).

A parte deve sustentar suas razões dentro da ética e da moral, não se utilizando de mecanismos de chicana ou fraude processual; não deve provocar expedientes inúteis ou infundados; a parte deve acreditar no que naquilo que afirma; e não deve causar embaraços à administração da justiça.[151]

Outra prescrição estatutária impõe ao juiz assegurar às partes igualdade de tratamento e prevenir ou reprimir qualquer ato contrário à dignidade da Justiça (art. 125, I e III).

Como se disse alhures, a prova dinâmica recompõe a igualdade material, o que somente é possível quando se viabiliza sua realização, independentemente de quem a produza.

Recorde-se que a igualdade constitucional é tanto substancial como real, significando que o juiz deve tratar igualmente os iguais e desigualmente os desiguais, na medida de suas desigualdades;[152] e na direção do processo, o juiz deve controlar a relação processual, intervindo até para que uma das partes não se ajoelhe perante outra mais beneficiada por alguma circunstância pessoal ou material.

---

[149] STJ, 4ª Turma, Resp. nº 69.309, rel.Min. Ruy Rosado de Aguiar Jr., j. 18.06.96.

[150] DALL´AGNOLL JUNIOR, Antonio Janyr. *Distribuição dinâmica dos ônus probatórios*. Porto Alegre: Revista Jurídica, nº 280, p. 5/20.

[151] NERY JUNIOR, Nelson; NERY, Rosa Maria de Andrade. *Código de Processo Civil Comentado*. São Paulo: Revista dos Tribunais, 2006, p.178.

[152] Idem, p. 334.

De mesma forma, em observância à condução regular da demanda, cabe ao juiz evitar os processos simulados ou fraudulentos, bem como outras atividades ilícitas em que se use a lide para a obtenção de direito indevido (CPC, art. 129).

O juiz pode, ainda e de ofício, ordenar a realização de diligências e provas que sejam relevantes para o deslinde da causa. Cuida-se de **regra de julgamento** que só vai ser aplicada no momento da sentença, quando a produção da prova já foi concluída; não há limitação para o magistrado, como ainda não existe para o juiz de segundo grau, sendo o poder sempre exercido com vistas a garantir a igualdade entre as partes, o que não configura exceção ao princípio dispositivo (CPC, art. 130).

Eis aqui aspecto solar da atividade judicante, eis que o processo contemporâneo aceita a intervenção do juiz em respeito à efetividade e instrumentalidade, sem que se afrontem outros postulados, atividade que não pode ser arbitrária, mas suplementar quando os atores deixem de contribuir para a convicção do decisor. A distribuição judicial da prova é o substrato da teoria dinâmica da prova.

Resta referir que ninguém pode se eximir de colaborar com o Poder Judiciário para descobrimento da verdade (CPC, art. 339), que se constitui em exercício de cidadania; a prescrição exige a cooperação com o destinatário da prova, a quem a lei outorga a solução dos conflitos individuais, adesão que pode ser compulsória, como se noticiou no relato de decisões sobre a revisão de contratos bancários ou erros médicos.

Observa Dall´Agnoll que também se deve relacionar o artigo 333 do diploma instrumental, que não deve ser isolado, mas aliado às demais regras citadas, sobretudo considerados os princípios que informam um processo civil na sua feição atual, menos individualista e solidário; deve ser vislumbrada como um método de solução da pendenga judicial, já que o sistema pátrio se desenvolve por impulso do juiz (CPC, art. 263), a quem se conferem poderes de iniciativa em tema de prova (CPC, art. 130).

Assim deve o magistrado comportar-se com dinamismo, envidando esforços para que o litígio se resolva segundo o alegado e provado pelas partes, lançando mão dos meios para obviar a prova insuficiente, ou mesmo inexistente, antes de se abrigar na regra do artigo 333, CPC; o compromisso do juiz não se exaure no aspecto formal ou na lei, mas se aproveita de elementos outros que só aparecem no curso do processo; a doutrina da prova dinâmica vem a ser instrumento a mais para a correta solução do caso, encontrando plena realização em sistemas que operam com a persuasão motivada; embora os limites do exame judicial se contenham nos limites da demanda, a solução há de se oferecer ao juiz com base no que se encontra ventrado nos autos, inclusive derivada da própria diligência judicial.[153]

5. A prova dinâmica e o direito de família

Não ofende a razoabilidade cogitar-se o emprego da teoria da carga probatória dinâmica no Direito de Família, o que se ancora em duas vertentes típicas desse ramo: a peculiaridade da prova e a feição intervencionista do juiz de família.

O setor que lida com os dramas familiares e com direitos indisponíveis muitas vezes, segue regras originais e próprias, permitindo a leitura dos padrões processuais com maior alargamento e mitigação.

Tome-se como exemplo a situação de um menor que ajuíza ação de alimentos contra o pai que exerce profissão liberal.

A lei é expressiva em recomendar a distribuição da prova: ao autor compete demonstrar suas necessidades e a fortuna da pessoa obrigada (CC, art. 1.694, § 1º); ao demandado cabe produzir a exceção, alegando que as carências do infante não são as alegadas e de que não dispõe de recursos suficientes para cumprir o dever de sustento.

Ora, em vista das importâncias da atividade paterna ser infensas ao controle público, é possível que o pedido claudique em seu mérito, restando desfigurado pela omissão do requerido e pela impossibilidade de acesso do credor, ensejando uma sentença injusta que afetará a dignidade da pessoa.

A distribuição da prova revelou-se ineficaz, pois o autor não logrou provar os fatos constitutivos de seu direito, não teve acesso ao nicho onde se guardavam as informações imprescindíveis para o sucesso de seu pleito.

Contudo, se houver uma intervenção judicial temperando as regras de distribuição através da paridade probatória, a situação ganhará contornos e desdobramentos que chegarão à meta teleológica; e o juiz, abandonando a postura de mero espectador da pugna judicial, ordenará ao mais apto para promover a prova que venha aos autos revelar seu entesouramento e condição, evitando o aviltamento de sua descendência.

Em investigação de paternidade, a prestigiada prova genética não deve constituir-se em rubrica da petição inicial, mas cumprida pela parte a quem mais interessa a pesquisa para negar a paternidade sugerida pelo

---
[153] DALL'AGNOLL, op. cit., p. 20.

autor, embora se saiba que o exame sanguíneo não pode ser divinizado como laurel absoluto, mas ao contrário, também contrastado por outras evidências.

Anote-se que em demanda onde se discutiam uniões dúplices e seus efeitos – ou seja, a relação de um homem casado com mulher desimpedida – entendeu-se que, longe de atribuir-se à autora a prova de que o varão estava separado, e seu casamento, desfeito, tais alegações couberam a sucessores do mesmo, que detinham demonstração da moradia comum, pagamentos de água, energia elétrica, telefone, aluguel, fotos de aniversários; e todas para afirmar a persistência da boda; e que o casamento não era meramente aparente ou formal, como preconizava a sedizente companheira.[154]

Ainda em liquidação de sentença de separação judicial, onde se discutia a época da aquisição de ações de companhia, asseverou-se que a prova competia ao separando, para demonstrar que o conjunto de direitos acionários trazidos abrangia, também, cotas que houvera depois do dissídio conjugal; é que ele tinha maiores possibilidades de trazer as informações sobre tais documentos, encargo de que não se desincumbira.[155]

Idêntica consideração foi feita em ação indenizatória em que a concubina pedia a restituição da metade dos gastos feitos na construção de um imóvel. Ali o varão, que era casado, aludira que a reforma ocorrera antes de instituir àquela sociedade de fato, atendendo-se apenas a demonstrar essa situação; mas sem utilizar-se, como devia pela teoria da carga dinâmica, de notas e recibos de compra de material e mão de obra que estavam à exclusiva disposição dele, portanto melhor aparelhado para dita prova.[156]

Em tudo tem soberana importância a atuação judicial espontânea, de que já se tratou antes.

A angularização da demanda costuma representar as partes nas esquinas inferiores de um triângulo, e o juiz em canto sobranceiro; a figura significa a posição equidistante e imparcial que o magistrado mantém, cabendo-lhe a direção da refrega travada, para uma final dicção.

Embora veneração ao dogma das garantias constitucionais, sempre ressaltado por benquisto núcleo de operadores jurídicos e que coloca a mudez como conduta legal e democrática do decisor, não proclama heresia o entendimento que abraça versão contrária nas questões de família e nas transgressões penais.

É que ali o juiz dispõe de poderes e atribuições que não são próprios aos outros julgadores, e se ampliam com outra índole investigatória na

---

[154] TJRS, 8ª Câmara Cível, AC 70009786419, rel. Des. Rui Portanova, j. 03.03.05.
[155] TJRS, 8ª Câmara Cível, AGI 70016662929, rel. Des. Rui Portanova, j. 05.10.06.
[156] TJRS, 8ª Câmara Cível, AC 70011527827, rel. Des. Rui Portanova, j. 24.11.05.

busca firme e direta da verdade escondida nos fatos; deixa de ser mero condutor do debate, como deseja o sistema dispositivo, para intervir com prudência e parcimônia na devassa da causa.

O juiz moderno não é espectador inerte ou **convidado de pedra**, como ensina a literatura, mas está munido de faculdades que permitem imiscuir-se no comando de diligências que favoreçam a persuasão, sem ficar refém da apatia dos litigantes.

A transição do liberalismo individualista para o Estado Social de Direito assinala-se por substancial incremento na participação dos órgãos públicos na vida da sociedade; e no plano processual o fenômeno se traduz pela intensificação da atividade do juiz, cuja imagem já não se contém no arquétipo do observador distante e impassível da refrega dos digladiantes, ou simples fiscal incumbido de vigiar um jogo e apontar o vencedor.

Como a cena nem sempre está iluminada, ou por que aos demandantes interessa deixar acontecimentos na sombra, seja ainda por eventual insuficiência na proposta da pretensão, justifica-se o uso diligente de alguns poderes de maneira mais espaçosa, notadamente quando se cuidam direitos indisponíveis.

Acentue-se, como frisado, que para alguns juristas essa atitude se reveste de natureza complementar em relação às partes, a quem toca, por gênese, o cumprimento dos ônus do processo; e que deve ser manejada apenas quando o conteúdo ofertado se revele carente e frágil para formar justa convicção.

A crescente publicização do processo, a instrumentalidade e efetividade constituem a tônica da nova ciência processual, que vislumbra o direito de ação como garantia cívica da justiça na missão de alcançar resultados práticos e eficientes, centrados no princípio do acesso à justiça.

Nesse sentido, o Superior Tribunal de Justiça observa que na fase atual do Direito de Família não se justifica o fetichismo de normas ultrapassadas em detrimento da verdade real, tendo o julgador a iniciativa probatória quando presentes razões de ordem pública e igualitária, como nas ações de estado; ou quando o juiz se encontre hesitante com o contexto produzido, ou haja significativa desproporção econômica ou sociocultural entre os demandantes.

O ativismo judicial, resguardada a imparcialidade, e genuflexo ao contraditório atende ao perfil do processo contemporâneo.

O ativismo judicial, que não deve ser confundido com a odiosa inquisição judicial, é um fenômeno que tomou fôlego na Europa a partir do código austríaco, quando a ideia de Estado (juiz) como mero espectador da batalha entre as partes foi gradativamente sendo superada com o reconhecimento da função pública da jurisdição; para aproximar a decisão da realidade, passa-se a tolerar e num momento posterior também exigir um maior comprometimento do juiz com a causa.[157]

As partes escolhem os limites da atuação judicial, formatando o objeto litigioso, eis que o princípio dispositivo conserva aos litigantes a possibilidade de eleger as matérias a colocar sob a apreciação judicial, consagrando a autonomia privada; e o provimento final, por tais razões, atém-se ao pedido formulado, sob pena de incorrer em vícios de *ultra*, *citra* ou *extra petita*.[158]

Pois além da justa aplicação das normas de direito material e a efetiva participação das partes no contraditório impõe-se a efetividade da tutela dos direitos, eis que a neutralidade é um mito; e a inércia do juiz ou abandono do processo à sorte que as partes derem não é compatível com os valores do Estado atual.[159]

Com precisão, acentua-se que o juiz inerte torna-se parcial ao assistir, como o espectador de um duelo, o massacre de uma das partes; ao intervir tem a função de impedir que um dos litigantes se torne vencedor da ação, não por causa do direito afirmado, mas porque é economicamente mais favorecido que o outro hipossuficiente, sem possibilidade de demonstrar o direito que efetivamente tem; o processo almeja declarar o direito da parte, e não para dele ser retirada, dando-o a quem não o possua.[160]

Corrigindo grande parte dos disparates provocados pela adoção de um regramento completamente rígido, que fere os dispositivos constitucionais, déspota a moderna teoria onde o ônus da prova pode recair tanto no autor como no réu, a depender das circunstâncias do caso e da situação processual de cada uma das partes. Ao magistrado se permite um juízo de ponderação, e, mediante decisão motivada, respeitadas as garantias constitucionais asseguradas às partes, modificar a regra de distribuição do ônus, fazendo incidir sobre a parte que tem o controle dos meios de prova, e com melhores condições de produzi-la a contento, ou seja, apta para trazer aos autos a prova capital que descortinaria a verdade dos fatos controvertidos. É insustentável que a parte melhor aquinhoada deixe de fazê-lo por mero apego ao formalismo, o que não se coaduna com o processo moderno.[161]

---

[157] USTÁRROZ, Daniel. *Prova no processo civil*. Porto Alegre: Verbo Jurídico, 2007, p. 25.

[158] Idem, p. 25.

[159] MARINONI, Luiz Guilherme; ARENHART, Sérgio Cruz. *Comentários ao Código de Processo Civil*. São Paulo: Revista dos Tribunais, 2000, v. V, t. 1, p. 192.

[160] WAMBIER, Teresa Arruda Alvim. *O ônus da prova*. Brasília, Revista Jurídica Consulex, n° 200, p. 40.

[161] AZEVEDO, Antonio Danilo Moura de. *A teoria dinâmica de distribuição do ônus da prova no direito processual brasileiro*. Jus Navigandi, Teresina, 11.08.07. Disponível em <http:jus2.uol.com.br/doutrina/texto.asp?id=10264> Acesso em 08.08.08.

Também se assevera que é necessária a defesa do núcleo essencial dos direitos fundamentais, cabendo ao legislador **atender ao critério da razoabilidade**.[162]

Daí se segue que não pode o juiz, no âmbito probatório, entregar-se totalmente à **pesquisa da verdade dos fatos** alegados, como se fosse parte suplicante ou suplicada, mas manterá sua imparcialidade, que constitui a essência do ato de julgar, pois se tentasse substituir as partes na pesquisa e na demonstração da verdade, correria o risco de proferir decisões parciais e apaixonadas.[163]

O fenômeno da **constitucionalização do processo civil**, que aconselha a releitura de institutos fundamentais à luz da Carta Federal, veio a contribuir para o fortalecimento dos poderes do juiz na direção e instrução do processo, pois, para se lograr a efetividade, é de rigor que tais atribuições sejam endereçadas.

Com efeito, a postura burocrática e protocolar do juiz, que tecnicamente não se assemelha a qualquer outro funcionário ou servidor público, pois detém parcela do poder do Estado e o representa perante a sociedade, entra em conflito aberto com as tendências atuais do processo civil, devendo ser afastada, **já que não se concebe que a parte seja prejudicada pelo apego ao fetichismo das formas e à dogmática tradicional**.[164]

A atividade probatória do juiz é plena em ação que versa sobre direitos indisponíveis, podendo determinar a realização de provas *ex officio*, independentemente de requerimento da parte ou interessado e até mesmo contra a vontade daquela.[165]

6. A pessoa vulnerável

Um forte surto de meningite na Nigéria proporcionou experimento de droga fabricada por conhecida multinacional farmacêutica, ainda não aprovado em seu país de origem, o que levou à morte de onze crianças, enquanto outras duzentas ficaram surdas, cegas ou aleijadas; assim também acontecera com indivíduos saudáveis, recrutados na Estônia ou entre refugiados daquele país, levados para clínica suíça em troca de dólares

---

[162] MENDES, p. 475/476.

[163] MIRANDA, Vicente. *Poderes instrutórios do juiz do processo civil brasileiro*. São Paulo: Saraiva, 1993, p. 216/217.

[164] LOPES, João Batista. *A prova no direito processual civil*. São Paulo: Revista dos Tribunais, 1999, p. 162/163.

[165] NERY JÚNIOR, Nelson. *Código de Processo Civil Comentado*. São Paulo: Revista dos Tribunais, 1996, p. 555.

e empregados como cobaias em variadas análises; ou negros americanos tuberculosos tratados com placebos apenas para testar sua resistência à doença, e que sucumbiram.

O uso de seres humanos em pesquisas de produtos fabricados por poderosas empresas é fato recorrente, explorado pelo cinema e pela literatura; mas sofre forte assédio contemporâneo dos órgãos sanitários e de entidades internacionais, em proteção aos indivíduos desprotegidos, não só pela conduta aética que comanda tais ensaios, mas em proteção da dignidade dos sujeitos envolvidos.

Assim, recentes diretrizes de organizações médicas exigem uma justificativa especial para convidar pessoas *vulneráveis* a servir como sujeitos das pesquisas, e, caso escolhidos, devem ser aplicados recursos de proteção de seus direitos e bem-estar.

Vulnerabilidade é uma palavra de origem latina, derivando de *vulnus (eris)*, que significa "ferida", sendo irredutivelmente definida como suscetibilidade de ser ferido, significação etimológico-conceitual, originária e radical que se mantém em todas as evocações do termo, na linguagem corrente ou especializada, tendo surgido por vez primeira no Relatório Belmont; nele, a classificação se estendia tanto às pessoas singulares como populações, querendo dirigir-se aos que se encontram numa situação de exposição agravada e que possam vir a ser *feridas*, isto é, ser prejudicadas nos seus interesses pelos interesses de outrem no âmbito das pesquisas biomédicas; e, mais especificamente, nas experimentações humanas.[166]

De acordo com a filosofia de Lévinas, toda subjetividade é uma relação com o outro, na dependência ao outro que o faz ser; a subjetividade é, pois, originária e irredutivelmente dependência, exposição ao outro, e, assim, vulnerabilidade; isso não acontece apenas no plano ontológico, como sua identidade substancial, mas no plano ético, como apelo a uma relação não violenta entre o eu e o outro, na face a face, onde o eu, na sua vulnerabilidade, apresenta-se como resposta não violenta à eleição do outro que o faz ser.[167]

Lévinas aponta para o transcender-se para o outro, numa relação imperiosa que denomina **alteridade** e o faz sem privilegiar o universo utópico kantiano, mas o aqui e agora da vida comunitária, unindo transcendência com cotidianidade, razão e prática; destarte, a relação com o outro seria efetuada no face a face e o sentimento de alteridade não mais gerado pela forma ou natureza dos seres, mas revelado pela epifania do rosto do outro, assim, a missão de cada ser humano não seria *ser*, mas *ser*

---

[166] NEVES, M. Patrão. Sentidos da vulnerabilidade: característica, condição princípio. In: *Revista Brasileira de Bioética*. Brasília: Sociedade Brasileira de Bioética, 2006, v.2. nº 2, p. 158.

[167] Idem, p. 163.

para, aonde o modelo *um-para-outro* quebra a hegemonia do ser egóico e propõe a construção de uma sociedade humanizada pela fraternidade.[168]

No mesmo sentido, Hans Jonas chama atenção para a relevância filosófica da vulnerabilidade que entende como caráter perecível de todo o existente: sendo o existente, todo o ser perecível, isto é, finito, mortal, e assim vulnerável, situando-se a reflexão apenas no plano ético, pois a vulnerabilidade apela para um dever, ou uma resposta ética, à responsabilidade do outro perante a ameaça de perecimento do existente; essa meditação, para o filósofo, não se reduz apenas às relações interpessoais, mas a todos os viventes, num irrecusável alargamento ao plano animal, vegetal e ambiental; mas a dimensão é mais específica aos homens que mais podem e mais devem, pelo que, apesar de toda a natureza ser vulnerável, é apenas a pessoa humana que tem poder de destruir todo o existente, e a quem compete a responsabilidade de zelar pela vulnerabilidade, de responder de modo proporcional ao seu poder, de cumprir o seu dever de solicitude face à ameaça; constitutiva do ser humano, a vulnerabilidade é irredutível e inalienável; a vulnerabilidade exprime, assim, o modo de ser do homem, a sua humanidade, e exige um modo específico de agir na resposta não violenta de cada um ao outro, uma ação responsável e solidária, instaurando uma ética de fundamentação antropológica, eis que o modo de agir decorre do modo como somos e como queremos ser; e a nossa comum vulnerabilidade instaura um sentido universal do dever na ação humana.[169]

Denominam-se *pessoas vulneráveis*, então, os seres de relativa ou absoluta incapacidade de proteger seus proveitos ou que não tenham poder, inteligência, educação, recursos, forças ou outros atributos necessários a garantir suas conveniências.

Desta forma, a principal característica da vulnerabilidade é a liberdade limitada para consentir ou recusar-se a participar da experiência, aí se incluindo os que observam alguma subordinação, como os militares e os estudantes; pessoas idosas, com reconhecida senilidade, residentes em asilos ou abrigos; os beneficiários da previdência ou da assistência social; as pessoas pobres e desempregadas; os pacientes de salas de emergência; alguns grupos étnicos e raciais minoritários; os sem-tetos, nômades, refugiados ou pessoas deslocadas de seu meio; os prisioneiros e as comunidades ignorantes dos conceitos médicos modernos.

Ou seja, todos os que podem ser cooptados pela sedução financeira ou instigação da sobrevivência fácil.

---

[168] SIQUEIRA, José Eduardo. Ensaio sobre a vulnerabilidade humana. In: *Revista Brasileira de Bioética*. Brasília: Sociedade Brasileira de Bioética, 2006, v. 2, n° 2, p. 233.

[169] NEVES, p. 164-167.

Outros protocolos acrescentam, também, a capacidade inadequada para discernir a proposta em termos éticos ou científicos; a infraestrutura local deficiente; o pessoal não treinado; a reduzida capacidade técnica para realizar a pesquisa; a limitada disponibilidade dos cuidados de saúde e tratamento fora do ambiente onde se realiza a atividade; ou a ausência de uma afetiva supervisão do exame.

A maior ou menor vulnerabilidade das pessoas ou países se deduzirá da presença numérica destes elementos no caso concreto; motivo por que os bioeticistas se batem pela proteção à saúde e à oferta de cuidados adequados e coletivos, por uma melhor qualidade de vida e a concentração de recursos em políticas que permitam expectativa de vida e respeito.

Hoje, perspectivada em função de uma relação social, cultural, política e econômica desigual e, como consequência de uma **relação de desigualdade**, a vulnerabilidade pode manifestar-se de modo individual ou coletivo, entre indivíduos, entre diferentes grupos, culturas ou etnias, ou mesmo entre países; e **proteger a vulnerabilidade nas relações assimétricas é uma evidência do Direito**, eis que basicamente institucionalizado na forma de proteger os seres humanos vulneráveis, como no Direito Civil na proteção de menores e incapazes; ou no Direito Penal com respeito à proteção das pessoas que por condição ou circunstâncias são ou estão vulneráveis ou à penalização das intervenções arbitrárias, não consentidas.[170]

Portanto, a vulnerabilidade manifesta uma relação assimétrica entre o fraco e o forte, o que demanda um compromisso eticamente adequado de que o mais poderoso proteja o mais fraco.[171]

A ideia de pessoa vulnerável transcendeu ao âmbito médico, invadiu outros campos do saber e hoje ilumina alguns ordenamentos jurídicos, como ocorre nas relações de consumo ou familiares, os movimentos de proteção dos direitos fundamentais, as diferenças de gênero e sexo, setores onde a hipossuficiência é fator frequente.

Ora, consabido que nas refregas judiciais envolvendo questões familiares é notória a hipossuficiência de uma das partes em relação à outra, o que a faz vulnerável ao confronto com o outro litigante, mais forte e melhor apetrechado.

A vulnerabilidade de menores, mulheres e idosos na pugna forense é evidente em muitos casos, o que faz prever uma decisão pouco equânime e até injusta, exigindo uma recomposição das forças pela intervenção judicial, e uso da teoria dinâmica da prova, como expresso antes.

---

[170] NUNES, Lucilia. Usuários dos serviços de saúde e os seus direitos. In: *Revista Brasileira de Bioética*. Brasília: Sociedade Brasileira de Bioética, 2006, v. 2, nº 2, p. 215.

[171] Idem, p. 215.

Também é imperioso naqueles casos, em genuflexão à transdiciplinaridade dos saberes contemporâneos, a aplicação simétrica do conceito da vulnerabilidade tão apreciada na esfera biomédica.

7. Conclusão

Há um consenso entre os civilistas de que o **direito de família** é uma das disciplinas jurídicas que mais sofreu **mutações** nestes últimos tempos; e isso porque os fatos que regulamenta ficaram insubmissos, logo buscam a alforria legal e acomodação no ordenamento; e em seguida, mal ingressados na aceitação e bonomia, de novo se aceleram, enfeitando-se de novidades que obrigam outras tutelas, e assim para diante.

Ou seja, embora a prudência que sempre atrasa a vigência de uma regra jurídica, o atropelo voraz dos acontecimentos e a mudança quase cotidiana dos costumes familiares põem em discussão outros paradigmas que tornam dinâmico esse ramo da erudição privada.

Também porque a família é o oceano onde navegam as caravelas dos afetos, mas porto onde desembarcam os golpes da decepção e da crueldade; pois o amor também se desarranja, desafeiçoa-se, fica impiedoso; e suas feridas exalam desilusão e ressentimentos, afetando a melodia da congruência do tecido humano.

Ao desvelar frequências sonoras que sintonizavam no final do século passado com as portas de novos horizontes instigantes, respeitável doutrina alertava que a técnica engessada das fórmulas acabadas não transforma o tema em algo perdido no ar quando ensinar é percorrer a geografia do construir; não se devendo conviver com atitude de indiferença ou renúncia a uma posição avançada na inovação e mesmo na revisão e superação dos conceitos, mas contribuir abertamente para fomentar questionamentos e fazer brotar uma inquietude que estimule o estudo e a pesquisa comprometidos com seu tempo e seus dilemas.[172]

Há bem pouco, a família era objeto das piores imputações; uma juventude sôfrega de liberdade a tinha como instância alienante, os rebeldes denunciavam sua estrutura de dependência concebida nos moldes feudais, associando-a habitualmente aos grilhões da propriedade e da dominação repressiva; houve uma rotação completa nisso tudo, pois na escala de valores a família deixou de ser o circuito de onde se procurava escapar mais cedo, eis que os jovens, agora, ficam anos morando com os pais; e em geral os adolescentes manifestam perfeito entendimento com os pais;

---

[172] FACHIN, Luiz Edson. *Elementos críticos do Direito de Família*. Rio de Janeiro: Renovar, 1999, p. 2.

é a única instituição pela qual a maioria dos europeus afirma estar pronto para sacrificar, se possível, a própria vida.[173]

O jurista não se deve acanhar em enfrentar os desafios que a modernidade lhe propõe, nem claudicar nos processos obstativos criados para escurecer sua visão periférica, identificando encruzilhadas e nós; e como historiador ponderar a seriedade de suas fontes primárias, mergulhando com seu descortino nas interrogações do problema, como o minerador que busca com compulsão a pedra preciosa.

Não há óbice legal ao uso da teoria da prova dinâmica no âmbito das questões de família, estando a intervenção judicial para equacionar o debate suportada por diversos princípios e normas contidos na legislação processual.

É auspiciosa a notícia de que já tramita no Congresso Nacional projeto de lei que acrescenta um parágrafo ao artigo 333 do CPC, conferindo atividade ao julgador a distribuição equânime da prova, em respeito à teoria das cargas probatórias dinâmicas.[174]

---

[173] LIPOVETSKY, Gilles. *A sociedade pós-moralista*. Barueri: Manole, 2005, p.136-137.

[174] Art. 333. O ônus da prova incumbe:
(...)
§ 2º É facultado ao juiz, diante da complexidade do caso, estabelecer a incumbência do ônus da prova de acordo com o caso concreto.

Capítulo III – A incomunicabilidade dos frutos e a congruência das normas de família e sucessões

1. Notas iniciais

Uma das ideias proeminentes na ciência jurídica é a de uma concepção sistêmica do direito, como teoria interdisciplinar constituída por unidades uniformes, o que provém da biologia e do desenvolvimento cibernético, embora já pensada pelos filósofos gregos.

Assim, o sistema jurídico está constituído por diversos institutos organizados harmoniosamente, com coerência interior, ou seja, uma correta adequação entre o todo e as partes que o compõem.

A ideia de sistema jurídico encontra fundamento no princípio da justiça e de suas concretizações no princípio da igualdade e na tendência para suas generalizações, devendo traduzir e efetuar a adequação valorativa e a unidade interior da ordem jurídica, daí devendo ser afastados dele todos os conceitos que não cumpram esse papel.[175]

Frente a tais objetivos, segundo o mestre germânico, devem ser afastados todos os conceitos que não cumpram o duplo papel, a de realização da adequação valorativa e da unidade interior, como as teorias do sistema externo, da pureza dos conceitos fundamentais, da jurisprudência de conceitos, do sistema axiomático-dedutivo ou da conexão dos problemas;[176] mas uma ordem axiológica ou teleológica, no sentido mais lato da realização de escopos e valores, ancorada em princípios gerais do Direito, todos sem pretensão de exclusividade, mas com restrições recíprocas que se materializam através de outros subprincípios e valorações singulares;

---
[175] CANARIS, Claus Wilhelm. *Pensamentos sistemático e conceito de sistema na ciência jurídica.* 2ª ed. Lisboa: Fundação Calouste Gulbenkian, 1996, p. 26.
[176] Idem, p. 26-66.

sistema, contudo, que deve ter abertura e mobilidade; e de onde redunde a possibilidade de uma interpretação sistemática.[177]

Em outras palavras, a validade do sistema jurídico assenta-se sobre valores, mostrando-se a inegável concorrência de múltiplos elementos axiológicos em todas as construções jurisprudenciais, o que indica um pluralismo democrático: o Direito é, assim, interativo, e seu sistema não se constrói somente com estritos contornos, pois o drama da completude não resiste à constatação de que lacunas e contradições acompanham as normas, como sombras irremovíveis.[178]

Isso importa em considerar o **sistema jurídico** como uma rede axiológica e hierarquizada topicamente de princípios fundamentais, de normas estritas (ou regras) e de valores jurídicos cuja função é a de, evitando ou superando antinomias em sentido amplo, dar cumprimento aos objetivos justificadores do Estado Democrático, assim como se encontram consubstanciados, expressa ou implicitamente, na Constituição;[179] isso vem a constituir a razão e a necessidade de uma **interpretação sistemática**, que consiste em operação tópica em que se atribui determinada e preferencial significação, dentre as várias possíveis, aos princípios, regras e valores jurídicos, hierarquizados em um todo aberto.[180]

O sistema, destarte, pode ser visto sob duplo enfoque, seja como conhecimento ou como objeto, aceitando-se uma **ordem interna** e uma **unidade finalística**, o que dá sentido axiológico aos princípios usados; princípios que acabam por aglutinar as normas que enfeitam o sistema jurídico; repita-se que constitui um **aberto** e **incompleto**, daí a possibilidade de sua mudança futura.

O ordenamento jurídico tem, portanto, uma **unidade,** todavia relacionada com uma norma fundamental com que se relacionam, direta ou indiretamente, todas as outras normas; constitui um **sistema**, ou seja, é uma **unidade sistemática**, uma **totalidade** ordenada em um conjunto de entes entre os quais há certa ordem, entes que se relacionam entre si, mas também com o todo, numa **relação de coerência**; assim, só há sistema quando as normas que o compõem guardam entre si uma **coerência** que as relaciona.[181]

Os princípios, assim, aglutinam as normas que enfeitam ao sistema jurídico, que é aberto, pois incompleto, daí sua evolução e posterior modificação.

---

[177] CANARIS, Claus Wilhelm. *Pensamentos istemático e conceito de sistema na ciência jurídica.* 2ª ed. Lisboa: Fundação Calouste Gulbenkian, 1996, p. 66-197,

[178] FREITAS, Juarez. *A interpretação sistemática do Direito.* 4ª ed. São Paulo: Malheiros, 2004, p. 38-39.

[179] Idem, p. 61.

[180] Idem, p. 83.

[181] BOBBIO, Norberto. *Teoria do Ordenamento Jurídico.* 9ª ed. Brasília: Editora Universidade de Brasília, 1997, p. 71.

Não se descarte para o ordenamento uma visão estrutural, o que facilita a aplicação de seus conteúdos, tudo compreendido numa lógica organizada.

Na gramática do Direito, segundo feliz imagem, as normas sempre desempenham o papel de orações subordinadas ao sistema de valores e princípios constitucionais,[182] pois como o sistema tem vazios que necessitam preenchimento, a estrutura hierárquica do ordenamento acaba por vincular-se com a teoria da interpretação.

Qualquer comunicação pode ensejar uma ou outra situação: ou as palavras e expressões utilizadas são suficientemente claras, gerando uma *situação de isomorfia*, ou criam-se dúvidas quanto ao sentido dos vocábulos; a primeira situação raramente acontece na prática jurídica, eis que nela avultam mais frequentemente ambiguidades ou imprecisões e uso de conceitos indeterminados, que levam inexoravelmente à **interpretação**.[183]

Interpretar não é apenas compreender, mas mostrar algo, o que se faz através de uma **mediação**, transformando uma expressão em outra, visando a tornar mais compreensível o objeto ao qual a linguagem se aplica; da interpretação do texto surge a norma, ela *mostra algo*, ela consiste em **concretar a lei** em cada conhecimento, criando uma equação entre aplicação e interpretação, aonde o intérprete discerne o sentido do texto a partir de um determinado dado;[184] interessa sublinhar ainda, que a interpretação é meramente *convencional*, eis que não tendo uma realidade objetiva com a qual possa ser confrontada, o seu resultado, inexiste uma interpretação objetivamente verdadeira.[185]

Interpretar, especialmente uma norma constitucional, é atribuir um significado a um ou vários símbolos linguísticos escritos com o fim de se obter uma solução de problemas normativo-constitucionalmente fundada, e que se desenrola em três dimensões: a) procurar o *direito* contido nas normas constitucionais; b) buscar a *adstrição* de um significado a um enunciado ou disposição linguística; c) conseguir o *produto* do ato que é interpretar o significado atribuído.[186]

Cuida-se de uma **densificação da norma**, onde **densificar** é preencher, completar e precisar o espaço normativo de um preceito constitucional, especialmente carente de concretização, a fim de tornar possível a solução dos problemas concretos; densifica-se ou preenche-se uma norma

---

[182] PASQUALINI, Alexandre. *Hermenêutica e Sistema Jurídico*. Porto Alegre: Livraria do Advogado, 1999.

[183] GRAU, Eros Roberto. *O direito posto e o direito pressuposto*. São Paulo: Malheiros, 1996, p. 152.

[184] Idem, p. 153, referindo lição de Gadamer,

[185] Idem, p. 155, adotando opinião de Zagrevelsky.

[186] CANOTILHO, J. J. Gomes. *Direito Constitucional e Teoria da Constituição*. 7ª ed. Coimbra: Almedina, 2006, p. 1200.

ou seu espaço normativo, tornando possível sua concretização e aplicação ao caso vertente.[187]

Em vista da *abertura* da norma ou de sua incompletude, há uma delegação ao legislador, ao juiz ou ao administrador, um espaço de conformação ou discricionariedade.

2. A Constituição e os outros ordenamentos

A Constituição é a norma fundamental que dá unidade e coerência à ordem jurídica, necessitando ela mesma ter tais características, com a superação de contradições íntimas, através de uma lógica dialética de síntese, e não lógica de exclusão.

Assim, a interpretação constitucional garante uma visão unitária e coerente, cabendo ao hermeneuta procurar as recíprocas implicações entre os princípios, os preceitos e as normas, para chegar a uma vontade singular do Estatuto Supremo.

Como é problemática a questão de se achar um **método justo** único para a exegese constitucional, melhor admitir-se um *conjunto de métodos* desenvolvidos pela doutrina e pela jurisprudência com base em critérios e premissas diversas, seja filosóficas, metodológicas, epistemológicas etc., e que se revelam complementares.[188]

Entre eles, o método jurídico ou hermenêutico clássico, que considera a interpretação da Constituição como a de uma lei, através de regras tradicionais de hermenêutica; o método tópico-problemático, onde o intérprete considera vários pontos de vista (*topoi*), sujeitos à prova de opiniões diversas, a fim de descortinar o mais conveniente; o método hermenêutico-concretizador, que se baseia numa *pré-compreensão* do texto pelo intérprete; o método científico-espiritual ancora a interpretação, busca o sentido e a realidade de uma lei e sua integração espiritual com a realidade comunitária; o método jurídico-normativo estruturante que investiga as razões da realização do direito constitucional, para concretizar uma decisão prática, considerada a estrutura da norma; e a interpretação comparativa, que leva em consideração o elemento histórico em vários ordenamentos que atribuíram os significados linguísticos.[189]

---

[187] CANOTILHO, J. J. Gomes. *Direito Constitucional e Teoria da Constituição*. 7ª ed. Coimbra: Almedina, 2006, p. 1201
[188] Idem, p. 1210.
[189] Idem, p. 1210-1214.

Em regra, as normas constitucionais são sempre consideradas coesas e imbricadas, jamais se podendo tomar uma regra de forma isolada, mas em convívio harmônico e lógico com as demais prescrições.

Por outro lado a interpretação deve ser a que mais contribua para a integração social, em respeito à unidade axiológica, como um verdadeiro dever ser, tanto que as mudanças dos fatos podem provocar alterações na interpretação constitucional.

Não se desconhece afirmação do Supremo Tribunal Federal de que a existência de hierarquia entre as normas constitucionais originárias, dando azo de uma em relação a outras, é incompossível com o sistema de Constituição rígida,[190] além de afrontar o princípio da unidade constitucional.

Todavia, a leitura do dispositivo deve mirar o espelho desse princípio, extraindo dele as sequelas que acabem por abonar a intenção deste trabalho.

A Constituição é a norma fundamental que dá unidade e coerência à ordem jurídica, necessitando ela mesma ter as mesmas características, com a superação de contradições, não através de uma lógica de exclusão de uma parte a favor da outra, mas de uma lógica dialética de síntese, através de uma solução de compromisso.

Daí que a interpretação constitucional deve garantir uma visão unitária e coerente do Estatuto Supremo e de toda a ordem jurídica.[191]

Isso significa que o Direito Constitucional deve ser interpretado evitando-se contradições entre suas normas, sendo insustentável uma dualidade de constituições, cabendo ao intérprete procurar recíprocas implicações, tanto de preceitos como de princípios, até chegar a uma vontade unitária da *Grundnorm*.

Como consequência desse princípio, as normas constitucionais devem sempre ser consideradas como coesas e mutuamente imbricadas, não se podendo jamais tomar determinada regra isoladamente, pois a Constituição é o documento supremo de uma nação, estando as normas em igualdade de condições, nenhuma podendo se sobrepor à outra, para afastar seu cumprimento, onde cada norma subsume-se e complementa-se com princípios constitucionais, neles procurando encontrar seu perfil último.[192]

O princípio da unidade da ordem jurídica considera a Constituição como o **contexto superior** das demais normas, devendo as leis e normas

---

[190] STF, ADIn nº 815/DF, rel. Min. Moreira Alves, DJU 10.05.96.

[191] MAGALHÃES FILHO, Glauco Barreira. *Hermenêutica e unidade axiológica da Constituição*. Belo Horizonte: Mandamentos, 2001, p. 79.

[192] BASTOS, Celso Ribeiro. *Hermenêutica e interpretação constitucional*. São Paulo: Celso Bastos Editor, 1999, p. 102-104.

secundárias ser interpretadas em consonância com ela, configurando a perspectiva uma subdivisão da chamada interpretação sistemática.[193]

Como corolários desta unidade interna, mas também axiológica, a Constituição é uma integração dos diversos valores aspirados pelos diferentes segmentos da sociedade, através de uma fórmula político-ideológica de caráter democrático; daí *deve a interpretação ser aquela que mais contribua para a integração social* (princípio do efeito integrador), como ainda que lhe confira maior eficácia, para prática e acatamento social (princípio da máxima efetividade).

Ou seja, a interpretação da Constituição deve atualizá-la com a vivência dos valores de parte da comunidade, de modo que os preceitos constitucionais obriguem as consciências (princípio da força normativa da Constituição).[194]

A respeito, é preciso que a Constituição não configure apenas a expressão de um ser, mas também de um dever ser, significando mais do que simples reflexo das condições fáticas de sua vigência, particularmente as forças sociais e políticas, mas graças à pretensão de eficácia, ela procura imprimir ordem e conformação à realidade política e social.

A norma constitucional somente logra atuar se procura construir o futuro com base na natureza singular do presente, mostrando-se eficaz e adquirindo poder e prestígio se for determinado pelo princípio da necessidade; e assentando-se na sua vinculação às forças espontâneas e às tendências dominantes do seu tempo, o que possibilita seu desenvolvimento e sua ordenação objetiva, convertendo-se a Constituição, assim, na ordem geral objetiva do complexo de relações de vida.

Desta forma, quanto mais o conteúdo de uma Constituição corresponder à natureza singular do presente, tanto mais seguro há de ser o desenvolvimento de sua força normativa.[195]

Arremata o mestre de Freiburg, que a interpretação da Constituição está submetida ao princípio da **ótima concretização da norma**, postulado que não deve ser aplicado apenas com base nos meios fornecidos pela subsunção lógica e pela construção conceitual, mas há de contemplar os fatos concretos da vida, relacionando-os com as proposições normativas da Constituição.

Desta forma, a interpretação adequada é a que consegue concretizar, de forma excelente, o sentido da proposição normativa dentro das condições reais dominantes numa determinada situação.

---

[193] MENDES, Gilmar Ferreira. *Jurisdição constitucional*. São Paulo: Saraiva, 1998, p. 223.
[194] MAGALHÃES FILHO, p. 79-80.
[195] HESSE, Konrad. *A força normativa da Constituição*. Porto Alegre: Sergio Antonio Fabris Editor, 1991, p. 18, *passim*.

Ou seja, uma **mudança das relações fáticas** pode e deve provocar **mudanças na interpretação da Constituição.**

Em síntese, pode-se afirmar que a Constituição jurídica está condicionada pela realidade histórica, não podendo separar-se da verdade concreta de seu tempo, operando-se sua eficácia somente tendo em conta dita realidade.

A Carta não expressa apenas um dado momento, mas, ao contrário, conforma e ordena a situação política e social, despertando a força que reside na natureza das coisas, convertendo-se ela mesma em força ativa que influi em determinada realidade, e que será tanto mais efetiva quando mais ampla for a convicção sobre a inviolabilidade da Constituição.[196]

A norma constitucional é uma petição de princípios e daí a possibilidade de sua **atualização,** cumprindo a interpretação, então mero pressuposto de aplicação de um texto, importante elemento de constante renovação da ordem jurídica, atenta às mudanças acontecidas na sociedade, tanto no sentido do desenvolvimento como ainda quanto à existência de novas ideologias.[197]

Essa coerência e unidade se transferem também para todo o ordenamento, exatamente porque estruturado em sistema cuja arquitetura respeita a conjugação das normas e sua compatibilidade.

Como se disse alhures, a complexidade do ordenamento não afasta sua unidade; não se pode cogitar de um ordenamento, se não for unitário e escalonado, constituindo-se seu núcleo a afirmação de que as normas de um ordenamento **não estão todas no mesmo plano**; há normas superiores e inferiores, estas dependendo daquelas, e subindo-se se chega a uma norma suprema ou **norma fundamental** sobre a qual repousa a unidade do ordenamento, e que por isso dá o caráter unitário a todas, sendo o termo unificador dentro de uma estrutura hierárquica.[198]

Uma dificuldade com que se defrontam os juristas é a possibilidade de se haver normas incompatíveis entre si, o que se denomina **antinomias,** tema que já foi superado desde as fontes romanas, pois é antigo o brocardo de que o *Direito não tolera antinomias;* consiste na relação entre quatro figuras de qualificação normativa (*o obrigatório, o proibido, o permitido positivo e o permitido negativo*).[199]

A incompatibilidade entre as normas somente pode acontecer em três casos: a) entre uma que **ordena fazer** algo e outra que **proíbe fazê-lo**

---

[196] HESSE, Konrad. *A força normativa da Constituição.* Porto Alegre: Sergio Antonio Fabris Editor, 1991, p. 22-24.
[197] BASTOS, p. 54.
[198] BOBBIO, p. 48-49.
[199] Idem, p. 82.

(*contrariedade*); b) entre uma norma que **ordena fazer** e outra que **permite não fazer** (*contraditoriedade*); c) entre uma norma que **proíbe fazer** e outra que **permite fazer** (*contraditoriedade*).²⁰⁰

Como dito, há na ciência jurídica uma **regra de coerência**, pois no sistema não devem existir antinomias, razão da existência de determinadas regras: a) a antinomia entre normas de diferentes níveis, mas dispostas hierarquicamente, em que o juiz será levado a aplicar a norma superior; b) em caso de normas de igual nível, em que a antinomia foi criada pelo legislador, o juiz deve aplicar a norma posterior e eliminar a anterior; c) e sendo as normas antinômicas contemporâneas, não há o dever do juiz de eliminar a antinomia, mas terá, no caso concreto, de aplicar uma e desatender a outra, podendo, até, num fato futuro, inverter o entendimento.²⁰¹

A coerência é assim, para o pensador peninsular, uma condição de **justiça** do ordenamento, e não de validade; ocorrendo duas normas válidas e aplicáveis, o ordenamento não conseguirá garantir nem **certeza**, nem a **justiça**, entendida como igual tratamento a duas pessoas que pertencem à mesma categoria.²⁰²

Em resumo, enquanto os diversos ramos jurídicos guardam respeito e coincidência com a Carta Magna, também entre seus institutos deve haver conciliação e entendimento, sem que os dispositivos de um contradigam contrariem ou se oponham ao de outro.

Há uma compatibilidade vertical com o estamento constitucional, mas no campo horizontal, embora cuidando de temas diversos, deve existir um diálogo razoável entre os institutos que compõem as diversas disciplinas jurídicas.

3. A sistemática do Código Civil

Seguindo a mesma disposição do Código Civil alemão, o catálogo material civil vigente adotou a mesma classificação das matérias dos civilistas germânicos; ou seja, parte geral, obrigações, contratos, coisas, família e sucessões, com o acréscimo de uma parte relativa às empresas, transparecendo, como na legislação alemã, uma formulação mediante conceitos gerais e abstratos, que dão maior liberdade ao juiz, diverso da doutrina francesa, que somente aplaude o que é indiscutível, tornando o magistrado apenas a boca que verbaliza a lei.

---

²⁰⁰ BOBBIO, p. 85.
²⁰¹ Idem, p. 110-112.
²⁰² Idem, p. 115.

De acordo com o que se propôs, todos os livros que compõem o Código, assim, devem manter congruência, permitindo uma leitura consensual pelo intérprete que, ao densificar a norma, usará das ferramentas pertencentes a outras oficinas.

E isso se fará, não apenas no âmbito interno de cada ramo, mas em conjugação com outros em que haja amizade e congraçamento.

4. Uma interpretação congruente

Observe-se o artigo 1.865 do Código vigente, onde se diz que *se o testador não souber, ou não puder assinar, o tabelião ou seu substituto legal assim o declarará, assinando, neste caso, pelo testador, e, a seu rogo, uma das testemunhas instrumentárias.*

Usando-se a interpretação sistemática, conclui-se que *a assinatura é um requisito legal*, e pode ocorrer que o testador seja analfabeto e assim acontecendo o documento será subscrito pelo tabelião ou por alguém a rogo.

Mais adiante, o artigo 1.872 anota que *não pode dispor de seus bens em testamento cerrado quem não saiba ou não possa ler.*

Aplicando-se a mesma técnica, conclui-se que a lei proíbe testamento cerrado em determinados casos, e que uma das hipóteses é ser o testador analfabeto.

Tem-se, portanto, uma contradição de normas, uma oposição ou antinomia.

Ora, parece inquestionável em vista de princípios constitucionais, como o da dignidade da pessoa, que a rigidez do artigo 1.872 deva ser temperada pelo bom senso do artigo 1.865, pois nada mais natural de que uma pessoa seja auxiliada em algo que deseja, mas não pode concretizar, sendo o ato de terceiro fruto da colaboração humana e respeito à solidariedade.

Outro exemplo é a discussão sobre possível inconstitucionalidade na sucessão entre irmãos bilaterais e unilaterais, onde o últimos herdam apenas a metade do que cada um dos irmãos germanos tiver de recolher (CC, art. 841).

Para muitos, o dispositivo fere o artigo 227, § 6º, da Constituição, que assegura a igualdade entre os filhos, havidos ou não da relação do casamento ou adoção.

Assim, deveria haver igualdade de direitos dos filhos com relação à herança dos pais.

Redarguem alguns intérpretes que a igualdade se estabelece entre os filhos nas relações paterno-filiais, mas não aos irmãos entre si.

É que se devem tratar desigualmente os desiguais na medida de suas desigualdades.

Aqui, havendo um duplo laço sanguíneo (pai e mãe) a ligar os irmãos bilaterais, nada mais justo que recebam em dobro do que cabe ao irmão ligado por laço simples ao pai ou à mãe.

Contudo, para outros exegetas, o parentesco não se restringe às pessoas que descendem umas das outras, mas também às que descendem de um tronco comum.

Ou seja, quanto à filiação, que é a relação de parentesco entre pais e filhos, resultam outras relações de parentesco, tanto na linha reta como na colateral, o que abarcaria a relação dos filhos entre si.

Esse entendimento também se aplicaria na sucessão quando não existissem irmãos e houvesse a concorrência entre filhos de irmãos falecidos, tanto de unilaterais como de bilaterais (CC, arts. 1.843, §§ 2º e 3º).

O novo Código, ao repetir prescrições do anterior, estaria consolidando a antiga repulsa à fraternidade unilateral, que era escandalosa e pejorativa no passado, pois traduzia a filiação ilegítima no âmago da família.

Aqui, como se vê, estabelece-se uma linha de congruência entre a Constituição, o Direito de Família e o Direito Sucessório, o que obriga o intérprete ou o juiz, a compatibilizar os princípios e regras específicos.

Na mesma linha, a discussão que se trava entre a possível simetria entre o casamento e a união estável, entidades instituídas pela Carta Magna de 1988, e a discriminação que existe na sucessão do cônjuge ou do companheiro, quanto o parceiro sobrevivo concorra com filhos do casal ou só do autor da herança ou o cônjuge concorra com filhos do matrimônio (CC, arts. 1.790 e 1.832).

5. A incomunicabilidade dos frutos

Essa meditação tem respaldo em situação concreta levada à decisão do tribunal rio-grandense, em que se discutiu a possibilidade da incomunicabilidade estabelecida em testamento atingir também os frutos do patrimônio.

Em disposição de última vontade, a testadora clausulou com o gravame da incomunicabilidade também os frutos resultantes da exploração do patrimônio legado a uma filha, havendo o ex-marido, em sede de separação, questionado a legalidade desta vontade.

Isso oportuniza o uso da interpretação sistemática entre as regras do Direito de Família e o das Sucessões, alertando-se para a congruência entre os dispositivos dos livros respectivos e a inoponibilidade de ônus presente em um deles estender-se ao outro.

Quando se cogita do regime da comunhão parcial, adotado no casamento das partes em debate, afirma-se que entram na comunhão os frutos dos bens comuns (CC/1916, art. 271, V, repetido, em parte, pelo artigo 1.660, V, do credo civil vigente).

Ao cuidar dos bens excluídos da comunhão, no regime da comunhão universal (CC/1916, art. 263), alude-se que a incomunicabilidade dos bens ali enumerados **não se estende aos frutos**, quando se percebam ou vençam durante o casamento (CC/1916, art. 265, hoje art. 1.669).

No direito sucessório revogado se dizia que, embora o direito reconhecido aos descendentes e ascendentes, podia o testador determinar a conversão dos bens da legítima em outras espécies, **prescrever-lhes a incomunicabilidade** (CC/1916, art. 1.723, agora art. 1.849 e parágrafos, com pouca alteração).

Nos dias atuais, a clausulação somente pode ocorrer em vista de justa causa, preceito de difícil concretização, pois indicará motivo às vezes pouco nobre, embora submetido à discricionariedade judicial, e que será, seguramente, de muita discussão judicial.[203]

Eis aqui a oportunidade de conjugar as disposições do direito de família com o direito das sucessões, reafirmando-se que o estatuto material deva manter coerência entre suas normas, que não podem colidir, sob pena de incongruência e rescisão.

As normas civis consagradas no Código privado devem manter harmonia e compatibilidade, para que o ordenamento tenha dignidade jurídica e respeito nacional.

O direito testamentário afirma o direito à imposição de cláusulas restritivas sobre os bens pelo autor da herança; contudo, a regra familiarista consigna que a incomunicabilidade não se aplica aos frutos dos bens, nos regimes matrimoniais que aponta: eis a antinomia.

Assim, a vedação posta para os regimes de bens também se aplica aos frutos dos bens que o testador tenha clausulado com a incomunicabilidade, sendo necessário, embora acaciano, que se diferenciem as acepções de **bens** e **frutos**.

---

[203] GIORGIS, José Carlos Teixeira. A justa causa no novo testamento. In: *Novo Código Civil. Questões Controvertidas*. Coord. Mário Luiz Delgado e Jones Figueiredo Alves. São Paulo: Método, 2004, p. 145-166. A respeito, ainda, texto neste volume sobre a penhora de bem clausulado em ação de alimentos.

Bens são coisas materiais, concretas, úteis aos homens e de expressão econômica, suscetíveis de apropriação, bem como as de existência material, economicamente apreciáveis; constituem o patrimônio da pessoa todos os bens corpóreos e incorpóreos de uma pessoa que tenham valor econômico.[204]

Já **frutos** são as utilidades que uma coisa periodicamente produz, nascendo e renascendo da coisa, sem acarretar-lhe a destruição no todo ou em parte, concretizando-se, assim, pela periodicidade e inalterabilidade da substância principal e a **separabilidade dela**.[205]

Desde logo se percebe que o fruto não faz parte do bem, pois dele é separado, embora pertença ao proprietário (CC, art. 1.232).

Estabelecendo-se uma leitura simétrica dos dispositivos aqui invocados, diz-se que **os bens podem ser incomunicáveis ou comunicáveis**, conforme o regime seguido, e que o testador pode promover a incomunicabilidade dos bens da legítima (CC/1916, art. 271, V, hoje art. 1.660; e CC/1916 art. 1.723, agora art. 1.848).

Destarte, tanto no estatuto civil do passado como no atual, há uma compatibilidade entre o que consta no capítulo referente à família e naquele que dispõe sobre o direito sucessório, podendo-se asseverar com absoluta tranquilidade que são absolutamente **simétricos**.

A leitura se apresenta diversa quanto aos frutos, pois existe regra de restrição na parte referente aos regimes, dizendo que a **incomunicabilidade não pode atingir os frutos** (CC/1916, art. 265, hoje art. 1.669), mas **nenhuma regra permissiva ou restritiva na parte relativa aos testamentos**, que silencia sobre o tema.

Enquanto é pacífico que a incomunicabilidade dos bens afeta tanto ao patrimônio como a sucessão do testador, uma regra solitária sobre os frutos, pontualmente incrustada na parte referente aos regimes do matrimônio, que veda a possibilidade de se tornarem incomunicáveis **não encontra igual ressonância no direito funerário**.

Em outras palavras, há um regramento específico e claro sobre os **bens** do testador; mas quando se trate dos **frutos** somente existe uma norma que os exclui da incomunicabilidade, situada em temas referentes ao casamento.

Bens podem ser tornados incomunicáveis pelo testamento, mas para frutos nada está previsto a respeito, devendo-se ler, para integrar a questão, o único dispositivo atinente, exatamente aquele que torna proibida a incomunicabilidade.

---

[204] GONÇALVES, Carlos Roberto. *Direito Civil Brasileiro. Parte Geral.* 5ª ed. São Paulo: Saraiva, 2007, v. I, p. 239.
[205] Idem, p. 264.

Não pode o intérprete estabelecer uma analogia que fira a justiça e a equidade.

Aqui, a incomunicabilidade dos frutos, que violava o artigo 271, V, do Código revogado (hoje, art. 1.660, V) é como **regra não lida**, que atribui ao testador um direito que não está escrito, o que não ocorre com os bens, estes perfeitamente disponíveis para qualquer restrição.

Não prevendo o texto legal, em vista da unidade e coerência do sistema, deve-se buscar o supedâneo legal existente que poderia ser utilizado e esse impede a disposição feita no caso concreto.

Repita-se, quanto à incomunicabilidade de bens há coincidência e compatibilidade entre os direitos de família e sucessão, mas não quanto aos frutos, onde a única regra remanescente e no sistema dos regimes matrimoniais é absolutamente proibitiva.

É consabido que a liberdade de testar pode ser expressão de arbítrio e prepotência, por sua inutilidade, por prejudicar a circulação dos bens, por constituir fonte de fraudes ou de perseguições.

É como se o testador **continuasse vivo** na gestão de seu patrimônio, prerrogativa que ora se acha temperado pela declaração da justa causa nas disposições de última vontade.

Numa ótica constitucional, a proibição atenta contra o princípio da dignidade da pessoa humana (CF, art. 1º, III), que é afirmação da dimensão física e espiritual da pessoa, valor supremo que não aceita discriminação, pois ela é um ser ético que aspira determinar-se e viver em condições dignas, na forma da justiça social.

6. Conclusões

O exame do caso concreto permite que se estabeleçam algumas conclusões, exatamente em sintonia com as regras de interpretação sistemática.

Assim, para que o sistema privado seja coerente e compatível, é preciso que suas normas não colidam ou se oponham, mas, ao contrário, se harmonizem e conciliem.

Disso decorre que não podem se tornar incongruentes as regras do direito de família e do direito sucessório, mas se imbricar, quando cuidem de tratos comuns.

As normas sobre a incomunicabilidade de bens transitam entre um e outro direito, sem conforto; mas o mesmo não ocorre quando se cogite dos frutos do patrimônio, cuja incomunicabilidade é vedada no cânone matrimonial, sem que no direito hereditário se permita ou proíba sua clausulação.

Numa interpretação sistemática, frente à existência de uma única disposição, e proibitiva no âmbito da família, não se admite possa o testador estender a incomunicabilidade também aos frutos, pois isso acarretaria uma violação da única regra existente, fragilizando a leitura coerente do sistema civil.

É impositiva a conclusão, salvo outro juízo de **que não se podem clausular os frutos.**

A restrição do direito à propriedade e uso pode ter razões pouco dignas, mas seguramente ofende o princípio da dignidade da pessoa humana, valor supremo do ordenamento, que protege a dimensão ética e espiritual do indivíduo.[206]

Como se vê, há possibilidade de se fazer uma integração, não só entre as regras constitucionais e as do direito privado, o que é compulsório, mas também entre as que compõem o próprio ventre do Código Civil.

---

[206] TJRS, Sétima Câmara Cível, APC 70011565496, rel. Des. José Carlos Teixeira Giorgis, j. 13.07.2005.

Capítulo IV – Os conceitos vagos no direito de família

1. Notas prévias

Ao juiz compete, examinado o fato e as circunstâncias, utilizar-se do arsenal positivo, e abrigar o caso concreto a uma das hipóteses catalogadas no ordenamento existente.

E deve fazê-lo motivadamente (CF, art. 93, IX), fundamentando sua decisão na lei, como uma garantia contra o arbítrio e contra a influência de pontos de vista pessoais, para controle do raciocínio do juiz, para a possibilidade técnica de impugnações, para um maior grau de previsibilidade e aumento da repercussão das normas de direito.[207]

Entretanto, embora o juiz esteja atrelado à lei, tem especial exercício de manobra criativa, podendo-se cogitar de decisões diversas, mas toleráveis, em casos similares, o que é aceito pelo sistema.

2. Conceitos vagos ou indeterminados

Em geral, a lei se utiliza de conceitos e definições precisas, como um ano ou patrimônio; e, por outras vezes, de conceitos que linguisticamente têm sido chamados de **conceitos vagos** ou **indeterminados**, que são expressões ou signos cujo referencial semântico não é tão nítido, carecendo de contornos claros, eis que não dizem respeito a objetos fácil, imediata e prontamente identificáveis no mundo dos fatos.[208]

---
[207] WAMBIER, Teresa Arruda Alvim. "Questões de fato, conceito vago e a sua controlabilidade através de Recurso Especial". In: *Aspectos Polêmicos e Atuais do Recurso Especial e do Recurso Extraordinário*, São Paulo: Revista dos Tribunais, 1997, p. 435.
[208] Idem, p. 437.

Ou seja, a lei se serve de conceitos juridicamente indeterminados, ou porque seria impossível deixar de fazê-lo, ou porque não convém usar outra técnica, como se o uso de um termo vago fosse propositado, já que, em certos casos, o seu emprego é aconselhável.[209]

Conceitos legais indeterminados ou conceitos jurídicos indeterminados – preferindo-se os primeiros termos, pois a indeterminação está na norma, e não no fato – são palavras ou expressões indicadas na lei, de conteúdo e extensão altamente vagos, imprecisos e genéricos, e por isso tal conceito é lacunoso e abstrato, que se relacionam com a hipótese de fato posta na causa.[210]

Para a doutrina, não se referem a objetos, mas a significações atribuíveis a uma coisa ou situação, descabendo aceitar-se a indeterminação dos conceitos jurídicos, que são ideias universais, mas apenas de suas expressões ou termos, verdadeiros signos, que são coisas que representam outra coisa ou seu objeto: portanto mais adequado *termos indeterminados de conceitos* e não *conceitos indeterminados*.[211]

Ou seja, é um conceito cujo conteúdo e extensão são incertos em larga medida, mesmo porque conceitos absolutamente determinados são muito raros no Direito; e que contém um núcleo conceitual e um halo conceitual; o núcleo é a noção clara do conteúdo e da extensão, e o halo constitui o local onde as dúvidas começam.[212]

Assim como ocorre com as cláusulas gerais,[213] os conceitos jurídicos indeterminados também têm alto grau de vagueza semântica e reenvio a *standards* valorativos extra-sistemáticos, podendo subdividir-se entre os que aludem a valores e os que referenciam realidades fáticas.

Integram a descrição do "fato" com vistas à aplicação do Direito e embora abertos às mudanças de valorações, por sua inconstância semântica, deve o aplicador averiguar quais são as conotações adequadas e as concepções éticas efetivamente vigentes para determiná-los *in concreto* de forma apta.

O Código Civil brasileiro revogado contemplava uma imensa variedade de conceitos formados por termos ou expressões indeterminadas que dizem com realidades fáticas, tais como coisas necessárias à economia

---

[209] MOREIRA, José Carlos Barbosa. "Regras de Experiência e Conceitos Juridicamente Indeterminados". In: *Temas de Direito Processual*. São Paulo: Saraiva, 1988, p. 64.

[210] NERY JUNIOR, Nelson; NERY, Rosa Maria de Andrade. *O novo Código Civil e legislação extravagante anotados*. Revista dos Tribunais: São Paulo, 2002, p. 5-7.

[211] GRAU, Eros Roberto. *Direito, conceitos e normas jurídicas*. Rio de Janeiro: Forense, 1988, p. 63

[212] ENGISCH, Karl. *Introdução ao pensamento jurídico*. 3ª ed. Fundação Calouste Gulbenkian: Lisboa, 1977, p. 173.

[213] Segundo Engisch, cláusula geral é uma formulação da hipótese legal que, em termos de grande generalidade, abrange e submete a tratamento jurídico todo um domínio de caso (p. 229).

doméstica, reparações urgentes, divisão, cômoda, animais bravios, dinheiro necessário às despesas ordinárias, loucura furiosa, lugar de acesso perigoso ou difícil;[214] ou, atividade de risco, caso de urgência, perigo iminente, necessidade imprevista e urgente, boa-fé, bons costumes, ilicitude, abuso de direito.[215]

Muitos conceitos indeterminados são normativos, embora isto não seja unívoco, como casamento, afinidade, funcionário público, menor, indecoroso, íntegro, indigno, vil e outros semelhantes; e outros descritivos, pois se referem a objetos reais ou objetos que participam da realidade, perceptíveis pelos sentidos, como homem, morte, cópula, escuridão, vermelho, velocidade, intenção.[216]

Como se vê, tais conceitos carecem de um preenchimento valorativo, o que deve ocorrer caso a caso através de atos de validação.

Cabe ao juiz, no momento de fazer a substituição do fato à norma, preencher os claros e dizer se a norma atua ou não no caso concreto; pois completado o conceito indeterminado com base em valores éticos, morais, sociais, econômicos e jurídicos, a solução já está preestabelecida na própria norma legal, competindo ao magistrado apenas aplicá-la, sem exercer nenhuma função criadora.

Na interpretação destes **conceitos vagos,** em se cuidando das hipóteses catalogadas no recurso de agravo (como lesão grave, difícil reparação), o juiz há de dirigir seu processo mental no sentido de encontrar, no caso concreto, a **única solução possível**, declarando se ocorre ou não alguma das situações indeterminadas.[217]

Assim se transmudam em conceitos determinados pela função que têm que exercer no caso concreto, garantindo a aplicação correta e equitativa do preceito, tal como se observa nos conceitos de boa-fé, bom costume, ilicitude, abuso de direito, onde está implícita a determinação funcional como elemento de previsão; eis que o juiz deve dar-lhes concreção atendendo às peculiaridades do termo, tornando-os vivos e resultantes de uma valoração dos conceitos legais indeterminados pela aplicação das cláusulas gerais.[218]

Portanto, há uma subsunção e uma interpretação, não acontecendo qualquer criação de direito por parte do juiz; aqui se diferindo da cláusula geral, que embora possa conter termos indeterminados, exige do julgador uma operação intelectiva mais complexa, concorrendo ativamente para

---

[214] MARTINS-COSTA, Judith. *A boa-fé no direito privado*. São Paulo: Revista dos Tribunais, p. 325-26.
[215] NERY JUNIOR, p. 5.
[216] ENGISCH, p. 174-176.
[217] SALLES, José Carlos de Moraes. *Recurso de agravo*. São Paulo: Revista dos Tribunais, 1998, p. 143.
[218] NERY JUNIOR, p. 5

a formulação da norma, averiguando a possibilidade de enquadramento em uma série de casos-limite na *fattispecie*; bem como a exata individuação das mutáveis regras sociais às quais o envia a metanorma jurídica, além de estimar os efeitos incidentes ao caso concreto, à vista de possíveis soluções existentes no sistema.[219]

Tal fenômeno não se confunde com discricionariedade, que é a possibilidade de escolher, dentro de certos limites, a providência que se adotará, tudo mediante a consideração da oportunidade e da conveniência.

Os conceitos indeterminados integram a descrição do fato, ao passo que a discricionariedade se situa no campo dos efeitos, disto resultando que, nos primeiros, a liberdade do aplicador se exaure na fixação da premissa, já que estabelecida a coincidência ou não entre o acontecimento real e o modelo normativo, a solução está predeterminada; na última, contudo, a própria escolha da consequência fica entregue à decisão do aplicador.[220]

A função exercida pelas regras de experiência, quando se trate de conceitos juridicamente indeterminados, é inconfundível com a função que elas determinam em matéria probatória, seja na formação das presunções, seja na valoração das provas produzidas: aqui são instrumentos da apuração dos fatos, e ali de subsunção, isto é, de operação pela qual os fatos apurados recebem, mediante confronto com o modelo legal, a devida qualificação jurídica.

Uma e outra constituem etapas necessárias e complementares, mas distintas, da motivação do *decisum*.[221]

O conceito jurídico indeterminado, em todas as situações, deve chegar a uma solução verdadeira e justa, apoiando-se sua ideia em definição transcendente de justiça e de verdade, com a crença nas possibilidades do discernimento humano; e sua aplicação, com alto grau de abstração, gera uma pluralidade de opiniões sustentáveis através de argumentos lógicos, que se desdobram da pura interpretação jurídica, para estender-se a juízos de tipo técnico ou de puras valorações fáticas.[222]

O problema da interpretação dos conceitos vagos vem adquirindo cada vez mais importância no mundo contemporâneo, porque se trata de técnica legislativa marcadamente afeiçoada à realidade em que se vive; e que se caracteriza por sua instabilidade, pela velocidade dos fatos com que se transmitem informações, alterando-se verdades sociais, além de

---

[219] MARTINS-COSTA, p. 326-327.

[220] MOREIRA, José Carlos Barbosa. "Regras de experiência e conceitos juridicamente indeterminados". In: *Estudos Jurídicos em homenagem ao professor Orlando Gomes*. Rio de Janeiro: Forense, 1979, p. 612-614.

[221] Idem, p. 613-614.

[222] BARACHO, José Alfredo de Oliveira. *Teoria Geral dos Conceitos Legais Indeterminados*. Santa Cruz do Sul: Revista Direito, n° 9/10, 1988, p. 15.

que desempenham três funções: a) permite-se que se incluam, sob o agasalho da norma, casos em que o legislador poderia não ter pensado e que ficariam fora de seu alcance; b) assegura que uma norma dure mais tempo, pois o conceito vago ou indeterminado é adaptável; e c) aceita que a mesma norma seja aplicada de forma mais justa em um mesmo tempo, mas em lugares diferentes.[223]

Observe-se, ainda, que o uso continuado do conceito vago, durante um longo período, faz com que diminua sua indeterminação, como se amadurecessem, instalando-se certos pressupostos de verdade, conferindo-lhe a estabilidade necessária, pressupostos dos valores de certeza e de segurança.[224]

3. Os conceitos vagos no direito de família

Embora não se venere a afirmação de que os conceitos determinados são raros no âmbito jurídico, é inquestionável que povoam vários ramos daquele saber, não sendo o direito de família imune à regra.

Aliás, a própria ideia de família é plurivalente e vaga, pois entendida ora como célula da sociedade, ou conjunto de indivíduos ligados pela consanguinidade/afinidade; ou indivíduos unidos pelo casamento e pela filiação; mas também comunidade formada pelos pais e seus filhos ou agrupamento natural vinculado por elemento espiritual; ou nicho que realiza o sentido material, intelectual e espiritual da pessoa; ou finalmente espaço de realização do afeto.

Como se vê, a concepção será preenchida pela valoração filosófica ou histórica, antropológica, religiosa ou psicanalítica de cada pensador, embora sabido que se trata da mais antiga de todas as sociedades humanas, além de modelo de organização política.

É que a família repousa na união mais ou menos duradoura e socialmente aprovada de um homem, de uma mulher e de seus filhos, sendo fenômeno universal, presente em todos os povos, não se conhecendo nenhuma sociedade em que ela não tenha desempenhado papel importante.[225]

---

[223] WAMBIER, p. 439.
[224] Idem, p. 445.
[225] ROUDINESCO, Elisabeth. *A família em Desordem:* Jorge Zahar Editor: Rio de Janeiro, 2002, p. 13. Observe-se que a autora, como o signatário, mais adiante admite a possibilidade de entidade familiar constituída por pessoas do mesmo sexo

Sua instituição, que repousa na diferença anatômica, supõe, na mesma proporção, a existência de outro princípio diferencial, cuja aplicação assegura, na história da humanidade, a passagem da natureza à cultura.

O percurso pelo quarto livro do novo credo civil brasileiro deixa à calva inúmeros conceitos abertos, que vão obter a devida crisma pela atividade judicial, no exame do caso concreto.

E de que serão selecionados alguns, como prova de existência.

3.1. Comunhão de vida

A primeira regra material familiarista prescreve que o casamento estabelece comunhão plena de vida, com base na igualdade de direitos e deveres dos cônjuges (CC, art. 1.511); é defeso a qualquer pessoa, de direito público ou privado, interferir na comunhão de vida instituída pela família (CC, art. 1.513).

O subsídio ao léxico revela que comunhão é a ação de fazer algo em comum ou o efeito dessa ação; é a sintonia de sentimentos, de modo de pensar, agir ou sentir; identificação, comparticipação, união; sociedade de bens e interesses que se estabelece entre marido e mulher por força do contrato de casamento.[226]

De início, é necessário apontar alguma perplexidade na qualificação da comunhão, que deve ser plena, o que aparenta contradição ou redundância: é que para haver verdadeira comum união é impostergável que seja absoluta, sem restrições, salvo as que decorram do regime de bens.

No nascedouro do estatuto civil se alertava que a comunhão plena de vida era um conceito ético, operativo, com conteúdo não totalmente definido, verdadeira lacuna interna a ser preenchida pelas normas resultantes de sua concreção, em disposição análoga a de outras cláusulas gerais consignadas no direito civil alemão.[227]

A literatura jurídica adota entendimentos diversos sobre o que seja comunhão plena de vida conjugal, sinais que podem ser considerados de forma isolada no veredicto judicial, para determinar a dissolução da sociedade matrimonial.

Assim, a cláusula geral imbricada na finalidade traz para a família o princípio constitucional da igualdade substancial, que pressupõe o respeito à diferença entre os cônjuges; não se perdendo de vista que, em virtude do entrelaçamento de vidas e da intimidade, o relacionamento abrange

---

[226] HOUAISS, Antonio. *Dicionário Houaiss da Língua Portuguesa*. Rio de Janeiro: Objetiva, 2001, p. 781.
[227] COUTO E SILVA, Clóvis. *Direito patrimonial de família no projeto de Código Civil Brasileiro e no Direito Português*. Revista dos Tribunais, São Paulo, n. 520, p. 20-21

outros direitos da personalidade, como o direito à vida, ao corpo, à saúde, à honra, também inerentes à natureza humana.[228]

A igualdade material relacional, que significa tratar igualmente o que é igual e desigualmente o que é desigual, leva em conta a igualdade em sentido negativo, ou seja, a proibição da desigualdade, cabendo ao intérprete, no instante da concretização da norma, por meio da hierarquia axiológica, avaliar a existência ou não do arbítrio; essa igualdade implica, ainda, a busca da igualdade através da lei, ou igualdade formal, que também diz com o respeito à diferença.[229]

A comunhão de vida e interesses embebe as diversas formas de igualdade entre os cônjuges, conquistas obtidas pela condição feminina, como a direção da sociedade conjugal, a fixação do domicílio, a adoção do sobrenome, a partilha dos encargos, o exercício livre de qualquer profissão lucrativa; a legitimidade para ajuizamento da separação judicial ou do divórcio, a prática de atos de tutela e curatela sem necessidade de assentimento marital ou uxória, o direito de litigar no juízo cível ou comercial, salvo direitos imobiliários, pleitear na justiça trabalhista, requerer alistamento eleitoral e defesa criminal sem anuência do cônjuge, a manutenção da nacionalidade em casamento com estrangeiro, etc.[230]

Também se acha que a comunhão plena de vida identifica uma relação de afeto, de comunhão de interesses e, sobretudo, respeito, elementos que devem estar presentes nas formas diversas de convivência familiar;[231] ou união que busca regular as relações sexuais dos cônjuges, cuidarem da prole comum e se prestarem mútua assistência;[232] é impulsionada por amor e afeição existentes entre o casal e baseada na igualdade de direitos e deveres dos cônjuges e na mútua assistência.[233]

O casamento visa ao auxílio mútuo material e espiritual, de modo que haja uma integração fisiopsíquica e constituição de uma família; não é somente a formalização ou legalização do congresso sexual, mas a conjunção de matéria e espírito de dois seres de sexo diferentes para atingirem a plenitude do desenvolvimento de sua personalidade, através do companheirismo e do amor; é relação dinâmica e progressiva entre marido

---

[228] FACHIN, Luiz Edson e RUZYK, Carlos Eduardo Pianovski. *Código Civil Comentado. Direito de Família. Casamento*. São Paulo: Atlas, 2003, v. XV, p. 23 e nota 10.

[229] Idem, p. 26-27.

[230] Idem, p. 27-31.

[231] PEREIRA, Caio Mário da Silva. *Instituições de Direito Civil. Direito de Família*. Rio de Janeiro: Forense, 2004, v. V, p. 61.

[232] RODRIGUES, Silvio. *Direito Civil. Direito de Família*. São Paulo: Saraiva, 2002, v. 6, p.19. GONÇALVES, Carlos Roberto. *Direito Civil Brasileiro. Direito de Família*. São Paulo: Saraiva, 2005, v. VI, p. 30

[233] DINIZ, Maria Helena. *Direito Civil Brasileiro. Direito de Família*. São Paulo: Saraiva, 2002, 5º v. p. 39-40, onde a autora alinha definições de diversos autores, aqui referidas.

e mulher, onde cada cônjuge reconhece e pratica a necessidade de vida em comum, para ajudar-se e socorrer-se mutuamente, suportar o peso da vida, compartilhar o mesmo destino e perpetuar a espécie; é a criação de uma comunidade de existência.[234]

Nessa linha, a finalidade do casamento abrangeria a instituição da família matrimonial, a procriação dos filhos, a legalização das relações sexuais, a prestação do auxílio mútuo, o estabelecimento dos deveres patrimoniais, a educação da prole, a atribuição do nome;[235] o que não dissente da clássica definição de que casamento é um contrato bilateral e solene que une homem e mulher, legitimando as relações sexuais, estabelecendo estreita comunhão de vida e interesses, com o compromisso de criar e educar a prole que de ambos nascer.[236]

Para outros, a comunhão de vida resume a procriação e a educação da prole, a mútua assistência e satisfação sexual, finalidades que se situam mais no plano sociológico que jurídico;[237] o que também significa comunhão de nome, estado, domicílio, vida sexual e demais aspectos da vida conjunta, sendo a mais estreita das relações comunitárias, efeito por excelência do casamento, princípio que resume todo o conteúdo da relação matrimonial.[238]

Verdadeiramente, contudo, o fim principal do casamento é dignificar as relações sexuais, estabilizando-as numa sociedade única e indissolúvel, ostensivamente aprovada e independentemente dos fins da geração, para torná-lo compatível com a eminente dignidade da pessoa humana; juridicamente, porém, o fim essencial do casamento é a constituição de uma família legítima.[239]

A legislação civil alemã, embora não conceitue o casamento ou declare seu sentido e finalidades, também considera imprescindível a união para uma vida em comum, que compreenda a personalidade dos cônjuges e que seja sustentada pela responsabilidade recíproca e caracterizada pelo companheirismo e pela igualdade; segundo ela, os cônjuges não estão obrigados a viver em comunidade doméstica e contribuir conjuntamente para o sustento da família, mas também a ter consideração um com o outro e se necessário, renunciar à realização dos interesses

---

[234] DINIZ, Maria Helena. *Direito Civil Brasileiro. Direito de Família.* 5º V. São Paulo: Saraiva, 2002, p. 39-40.. Onde a autora alinha definições de diversos autores, aqui referidos.

[235] Idem, p. 40-41.

[236] BEVILÁQUA, Clóvis. *Código Civil Comentado. Direito de Família.* Rio de Janeiro: Francisco Alves, 1954, § 6º.

[237] VENOSA, Silvio de Salvo. *Direito Civil. Direito de Família.* São Paulo: Atlas, 2003, v. 6, p. 42

[238] OLIVEIRA, José Lamartine Corrêa de; MUNIZ, Francisco José Ferreira. *Direito de Família (Direito Matrimonial).* Porto Alegre: Sergio Antonio Fabris Editor, 1990, p. 121 e 293.

[239] GOMES, Orlando. *Direito de Família.* Rio de Janeiro: Forense, 1992, p. 56.

individuais em favor da sociedade conjugal (BGB, § 1.353 al. 1 frase 2 e § 1.360).

Ali, a noção de casamento é tida como uma parceria de direitos e obrigações iguais, com exigências especiais de consideração mútua e autodisciplina, de cumplicidade no voto e na decisão.[240]

Antes da unificação, o diploma familiarista germânico afirmava que, com a celebração do casamento, marido e mulher dão origem a uma comunidade formada para toda a vida, que se baseia no amor, respeito e fidelidade recíprocos, no entendimento, na confiança e na ajuda desinteressada; daí devendo surgir uma família que encontre sua realização na vida em comum, na educação dos filhos e no desenvolvimento conjunto dos pais e dos filhos, de personalidades íntegras, amplamente formadas (DDR, § 5°).[241]

A visão contemporânea do casamento, que o emoldura com natureza eudemonista e funcional, trouxe o afeto para o esplendor de seu fim.

Como o matrimônio tem sua base na comunhão espiritual e material dos cônjuges, finca seu ânimo próprio no *afffectio maritalis*, manifestado sob compromisso público e solene dos nubentes de manter a vida em comum; e assistirem-se mutuamente, procriar e educar os filhos, realizando, no fundo, um sentimento que anima o ser humano, ou seja, o de continuar a vida através de seus descendentes.[242]

O afeto representa uma forma de se dar visibilidade às relações de família, uma vez que é em sua função que elas nascem ou se desfazem, pois sua existência é mais concreta, sendo provada quotidianamente, revelando um modelo mais preocupado com os sujeitos do que com o conjunto; essa noção atual se localiza em duas situações familiares: na formação e dissolução dos casais e nas relações paterno-filiais.[243]

Então, o que define a família é uma espécie de afeto que, enquanto existe, conjuga intimamente duas mais pessoas para uma vida em comum, e que define a entidade familiar, mas que não é afeto qualquer: pois se assim fosse, uma simples amizade seria família, ainda que sem convívio, dando uma elasticidade inadmissível ao conceito de família.[244]

A identificação da família está num afeto especial, é o sentimento entre pessoas que se afeiçoam pelo convívio diuturno, em virtude de uma

---

[240] SCHLÜTER, Wilfried. *Código Civil alemão. Direito de Família (BGB Familienrecht)*. Porto Alegre: Sergio Antonio Fabris Editor, 2002, p.70-71.

[241] Idem, p. 68.

[242] BITTAR, Carlos Alberto. *Direito de Família*. Rio de Janeiro: Forense Universitária, 1993, p. 10-11

[243] CARBONERA, Silvana Maria. *O papel jurídico do afeto nas relações familiares*. In: Repensando fundamentos do Direito Civil Brasileiro Contemporâneo. Luiz Edson Fachin (coord.). Rio de janeiro: Renovar, 1998, p. 298.

[244] BARROS, Sérgio Resende de. *A ideologia do afeto*. Revista Brasileira de Direito de Família. Porto Alegre: Síntese, v. 14, p. 8.

origem comum ou em razão de um destino comum; e que conjuga suas vidas tão intimamente, que os torna cônjuges quanto aos meios e aos fins de sua afeição, até mesmo gerando efeitos patrimoniais, seja de patrimônio moral ou econômico: é o afeto conjugal.[245]

O princípio da afetividade é o princípio norteador do direito das famílias, e que não é apenas fruto da biologia, mas da convivência familiar, o que acentua o sentimento entre seus membros e dá um novo perfil à família.[246]

A afetividade faz com que a vida em família seja sentida de maneira mais intensa e sincera possível, sendo cada um o contribuinte da felicidade de todos; é dentro da família que os laços se tornam mais vigorosos e aptos a sustentar as vigas do relacionamento familiar contra os males externos; é nela que seus membros recebem estímulos para pôr em prática suas aptidões pessoais; daí ser a afetividade, ligada à nuclearidade, a responsável pela plena realização pessoal de cada membro da família; a afetividade é o amálgama dos laços familiares.[247]

Em remate, a comunhão plena de vida é uma cláusula geral, responsável pela manutenção de uma coerência do sistema jurídico, assim um termo amplo que possibilita a adaptação de todas as normas referentes à sociedade conjugal aos valores de cada época, garantindo a atualidade do Código.[248]

As cláusulas gerais são vocacionadas ao caso concreto, ou seja, a concretude é a característica reitora dessa técnica legislativa, segundo a doutrina; não são princípios, mas normas especiais ou pontos de apoio para a formação judicial da norma no caso concreto, destinando-se ao juiz, que criará a norma do caso concreto de acordo com os valores impregnados na realidade social.[249]

Como se disse alhures, o conteúdo vago da cláusula será preenchido por tais valores, e a norma, agora individual, estará subsumida no caso a decidir, devendo-se sublinhar, ainda, que o tipo civil apontado é um modelo jurídico aberto, fluido, que se expande segundo os valores ou a época.

O magistrado dispõe, assim, de um poderoso instrumento de adaptação da situação concreta à normatividade, em vista do intenso grau de plasticidade da cláusula, que se ajusta à situação controvertida e à realidade vigente.[250]

---

[245] BARROS, Sérgio Resende de. *A ideologia do afeto*. Revista Brasileira de Direito de Família. Porto Alegre: Síntese, v. 14, p. 8.

[246] Idem ibidem.

[247] OLIVEIRA, p. 233-235.

[248] OLIVEIRA, José Sebastião. *Fundamentos constitucionais do Direito de Família*. São Paulo: Revista dos Tribunais, 2002, p. 342 e ss.

[249] Idem, p. 344.

[250] Idem, p. 344-345.

A cláusula da comunhão de vida oportuniza sua fácil aplicação pelo órgão julgador, que abstratiza através do reenvio aos tópicos e aos grupos de casos reunidos em função de possuírem semelhante *ratio decidendi*; e decide, de modo que também sua decisão possa enquadrar-se em grupos de casos existentes ou iniciar a formação de novos grupos ou tópicos,[251] tornando-se legislador do caso concreto.[252]

A comunhão plena de vida, enfim, não é apenas a união afetiva, corpórea, mas também união material, espiritual, econômica, sendo a conjugação de dois pensamentos escorados na afeição e no amor; é casa, mesa e leito conjugal, é vida sob o mesmo teto.

E como uma cláusula geral permite que os casos particulares sejam vistos sob ótica mais ampla de entendimento, quiçá, permitirá o surgimento de uma nova causa de ruptura da sociedade conjugal; como naqueles casos em que se comprovasse que a comunhão existente entre os cônjuges já não era mais plena, mormente quanto ao aspecto espiritual do casamento, ante a possível alegação de incompatibilidade de gênios.[253]

A expressão em comento também reaparece na proibição de interferência de qualquer pessoa de direito público ou privado na comunhão de vida instituída pela família (CC, art. 1.513), o que se constitui em inovação, genuflexa à determinação constitucional.

A Carta Magna ordena que o planejamento familiar seja livre decisão do casal, competindo ao Estado apenas propiciar recursos educacionais e científicos para o exercício deste direito, vedada qualquer forma coercitiva por parte de instituições oficiais ou privadas, tudo em respeito à dignidade da pessoa humana e da paternidade responsável (CF, art. 227, § 7º).[254]

Consagra-se, com isso, o princípio da não intervenção estatal nas relações familiares, garantia que ilumina todas as demais entidades familiares contidas na Constituição, ou que decorram de sua exegese, cuidando-se de uma sadia forma de política pública.

Com isso, o constituinte veio a garantir a democratização do planejamento familiar, dando ao casal a livre decisão sobre o assunto, coibindo interferências de qualquer entidade, inclusive religiosa.[255]

---

[251] SILVA, Eduardo Silva da. *Projeto do Código Civil. A importância das cláusulas gerais na regulação do direito pessoal e patrimonial de família*. Revista da Faculdade de Direito da Universidade Federal do Rio Grande do Sul: Síntese, Porto Alegre, 1997, v.13-14, p. 64.

[252] FONSECA, Antonio Cezar Lima da. *O Código Civil e o novo Direito de Família*. Porto Alegre: Livraria do Advogado, 2004, p. 17.

[253] OLIVEIRA, Euclides; HIRONAKA, Giselda Maria. *Do casamento* em Direito de Família e o novo Código Civil. Dias, Maria Berenice e Pereira, Rodrigo da Cunha: Del Rey, Belo Horizonte, 2001.

[254] O dispositivo constitucional foi regulamentado pela Lei nº 9.263, de 12.01.96, que trata do planejamento familiar, estabelece sanções e dá outras providências.

[255] DINIZ, p. 22.

A vedação estabelece o paradigma da reserva familiar, que edifica um espaço imune ao Estado e aos particulares, e que sugere um equilíbrio nas zonas privada e pública, entre a autonomia e a intervenção legislativa ou judicial.[256]

É que nas últimas décadas assistiu-se uma explosão demográfica de dimensões alarmantes, com um crescimento populacional em ordem inversa às condições sanitárias, higiênicas, assistenciais, aliadas à miséria e à recessão do mercado de trabalho nos grandes centros; premido pela urgência em firmar limites à procriação, o constituinte guindou entre as normas-princípios do direito de família a paternidade responsável aliada ao planejamento familiar, atuando o Estado em nível de orientação, em especial com a distribuição de contraceptivos: ou seja, o Estado aconselha, auxilia, ajuda, mas não interfere diretamente na decisão do casal, respeitados os limites indispensáveis a um Estado Democrático de Direito.[257]

Repita-se que a comunhão plena de vida é um conceito vago, o que ensejará amoldar as normas atinentes à sociedade conjugal aos valores de cada tempo, mantendo jovem o Código Civil.

A jurisprudência a tem admitido como um dos elementos probatórios necessários para declarar a existência de uma união estável entre pessoas do mesmo sexo, desde que também presentes outros requisitos com uma relação de afeto duradoura por alguns anos, coabitação, convivência pública e notória e assistência mútua;[258]; como entre de pessoas de sexos diferentes, assemelhada a relação a um casamento de fato,[259] mesmo quando o companheiro se acha falecido.[260]

Em separação judicial, a prova da impossibilidade de comunhão de vida constitui suporte jurídico suficiente para decretar a dissolução da sociedade conjugal, sendo desnecessária a discussão da culpa ou de qualquer das hipóteses consignadas no artigo 1.573 do Código Civil, que é meramente exemplificativo, bastando a intenção, como do caso concreto, de um dos cônjuges romper a ligação;[261] e, embora a coabitação constitua traço marcante para a identificação de um ninho de afetos e interesses, conjugados sob o mesmo teto, território onde se desenvolve a partilha diária de esforços, negócios, companhia, cumplicidade, integração de planos e sonhos, a união estável somente existiria se houvesse outro predicado

---

[256] FACHINN; RUZYK, ob. cit., p. 38 e Oliveira, ob. cit., p. 286-2

[257] OLIVEIRA, p. 286-287.

[258] TJRS, 8ª Câmara Cível, APC 70016660383, Rel.Des. Claudir Fidelis Faccenda, j. 26.10.06.

[259] TJRS, 7ª Câmara Cível, AGI 70016315921, Rel. Des. Sérgio Fernando de Vasconcellos Chaves, j. 18.10.06; no mesmo sentido e relator, APC 70015227648, j. 16.08.06

[260] TJRS, 7ª Câmara Cível, APC 70010832897, Rel. Dra. Walda Maria Melo Pierro, j. 29.06.05.

[261] TJRS, 7ª Câmara Cível, APC 70009999152, Rel. Des. José Carlos Teixeira Giorgis, j. 22.12.04.

como a comunhão de vida intencionada à constituição de uma família, o que não induz uma relação mesmo longa.[262]

3.2. Prazo razoável

Na habilitação para o casamento, após o edital, podem ser opostos impedimentos ou causas suspensivas, sendo cientificados os nubentes ou seus representantes, através de nota do oficial do registro, com indicação dos fundamentos, provas e nome de quem ofereceu os obstáculos à boda.

Os nubentes, então, podem requerer prazo razoável para fazer demonstração contrária dos fatos alegados, e até promover ações civis e criminais contra o oponente de má-fé (CC, art. 1.530, par. único).

O homem tem sua atividade apegada ao tempo, pois é ser finito, tanto que a mensagem bíblica ensina que tudo tem sua época determinada, nascer, morrer, há tempo para todo o propósito debaixo do céu.

A acepção do processo, como instrumento prospectivo, indica uma marcha cadenciada e gradual, pois seus atos se realizam dentro de limites de tempo, observando-se o interese público que exige ordem em juízo para pronta decisão e também o interesse particular, que garante às partes a oportunidade para assegurar seus direitos, tudo em busca da paz jurídica.

Não é sem razão que recente emenda constitucional ordenou que a todos, no âmbito judicial e administrativo, seja assegurados a razoável duração do processo, bem como os meios que garantam a celeridade de sua tramitação (CF, art. 5°, LXXVIII); e que constitui desdobramento do princípio da inafastabilidade do acesso à tutela judicial, de que não se pode excluir o juízo sobre qualquer lesão ou ameaça, proteção que deve ser eficaz e prestada tempestivamente e não tardiamente.[263]

A prestação jurisdicional tardia, desse modo, pode ser tida como uma tutela jurisdicional vazia, sem conteúdo; nesse sentido, cresce no mundo moderno a preocupação com a segurança jurídica e a estabilidade das instituições jurídicas, sendo a demora na prestação contraproducente e fator de insegurança, que contribui para a intranquilidade do que seja efetivamente Direito para os cidadãos.[264]

A duração razoável do processo será aquela que melhor encontrar o meio-termo entre definição segura da existência do direito e a realização

---

[262] TJRS, 7ª Câmara Cível, APC 70007395932, Rel, Desa. Maria Berenice Dias, vencida, j. 26.05.02.
[263] WAMBIER, Luiz Rodrigues; WAMBIER, Teresa Arruda Alvim; MEDINA, José Miguel Garcia. *Breves comentários à nova sistemática processual civil*. 3ª ed. São Paulo: Revista dos Tribunais, 2005, p. 26-27.
[264] Idem, ob. cit., p. 26-27.

rápida do direito cujo existência foi reconhecida pelo juiz; essa equação deve levar em conta a importância do bem jurídico em jogo, a repercussão da solução jurídica para a sociedade, a concessão de liminar não deve ser o auge do processo e a criação legislativa de mecanismos que propiciem a realização mais rápida da tutela jurisdicional; além de favorecer uma quantidade condizente de juízes em proporção à quantidade de litígios que surjam no seio social.[265]

Em apoio à prescrição federal, têm sido introduzidas algumas reformas na legislação processual civil, ansiando por maior celeridade e descompressão das pautas forenses, atapetadas por recursos que congestionam a atividade judicante.

A demanda deve ter um lapso que não importe em fenecimento do direito posto em causa, vale dizer, a jurisdição deve agir e concretizar o direito controvertido dentro de um tempo apto ao gozo dete direito; do contrário, a promessa constitucional não alcançará a realidade, prejudicando a confiança social na administração da justiça; e poucos fatos são tão lamentados pelo cidadão quanto o reconhecimento tardio e inútil de seu direito, acontecendo aí uma dupla injustiça, pela ameaça ou agressão pretérita e pela reposta jurisdicional tardia e ineficaz.[266]

O fato leva à exasperação dos operadores do direito que labutam nas alçadas e enfurece aos jurisdicionados, que aguardam pronta solução para as pretensões dirigidas à tutela estatal.

Segundo relatórios corporativos, a taxa de congestionamento na primeira instância, quer dizer, a relação entre as decisões finais e os processos em andamento ou novos, beirava 75% na Justiça Comum e 81% na Justiça Federal, em 2003, havendo a proporção se alterado para 80% e 84%, respectivamente, nos últimos anos.

Isso significa que mesmo aumentando o número de sentenças pronunciadas pelos juízes, o estoque de demandas em curso prosseguiu em ascensão, refugando qualquer vizinhança e inibindo a magistratura de quitar seu débito com a sociedade civil.

Sugerem-se caminhos, como o aumento do número de varas, juízes e servidores, o que resta inviabilizado pela insuficiência de recursos de que dispõe o país; recomenda-se, ainda, uma profunda reforma administrativa dos tribunais, com outras práticas de gestão, o aperfeiçoamento constante dos recursos humanos e otimização das rendas disponíveis, opinião que

---

[265] WAMBIER, Luiz Rodrigues; WAMBIER, Teresa Arruda Alvim; MEDINA, José Miguel Garcia. *Breves comentários à nova sistemática processual civil*. 3ª ed. São Paulo: Revista dos Tribunais, 2005, p. 28-31.

[266] PORTO, Sérgio Gilberto. Ustárroz, Daniel. *Lições de Direitos Fundamentais no Processo Civil*. Porto Alegre: Livraria do Advogado, 2009, p. 103.

também se alinha nas mesmas perplexidades financeiras do crescimento vegetativo setorial.

Contudo, os estudos permitem identificar dois vilões que têm reincidência moratória: a excessiva taxa de recorribilidade dos veredictos e o abuso no manejo dos remédios processuais.

O desejo de recorrer é carnal, eis que o litigante não se contenta com a derrota ou a vitória parcial e deseja que outros julgadores apreciem sua controvérsia, atitude que é bem mais significativa na segunda instância, onde há sempre um recurso para cada quatro acórdãos lavrados, como se o insurgente almejasse uma "terceira instância".

Essa prodigalidade se funda na expressiva quantidade de recursos expostos no caderno instrumental e na utilização demasiada que as partes fazem deles, muitos apenas dilatórios, pois a lentidão do aparato judiciário favorece vantagens a quem está obrigado a adimplir.

O viés recursal encontra respaldo, ainda, na estrutura remuneratória de alguns advogados de partido, que percebendo os encargos por horas trabalhadas e por peças produzidas, ou cobrando os honorários por processo em tramitação, acabam por incentivar a apoplexia dos autos e o desespero dos escaninhos.

Não se olvide, finalmente, que o grande contribuinte para a massificação judiciária, além das causas bancárias, trabalhistas ou de consumo, é o próprio ente público que não aceita transação, discute até as últimas barras, e tem interesse em não pagar suas dívidas, que remete para as calendas, contentando-se apenas em satisfazer os compromissos eleitorais.

A Convenção sobre a Proteção dos Direitos Humanos e as Liberdades Fundamentais, assinada em Roma em 04/11/50, envolvendo os países-membros do Conselho da Europa, dispôs que toda pessoa tem direito a que sua causa seja julgada equitativa e publicamente, num *prazo razoável*; e por um tribunal independente e imparcial estabelecido pela lei, que decidirá quer sobre seus direitos e obrigações civis, quer sobre o fundamento de qualquer acusação em matéria penal (art. 6°, 1).

Vale lembrar que a Convenção Americana sobre Direitos Humanos, o Pacto de São José da Costa Rica, firmado em novembro de 1969, ao cuidar das garantias judiciais, em seu art. 8°, estabelece que toda pessoa tem direito a ser ouvida, com as devidas garantias e dentro de um *prazo razoável*, por um juiz ou tribunal competente, independente e imparcial, estabelecido anteriormente por lei, na apuração de qualquer acusação penal formulada contra ela, ou para que se determinem seus direitos ou obrigações de natureza civil, trabalhista, fiscal ou de qualquer natureza.

Como se vê, tais documentos internacionais assinalam a importância do juiz natural, independente e imparcial, bem como a exigência de uma prestação jurisdicional adequada, eis que a morosidade não se compadece com o interesse da justiça e do bem comum.

Algumas legislações, como a espanhola, consideram para a aferição do prazo razoável, o excesso de trabalho do órgão jurisdicional, a defeituosa organização dos tribunais, o comportamento da autoridade judicial, a conduta processual das partes, a complexidade do caso posto e a duração média dos processos do mesmo tipo.

Ali, situações ocorrem em que o tribunal determina ao juiz que profira a decisão com rapidez ou execute o ato judicial necessário, ou mesmo até desconsidera o volume de processos.

Não resta dúvida de que para se tipificar o prazo razoável, se há de levar em conta a complexidade da demanda, que muitas vezes exige dilação probatória maior e respeito ao contraditório.

Em sede penal, um dos mais constantes conceitos vagos ou indeterminados de que os juízes e tribunais têm manejado é o dos *prazos razoáveis*, que, de certa maneira, não destoam na raiz comum que promana do princípio da proporcionalidade ou da razoabilidade, apadrinhados pela Suprema Corte brasileira.

Assim, não se acolhe o argumento de excesso de prazo para a conclusão da instrução, se eventual e *razoável* demora é atribuível à defesa, que não procedeu à tradução de cartas rogatórias, enviadas ao exterior para a oitiva de testemunhas por ela arroladas;[267] como ainda a jurisprudência tem sido rigorosa no que respeita ao excesso de prazo na instrução criminal, pois a Convenção Americana sobre Direitos Humanos, adotada no Brasil através do Decreto nº 678/92, consigna a ideia de que toda pessoa detida ou retida tem o direito de ser julgada dentro de um *prazo razoável*, ou ser posta em liberdade sem prejuízo de que prossiga o processo.[268]

Nunca é demais enfatizar que vigora no nosso sistema legal, por força de compromisso internacional a que o Brasil está obrigado a cumprir, o mandamento segundo o qual todo acusado tem o direito de obter, num "prazo razoável", pronunciamento judicial que defina sua situação perante a lei.[269]

A respeito, a jurisprudência alude que, embora a Carta Federal assegure o direito de ser julgado num prazo razoável, não há delimitação do que seja *razoável*, e que *o caso concretizado é que informará se houve ou não o*

---

[267] STJ, 5ª Turma, HC 11130-MT, j. 22.02.00
[268] STJ, 5ª Turma, HC 12252-RJ, j.16.05.00.
[269] STJ, 5ª Turma, HC 5284-PE, j. 04.03.97.

excesso;²⁷⁰ todavia, deve ser concedido *prazo razoável* entre a citação e o interrogatório a fim de que o réu possa orientar sua defesa ²⁷¹.

Em sede familista, a lei de alimentos estabelece que o juiz deve fixar *prazo razoável* que possibilite ao réu contestar a ação proposta (Lei. 5.478/68, art. § 1°), razão por que se decreta desconstituição de sentença que julgou à revelia, sem oportunizar *prazo razoável* para a formulação da defesa.²⁷²

Exige-se, finalmente, *prazo razoável* para a mãe de menor regularizar imóvel pertencente ao filho perante determinados entes públicos,²⁷³ como é necessário um *prazo razoável* para a ex-companheira que renunciou aos alimentos em acordo judicial e discute a desconstituição daquela cláusula em outra ação, pedir alimentos provisionais.²⁷⁴

3.3. Má-fé

A disposição invocada, que sugere prazo razoável para os nubentes produzirem prova contrária contra a oposição de impedimentos ou causas suspensivas, justifica aquele tempo como ensejo aos futuros consortes para promover as ações civis e criminais contra o oponente de *má-fé* (CC, art. 1.530, par. único). O conceito também é usado em outros temas, constando de regras do próprio estatuto instrumental ou de legislação extravagante.

Assim, foi a má-fé endereçada ao ex-esposo que, tendo oportunidade, omitiu-se de comunicar à ex-mulher direito que ela tinha sobre quantia depositada, em sede de partilha na separação do casal;²⁷⁵ como litigância desviada, em vista de ocultamento da devedora, que posteriormente alega nulidade de leilão a que não comparece, embora sua ciência do débito materializado em escritura pública;²⁷⁶ imposição como multa, ao pai que ajuíza ação degatória de paternidade, postulando a realização de exame pericial, e posteriormente desiste da ação, quando designada data para a diligência de coleta;²⁷⁷ também imposta a quem contesta ação de investigação de paternidade e não comparece sucessivamente a três exames gené-

---

[270] TJRS, 7ª Câmara Criminal, HC 70017306929, rel. Des. Nereu José Giacomolli, j.09.11.06.
[271] TJRS, 5ª Câmara Criminal, APC 70016645632, rel. Des. Aramis Nassif, j. 01.11.06.
[272] TJRS, 7ª Câmara Cível, APC 70013319108, rel. Des. Ricardo Raupp Ruschel, j. 03.05.06; no mesmo sentido e órgão julgador, APC 7000520663, rel. Des. Sérgio Fernando de Vasconcellos Chaves, j. 07.05.2000.
[273] TJRS, 7ª Câmara Cível, AGI 7001177239, rel. Des. Luiz Felipe Brasil Santos, j.19.10.05.
[274] TJRS, 7ª Câmara Cível, AGI 70009313271, rel. Dra. Walda Maria Melo Pierro, j.15.12.04.
[275] TJRS, Sétima Câmara Cível, AGI 70016441065, rel. Des. Luis Felipe Brasil Santos, j. 08.11.06.
[276] TJRS, Sétima Câmara Cível, APC 70014560445, rel. Des. Ricardo Raupp Ruschel, j. o1.11.06.
[277] TJRS, Sétima Câmara Cível, APC 70014632228, rel. Des. Maria Berenice Dias, j. 04.10.06.

ticos, sem motivo plausível;²⁷⁸ ainda como multa por alteração da verdade dos fatos em ação de alimentos;²⁷⁹ por reiteração de recursos com o mesmo argumento em demanda de visita;²⁸⁰ multa ao investigado que não comparece aos exames e depois alega falta de provas.²⁸¹

3.4. Insuportabilidade da vida em comum

A insuportabilidade da vida em comum é conceito que se encontra descrito como resultado de casamento onde um dos cônjuges desconhece fato sobre a identidade, honra ou fama do outro cônjuge; também a ignorância de crime, cuja natureza afete a vida em comum; defeito físico irremediável ou moléstia grave e transmissível que pelo contágio ou herança ponha em risco a saúde do consorte ou sua descendência; como ignora dele alguma doença mental grave que, descoberta depois do matrimônio, impeça a convivência (CC, art. 1.557, I a IV).

Tornar insuportável é não suportar, é uma vida intolerável, incômoda e molesta, segundo os dicionaristas.

Entre as primeiras, arrolam-se a possibilidade de confusão quanto ao parceiro escolhido, quando se pensa em casar com alguém e se consorcia com outro; quando o cônjuge descobre uma qualidade repulsiva no outro após a boda; quando a crê trabalhadora e se revela inidônea; manifestação de afabilidade antes do casamento e mau caráter após; haver desposado um toxicômano; ciência de que o filho, cuja gravidez apressara a cerimônia, era de terceiro; desvio de comportamento com a prática de ilícitos penais; práticas sexuais anômalas, como lesbianismo, então antes não sabido; rejeição sexual em vista de confissão de amor por outro; descumprimento do débito conjugal; falta de libido no marido, de origem patológica; afastamento sexual, pela adoção de práticas místicas; haver casado com pessoa que não sabia meretriz.²⁸²

Mas nulo é o casamento celebrado com vício de vontade, em vista do namoro de poucos meses e evidente desconhecimento da autora em relação à pessoa do cônjuge.²⁸³

A recusa inicial e definitiva ao débito conjugal demonstra que o varão, ao contrair núpcias, incorreu em erro essencial quanto à pessoa da nuben-

---

²⁷⁸ TJRS, Sétima Câmara Cível, APC 70015622053, rel. Des. Sérgio Fernando de Vasconcellos Chaves, j. 27.09.06,

²⁷⁹ TJRS, Oitava Câmara Cível, APC 70017063447, rel. Des. Claudir Fidelis Faccenda, j. 09.11.06.

²⁸⁰ TJRS, Oitava Câmara Cível, AGI70017014200, rel. Des. Rui Portanova, j. 26.10.06.

²⁸¹ TJRS, Oitava Câmara Cível, APC 70016186066, rel. José Ataídes Siqueira Trindade, j. 14.09.06.

²⁸² GONÇALVES, Carlos Roberto. *Direito Civil Brasileiro. Direito de Família*. 6ª V. São Paulo: Saraiva, p. 148-150.

²⁸³ TJRS, Oitava Câmara Cível, AGI 7002 1573944, rel. Des. Rui Portanova, j. 25.10.07.

te, o que torna insuportável a vida em comum, autorizando a anulação do casamento;[284] a negativa de relações sexuais, verificada logo após o casamento, é motivo de sua anulação,[285] pois a existência de relacionamento sexual entre os cônjuges é normal no casamento, esperado e previsível, pois o sexo dentro do casamento faz parte dos usos e costumes tradicionais em nossa sociedade; quem casa, tem uma lícita, legítima e justa expectativa de que, após o casamento, manterá conjunção carnal com o cônjuge.[286]

Anote-se que aqui também se trabalha com outros conceitos abertos, como **crime ultrajante, defeito físico irremediável, moléstia grave e transmissível** e **doença mental grave**.

Entre os ilícitos penais que preenchem a acepção de crime ultrajante estão o estelionato, o homicídio, o estupro e outros delitos sexuais, entre outros.

Impõe-se aduzir que a situação acontece quando a infração é cometida **antes** do matrimônio, embora a sentença seja pronunciada depois, não se levando em consideração possível cumprimento de pena: interessa, sim, a **ignorância** do fato pelo consorte.

Segundo a literatura do assunto, o **defeito físico irremediável** naturalmente deve dizer respeito à impossibilidade de obedecer às finalidades do casamento, principalmente quanto à prática da sexualidade, aludindo-se, entre outras hipóteses, o sexo dúbio, o infantilismo dos órgãos, o vaginismo que impede o coito, o hermafroditismo; a existência de sequelas e cicatrizes que inibam a libido, embora não obste o ato congressual; também a falta de seios ou úlceras que repugnam; inclua-se também a impotência instrumental.[287]

Para autorizar a anulação do casamento, a impotência instrumental deve ser comprovada, não sendo suficiente para tanto a alegação da autora e o silêncio do réu, nem boatos de que ele não satisfizera a volúpia de uma namorada e, na infância, era dado a episódios homossexuais;[288] também a não consumação do casamento em vista da repulsa de um dos cônjuges em relação ao outro caracteriza impotência para o ato sexual, constituindo erro essencial capaz de autorizar a anulação do casamento.[289]

O incômodo não tem solução médica ou cirúrgica; também não prevê tratamento clínico, mesmo por que a pessoa normalmente rejeita qualquer intervenção.

---

[284] TJRS, Primeira Câmara Cível, Reexame Necessário 583034806, rel. Des. Athos Gusmão Carneiro, j. 22.11.63.

[285] TJRS, Oitava Câmara Cível, APC 596241422, rel. Des. Sérgio Gischow Pereira, j, 13.02.97.

[286] TJRS, Oitava Câmara Cível, APC 70016807315, rel. Des. Rui Portanova, j. 23.11.06.

[287] GONÇALVES, op. cit., p. 153.

[288] TJRS, Primeira Câmara Cível, Reexame Necessário 38194, rel. Des. Athos Gusmão Carneiro, j. 23.06.61.

[289] TJRS, Sétima Câmara Cível, APC 596122812, rel. Des. Paulo Heerdt, j. 20.11.96.

Considera-se **moléstia grave** a que se transmite, seja por contágio ou herança, e arrisca a integridade do cônjuge, tais como lepra, tuberculose, sífilis, soropositividade, entre outras; aqui releva frisar que a doença, embora curável, deve ser grave e transmissível.

Quanto às **doenças mentais graves** se alinham a esquizofrenia, as psicoses, a oligofrenia, paranóia, a psicose maníaco-depressiva, não se incluindo entre elas os distúrbios de comportamento, a angústia, a histeria, a depressão, o descontrole emocional.[290]

A esquizofrenia (esquizoafetiva) da mulher, desconhecida anteriormente pelo marido, constitui erro essencial quanto à pessoa do cônjuge, dando procedência à ação anulatória.[291]

Caso estas moléstias sejam posteriores ao casamento, cuida-se de fator de separação e divórcio; a anulação da boda somente se dá quando a doença é anterior ao casamento e desconhecida pelo outro cônjuge.

Não se anula o casamento sob a alegação de que o nubente sofria de grave doença, se esta não afetou sua capacidade mental, tanto que manifestara livremente sua vontade em contrair o matrimônio com gestos e sinais, também porque o casal, antes, já vivia em união estável.[292]

A insuportabilidade da vida em comum há de se medir pela sensibilidade do cônjuge, e não pela do juiz, devendo o magistrado transportar-se até a situação dos cônjuges em conflito, vivendo mentalmente as circunstâncias que envolvem o relacionamento conjugal; também é necessário que o comportamento inqualificável anterior ao casamento continue também depois, tornando a vida do casal insuportável.[293]

Na mesma linha de raciocínio, e com sentido semelhante, podem-se considerar outros termos empregados na dissolução da sociedade conjugal, como **impossibilidade de continuação da vida em comum** (CC, art. 1.572, § 2º; também art. 1.573, par. único), **impossibilidade de comunhão de vida** (CC, art. 1.573).

3.5. *Melhores condições*

Compreende-se por guarda unilateral a que se atribui a um dos genitores, desde que revele as **melhores condições** para exercê-la, e que possua mais aptidão para propiciar aos filhos afeto, saúde, segurança e

---

[290] GONÇALVES, op. cit., p.156-157.
[291] TJRS, Sexta Câmara Cível, Reexame Necessário 586045106, rel. Des. Adroaldo Furtado Fabrício, j. 11.11.66.
[292] TJRS, Oitava Câmara Cível, APC 70006767628, rel. Juíza Catarina Rita Krieger Martins, j. 18.12.03.
[293] GONÇALVES, p. 150-151.

educação; tudo sob a supervisão de quem não seja o guardião, que zelará pelos interesses do descendente (CC, art. 1.583, §§ 1º ao 4º).

É proposta da ação de separação, divórcio, dissolução de união estável ou em medida cautelar, através de consenso ou por ambos os genitores ou por um só deles, sendo decretada pelo juiz em atenção às necessidades específicas do filho ou em razão da distribuição de tempo suficiente ao convívio deste com seus pais.

Na audiência, o juiz insistirá na adoção da guarda compartilhada, que até pode ser aplicada quando não houver acordo entre os pais e sempre que possível (CC, art. 1.584, I e II, §§ 1º e 2º).

Como se vê, caso não seja razoável o império da guarda conjunta, depois de ponderar o melhor interesse do infante, o magistrado deve escolher um dos genitores como guardião.

Ao considerar as **melhores condições** como elemento de prestígio para ordenar a guarda, nada mais fez o estatuto que reiterar o uso dos *conceitos indeterminados* tão contumazes no atual diploma e motivo do presente texto; o tema chega a admirar juristas de outros países; e que são acepções vagas preenchidas pelo juiz de acordo com o caso concreto.

Saliente-se que a expressão *condições* não está seguida de adjetivo, de modo que sua compreensão deve ser ampla, levando em conta os **aspectos morais, educacionais e ambientais**, dentre outros que tenham em vista o melhor atendimento aos interesses do menor, sem que fique adstrita à **situação econômica ou financeira** dos seus genitores.[294]

Para os tribunais, as melhores condições para o exercício da guarda se confundem com os melhores interesses dos filhos; e seus acórdãos proclamam que isso se afere pelo **apego ou indiferença** a um dos pais; pelas **condições materiais, como alojamento, proximidade da escola, círculo de amizades** ou ambiente social; **qualidade dos cuidados**; **convivência com os demais irmãos**, para que não haja separação entre eles; e também boas condições econômicas, embora não seja esse o critério mais afiançado, pois o menor pode ficar com o **hipossuficiente** e ser atendido através da pensão paga pelo genitor mais abonado.

Para Françoise Dolto, a guarda deve atender três referenciais de continuidade: a) o *continuum* de afetividade, segundo o qual o menor deve ficar sob a guarda do genitor em cuja companhia se sentir **mais feliz e seguro**; logo, é preciso averiguar quem é o genitor que representa para a criança uma **figura de apego**, sendo seu porto seguro nos momentos difíceis, garantindo-lhe **segurança, cuidado adequado e confiança** tão necessários para o bom desenvolvimento de suas potencialidades, de seu caráter e

---

[294] MONTEIRO, Washington de Barros. *Curso de Direito Civil. Direito de Família*. 38ª ed., atualizada por Regina Beatriz Tavares da Silva. São Paulo: Saraiva 2007, v.2, p. 286.

personalidade; b) o *continuum* social, considerando-se o **ambiente vivido** pelo menor no instante da separação dos pais; e c) *continuum* espacial, preservando seu espaço, por que a personalidade do menor nele se constrói e desenvolve, pois quando há mudança do local onde vive, da **escola** onde estuda ou da **igreja** que frequenta, a criança perde o referencial de espaço, ou melhor, o **envoltório espacial** de sua segurança, e consequentemente poderá haver desequilíbrio em seus relacionamentos sociais, em virtude de alteração em sua rotina.[295]

Razões de bom-senso aconselham que os filhos de tenra idade permaneçam na companhia da mãe, ainda que esta seja a culpada da separação; e quando ambos são culpados, os filhos menores devem ficar sob os cuidados maternos, salvo se o magistrado verificar que a solução lhes acarrete prejuízo de ordem moral.[296]

A jurisprudência alude que o princípio orientador das decisões sobre guarda é o de preservar o **interesse da criança**, que há de ser criada no ambiente que melhor assegure seu **bem-estar físico e espiritual**, seja com a mãe, com o pai, ou mesmo com terceiro.[297]

As expressões revelam hipóteses de preenchimento judicial nos casos concretos sobre a discussão da guarda.

3.6. Outros conceitos indeterminados

Além do que se expôs, anotam-se ainda outros conceitos vagos que ornamentam os diversos institutos do Direito de Família, tais como **iminente risco de vida** (CC, art. 1.540), **perigo de vida** (CC, art. 1.541, II), **posse do estado de casados** (CC, art. 1.547), **boa fama** (CC, art. 1.557), **fundado temor** e **mal considerável** (CC, art. 1.558), **crime infamante** (CC, art. 1.573, V), **conduta desonrosa** (CC, art. 1.573, VI), **dano grave** (CC, art. 1.578, III), **motivos graves** (CC, art. 1.586), **bons costumes** (CC, art. 1.638, III), **evidente interesse** (CC, art. 1.691), **modo compatível** (CC, art. 1.694), **culpa** (CC, art. 1.694, § 2º), **procedimento indigno** (CC, art. 1.708, par. único), **preço conveniente** (CC, art. 1.747, V), entre outros.

---

[295] Cf. DINIZ, Maria Helena. *Direito Civil. Direito de Família*, 23ª ed. São Paulo: Saraiva 2008, 5º v., p. 317/318.
[296] VENOSA, Sílvio de Salvo. *Direito Civil. Direito de Família*, 3ª ed. São Paulo: Atlas, 2006, v. 6, p. 240.
[297] STJ, 4ª Turma, Resp. 469.914-RS, rel. Min. Ruy Rosado de Aguiar, j. 04.02.03.

Capítulo V – A união estável e os pressupostos subjacentes

1. Notas iniciais

O pergaminho material em vigor achou hospedaria para a união estável em posição deslocada, tal como ainda fez com as regras que cuidam da sucessão entre os companheiros, também remetidas para ninho estranho.

Ali diz que se reconhece a união estável como entidade familiar, desde que entretida entre um homem e uma mulher, configurada na convivência pública, contínua e duradoura, estabelecida com o objetivo de constituir família (CC, art. 1.723), o que repete prescrição reguladora da norma constitucional (Lei n° 9.278, de 10.05.95, artigo 1°); impõe aos conviventes, ainda, os deveres de lealdade, respeito e assistência, além da guarda, sustento e educação dos filhos (CC, art. 1.724).

Afastando a possibilidade de abrigo para a relação homoerótica, o que se contesta numa visão principiológica,[298] é necessário que se discuta a perseverança de alguns requisitos que já estiveram na biografia do concubinato e da união estável, ainda subjacentes nos atuais pressupostos e numa feição hermenêutica passíveis de voltarem ao proscênio doutrinário e jurisprudencial.

Entre eles, a contumácia do *tempo* para se aferir a duração do relacionamento, a *coabitação* como indicativa do objetivo de constituir família e a vassalagem à *fidelidade* entre os parceiros, tal como no casamento, todos eles fortes provas indiciárias da união de fato; e a possibilidade de aquinhoar-se a concubina, desamparada pelo desapreço do Código.

---

[298] GIORGIS, José Carlos Teixeira. *A natureza jurídica da relação homoerótica*. Revista da AJURIS, Porto Alegre, n° 88, t. I, p. 224-252. Entre as propostas de alteração do novo Código está o acréscimo de um artigo 1.727-A, permitindo que as disposições contidas nos artigos 1.723 a 1.727 se apliquem, no que couber, *às uniões fáticas de pessoas capazes, que vivam em economia comum, de forma pública e notória, desde que não contrariem as normas de ordem pública e os bons costumes* (PL n° 6960, Dep. Ricardo Fiúza).

Como sublinhado, é imperativo exame retrospectivo dos institutos referidos, para sedimentarem-se os alicerces da sugestão.

2. Breve memória sobre o concubinato e seus elementos

A investigação histórica revela remontar a milênios a existência de concubinas, mesmo quando aceita a poligamia, eis que a posse de uma única mulher era desairosa para o homem.

Conta-se que Santo Agostinho, antes de sua conversão, viveu durante quinze anos em união livre com Una, afirmando que vivera (...) "(...) *somente com ela, já que fui fiel à sua cama*".

Antes da consolidação de Babilônia, alguns povos às margens do Eufrates, ao receber visitas, costumavam oferecer-lhes hospedagem, leito, mesa e suas próprias mulheres, anotando que tais pastores tinham vida sexual desregrada, pois a prática à deusa Milita significava estímulo ao espírito artístico, à produção, aumento de prole destinada aos exércitos e culto de inteligência.

Entre os hebreus proliferava a poligamia, e Salomão, além de suas setecentas mulheres, ainda desfrutava de mais trezentas concubinas, seguida uma hierarquia entre elas, primeiro a esposa, depois a concubina e finalmente a meretriz, o que acontecia, em regra, também com hindus, persas e chineses.

Na Grécia, o concubinato era aceito, já que os cultos a Vênus e Adônis, ao exaltarem o sexo, almejavam os excessos sexuais, tanto que não havia distinção entre os filhos legítimos ou não; depois, com Licurgo e Sólon, adotou-se a monogamia, relegando as concubinas a uma classe regulamentada, aí estando a grande Aspásia, mestre em retórica, que sendo estrangeira (Mileto) e não podendo casar-se com Péricles, viveu em união com ele, tendo antes convivido com Sócrates e Alcebíades.

Em Roma, sob a influência dos hábitos babilônicos, aceitavam-se o casamento (*justae nupciae*), com os efeitos civis, a boda entre peregrinos (*jus gentium ou sine connubio*), a união de fato entre os escravos (*contubernium*) e a união livre (*concubinatus*, sem *consensus nuptialis*).

Era o concubinato a comunidade mútua de vida, sem que a parceira desfrutasse de condição de mulher legítima (*honor matrimoni* ou posição social), sendo a relação mais frequente, embora sem reflexos jurídicos; o termo e suas derivações ganharam foros de honestidade com o Digesto que deu tratamento adequado à vida em comum, situação que se alterou sob Constantino, que considerou o companheirismo uma união ilegal.

Com o direito canônico, foram reconhecidos direitos para a prole oriunda das uniões livres, desde que a concubina fosse desimpedida, única e mantida sob o teto, por toda a vida *(concubinatos legitimus)*, e tolerada pela Igreja que a admitia quando o homem não tivesse esposa; os gauleses, celtas, germanos, visigodos e lombardos aceitavam o concubinato, mas seguido de regras rígidas.[299]

As Ordenações traçavam diferenças entre a mancebia (concubinato) e o tráfego carnal, desde que a primeira se desse em mesa e leito comuns.

Na França, por vez primeira, as relações foram tidas como sociedades de fato, com caráter comum e proclamou-se o reconhecimento de filiação ilegítima desde que proveniente de concubinato notório, com o que se lhe outorgou a certidão de batismo oficial.

As prescrições contidas nas Ordenações foram revigoradas pela Lei de 20 de outubro de 1823, editada após a Independência, daí surgindo diversas normas que cuidavam dos filhos oriundos de casamento religioso (03.11.1827; 22.09.1828; 02.09.1847; 11.09.1861), seguindo-se a instituição do casamento civil (24.01.1890), prestigiado pela Constituição de 1891, o Código Civil, as Súmulas 380 e 382 e legislação extravagante, com a Lei 6.015/73 (adoção do patronímico do companheiro), Lei 6.516/77 (adoção de regime para quem vivesse em comunhão de vida), Lei 7.210/84 (visita as preso pela companheira e saída dele em caso de morte ou doença da parceira); Lei 6.880/80 (companheira considerada dependente de militar), Decreto 75.647/75 (qualificação da companheira como dependente de funcionário federal); Decreto 73.617/74 (avaliação da companheira como dependente do trabalhador), Decreto 89.312/84 (qualificação da companheira como dependente do segurado urbano).

Após a Constituição Federal de 1988, que instituiu a união estável (CF, art. 226, 3º), vieram as Leis 8.069/90 (adoção do filho do concubino por ambos os companheiros), 8.245/91 (direito de continuação da locação ao companheiro, por morte do outro ou por dissolução da sociedade como direito de retomada do imóvel locado); 8.213/91 (companheiro ou companheira dependente do segurado, com quem manteve união estável), Decreto 1.041/94 (reclusão do companheiro, como dependente na declaração de Imposto de Renda); além da equiparação da companheira à esposa em diversos textos (Lei 8.625/93, Leis Complementares 75/93 e 80/94, Lei 8.112/90 e 8.868/94).[300]

As Leis 8.971/94 e 9.278/96 deram modelo à união estável ou regulamentaram dispositivo atinente da Carta Magna, culminando com sua codificação (art. 1.723 e seguintes).

---

[299] DIAS, Adhayl Lourenço. *A concubina e o direito brasileiro*. 2ª ed. São Paulo: Saraiva, 1975, p. 13 e seguintes.

[300] CAHALI, Francisco José. Efeitos não patrimoniais da união estável. In: *Direito de família, aspectos constitucionais, civis e processuais*. São Paulo: Revista dos Tribunais, 1995, v.1. p. 123-128.

Uma prospecção de antigos julgamentos é capaz de revelar decisões sintonizadas com o entendimento de que a lei deve ser interpretada à luz de seu tempo, de acordo com a realidade ambiental, pois

> "É certo que a noção de concubinato acceita pelo Código Civil exclue a simples preferência de um homem sobre determinada mulher para a prática de suas relações sexuaes. O concubinato, posto não sancionado pela moral e bons costumes, deve, comtudo, realizar como que a manifestação apparente de um verdadeiro casamento; devem os concubinários viver sob o mesmo teto – more uxório – em respeito mutuo e sob a influencia da intensidade do amor recíproco e da recíproca fidelidade, de tal arte que a sociedade não se offenda; que possa, ao contrário, guardar em relação ao casal assim irregularmente unido, certa contemplação e tolerância, até que elle se consolide perante a lei ou se santifique perante Deus".[301]

O concubinato, dizia a Suprema Corte, embora à margem da família constituída, nasce das circunstâncias imperiosas da vivência social e gera interesses que a moral não repele e só não se concilia com o fato gerador de direito se, em suas consequências, entra em choque com situações jurídicas já consolidadas à sombra da lei.[302]

Como fato social, a união livre se edificou com os tijolos da doutrina e da jurisprudência, erigindo alguns elementos de sua aparência como requisitos ou pressupostos de identidade genética, que se desvelam em breve prospecção de produções sobre o instituto.

Em obra seminal sobre o tema, ainda em 1961, Edgard de Moura Bittencourt alinha como retratos do concubinato, a posse de estado de casado traduzida na comunhão de vida e interesses, a condição moral, a notoriedade e a honorabilidade, o *dever de fidelidade*, a conduta regular, *a habitação comum*, a comunidade de leito, *a permanência das relações* e a unicidade de concubina,[303] referências que também são adotadas por Arnaldo Rizzardo.[304]

Os mesmos laços, motivos e efeitos que ligam os cônjuges no matrimônio legal também agem unindo os concubinários, que ocorre quando duas pessoas de sexo diferente vivem e *habitam juntas, sob o mesmo teto*, maritalmente, sem que a união haja sido legalizada com as formalidades do casamento. Viver maritalmente ou *more uxorio* é aparecer ao público

---

[301] RT 50/512, sentença do Dr.Diocleciano Rodrigues Seixas, em 22.04.1924.
[302] STF, Rel. Min. Ribeiro da Costa, DJU 05.12.63, p.1.256.
[303] BITTENCOURT, Edgard de Moura. *O concubinato no Direito*. Rio de Janeiro: Jurídica e Universitária, 1º v, 2ª ed. rev., 1969, p. 141-160.
[304] RIZZARDO, Arnaldo. *Casamento e concubinato. Efeitos patrimoniais*. Rio de Janeiro: Aide, 1985, p. 170-180.

com os sinais exteriores de pessoas regularmente casadas, alerta Adhayl Lourenço Dias.

E arremata que o concubinato no sentido estrito é a *união duradoura*, com todos os aspectos do casamento legítimo, notoriedade de afeições recíprocas, vivendo como marido e mulher, respeitando-se mutuamente e *coabitando-se sob o mesmo teto*, tendo o verbo *coabitar* duas acepções jurídicas: *conviver sob o mesmo teto* e ter comércio sexual.

Esta união deve ter certa duração, *mais ou menos prolongada*, diferenciando-se do concubinato transitório, menos duradouro ou concubinagem, sendo elemento essencial *a fidelidade*, a dedicação monogâmica, recíproca, em atitude ostensiva de dedicação, em laços íntimos.[305]

Alertando que o concubinato em sentido próprio, ou união livre, é aquele qualificado pelas circunstâncias e valorizado por elementos objetivos, Mário de Aguiar Moura conceitua a relação como a união estável entre um homem e uma mulher, em comunhão de vida e interesses, em aparente estado conjugal de fato, *sob o mesmo teto*.

Arrola como pressupostos da relação a união entre um homem e uma mulher, a comunidade de vida, a *estabilidade, a fidelidade*, a notoriedade, a intenção ou *affectio maritalis*, a posse de estado e dependência econômica.[306]

Em magistério reiterado nas numerosas edições de sua obra e adotando o conceito da doutrina italiana de que o concubinato é a união entre homem e mulher, sem casamento, Washington de Barros Monteiro arrola a *vida em comum sob o mesmo teto*, com aparência de casamento, como fator da relação acha que a *coabitação* não se torna necessária, pois a união pode existir sem que os concubinos vivam na mesma casa, mas normalmente, é certo, apresentam-se estes *more uxorio*, aparecendo em público como regularmente consorciados. Pode acontecer, entretanto, que não convivam sob o mesmo teto, sendo notório, porém, que sua vida se equipara à de pessoas casadas.[307]

Já incentivando a ideia de uma *família de fato*, Antonio Chaves indicava quatro elementos para o concubinato, que passará também a apontar para a união estável: 1.União *fiel*, com dedicação recíproca e colaboração da mulher no sustento do lar, na sua função natural de administradora e de provedora, não como mera fonte de dissipação e despesas; 2. Atitude ostensiva de manutenção de laços íntimos, notórios e honrados; 3. Duran-

---

[305] DIAS, p. 40-41.
[306] MOURA, Mário de Aguiar. *Concubinato*. 2ª ed. Porto Alegre: Síntese, 1980, p. 42-43.
[307] MONTEIRO, Washington de Barros. *Curso de Direito Civil. Direito de Família*. 34ª ed. São Paulo: Saraiva, 1997, p. 18-19.

te um lapso de *tempo prolongado;* 4. Sem existência simultânea de outro compromisso prolongado.[308]

As expressões *concubinato ou união livre* designam a situação de vida em comum de casais não casados, com aparência do casamento, sendo uma comunhão de vida, em que dominam as relações de sentimentos e interesses da vida em conjunto que se estendem ao campo econômico, com estrito e íntimo vínculo de coesão entre os concubinos.

Isso supõe, ainda nas lições de José Lamartine Corrêa de Oliveira e Francisco José Ferreira Muniz, uma certa *estabilidade prolongada,* com a notoriedade adequada, e a comunhão de vida *sob o mesmo teto,* embora os concubinos não estejam obrigados à coabitação.[309]

Para evitar tautologia fastidiosa anote-se que tais elementos foram adaptados para a união estável, quando do surgimento desta entidade familiar, sem unanimidade dos tribunais ou dos juristas em acolher os requisitos que se vão considerar como implícitos no rol do Código Civil.

3. O tempo, fator de duração

A finitude da vida impõe que a atividade humana esteja apegada ao tempo, e a mensagem bíblica adverte que há época para todo o propósito, nascer, morrer, colher.

Daí que o debate judicial persegue uma *cadência ordenada,* organizando-se em instantes temporais, até mesmo para manter o arranjo e preservar as garantias das partes, que se movimentam confiantes em direitos e obrigações.

Assim também acontece com institutos materiais cuja implementação preveja determinados lapsos, até mesmo em vassalagem ao viés cultural que para tudo espera o transcorrer do tempo.

O concubinato nasceu clandestino e por isso liberto de compromissos sazonais, mas na medida que ganhava dignidade jurídica e as parelhas se abrigaram em tetos comuns, erigiu-se a necessidade de fixar sua duração, como pressuposto do reconhecimento.

As regras que surgiram para prestigiar a concubina, oriundas de fontes previdenciárias ou para afiançar dependência ou outras vantagens, im-

---

[308] CHAVES, Antonio. *Tratado de Direito Civil. Direito de Família.* 2. ed. São Paulo: Revista dos Tribunais, 1993, tomo II, p. 507.
[309] OLIVEIRA, José Lamartine Corrêa de; MUNIZ, Francisco José Ferreira. *Direito de Família (Direito Matrimonial).* Porto Alegre: Sergio Antonio Fabris Editor, 1990, p. 75-81.

punham o respeito a determinado tempo de vida conjunta, um limite ou termo, cuja transgressão afastava o benefício buscado.

O surgimento da união estável, vestida com honor constitucional, trouxe a necessidade de edificar balizas que abrangessem a nova entidade familiar, pois os requisitos então desenhados apenas se encorpavam com o molde da permanência e distensão.

Nesta trilha, a Lei 8.971/94 estabeleceu o prazo mínimo de cinco anos para caracterizar a existência de uma união estável, o que não foi repetido pela Lei 9.278/96, nem pelo novo Código Civil (art. 1.723); ordenamentos que não supõem qualquer lapso para o convívio informal, voltando o legislador a preferir não fixá-lo, dizendo que esta união existe enquanto duradoura, alterando-se o projeto original que estimava o prazo de cinco anos consecutivos, ou três anos, em caso da existência de filhos e coabitação.

O lapso é inconveniente quando estiverem os companheiros decididos a viverem juntos, com prova inequívoca como o casamento religioso, e qualquer deles adquirir patrimônio onerosamente, antes de completar-se o prazo, como ainda já pode haver início da união com filho comum.[310]

Alguns sustentam que a Carta Magna não estipula tempo de duração, descabendo ao legislador ordinário fazê-lo, redarguindo-se, em contrário, que a Carta apenas traça normas fundamentais, tocando à lei ordinária completá-la; outros, achando que a continuidade transmite a impressão de convivência séria, enfeitando sua finalidade.

A determinação do tempo em que uma união se possa constituir para gerar efeitos positivos tem sido objeto de considerações doutrinárias, embora uma duração menor não impeça a apuração de direitos estranhos àqueles derivados da lei que fixou o tempo da relação;[311] como o convívio de pouco tempo conduzia à improcedência da ação, nos casos de remuneração por serviços, cogitados à época do concubinato,[312] quando o critério também era relevado para a participação econômica na aquisição dos bens pelos parceiros.

A doutrina e os tribunais agem de modo pendular, ora indicando prazo, ora se abstendo de admiti-lo fixo, em vista, aqui, do engessamento temporal de uma relação amorosa, que pode subsistir durante alguns meses ou anos, consolidando-se *como definitiva enquanto dure*.[313]

---

[310] AZEVEDO, Álvaro Villaça. *Estatuto da família de fato*. 2. ed. São Paulo: Atlas, 2002, p. 439-40.
[311] BITTENCOURT, Edgard de Moura. *Concubinato*. São Paulo: Livraria e Editora Universitária de Direito, 1988, p. 29.
[312] RT 432/104.
[313] OLIVEIRA, Euclides de. *União estável: Do concubinato ao casamento*. 6ª ed. São Paulo: Método, p. 130.

Para alguns doutrinadores, a estimação de um prazo para a convivência evitaria a incerteza na configuração de uma união estável,[314] como dois anos de vida em comum, por analogia com as disposições constitucionais e legais relativas ao tempo para a concessão do divórcio; mesmo por que a tradição brasileira recomendava apuração de tempo para efeitos qualificados de determinadas realidades, como a legislação previdenciária, a necessidade da comprovação de um período para a companheira adotar o apelido de seu parceiro, a comunhão de vida entre os nubentes por período de dez anos ou existência de prole para a escolha livre do regime de bens.[315]

Em São Paulo, os juízes das Varas de Família e Sucessão, em reunião realizada em 23.08.96, resolveram adotar o prazo mínimo de dois anos de convivência para a configuração da estabilidade da união,[316] decorrente de que, antes da Constituição e sob a égide da Lei 6.515, se exigia o prazo quinquenal de separação prévia de fato para a concessão da separação judicial; e que, reduzido para dois anos para o divórcio direto, nada mais natural que a jurisprudência adaptasse a interpretação para o biênio.[317]

Então, o decurso de tempo não é requisito substancial para reconhecimento da união estável. Entretanto, ao protegê-la, quis o constituinte sinalizar que deve ser duradoura e não timbrada pela instabilidade, devendo ser outros requisitos considerados para sua caracterização, além de um *tempo razoável* que indique não se tratar de uma aventura ou mera experiência, desprovida da firme intenção de manter constante o afeto; pois a relação curta, episódica, inferior até ao prazo que a lei estabelece para o divórcio derivado da separação de fato, não induzia união estável a ser protegida, mas ligação que encontrava respaldo apenas no direito obrigacional.[318]

Antes os tribunais tinham por parâmetro o prazo médio de cinco anos de concubinato para reconhecê-lo, aplicando raciocínio analógico com o tempo quinquenal da previdência social e do imposto de renda; pois com esta duração a relação se solidifica, se aprofunda, adquire real seriedade, permitindo vislumbrar a intenção da vida em comum com permanência, como se casados fossem, nada impedindo que se prosseguisse com tal fundamentação: é que, se assim não for, a consequência poderá ser perniciosa

---

[314] DIREITO, Carlos Alberto Menezes. *Da união estável como entidade familiar*, RT 667/23.

[315] GAMA, Guilherme Calmon Nogueira da. *O companheirismo*. São Paulo: Revista dos Tribunais, p. 131-32.

[316] VARJÃO, Luiz Augusto Gomes. *União estável Requisitos e efeitos*. São Paulo: Juarez de Oliveira, 1999, p. 102.

[317] PINTO, Teresa Arruda Alvim. Entidade familiar e casamento formal: aspectos patrimoniais. *Direito de família. Aspectos Constitucionais, civis e processuais*. Coord.Teresa Arruda Alvim Pinto. São Paulo: Revista dos Tribunais. v. 1, p. 84.

[318] TJRS, Sétima Câmara Cível, APC 599134202, rel. Des. José Carlos Teixeira Giorgis, j. 25.08.99.

a médio e longo prazos, com quebra de toda espontaneidade nas relações erótico-afetivas, pois os seres humanos se aproximarão uns dos outros em busca de vantagens financeiras e econômicas, vendo em seu semelhante apenas um cifrão; e mais se reforçando a nociva e violenta *monetarização das relações sociais*, derrubando um pilar do Direito de Família ocidental moderno, que é a revalorização do elemento afetivo, em detrimento de hipocrisias, fingimentos e falsidades.[319]

O casamento e a união estável somente podem ser considerados estáveis se durarem o tempo mínimo necessário para a estruturação de uma família o que exige muita dedicação, perseverança e efetiva assistência, principalmente em relação aos filhos que precisam de ambos os genitores, não durante um ou dois anos, mas sim por muitos; aceitar-se que uma união estável dure pouquíssimo tempo é admitir que cada pessoa possa manter inúmeros relacionamentos "estáveis" durante a vida, o que representa o triunfo do materialismo inconsequente, que enfraquece mais a sociedade, já conturbada por inúmeros e graves problemas.[320]

O prazo de cinco anos define melhor os direitos das partes, trazendo maior segurança ao negócio jurídico, já que a sua inexistência pode acarretar a variação das decisões judiciais.[321]

Em verdade, à época, os tribunais não consideraram união estável um relacionamento que durou menos de quatro anos,[322] entendendo-se, ao contrário, que o prazo inferior a cinco anos de convivência não descaracteriza a união estável para fins de partilha do patrimônio comum havido pelos conviventes, bastando a relação com foros de casamento;[323] outro, a abonava quando se desenvolvera por vinte anos.[324]

A redação do Código, eliminada a exigência de tempo para identificar a união estável, foi aplaudida, eis que o estabelecimento de prazo afasta a tutela legal de determinadas situações que a ela fariam jus ou dariam ensejo a manobras de fraude à lei com interrupção forçada da convivência às vésperas da consumação temporal, frustrando os seus efeitos jurídicos, como na morte do companheiro.

A continuidade se descaracterizaria pela ocorrência de breves períodos de interrupção, por desentendimentos dos companheiros, que depois

---

[319] PEREIRA, Sérgio Gischow. Concubinato. União estável In: *Repensando o Direito de Família*: IBDFAM, Belo Horizonte, 1999, p. 38-41; coerente com a posição, em recurso em que foi relator, achando que não se pode permitir que as pessoas possam viver juntas sem quererem, TJRS, Oitava Câmara Cível, APC 595160888, RJTJRS 175, II tomo, p. 719-720.

[320] VARJÃO, p. 101.

[321] Idem, p. 101.

[322] TJSP, Terceira Câmara Cível, APC 202.338-1/9, rel. Des. Mattos Faria, j. 01.02.1994.

[323] TJRS, Quarto Grupo Cível, EI 597244490, rel.Des. Antonio Carlos Stangler Pereira, j. 08.05.98.

[324] TJRJ, Primeira Câmara Cível, APC 772/96, rel. Des. Carlos Alberto Menezes Direito, j. 02.04.96.

voltassem à comunhão de vida? Ora, o que importa é que nessa convivência haja afeição recíproca, comunhão de interesses, conjugação de esforços em benefício do casal e da prole, se houver, respeito, assistência material e moral, companheirismo.[325]

Embora discutível a tese da inconstitucionalidade de aposição de um prazo mínimo de convivência, diz o jurista, não há dúvida de que o estabelecimento de algum, por arbitrário e sem considerar a variedade de situações e circunstâncias da vida, as nuanças dos casos concretos, é altamente descartável, pois há de haver uma convivência duradoura, o que demanda algum tempo.

Duradouro é a qualidade do que dura, que se prolonga no tempo, que permanece por um período mais ou menos longo, não o que é rápido, corrido, veloz, apressado, ligeiro; não sendo de boa política jurídica e legislativa estabelecer um prazo mínimo para que uma relação como esta seja considerada duradoura, eis que e o Código tem cláusulas abertas e muito se confia no poder moderador do Judiciário.[326]

Na verdade, uma longa relação pode não ser união estável, mas namoro provecto, e um afeto curto, sim; contudo, não se deve esconder que a "união" para ser "estável", segundo os dicionaristas, deve ser assente, firme, fixa, sólida, permanente, que não varia, inalterável, restando expresso o intento de constituir família, flagrando-se sua essência, que é a de assemelhar-se a um *casamento de fato*, como célula daquela.

Esta adjetivação da união como "estável" traduz a ideia de permanência, tanto que ela não existe em casos de relacionamento fugaz, passageiro, efêmero, eventual, aqui residindo um dos requisitos que a distinguem do casamento.

Neste, basta o ato de celebração para que se aperfeiçoe a união conjugal, gerando efeitos de imediato, sem que seja necessária a permanência do tempo; o mesmo não ocorre na união informal que não chegue a consolidar-se pela prematura morte de um dos partícipes, sem comprovação de que a união subsistisse há mais tempo com o declarado ânimo de constituir família.[327]

E isso apenas se desvela em trato duradouro, salvo situações teratológicas como a morte prematura ou acidental de um dos parceiros, quando a coabitação e outros pressupostos que indicam a intenção de persistência do congresso, afastam a expectativa constitucional que almeja a fixidez e

---

[325] DINIZ, Maria Helena. *Curso de Direito Civil Brasileiro. Direito de Família.* 17ª ed. São Paulo: Saraiva, 2002, 5º v. p. 318-319.

[326] VELOSO, Zeno. *Código Civil Comentado. Direito de Família. Bem de família. União estável. Tutela e Curatela.* São Paulo: Atlas, 2003, v. XVII, p. 111-112.

[327] OLIVEIRA, Euclides de. *União estável. Do concubinato ao casamento.* 6ª ed. São Paulo: Método, p. 129.

a constância então estancada por fato imprevisível;[328] ou acordo entre os conviventes, quando pacificadas as partes sobre a breve duração do relacionamento.[329]

Reafirme-se não ser o caso de relações eventuais, fugazes, que não apresentam interesse jurídico entre as partes, como as hipóteses de namoro ou de aconchego sexual esporádico, caracterizando a situação de amantes, sem relevo na esfera de seus direitos pessoais,[330] ou dos noivos que passam a conviver apenas para experimentar a forma da vida futura.

A isso se vinculam a publicidade, que não admite a clandestinidade da demonstração do afeto, e a continuidade, que afasta pontos de oclusão e interrupções que a desnaturem.

Em conclusão, algum lapso temporal razoável deve ser considerado para que a união seja considerada estável, e com a implementação dos outros pressupostos, pois apenas a persistência da relação, o que afere pelo tempo passado, pode atribuir a dignidade que a lei sacramentou.

4. A coabitação, elemento da comunhão de vida

A coabitação não está contida na descrição da união estável, como também não prestara continência nas Leis 8.971/94 e 9.278/96, mas não é insensatez cogitá-la como requisito implícito.

Casamento, união estável e comunidade monoparental constituem formas de entidades familiares previstas na Constituição, sem que a ordem topográfica ali consignada signifique privilégio ou ascendência de uma sobre outra, não sendo o matrimônio mais apoteótico que a relação informal ou esta com mais-valia que as demais maneiras, nenhuma subserviente ou inferior.

E se assim ocorre, e a própria Carta de Garantias alude que a união de fato pode converter-se em casamento, preceito também no catálogo civil, ela deve se refletir no paradigma matrimonial.

Assim havendo vasos comunicantes entre os dois institutos, não se pode divorciar do conceito de união estável alguns predicados do casamento; e, se neste se obriga a uma comunhão plena de vida (CC, art. 1.511), também se deve buscar na união estável o mesmo dever (CC, art. 1.723).

---

[328] TJRS, Sétima Câmara Cível, APC 70000524751, rel. Des. José Carlos Teixeira Giorgis, j. 31.05.00.
[329] TJRS, Sétima Câmara Cível, APC 598322956, rel. Des. José Carlos Teixeira Giorgis, j. 07.04.99.
[330] OLIVEIRA, p. 83.

Impende que a comunhão plena de vida se materialize no desejo de constituir família. Os doutrinadores sublinham que o conceito de família é fluido, plural, tantos os perfis que se sugerem para as uniões, mas, sem dúvida, é a via de realização da felicidade do ser humano.

Para o pensamento tradicional da cristandade, é mais um sacramento que um contrato, ou seja, mais um sinal sensível do divino; e para ele, o matrimônio, *matris monium* ou ofício de mãe, geração de um filho, é uma tendência natural, já que a esperança do amor é a comunhão de vida, doação de si a outro a partir de sonhos e ideais a serem buscados no companheirismo, e não no isolamento.[331]

Não é sem razão, nessa linha, que o catecismo católico afirma que a família é a célula originária da vida social.

Embora algumas uniões de fato sejam consequências de opções decididas, há casos de mera experiência, ou seja, dos que pretendem casar-se no futuro, mas o condicionam a uma vivência temporal, sem o vínculo do matrimônio.

Também há os que se esquivam por razões econômicas ou problemas legais, ou alegam pretextos, buscando uma concepção do amor desligado de qualquer responsabilidade, livre dos deveres e dos direitos do elo conjugal, ou por uma desconfiança à instituição matrimonial decorrente do insucesso de casamento anterior ou divórcio de familiares; e até mesmo argumentos ideológicos são manejados como forma de banir a ofensa ao valor pessoal, à individualidade ou à subjetividade.

Retomando o exame dos pressupostos, é imprescindível a convivência, a vida em comum, situação de pessoas que se interessam por um projeto de vida a dois ou, como se disse alhures, a "comunhão de vida", o que amolda ao conceito de companhia (*cum panis*), partilha do mesmo pão, servido na mesma mesa comum.

A convivência é como situação de uso da mesma cama e mesa, com vista de coabitação que lhe é imanente, sendo inadmissível contradição admitir-se união sem vida em comum, convivência de quem não está junto, companheiro que não faz companhia.[332]

É certo que a coabitação não é predicado constante do texto legal, como se disse alhures, e até se pode admitir a sua ausência por motivos excepcionais, como trabalho ou outras situações obstativas; mas a referência talvez não fosse necessária, considerando ela da natureza da união estável e a inequívoca demonstração de sua existência, pois vida em comum, em aparência de casamento, qualificada pela publicidade, continuidade e durabilidade.[333]

---

[331] PAIVA, Vanildo de. *Família e Igreja-Reconciliáveis*. São Paulo: Paulus, 2003, p. 26.
[332] OLIVEIRA, p. 123.
[333] VELOSO, p. 114.

A comunidade de vida é traço revelador, mas não se deve afastar antecipadamente as relações que não tenham esse perfil, pois é possível que homem e mulher vivam em tetos separados, mas haja uma comunhão espiritual capaz de indicar que se objetive constituir uma família.[334]

O pensamento argentino leciona que a relação sem domicílio comum é meramente circunstancial, não se implementando as condições para que o casal compartilhe a vida nos aspectos que determinam situações protegidas pelo Direito, como sucessórios, responsabilidade solidária, etc.[335]

Contudo, em casos excepcionais, por contingências pessoais, como o trabalho e outras circunstâncias impeditivas de residência única, embora o distanciamento físico dos companheiros, é indispensável que subsista uma efetiva convivência, com encontros frequentes, prática de interesses comuns, viagens, participação em ambientes sociais e outras formas de entrosamento; destarte, não havendo *affectio societatis* nas relações de convivência esporádica, como se dá nas relações abertas, em que os parceiros tenham vida e interesses próprios, não atingidos pela eventualidade dos encontros amorosos, resta-lhes a situação de amantes ou concubinos.[336]

Em outra senda, o propósito de constituição de família exterioriza-se exatamente nessa vida em comum, sob o mesmo teto, aos olhos públicos e com afeição recíproca, como casados, mútua dependência econômica, contas bancárias conjuntas, parcerias em negócios e conjugação de esforços; é uma verdadeira imitação do casamento na deferência e consideração entre esposos e mútuas atenções, enfim, a similitude com a sociedade matrimonial.

Nesse contexto enquadra-se a assistência emocional recíproca entre os conviventes, a colaboração nas empreitadas comuns, o esforço de mútuo sustento, o compartilhar de mesa e leito, o clima de carinho, atenção e gestos de amor indispensáveis no desenvolvimento digno da personalidade e do caráter das pessoas e a realização do sonho de uma feliz comunhão de vida.

Aparte-se desse modelo de união estável a convivência de homem e mulher que não se revista de verdadeiro intuito de formar família, como ocorre numa chamada *relação aberta*, que se caracteriza por um envolvimento amoroso e certo grau de companheirismo, por interesse e convivência sociais; mas sem o elo essencial de uma efetiva vida em comum entre os supostos amantes, dada a existência de um compromisso mais sério;[337] tipo de relacionamento, onde os parceiros convivem na participação e rea-

---

[334] VIANNA, Marco Aurélio S. *Da união estável*. São Paulo: Saraiva, 1999, p. 29.
[335] BOSSERT, Gustavo. *Concubinato*. Obbis, 1968, p. 34.
[336] OLIVEIRA, p. 124.
[337] Idem, p. 137.

lização de eventos sociais, em função do sentido e repercussão desses, sem prejuízo de vantagens e benefícios próprios, o que não constitui forma de concubinato, antes o repele pelo descompromisso da sua estrutura.[338]

Para haver realmente uma união estável, deve ficar demonstrada uma prolongada vida em comum com ânimo de constituir família, havendo prova segura do relacionamento em tudo assemelhado ao casamento, marcado por uma comunhão de vida e interesses,[339] enfim, é preciso atentar-se para a realização espiritual e desenvolvimento da personalidade de seus membros.[340]

Em reforço, o magistério doutrinário insiste que, a toda a evidência, o ânimo de formar família refere-se ao desejo exteriorizado pelo par de estabelecer um núcleo familiar, guarida onde os partícipes da união exercem a solidariedade e cumplicidade, que os tornam portadores da mesma sorte ou "consortes".

Daí por que esse elemento é fundamental, mesmo subjetivo, pois as vidas independentes, desvinculadas, desligadas ou desatadas, ainda que sob a égide do envolvimento sexual, embora duradouro, não determina o surgimento de união estável, pois da junção umbilical, do enleamento definitivo, que faz dos consortes pessoas jungidas e onde o destino de um haverá de afetar o futuro de outro.

É de lógica primária e tranquila, arremata o jurista, que, se excepcionalmente, em casos raros, em que a invulgaridade confirma a regra, poderá a relação familiar erigir-se entre pares moradores de lares distintos, mas é virtualmente impossível que tal aconteça, ainda mais se agravada a distância entre as moradas, mesmo que situadas na mesma circunscrição municipal.

A relação visceral na família nuclear somente se constitui e viaja coberta sob o mesmo teto, pois o contato diuturno, exercício da solidariedade e cumplicidade, a nutrição dos sentimentos íntimos, o conhecimento recíproco e profundo entre os participantes apenas se dá pela vivência em domicílio comum; pois os encontros ocasionais que a diversidade domiciliar impõe impedem que a ligadura se enraíze e forme a sólida cognição recíproca, que é a característica indissociável dos membros do núcleo familiar.[341]

Não se constitui união estável um relacionamento amoroso longo em que os litigantes sempre estiveram em lares distintos, mesmo que sem

---

[338] TJSP, 6ª Câmara Cível, rel. Des. Almeida Ribeiro, j. 04.03.1997, RT 698/73.

[339] TJRS, Sétima Câmara Cível, APC 70003620093, rel. Des. Sérgio Fernando de Vasconcellos Chaves, j. 06.03.02.

[340] TEPEDINO, Gustavo. *Temas de Direito Civil*. Rio de Janeiro: Renovar, 1999, p. 350.

[341] MALHEIROS FILHO, Fernando. *União estável*. Porto Alegre: Síntese, 1998, p. 34-35.

compromissos, pois a morada comum é a configuração típica de uma vida de casados a que almeja a relação fática.[342]

A coabitação, em regra, é necessária para caracterizar a união estável, mesmo sem expressa previsão legal, e normalmente se apresentam os companheiros em *more uxorio*, aparecendo em público como se casados fossem, já que a constituição, normalmente, dá-se com a convivência num único domicílio; o que apenas se dispensa por justa causa para tanto, como em decorrência das necessidades profissionais, pessoais ou familiares que impeçam tal unicidade,[343] como numa segunda relação, para não causar trauma nos filhos do leito anterior que não aceitam outro pai ou mãe.

Argumenta-se, em oposição, com verbete do Supremo Tribunal Federal, que verbaliza não constituir a vida em comum sob o mesmo teto condição para caracterizar o concubinato (STF, Súmula nº 382), quando ela foi editada em época em que sequer se considerava a união estável como relação de família; e de modo que o ordenamento jurídico a relegava ao plano meramente obrigacional, tratando-se ali de sociedade de fato para exame da conjugação de esforços;[344] acrescente-se, ainda, que dito provimento foi editado há mais de quarenta anos em vista do concubinato como fator para a *investigação de paternidade*, e não da relação de fato, como já está demonstrado de modo exaustivo.[345]

Os repertórios têm acentuado que não existe afeição familiar quando o casal nem coabitou e/ou teve o propósito de edificar uma família, instituição que fica difícil de concluir se não vive sob o mesmo teto,[346] eis que a moradia é a configuração típica de uma vida de casados, a que almeja a união estável;[347] não sendo o prazo que caracteriza a união estável, mas notoriedade, continuidade, apoio mútuo, convivência sob o mesmo teto e intuito de constituir família;[348] e significativo que as partes, embora tenham mantido relacionamento íntimo, não conviveram sob o mesmo teto, circunstância importante no caso, pois demonstra que não tinham a intenção de constituir família, tanto que não assumiram publicamente a união, não sendo sequer conhecidos dos vizinhos.[349]

---

[342] TJRS, Sétima Câmara Cível, APC 593120553, rel. Des. José Carlos Teixeira Giorgis, RJTJRS nº 167/299.

[343] MONTEIRO, Washington de Barros. *Curso de Direito Civil. Direito de Família*. 37ª ed. São Paulo: Saraiva, 2004, p.31.

[344] Idem, p. 31.

[345] TJRS, Quarto Grupo Cível, EI 70003119187, rel. Des. Sérgio Fernando de Vasconcellos Chaves, j.12.04.02.

[346] TJRS, Quarto Grupo Cível, EI 70003119187, rel. Des. Sérgio Fernando de Vasconcellos Chaves, j. 12.04.02.

[347] TJRS, Sétima Câmara Cível, APC 70000339168, rel. Des. Luiz Felipe Brasil Santos, j.01.03.00).

[348] TJRS, Oitava Câmara Cível, APC 70004535258, rel. Desa. Jucelana Lurdes Pereira dos Santos, j. 2002.

[349] TJRS, Sétima Câmara Cível, APC 70002486736, rel. Des. Luiz Felipe Brasil Santos, j. 30.05.2001.

Atribuir a uma relação entre duas pessoas que vivam sob tetos diferentes, sem justificativa plausível para isso, a natureza de união estável, com todos os seus direitos, acarreta insegurança às pessoas, chegando a impedir que se relacionem afetivamente.[350]

O enunciado 2 (dois) dos Juízes de Família do Rio de Janeiro, reunidos em 19.08.96, consignou que, para a caracterização da união estável, é indispensável a convivência sob o mesmo teto, *more uxorio*.[351]

Não se descarte, entretanto, que é a sociedade que faz o Direito, e se observam comportamentos no meio social de pessoas que convivem, assumem ostensivamente a posição de marido e mulher, de companheiro e companheira, mas em casas separadas, e nem por isso se dirá que não estejam casados ou vivam em união estável; daí, mesmo morando em locais diferentes, assumem a relação afetiva e estão imbuídos do ânimo firme de constituir família, estando em posse de estado de casados, aceitos e reconhecidos por seu círculo familiar pelas atitudes adotadas, tem-se de aceitar a existência de uma união estável.[352]

A vida em comum sob o mesmo teto é uma das mais marcantes características da união estável, por que essa forma de relação decorre da aparência de casamento, elemento objetivo da relação, sinal exterior, fachada, fator de demonstração inequívoca da constituição de uma família.[353]

5. A fidelidade como dever de lealdade

A Carta Magna vigente erigiu a família como paradigma do direito privado, em substituição ao reinado do matrimônio, valor civil proeminente no século passado.

Criaram-se as entidades familiares alicerçadas no casamento, na união estável e na comunidade monoparental que como dito não dispõem, cada uma, de hierarquia sobre as demais.

Ante a isonomia referida, a pergunta recorrente é se os deveres consignados para os cônjuges se estendem também aos companheiros e, caso um deles pratique o adultério, há possibilidade de rompimento da união de fato por infidelidade, também com aplicação de reprimenda penal?

---

[350] MONTEIRO, p. 33.
[351] RT 736/44.
[352] VELOSO, p. 114.
[353] Idem, p. 115.

O sucessivo regramento da união estável apenas registra a inclusão do *respeito e considerações mútuos* entre os direitos e deveres dos conviventes na Lei 9.278/96, antes nada constando na Lei 8.971/94, que se ateve mais aos alimentos, meação e questão sucessória, afirmando o estatuto material vigente que as relações pessoais entre os companheiros obedecem aos deveres de *lealdade*, respeito e assistência, e de guarda, sustento e educação dos filhos (CC, artigo 1.724).

O exame da literatura referente ao concubinato registra que ali o dever de fidelidade se alinhava aos demais elementos da respeitabilidade, como fator moral e de honorabilidade, exatamente para aproximar-se a união livre do matrimônio e gerar direitos, embora não impusesse qualquer sanção capaz de tolher a liberdade de romper a união, mas subsistia, como situação de fato a engrandecer a ligação, afirmando-se que *as pretensões jurídicas da mulher pressupõem concubinato estável e honesto e está claro que a concubina infiel destrói aquele pressuposto.*[354]

É que a quebra do dever de fidelidade, antes do longo tempo de união, revela a inexistência de uma comunhão de vida e de sentimentos, sem que a parceira desleal perdesse o patrimônio que ajudara a construir, a que não chega o mau procedimento; e muito menos a favor da esposa separada de fato, que não podia enriquecer-se em prejuízo da concubina.[355]

A fidelidade se deduzia de prova expressa, como cartas, e de circunstâncias, como noivado anterior, casamento nulo de boa fé, somente cabendo ao concubino invocar a ruptura do dever e não a terceiros, como um filho para haver-se de direitos encaminhados à companheira, aplicando-se ao rompimento as mesmas causas do casamento.[356]

Embora parecesse estranho tratar de fidelidade em concubinato, dada a ausência de um dever legal previamente imposto, surge ela como uma valorização ética, pois implica relação honesta, como dado integrativo da imitação do matrimônio, surgindo como uma presunção *juris tantum* da vida em comum.

É que a variação das relações sexuais, quer de parte do homem ou da mulher, retira o conteúdo de seriedade e honestidade que a vida em união livre deve pressupor, repudiando-se o concubinato plúrimo, sem reconhecimento de efeitos, salvo a hipótese da boa-fé, mas aceitando-se o concubinato sucessivo, que se dá em diferentes períodos e em épocas diversas, com demonstração isolada de cada etapa, e que não se assemelha ao concubinato promíscuo.[357]

---

[354] BITTENCOURT, p. 26.
[355] Idem ibidem.
[356] Idem, p. 27.
[357] MOURA, p. 48-49. Sobre o concubinato sucessivo, expressiva jurisprudência do tribunal gaúcho (RJTJRS, 74/235, rel. Des. José Paulo Bisol).

Já sob o abrigo da Lei 9.278/96 se disse que a presença da fidelidade entre os companheiros era uma decorrência da unicidade de vínculo; e envolvia o dever de lealdade entre os partícipes, tanto no aspecto físico como moral, na abstenção de congressos íntimos com terceira pessoa ou a prática de condutas que indiquem tal propósito, mesmo que não se consume a traição, ou seja, infidelidade material quanto moral.[358]

A doutrina, embora em sede matrimonial, diverge sobre a circunstância de a infidelidade moral consistir ou violação do dever pelo adultério ou com prática de injúria grave;[359] aludindo-se, ainda, ao quase-adultério, aqui não se chegando à cópula, que se consubstancia em intimidades excessivas do consorte, que extrapolam os limites da pura amizade, o que tipifica uma infidelidade imaterial;[360] no âmbito do companheirismo, a fidelidade se relaciona intimamente ao respeito, consideração e lealdade ali presentes, embora não se cogitasse de sanção pelo descumprimento.

Há quem se oponha à admissão de uma obrigação de lealdade carnal entre os concubinos, à maneira dos cônjuges, eis que não há qualquer reprimenda capaz de tolher a liberdade de romper a união que os vincula,[361] mas a fidelidade tem sido indicada como elemento essencial à caracterização da união estável, em homenagem aos princípios morais preservados pela sociedade, sendo inafastável por que o concubinato se espelha no matrimônio,[362] devendo ela ser certa, ostensiva, quase uma fidelidade agressiva,[363] com respeito, deferência, estima, amizade, afeto, o que dá seriedade e valor ético à união estável.[364]

A leitura dos dispositivos atinentes a um e outro instituto, o que agora se faz na presença da nova bíblia material, deixa à calva a conclusão de que o casamento, além de constituir uma instituição social, é ainda um contrato, cuja *subscrição* impõe deveres e concede direitos previstos desde sua chancela, enquanto a união estável é uma relação de fato, com estrutura informal, que até pode se iniciar por pacto de convivência, embora não seja a regra.

Anote-se que a lei civil prescreve a *fidelidade recíproca* como dever entre os consortes (CC, artigo 1.566, I), enquanto para os companheiros se

---

[358] GAMA, p. 194.
[359] GOMES, Orlando. *Direito de Família*. 6ª ed. Rio de Janeiro: Forense, 1984, p.124.
[360] SANTOS, Regina Beatriz Tavares da Silva Papa. Causas culposas na separação judicial In: *Direito de Família- aspectos constitucionais, civis e processuais*, p.232-233.
[361] RT 500/7
[362] COLTRO, Antonio Carlos Mathias. A união estável: um conceito?. In: *Direito de Família – aspectos constitucionais, civis e processuais*. p. 38-39.
[363] PEREIRA, Rodrigo da Cunha. *Concubinato e união estável*. 2ª ed. Belo Horizonte: Del Rey, 1995, p. 45.
[364] OLIVEIRA, J. M. Leoni Lopes. *Alimentos e sucessão no casamento e na união estável*. 3ª ed. Rio de Janeiro: Lumen Juris, 1997, p. 111.

almeja apenas a *lealdade* (CC, artigo 1.724), o que tem significado diverso, pois se costuma vincular o termo *fidelidade* ao terreno das relações sexuais e sua unicidade, enquanto *ser leal* é agir com honestidade em todos os campos da vivência.[365]

Para alguns autores, a expressão agora adotada é mais abrangente e moderna, pois retira a conotação opressora da relação amorosa, enquanto outros acham que não existe entre os conviventes a obrigação do preito carnal à maneira atribuída aos cônjuges, mesmo porque não lhes impõe qualquer sanção capaz de tolher sua ruptura, como na sociedade conjugal; há quem opine inexistir adultério entre os companheiros, eis que circunstância apenas reservada ao casamento, mas injúria grave no descumprimento.[366]

A fidelidade, assim, é uma espécie do gênero lealdade, impondo-se como dever dos companheiros em atendimento ao princípio jurídico da monogamia, que, por sua vez, funciona como ponto-chave das conexões morais, estando intrinsecamente ligada ao respeito, consideração ao companheiro, e, principalmente, ao ânimo de preservação da relação marital, embora na união estável o dever lealdade-fidelidade, diversamente do casamento, não implique sanções penais; e na esfera civil tem sentido mais moral que jurídico, pois não há sanções ao membro do casal que descumpriu o dever.[367]

É que sendo a união estável uma entidade familiar, um modo de constituir família, tanto quanto o casamento, a lei procurou estabelecer, expressamente, um mínimo de deveres a que estão adstritos os companheiros, sendo o primeiro, o dever de lealdade, que significa franqueza, consideração, sinceridade, informação e, sem dúvida, fidelidade, sendo a última requisito natural, estando na essência da função da família moderna, de concepção eudemonista, que visa a preservar a dignidade da pessoa humana.[368]

Assim, a quebra do dever de fidelidade na sede matrimonial implica o *pedido judicial de separação* por violação das obrigações combinadas e dificuldade da vida em comum; enquanto na união estável, a simples vontade de um ou outro parceiro pode determinar sua dissolução, sem perquirição de qualquer culpa, causa então rechaçada pela doutrina e pela jurisprudência, mas lamentavelmente renovada pelo legislador no pergaminho em gala: ou seja, os companheiros têm plena liberdade de corte

---

[365] BRITO, Nágila Maria Sales. O contrato de convivência: uma decisão inteligente, *Revista Brasileira de Direito de Família*: IBDFAM, Síntese, Porto Alegre, v.2, n. 8, 2001, p. 31.

[366] AZEVEDO, p. 444.

[367] PEREIRA, Rodrigo da Cunha. *Comentários ao novo Código Civil. Da união estável, da tutela e da curatela.* Rio de Janeiro: Forense, v. XX, 2003, p. 102.

[368] VELOSO, também citando Eduardo Cambi, p. 129-130.

em seu relacionamento, sem precisar de justificação e até independente de processo achando algumas que o rompimento pode constituir injúria grave, encaminhando reparação por dano moral.³⁶⁹

A questão, por isso, deve acomodar-se nos predicados de respeito e consideração próprios da relação humana, na valoração ética que sedimenta o sistema monogâmico, exigindo-se a fidelidade na união estável *para robustecer a ideia de casamento normal e como homenagem aos princípios morais da sociedade*, como já foi lecionado.

E no âmbito criminal não se cogita da prática de adultério entre os companheiros, pois este deslustrado ilícito penal está contido nos *crimes contra o casamento*, devendo a ação ser proposta com exclusividade pelo *cônjuge ofendido*.

Não há possibilidade aqui de uso analógico ou interpretação extensiva para assemelhar as entidades familiares (casamento e união estável), eis que vigora no campo penal o *princípio da reserva legal* ou da *legalidade* (CF, art. 5º, XXXIX, e CP, art. 1º), que inibe qualquer hermenêutica.

6. A concubina desamparada

A proteção jurídica da união livre teve como obstetras o amadurecimento da sociedade, a elaboração dos pensadores e a arquitetura dos julgados, que de forma gradual e insinuante pulverizaram os contrafortes do preconceito, desobstruindo a abjeção infamante e sepultando a ignomínia.

Então remetida às vastidões do subúrbio ou ao exílio dos cortiços, também às orelhas dos riachos, a mulher avulsa que prestava o preito da servidão na alfândega dos sentimentos veio ganhando dignidade, erguendo-se do anátema, libertando-se do opróbrio, conquistando a consideração da lei.

Antes que os constituintes escrevessem a carta das garantias civis, a concubina que vivesse algum tempo com um homem, e se fala no feminino pelo apreço cultural, caso contribuísse de forma direta na aquisição de algum cabedal, quando separada e reconhecido seu estado, poderia recolher a fração correspondente ao seu esforço, tal como acontecida entre os integrantes de uma sociedade, mas no âmbito do direito das obrigações; noutra linha, e ao desabrigo, demandava pelo pagamento de seus serviços domésticos, aceitando indenização por cama, mesa e banho, quando não

---
³⁶⁹ DINIZ, p. 321; RT 437/157.

era empregada, sequer messalina, ridículo estipêndio que atribuía um salário mínimo por ano de convivência.

Depois de oitenta e oito, erigiram-se as novas entidades familiares, e o concubinato subjacente transmudou-se em união estável, agora com as galas de instituto e honras de salvaguarda.

Nasce o direito a alimentos, e a partição dos bens com a bênção alcunhada de "contribuição indireta", forma de equilibrar a divisão dos acervos, e endereçada à companhia da casa, proteção, paz, cuidados com a prole, fatores que permitiam ao varão, lá fora, aquinhoar-se e entesourar.

Segue regulamento que alarga os benefícios, já não apenas a pensão alimentícia e o direito à meação, mas também acesso à herança com vocação hereditária e plenitude de partilha, além do usufruto da quarta parte dos bens, embora se limitando tais prerrogativas ao cumprimento de um período mínimo de cinco anos de coabitação e vida notória.

Após a provisão, ainda sustentada pela constante fotografia jurisprudencial, vem outro edito repetindo no rol de haveres do companheirismo os alimentos, direitos patrimoniais segundo o regime da comunhão parcial caso não houvesse pacto, usufruto dos bens; e mais o direito real de habitação para manter a moradia no ninho ferido pelo decesso do parceiro, inexigência de prazo para a declaração do fato, possibilidade de conversão ao casamento e competência das varas de família para deslinde das controvérsias: foi o apogeu, olhado com inveja pelos que optavam pelo matrimônio.

A pletora de direitos, contudo, sofreu cirurgia reparadora no novo catálogo civil, que mouco à fecundação doutrinária e pretoriana, restringiu os direitos patrimoniais e sucessórios apenas ao que foi havido na relação, e em concorrência com descendentes e parentes sucessíveis; introduziu a verificação da culpa para a obrigação alimentar, extinguiu o usufruto vidual, talvez o direito real de habitação, criando a extravagante figura do "concubinato", consistente em contatos não eventuais entre homem e mulher, impedidos de casar, a que se vedam quaisquer garantias no âmbito da união estável.

Assim como antes ocorria com o concubinato impuro ou adulterino, sem direitos quando um dos membros da parelha ainda se mantinha no lar conjugal, o que afrontava a monogamia, é nebuloso o destino dos concubinos, já que as novas prescrições civis alteraram o conteúdo da sociedade de fato, o que os deixará ao desamparo.

Relembre-se que se construiu na jurisprudência brasileira o entendimento de que o concubinato dizia apenas com uniões clandestinas ou adulterinas, enquanto companheirismo seria a união ostensiva entre pessoas desimpedidas de casar, ou, pelo menos, separadas de fato, o que derrubava a situação de adulterinidade, sendo a primeira estigmatizada em vista do princípio da monogamia.[370]

Contudo, a rejeição absoluta, radical e dogmática da união estável adulterina, antes feita pela doutrina e parte dos tribunais, agora endossada pelo novo Código Civil, pode conduzir, teoricamente, a consequências de extrema injustiça: é o caso de se desconsiderar dezenas de anos de convivência de concubinos que viviam como se casados fossem, e porque um deles é casado e continua também morando com o cônjuge, mantendo duas residências, pode provocar que fique a companheira abandonada na contingência de mendigar, eis que inviáveis alimentos quando não há união estável.[371]

Desta forma, oclusas as portas da união estável e comprometidas as fechaduras da sociedade de fato, é bom lembrar-se que a censurabilidade do adultério não há de conduzir a que se locuplete com o esforço e o afeto alheios exatamente quem deles se beneficia.

A vida moderna e a evolução dos costumes, inclusive no casamento, recomendam o exame dos efeitos da relação clandestina ao matrimônio, principalmente quando se espicha por longos anos e tem publicidade, onde a cicatriz criminal da bigamia deve impor sanção civil a quem o pratica.

Agora sem acesso aos alimentos ou patrimônio, salvante a relação putativa, é justo que os julgadores reexaminem, como no passado, a possibilidade de o concubino usufruir indenização pela vida em comum, em patamares razoáveis pelo tempo de duração, em prestígio ao princípio da dignidade da pessoa humana, tal como recomenda o epicentro constitucional.

Assim, descabida a possibilidade de alimentos, e desde que não se possa obter partilha dos bens adquiridos em comum, porque não havido acervo durante a convivência ou prova da contribuição na sociedade de fato, é aceitável se cogitar de uma indenização por serviços domésticos, consoante antiga elaboração jurisprudencial que precisa ressurgir.[372]

Anote-se que, no passado, a Suprema Corte adotava esta orientação, ancorando-se na teoria do enriquecimento sem causa, solução que se aplicava quando o patrimônio do concubino fora formado antes do início da relação.[373]

---

[370] PEREIRA, Sérgio Gischow. *Estudos de Direito de Família*: Porto Alegre: Livraria do Advogado, 2004, p. 172.
[371] Idem ibidem.
[372] Idem, Ob. cit., p. 172-173.
[373] STF, RTJ 64/517, 65/134, 66/765, 82/1001.

Nem se diga que a concubina ficaria numa situação de superioridade à da esposa, que não tem acesso a tal ressarcimento, eis que esta tem direitos não outorgados àquela.

O valor da indenização, afastado por aviltante o cálculo com base no salário mínimo por ano de convívio, deve considerar as condições econômicas dos envolvidos e a situação fática do caso concreto.

Reitere-se, é a solução que mais se abebera do cálice sagrado do respeito à dignidade da pessoa humana.

7. Conclusões

A união livre projeta-se do passado como instituto portador da franquia jurídica, ganhando posição no pódio do respeito e das garantias de cidadania.

O reconhecimento desta entidade familiar exige o cumprimento de uma agenda de requisitos como a convivência pública, contínua e duradoura, que objetive a constituição de uma família, onde os conviventes observem os deveres de lealdade, respeito e assistência, e de guarda, sustento e educação dos filhos (CC, arts. 1.723 e 1.724).

Embora a rigidez conceitual dos elementos previstos para a implementação da união de fato, subjazem outros pressupostos que o julgador deve considerar para a declaração do pedido, e que se encontram implícitos na cogitação daqueles alinhados no padrão legal.

Em simetria à denominação adotada pelo constituinte, a união deve ser duradoura, distendendo-se em tempo razoável em que divisem claramente os anseios de uma comunidade familiar, em verdadeiro núcleo de afetos e interesses.

Não constituem união estável, nem a relação breve ou fugaz que não enseja a concretude do projeto familiar, nem a convivência provecta de laços frouxos, sem compromissos com a criação de grupo perene: o tempo é fator de identificação.

Por outro lado, almejando a lei que a união estável se mude em matrimônio, para tanto sugerindo facilidades de adaptação formal, ela se deve acomodar nos desígnios do casamento, que supõe a vida sob o mesmo teto, impondo-se concluir que a coabitação é um dos pressupostos que apontam para o selo de identidade.

Não há comunhão de vida, nem partilha conjugada de afetos e interesses quando o casal não se ache sob o mesmo abrigo.

A união duradoura entre duas pessoas desimpedidas tem veneração ética, é uma relação respeitosa e leal, mesmo sem a reprimenda contida nas regras do casamento.

Os companheiros obrigam-se à fidelidade como os cônjuges, pois tal circunstância é uma emanação do dever de lealdade, embora possam os companheiros dissolver simplesmente a união entretida, sem indigitar motivos, como acontece na ruptura da sociedade matrimonial.

Finalmente, restando a concubina desamparada de alimentos ou patrimônio, é possível que o magistrado cogite de endereçar-lhe indenização pelos serviços prestados, evitando locupletamento injusto, em quantia adequada à situação das partes e do caso julgado.

É uma releitura dos pressupostos explicitados no paradigma civil, na busca do justo.

Capítulo VI – Adoção: invalidade da ação por enfermidade do adotante

1. Notas prévias

A Constituição Federal afirma que a adoção será assistida pelo Poder Público, na forma da lei, que estabelecerá casos e condições de sua efetivação por parte de estrangeiros (CF, art. 227, § 5º).

A inscrição do instituto na Carta Magna demonstra que a matéria refoge dos contornos de simples apreciação juscivilista, *passando a ser matéria de interesse geral, de ordem pública*,[374] revelando a preocupação do legislador em cercar de seriedade a outorga desta forma de paternidade socioafetiva, eis que ela se sustenta, eminentemente, nos vínculos estreitos e únicos de um profundo sentimento de afeição;[375] ou de solidariedade social impregnada de singular conteúdo humano, de altruísmo, carinho e apoio.[376]

Todavia, como acentua a doutrina mais erudita, são conhecidas adoções de pessoas maiores e capazes **apenas com o propósito de constituí-las herdeiras**; isso quando não acontecem adoções mal-intencionadas, aproximando-se de indivíduos idosos, carentes e sozinhas, para, com gestos de aparente solidariedade, **conquistar a confiança** e com ela a aproximação, mostrando-se presentes e solícitos, aparentemente preocupados com o bem-estar do idoso, assediado, carente por preencher lacuna afetiva de que se ressentem muitos idosos.[377]

Organizada essa aproximação, seguem o plano previamente arquitetado de concluírem a estratégia de apoderamento da riqueza ou de herança de pessoa já fragilizada pela idade e pelo abandono de seus familiares, convencendo-os a efetivarem o processo de adoção, com vistas a essas pessoas inescrupulosas serem alçadas à condição de herdeiros, inclusive universais.[378]

---

[374] GONÇALVES, Carlos Roberto. *Direito Civil Brasileiro. Direito de Família.* São Paulo: Saraiva, v. VI, 2005, p. 329.

[375] MADALENO, Rolf. *Curso de Direito de Família.* Rio de Janeiro: Forense, 2008, p. 472.

[376] MARMITT, Arnaldo. *Adoção.* Rio de Janeiro; Aide, 1993, p.10.

[377] MADALENO, p. 472/473.

[378] Idem, p. 473.

Opina-se, também, que a adoção de adultos fere a finalidade do instituto, pois não existe razão para proteger os maiores por meio da medida de colocação familiar, além de normalmente se revestir de interesses escusos ou duvidosos, de ordem patrimonial ou econômica.[379] As referências merecem transcrição para salientar e acautelar o **escrúpulo** que deva ter o magistrado, especialmente, no exame de adoções que envolvam pessoas idosas e doentes possuidoras de notável fortuna.

Aqui o procedimento deve ser exageradamente **minucioso** e com apego ao **estrito formalismo**, sem folgança ou discricionariedade; mas rigoroso e inflexível, em obediência ao ditame constitucional que exige a intervenção do Poder Público na fiscalização do ato, diversamente do passado em que a medida era mais contratual, com feição privada.

Ressalte-se, pois, a preocupação do legislador com o viés público do tema, deslocando sua implementação de simples regras de acerto entre adotante e adotado, como antes ocorria, para a rigidez de normas procedimentais estatuídas pelo Estado.

Relembre-se que na vigência do código novecentista e antes da Carta de 1988, a adoção era feita por escritura pública, dispensada a via judicial; e não envolvia a sucessão hereditária quando o adotante tivesse filhos legítimos, legitimados ou reconhecidos, apenas lhe tocando a metade da herança quando houvesse prole superveniente, situação que se alterou com a igualdade da filiação anotada pela carta noviça.

Esse fato levou muitos doutrinadores a **questionar** a conveniência de se manter a **adoção dos maiores de idade**, eis que o instituto se destinaria mais ao exercício do poder familiar,[380] discussão que se torna apenas acadêmica ante a inclusão do assunto no diploma civil em vigor.

2. Procedimento

2.1. Natureza jurídica

A lei manda que a adoção se faça por **processo judicial**, que não é litigioso, mas de **jurisdição voluntária**, à semelhança do que ocorre com a guarda ou a tutela.[381]

---

[379] CHAVES, Antonio. *Adoção, adoção simples e adoção plena*. São Paulo: Revista dos Tribunais, 1983, p. 607.
[380] DIAS, Maria Berenice. *Manual de Direito das Famílias*. 4ª ed. São Paulo: Revista dos Tribunais, 2007, p. 433.
[381] FONSECA, Antonio Cezar Lima da. *O Código Civil e o novo Direito de Família*. Porto Alegre: Livraria do Advogado, 2004, p. 107.

Não custa recordar que a jurisdição civil contempla a jurisdição contenciosa e a jurisdição voluntária.

A primeira caracteriza um conflito de interesses entre os sujeitos processuais, decorrente de uma pretensão insatisfeita e com possibilidade de contraditório.

Outro traço é a sua eficácia de coisa julgada nas decisões de mérito definitivas, que asseguram a paz jurídica através da composição.

Já a jurisdição voluntária envolve uma providência jurídica ou uma atividade judiciária de administração pública de interesses privados que por opção legislativa comportam a fiscalização pelo poder público, tendo em vista a relevância para a sociedade.

Como nos procedimentos de jurisdição voluntária não há lide, mas controvérsia, não há partes, mas interessados, não de falar-se em sucumbência, revelia, contestação, litispendência e sentença que faça coisa julgada,[382] o que não obsta a observância mitigada do princípio da demanda (CPC, art. 1.104).

Importa relevar que embora tal *nuance* do procedimento de jurisdição voluntária, deve o juiz proceder à instrução probatória de ofício, **mesmo contra a vontade dos interessados**, já que incide em plenitude o princípio da investigação, em contraposição ao princípio dispositivo.[383]

Na sentença constitutiva proferida em processo de jurisdição contenciosa, o juiz declara e constitui, sendo essa eficácia declaratória suficientemente forte para que se produza coisa julgada material; na sentença constitutiva proferida em processo de jurisdição voluntária, **é mínimo o efeito declaratório, o que explica a ausência da coisa julgada**; daí **descaber ação rescisória de sentença proferida** em processo de jurisdição voluntária, mas a de **anulação de ato decisório**.[384]

Também anote-se o peremptório entendimento de que mesmo não estando o juiz obrigado a respeitar aqui o critério da **legalidade estrita**, isso não significa que o exercício de tal faculdade seja permissão para praticar ilegalidade, pois o abandono de dito pressuposto só se verifica quando **não fira os direitos subjetivos dos interessados**; a conclusão é que o abrandamento da legalidade estrita só é autorizado nos casos de se permitir ou de se determinar prática sem formalidade que não seja da essência ou não integre a substância do ato.[385]

---

[382] NERY JUNIOR, Nelson; NERY, Rosa Maria de Andrade. *Código de Processo Civil Comentado e Legislação Extravagante*. 9ª ed. São Paulo, Revista dos Tribunais, 2006, p.1059.

[383] NERY JUNIOR *et alli*, p. 1060

[384] TESHEINER, José Maria Rosa. *Elementos para uma teoria geral do processo*. São Paulo: Saraiva, 1993, 79/81.

[385] TESHEINER, p. 80.

Em síntese, mesmo se tratando de procedimento de jurisdição voluntária, o juiz deve cumprir uma pauta de estrita legalidade, até exagerando no respeito de postulados formais, indispensável quando se cuidem de direitos subjetivos até de terceiros; e notadamente quando há sinais de incapacidade postulatória da autoria do pleito e envolvimento de pesados interesses patrimoniais, embora esses velados sob a aparência de um ato de filantropia e humanidade.

2.2. Legitimação ativa

A legitimidade e o interesse constituem condições de ação que devem ser examinadas pelo juiz na propositura da causa; e sendo **matérias de ordem pública** não incide nelas o princípio dispositivo, de modo que qualquer parte, ou o Ministério Público, pode alegá-las, a qualquer tempo e grau de jurisdição.

Examinando as questões atinentes ao tema, grife-se que podem adotar todas as pessoas civilmente capazes, com idade superior a dezoito anos, de qualquer estado civil, não havendo mais a restrição que havia concernente ao impedimento temporário após o casamento.

Alude a doutrina que não podem adotar os maiores que **não tiverem discernimento** para a prática do ato, ou **que não puderem exprimir sua vontade**, mesmo por causa transitória.[386]

Ordena o estatuto civil que a validade de um negócio jurídico exige um **agente capaz**, um **objeto lícito**, possível, determinado ou determinável e uma **forma prescrita** ou não defesa em lei (CC, art. 104, I a III).

As pessoas são titulares das relações jurídicas, dando-lhes o ordenamento uma aptidão genérica para a prática de atos da vida civil, surgindo a **capacidade** como a medida jurídica da personalidade, compreendendo ela a **capacidade de direito** (também de aquisição ou de gozo), reconhecida indistintamente a todos os seres humanos; e a **capacidade de fato** (ou de exercício) que é a aptidão para praticar pessoalmente, por si só, os atos de vida civil.

A personalidade exprime a ideia genérica e potencial de ser sujeito de direitos, reconhecida a todas as pessoas humanas e estendida aos agrupamentos morais; e **a capacidade** é a possibilidade de praticar, pessoalmente, os atos de vida civil.[387]

Enquanto a capacidade de direito é estática, a capacidade de fato é dinâmica, pois tem o poder de colocar em movimento os direitos, produzin-

---

[386] LOBO, Paulo. *Direito Civil. Famílias*. São Paulo: Saraiva, 2008, p. 251.
[387] FARIAS, Nelson Cristiano Chaves de; ROSENVALD. *Direito Civil. Teoria Geral*. 6ª ed. Rio de Janeiro, Lumen Juris, 2007, p.206.

do transformações por meio da atuação jurídica própria; diversamente da capacidade de direito, nem todas a pessoas têm a capacidade de exercício, não se achando aptas para a prática de atos jurídicos próprios, o que é feito por meio de representantes ou assistentes: é o caso dos incapazes.[388]

A capacidade é a regra, e a incapacidade é a exceção,[389] motivo por que o direito positivo contempla, objetivamente, as hipóteses de plena capacidade, criando-se uma gradação ao seu exercício, portanto situações que limitam a plena capacidade jurídica, encaradas, como se disse, de forma restritiva.[390]

Então, são absolutamente incapazes de exercer pessoalmente os atos de vida civil, entre outros, **os que por enfermidade ou deficiência mental**, não tiverem o necessário discernimento para a prática desses atos (CC, art. 3º, II).

A expressão substitui o anacrônico **loucos de todo o gênero** antes utilizado, abrangendo, agora, os indivíduos portadores de patologia mental que fulmine totalmente sua capacidade de compreensão.[391]

Anote-se, em complemento, que as pessoas de discernimento reduzido em virtude de deficiência mental são tidas pela lei como relativamente incapazes, devendo suas atividades ser acauteladas.

Os atos praticados pelos absolutamente incapazes são **nulos** de pleno direito, deles não decorrendo qualquer efeito jurídico (CC, art. 166, I); já os atos dos relativamente incapazes são passíveis de anulação (CC, art. 171, I).

Releva examinar em que consiste o **discernimento** necessário para se atribuir validade e eficácia aos atos jurídicos.

Segundo dicionarista, discernimento é o ato ou efeito de discernir, é capacidade de compreender situações, de separar o certo do errado; é a capacidade de avaliar as coisas com bom-senso e clareza; juízo, tino, conhecimento, entendimento.[392]

Embora alinhando com prescrição do diploma revogado, a doutrina tradicional aduz que as hipóteses de alienação abarcam os casos de insanidade mental permanente ou duradoura que determinam a incapacidade, desde que se caracterizem por uma grave alteração das faculdades mentais, seja a inteligência, a emotividade ou o querer.[393]

---

[388] RODRIGUES, Rafael Garcia. A pessoa e o ser humano no novo Código Civil. Em *A parte geral do novo Código Civil*. 2ª ed. Coordenador Tepedino, Gustavo. Rio de Janeiro: Renovar, 2003, p. 12.

[389] STF, RTJ 95/349.

[390] FARIAS e ROSENVALD, p. 208.

[391] RODRIGUES, p. 16.

[392] HOUAISS, Antonio. *Dicionário Houaiss da língua portuguesa*. Rio de Janeiro: Objetiva, 2001, p. 1051.

[393] BEVILÁQUA, Clóvis. *Código Civil dos Estados Unidos do Brasil*. Rio de Janeiro: Francisco Alves, 1916, v. 1 p. 178.

É claro que a senilidade, por si, não é motivo de incapacidade, a menos que venha acompanhada de estado mental patológico.

A lei atual se refere a um distúrbio mental que possa afetar a vida civil do indivíduo, abrangendo desde os vícios mentais congênitos até aqueles adquiridos no decorrer da vida, por qualquer causa; uma vez fixada a anomalia mental, o que é feito com o auxílio da psiquiatria, o indivíduo pode ser considerado incapaz para os atos de vida civil.[394]

Para a **literatura médica**, o novo Código exige que seja portador de uma enfermidade mental qualquer; e, em decorrência desta, não tenha, efetivamente, as necessárias condições para a prática dos referidos atos, interferindo no plano psicológico a ponto de impedir que a pessoa detenha a indispensável compreensão do significado, implicações e consequências, para si ou para outrem, do ato que pretende realizar ou que já realizou.[395]

Para ela a incapacidade é matéria de fato e decorre da conjugação de dois fatores: a presença da enfermidade mental e o déficit ou ausência de discernimento; e não decorre a incapacidade da decisão judicial, que apenas a reconhece, **podendo ser alguém incapaz de fato, e essa condição passar ao largo dos tribunais**.[396]

E afirma a psiquiatria que a condição de incapacidade pode oscilar como de fato oscila ao longo da vida; um incapaz pode readquirir o discernimento, **como também o inverso ocorre**.

Ao examinar a questão de testamentos e doações, ensina-se que o **pleno discernimento não significa discernimento para todos os atos de vida civil**, mas discernimento para o ato impugnado seja doação ou disposição de última vontade, e a pesquisa disso implica o esclarecimento de algumas questões objetivas e subjetivas. Entre as primeiras, **em que consiste seu patrimônio** e em quanto o avalia, o valor de cada um de seus bens, **quem são seus herdeiros, quem pretende beneficiar**, **as consequências econômicas para os beneficiários e para os excluídos**; já as variáveis subjetivas baseiam-se na **história da vida do examinando**, buscando compreender suas motivações, **a relação que manteve ao longo da vida com seus herdeiros e donatários, os afetos e as gratidões**, tudo confluindo para o estabelecimento de um ponto de extrema importância o **da coerência biográfica do ato em exame**. Já uma avaliação póstuma também examinará a vida do testador até a declaração da vontade, buscando identificar a evolução de possíveis doenças mentais e sua relação com herdeiros legais e donatários; o **estado mental à época do testamento**; e a evolução da vida

---

[394] VENOSA, Sílvio de Salvo. *Direito Civil. Parte Geral*. 3ª ed. São Paulo: Atlas, 2003, p.176.
[395] TABORDA, José G. V. CHALUB, Miguel; ABDALLA FILHO, Elias. *Psiquiatria Forense*. Porto Alegre: Artmed, 2004, p.182.
[396] Idem et alli, p. 185.

depois do ato e até o óbito, com ênfase no **histórico de morbidade mental**, posto que algumas moléstias pudessem insidiosamente já estar se manifestado no período peritestamentário.

E arremata como fato fundamental que mais que nunca será importante demonstrar a **coerência biográfica das disposições testamentárias**.[397]

Embora as lições se dirijam a outras perícias forenses, casam como outras tiradas de eventos onde a adotante não dispusesse de pleno discernimento para o ato, portadora que fosse de moléstias que abalem sua compreensão e vontade.

2.3. Legitimação ativa e Doença de Parkinson

Toma-se como exemplo de meditação a possibilidade de que a adotante estivesse acometida da Doença de Parkinson, fato comprovado nos autos de uma ação imaginária.

A moléstia foi descrita pela primeira vez em 1817 por James Parkinson, constando que há hoje mais de dez milhões de pessoas afetadas; em nosso país, fala-se em trezentos mil pacientes.

É um distúrbio do movimento, que determina tremor, rigidez muscular, lentidão motora e alterações posturais, devido à escassez de dopamina cerebral, desconhecendo-se método de cura; mas se depositando esperanças no projeto Genoma, no uso de células-tronco e também na terapia genética.[398]

Para especialista, o tremor constante, que pode atingir outras partes do corpo, pode levar à incapacidade de falar, determinando uma voz vacilante e trêmula; a rigidez muscular, além de causar sensação dolorosa, origina contraturas; a bradicinesia ou lentidão de movimentos pode originar, em casos mais graves, à absoluta imobilidade, semelhante a um estado de congelamento; os efeitos posturais comandam encurvamento e projeção do corpo, e frequentes quedas que produzem ferimentos.

Entre os sintomas secundários, alinha-se a perda da expressividade facial, comprometimento da fala, perda da capacidade motora de expressão, dores articulares e quedas; ainda problemas de apetite, distúrbios urinários, dificuldades na escrita, disfunção sexual, ansiedade, depressão, hipotensão arterial, perda de memória e déficit intelectivo, edema e distonias.

Sempre que a pessoa quer transmitir uma mensagem utiliza a fala, acompanhada de gestos, que reforçam o que se deseja transmitir, associação que fica comprometida na DP.

---
[397] TABORDA, *et alli*, p.185-186.
[398] REIS, Telmo. *Doença de Parkinson*. Porto Alegre: Pallotti, 2004, p. 15-24.

Ansiedade e depressão, segundo o médico, determinam graus variáveis de instabilidade emocional, alterando sentimentos e percepções; a primeira é acompanhada de inquietude, aflição, apreensão e angústia; a segunda, que tem origem psíquica e tratamento psiquiátrico, é um estado emocional negativo, **reduzindo a capacidade intelectiva**, tanto por estar indiferente e alheio, como melancólico.

Embora não aconteça em seus primórdios, o déficit de memória e outras perdas cognitivas constituem síndromes da doença, com a **perda de memória** e diversos graus de débito intelectivo.[399]

Nesses episódios, como revela a prática forense e médica, a pessoa opera acontecimentos com surtos mentais que apontam sequelas pela falta do discernimento, como ordens aos serviçais para compras descabidas, preparativos de refeições para parentes que já faleceram, desconhecimento do local onde se acha, até desejando voltar para casa, quando dali não saiu, fazer legados para finados, equivocar-se na qualificação de beneficiários etc.

A isso se acrescentam internações hospitalares continuadas, em vista de problemas derivados da DP ou de outras moléstias, o que bem atestam a dúvida sobre a saúde mental da adotante.

Alhures se afirmou que a adotante dispõe de capacidade de direito, mas não de capacidade para estar em juízo em vista de falta total ou parcial de discernimento, ou seja, não tem capacidade de fato ou de exercício; que é um pressuposto processual de validade.

Assim, tanto ou absoluta ou relativamente incapazes **podem ser parte**, mas não podem praticar os atos processuais, **pois lhes falece a capacidade processual**, devendo ser representados ou assistidos, na forma da lei; as atividade que exerçam, no âmbito instrumental, serão nulas ou anuláveis, como explicitado.

2.4. Legitimação passiva

O procedimento para a adoção persegue o rito da jurisdição voluntária onde não há litígio e temperadas as regras do contraditório, embora observada a estrita legalidade, principalmente quando a formalidade seja substância do ato a praticar.

O termo *adoção* quer dizer **tomar alguém como filho**, segundo sua acepção latina.

E se conceitua como ato solene pelo qual alguém recebe em sua família, na qualidade de filho, pessoa a ele estranha;[400] é um ato jurídico estrito

---

[399] REIS, p.33-57.
[400] GONÇALVES, p. 328.c

que cria um vínculo fictício de maternidade/paternidade, filiação entre pessoas estranhas, análogo ao que resulta da filiação biológica:[401] é a modalidade artificial de filiação que busca imitar a filiação natural.[402]

Segundo o Estatuto da Criança e do Adolescente, a adoção atribui a condição de filho ao adotado, com os mesmos direitos e deveres, inclusive sucessórios, **desligando-o de qualquer vínculo com pais e parentes**, salvo os impedimentos matrimoniais (ECA, art. *caput*); não é outra a versão contida no diploma civil (CC, art. 1.626).

E para a jurisprudência, a lei determina o desaparecimento dos vínculos jurídicos com pais e parentes, mas evidentemente, persistem os naturais, daí a ressalva quanto aos impedimentos matrimoniais.[403]

Resta inequívoco, pois, que a adoção **cria ou constitui** pela sentença judicial pronunciada no processo **um novo estado de filiação**, tanto que o filho adotado se desvincula de qualquer liame com sua parentalidade biológica, cancelando-se o registro civil original e efetuando-se um outro com referências diferentes.

E como o elo sanguíneo é extinto e afastados os genitores, é imprescindível que no polo passivo da relação processual figurem os pais biológicos do adotado.

Embora o filho tenha atingido a maioridade, nenhuma dúvida paira que cessou o poder familiar; todavia, apesar de não deterem nenhum poder sobre a pessoa do filho maior, os pais ainda mantêm com o mesmo uma relação de parentesco natural (CC, art. 1.596), que é vitalícia, possuindo aqueles direitos e interesses na oposição de rompimento do vínculo de filiação; acrescente-se que o artigo 1.621 do CC ordena que a adoção dependerá do consentimento dos pais biológicos ou do representante legal do adotando, entendendo-se que tal norma deve ser aplicada a **qualquer adoção**, logo, também nos casos em que for maior de idade; ressalte-se que a expressão **representante legal** constante no texto do artigo 1.621 do CC refere-se aos menores, mas a expressão **pais** diz respeito a todo o adotando.

Assevera o jurista citado que paternidade não se extingue no momento em que o filho completa a maioridade civil; na hipótese de os pais biológicos só se poderem opor à adoção do filho menor, ter-se-ia a esdrúxula situação: discordando da adoção os pais biológicos de adolescente, adotante e adotando aguardariam a maioridade deste último para reiterar o pedido, sem possibilidade de oposição dos pais, não obstante ainda o vínculo da filiação.

---

[401] DIAS, p. 42
[402] VENOSA, p. 315.
[403] STJ, REsp. 127.54-RS, 3ª Turma, Rel. Min. Eduardo Ribeiro, DJU 28.08.2000.

Assim, os pais que no dia anterior teriam legitimidade para se opor à adoção, deixariam de tê-lo pela simples passagem de tempo. Certo que não.

Os pais legítimos do adotando maior de dezoito anos detêm **legítimo interesse** em se manifestarem no processo de adoção, uma vez que o **vínculo de adoção será cancelado**, o que os afetará diretamente, além de poderem ter justo motivo para se oporem ao pedido.[404]

A exegese não é isolada.

Embora as posições sejam contraditórias quanto ao **consentimento dos pais**, é imperativo, ao menos a **citação dos pais registrais**, pois mesmo que os genitores biológicos não precisem consentir, devem ser citados, pois a sentença terá profunda ingerência nas suas vidas; perdem eles a relação paterno-filial, que, às claras, não se esgota com a extinção do poder familiar; como a adoção faz cessar todos os vínculos, de todo desarrazoada a **perda de um filho sem sequer tomar conhecimento desse fato**; de outro lado, como se trata de ação relativa ao estado de uma pessoa, para a sentença produzir coisa julgada com relação a terceiros é indispensável a citação de todos os interessados como litisconsortes necessários (CPC, art. 472).[405]

E se não requerida a citação, deverá o juiz determiná-la **de ofício, sob pena de nulidade** (CPC, 47), observa a festejada doutrinadora.[406]

Nessa linha, o tribunal gaúcho proclamou que, embora o consentimento dos pais biológicos não seja condição para o deferimento da adoção de maior de dezoito anos, por se tratar de uma causa relativa ao estado da pessoa, é necessária a citação de todos os interessados para a que a sentença produza efeitos *erga omnes* (CPC, art. 472); e isso mesmo em se tratando de processo de jurisdição voluntária (CPC, art. 1.105). Certo, no entanto, que os pais não poderão opor a ausência de seu consentimento desmotivado para obstar que a adoção se consume.[407]

Como a filiação constitui uma relação de parentesco entre duas pessoas, e a qualificação jurídica daquela forma o **estado de filiação** de que decorrem os laços afetivos praticados no cotidiano pelos pais e descendentes, o estado de filiação é um direito inalienável.

Ou seja, como afirmado em precedente judicial, embora não vigore mais um exercício pleno do poder familiar – assim se diz porque o filho maior, mas necessitado, ainda pode se socorrer de seus genitores, em res-

---

[404] BORDALLO, Galdino Augusto Coelho. *Da adoção. O novo Código Civil do Direito de Família*. Leite, Heloisa Maria Daltro, Coord. Rio de Janeiro: Freitas Bastos, 2002, p. 264/265.

[405] DIAS, p. 434. No mesmo sentido, TARTUCE, Flávio e SIMÃO, José Fernando. *Direito Civil. Direito de Família*. 2ª ed. São Paulo: Método, v.5, 2007, p.332.

[406] Idem, p. 434, nota de rodapé 36.

[407] TJRS, 7ª Câmara Cível, AGI 70010150712, rel. Des. Luiz Felipe Brasil Santos, j. 22.12.2004.

peito ao princípio da solidariedade familiar – a relação entre a parentalidade e a filiação não se desuniu; não se admite que alguém se abstenha para sempre da função paterno-materna sem que se manifeste em juízo, após o chamamento do magistrado.

Muitas vezes outorga-se ao advogado, junto com os poderes específicos, também o de receber a citação, o que ameniza a invalidade.

Anote-se que a procuração geral para o foro, mesmo que conferida por instrumento público, não habilita para receber a citação inicial, confessar, reconhecer a procedência do pedido, transigir, renunciar ao direito em que se funda a ação, entre outros (CPC, art. 38).

É a doutrina que alude cuidar-se de norma restritiva de direitos, sendo o rol taxativo, exigindo-se para a prática de ato dispositivo, como renunciar ao direito em que se funda a ação, que especificadamente a condição faça parte dos poderes especiais.[408]

Pontue-se que se lidam direitos indisponíveis, embora a simplicidade do procedimento.

Não é sem razão que os juristas insistem na necessidade de citação dos pais registrais, eis que há o decaimento de uma relação sublime; e embora tecnicamente não se trate de litígio, a natureza da ação impõe essa precaução pelos valores envolvidos, pois com a adoção não se rompe o parentesco natural.

E o advogado deve ter poderes especiais expressos para receber citação em nome do demandado.[409]

Observe-se, ainda, que a fim de se evitar algum **conflito de interesses processuais**, as partes que materialmente se contrapõem não devem ser representadas pelo mesmo procurador. Ou seja, quem postula em nome da pessoa que pretende adotar retirando a paternidade de outrem e de sua família genésica, não pode ser o mesmo que adere ao afastamento traumático, seccionando o vínculo jurídico ao ninho original.

2.5. Intervenção do Ministério Público

Outra circunstância processual que merece detida análise é a que diz com a intervenção do Ministério Público no procedimento, pois alguma irregularidade na conduta funcional pode levar à invalidade ou até a inexistência.

Deve restar inequívoca a preocupação do agente público em que se cumpram todas as formalidades, insistindo na realização de audiência,

---
[408] NERY JUNIOR, p. 212.
[409] STF, RTJ 104/1238.

requerendo diligências, opinando por perícias médicas quando verifique indícios de que a autora não detenha discernimento adequado, etc.

Muitas vezes, quando a adotante não tem capacidade deambulatória, a solenidade judicial pode se realizar no hospital ou no domicílio em que esteja enferma, ocasião, como dito, para se redobrar as precauções, quanto à presença dos sujeitos processuais envolvidos, fiscalização e controle dos atos praticados e atuação concreta, de onde se deduza uma atividade cautelosa e objetiva.

Aqui, nada mais apropriado do que recordar as palavras de jurista peninsular quando examina a participação do Ministério Público no processo, referindo que, entre todos os cargos, o mais difícil é o do Ministério Público, pois como sustentáculo da acusação, deve ser tão parcial como um advogado; como guarda inflexível da lei, tão imparcial como um juiz; advogado sem paixão, juiz sem imparcialidade, tal é o absurdo psicológico no qual o Ministério Público, se não adquirir o sentido do equilíbrio, se arrisca, momento a momento, a perder, por amor da sinceridade, a generosa combatividade do defensor, ou, por amor à polêmica, a objetividade sem paixão do magistrado.[410]

Poder-se-ia redarguir que a atuação do Ministério Público se encontra amenizada quando se trate de procedimento de jurisdição voluntária.

Como se sabe, a orientação consagrada diz que os atos de jurisdição voluntária são tipicamente jurisdicionais, pois neles intervém um terceiro imparcial que age em causa alheia, para prevenir ou compor conflitos.

Neste sentido, experiente membro da instituição afirma que o Ministério Público atua nos feitos de jurisdição voluntária, tanto como órgão agente ou órgão interveniente, com o fito de evitar conflitos e definir relações jurídicas, em atividade de cunho preventivo ou constitutivo, respectivamente, atento aos propósitos da jurisdição voluntária; e que sua ausência provoca os mesmos vícios apontados na jurisdição contenciosa, na medida em que sua participação é necessária consoante regra constitucional e processual; assim, **deverá participar sempre dos procedimentos de jurisdição voluntária**, como defensor natural dos interesses indisponíveis da sociedade;[411] esse entendimento se encontra sufragado pelo Superior Tribunal de Justiça.[412]

---

[410] CALAMANDREI, Piero. *Eles, os juízes, vistos por nós, os advogados*. 6ª ed. Lisboa: Clássica, p.59.

[411] PORTO, Sérgio Gilberto. *Sobre o Ministério Público no processo não criminal*. 2ª ed. Rio de Janeiro: Aide, 1998, p. 42/43.

[412] STJ, 4ª Turma, Resp. 364- SP, rel. Min. Sálvio de Figueiredo, DJU 239, p. 18.476.

Destarte, não há intervenção facultativa do Ministério Público no processo civil brasileiro, mas sempre obrigatória, funcionando como fiscal da lei ou como parte, sempre na proteção do interesse coletivo.

Quando se trate de questões de estado da pessoa, como as que dizem com filiação, a atuação é imperativa (CPC, art. 82, II); para tanto, deve ser intimado de todos os atos do processo (CPC, art. 83, I) e de forma pessoal, em qualquer caso (CPC, art. 236, § 2°), sendo declarado nulo o processo em que o Ministério Público não for intimado para acompanhar o feito em que devia intervir (CPC, art. 246).

Questões de estado são as que tratam sobre o estado da pessoa (*status familiae*), como o são as **relativas à filiação**, casamento, divórcio, etc., bem como as que têm por objeto o estado político, como as da cidadania e nacionalidade, onde também é obrigatória a intervenção do Ministério Público.[413]

Haver algum interesse público faz com que os direitos em jogo se tornem, em maior ou menor grau, indisponíveis; essa indisponibilidade pode ser fruto do interesse público ligado ao sujeito titular do interesse, como o do menor ou do Estado, como o do direito em si considerado, sem se atentar ao seu titular, como o matrimônio.[414]

Não é necessário sublinhar-se que alguma adoção é bem da vida que versa sobre um direito indisponível, no caso a relação filial.

Prevalece o entendimento de que a intervenção do Ministério Público é obrigatória nos procedimentos de jurisdição voluntária, porque existe interesse público a justificar a administração pública dos interesses privados.[415]

Insista-se que, havendo no curso do processo **fundada suspeita de incapacidade da parte**, deve **intervir obrigatoriamente** o Ministério Público sob pena de **nulidade** (CPC, art. 218, §§ 1° e 2°).[416]

Daí a absoluta precisão do Ministério Público estar presente e atento à audiência vestibular, ocasião em que poderá perceber sinais que prejudiquem a capacidade material e instrumental da parte que promove a adoção.

Portanto, dispõe a lei de modo expresso que há nulidade cominada do processo quando o Ministério Público não for intimado a acompanhar o feito em que deva intervir, nulidade chamada de *nulidade derivada* da incidência de regra jurídica pela doutrina, em que se disse explicitamente

---

[413] NERY JUNIOR, p. 270/271.

[414] ALVIM, Arruda e Alvim, Teresa Arruda. *Manual de Direito Civil. Parte Geral*. 4ª ed. São Paulo: Revista dos Tribunais, v I, 1994, p.322.

[415] TJSP, RJTJSP 118/190, RT 586/64, RP 26/275.

[416] STF, RTJ 88/285 e RT 521/281.

que, ocorrendo a infração da regra jurídica processual, a sanção seria a nulidade.[417]

Acentue-se que a **intimação pessoal** é imperativa qualquer que seja a posição do Ministério Público, seja como parte ou fiscal da lei, **sob pena de nulidade do ato**;[418] tanto que é massivo o repertório entendendo que a falta de intervenção do Ministério Público, nas hipóteses legais, acarreta nulidade insanável.[419]

E renove-se a observação feita: a presença do Ministério Público, como fiscal da lei e protetor dos interesses coletivos, poderia flagrar a verdadeira higidez da adotante; e seguramente com a perspicácia e eficiência da digna Promotora postularia exames, perícias e outras provas que esclarecessem a verdade sobre a capacidade dela, notadamente quando fortes elementos do processo demonstravam a fragilidade de sua saúde mental, fato alardeado, aliás, por seu digno mandatário para apressar o deslinde da adoção e justificar sua ausência ao foro.

Dir-se-á que o erudito magistrado atestou a sanidade ao ouvi-la, mas não é tarefa constitucional do julgador fiscalizar a aplicação da lei, o que toca ao *Parquet*, que representa a sociedade e seus interesses maiores.

Em determinados processos pode até ocorrer que o Ministério não se manifeste, quando intimado, sobre alguma incidência da ação, mesmo sobre o resultado da audiência a que não compareça, o que significaria aparente convalidação; ora, isso não acontece, pois as nulidades absolutas são insanáveis; e a ação tardia não tem a virtude de corrigir a nulidade consistente em sua ausência no processo em que haja interesse público, já se decidiu.[420]

A respeito, a jurisprudência é expressiva, pois a intervenção posterior do Ministério Público não convalida o processo,[421] o que não acontece se há atuação do Procurador de Justiça no Segundo Grau;[422] e desde que não haja prejuízo, aqui evidente para os interessados processuais.

Os argumentos são relevantes, pois em sede desse instituto, o Ministério Público deve ter **atuação efetiva**, porque age como fiscal da lei; não uma atuação passiva, simplória, mas ativa na formação da prova, no sentido de perquirir se existe vantagem na adoção, verificando o melhor interesse da criança ou do adolescente no ato jurídico a ser realizado ou

---

[417] DALL'AGNOLL JUNIOR, Antonio Janyr. *Comentários ao Código de Processo Civil*. Porto Alegre; Lejur, 1885, p. 443/445.
[418] NERY JUNIOR, p. 420.
[419] STF, RTJ 72/267; TJSP, RTJSP 99/324.
[420] ALVIM, p. 324.
[421] STF, RTJ 72/267; RT 496/92.
[422] STJ, 4ª Turma, Resp.2903, rel. Min. Athos Gusmão Carneiro, DJU 20.10.92.

velando pela regularidade legal na adoção de maiores de idade, segundo a lição do Procurador de Justiça gaúcho Antonio Cezar Lima da Fonseca;[423] a companhia do Ministério Público fará com que grande parte dos problemas que só posteriormente surgiriam sejam detectados ainda no curso do processo, o que é muito mais benéfico.[424]

Veja-se que em anulação de adoção, a intervenção do Ministério Público também é obrigatória, consoante precedente local.[425]

Finalmente, a ausência do Ministério Público nas demandas em que deva atuar não só invalida o feito, a teor dos artigos 84 e 246 do CPC, mas também as torna inconstitucional, em face do disposto no artigo 127 da Constituição Federal, na medida em que a instituição é essencial à função jurisdicional do Estado.[426]

3. Instrumentos de impugnação e ação anulatória

É praxe doutrinária afirmar-se que deve haver respeito para os pressupostos processuais de validade, como a existência de um juiz imparcial, a intimação obrigatória do Ministério Público e que as partes se conduzam com lealdade e boa-fé.

A verificação do descumprimento dos pressupostos leva à inarredável invalidação dos atos do processo, o que pode ser dito de ofício pelo juiz, mas também provocado pelo interessado.

Asseverou-se aqui, entre as hipóteses catalogadas, a falta de capacidade da parte que ajuíza a adoção, bem como defeitos relativos ao polo passivo e de representação.

A falta de citação, que é um dos pressupostos processuais de existência, além de outras medidas legais, e desde que haja a formação da coisa julgada material derivada de sentença, acórdão ou decisão antecipatória de tema incontroverso, leva à Ação Declaratória de Inexistência Jurídica, conhecida como *Actio Querella Nulitatis*; é instrumento cada vez mais recomendado pelos juristas para relativizar a coisa julgada.

Como se cuida de um procedimento de jurisdição voluntária, não acontece a coisa julgada, ainda cabível a pertinência ou não da ação rescisória; mesmo para argumentar, a iterativa doutrina alude que não há

---

[423] FONSECA, p. 108.
[424] BORDALLO, cit. p. 262,
[425] TJRS, 1ª Câmara Cível, APC 587035023, rel. Des. Túlio Medina Martins, j. 17.11.87.
[426] PORTO, 175,

coisa julgada em relação a quem não participou da ação, mas que acabou sofrendo os efeitos dela; é o caso dos sucessores das partes, que estão submissos à coisa julgada pelo fato de dela receberem direitos e ações.

A decisão judicial transitada em julgado quando desconforme com a Constituição padece do vício da inconstitucionalidade que impõe nulidade nos mais diversos ordenamentos jurídicos.

Ou seja, a coisa julgada inconstitucional é nula, e como tal não se sujeita a prazos prescricionais ou decadenciais, como ainda independe de rescisória para eliminação do vício respectivo, a ocorrer em ação com esse objetivo ou em embargos à execução.[427]

Aliás, a coisa julgada inconstitucional chama mais a *Querella Nulitatis* de que a própria ação rescisória, segundo a mais prestigiada posição, pois inconstitucionalidade não se assemelha à ilegalidade, o que ofenderia a Carta Magna.

Ademais, e ainda apenas em linha de elucubração, que nas causas relativas ao estado das pessoas, a sentença apenas produzirá coisa julgada em relação a terceiros, se houverem sido citados no processo, em litisconsórcio necessário (CPA, artigo 472); o que nada mais é que reiterar as normas gerais sobre o litisconsórcio necessário e os limites subjetivos da coisa julgada, não havendo nela nenhuma subversão ou restrição dos princípios gerais atinentes ao tema, até porque os termos em que está redigida tornariam inócua qualquer pretensão neste sentido."[428]

Como apontado, são vários os instrumentos que se podem manejar contra a decisão tomada no procedimento de jurisdição voluntária em que seja deferida uma adoção: pode ser a ação rescisória, embargos, ação desconstitutiva e também a ação anulatória.

Essa ação tem leito na afirmação instrumental de que os atos judiciais que não dependem de sentença, ou em que esta for meramente homologatória, podem ser rescindidos, como os atos jurídicos em geral, nos termos da lei civil (CPC, art. 486).

Os juristas já corrigiram a atecnia do dispositivo com emprego equivocado do verbo **rescindir**, que poderia conduzir à exigência de uma *ação rescisória*, possível quando exista sentença e trânsito em julgado; trata-se, à evidência, de casos de anulabilidade.

É conhecida a lição de que o que se rescinde não é o ato processual apenas, mas sim o ato de direito material processualizado, praticado pelo juiz, por ordem dele ou pela parte.

---
[427] STJ, 3ª Turma, REsp. 7.556- RO, rel. Min. Eduardo Ribeiro, RSTJ 25/439.
[428] TALAMINI, Eduardo. *Coisa julgada e sua revisão*. São Paulo; Revista dos Tribunais, 2005, p. 120.

O vigente estatuto civil transmudou os atos jurídicos em negócios jurídicos, impondo-se, como asseverado, agente capaz, objeto lícito e forma legal (CC, art. 104).

A adoção pode ser classificada como um negócio jurídico, então uma espécie do gênero ato jurídico em geral;[429] e o vício decorre, então, do negócio jurídico, ou ato jurídico, e não da sentença.[430]

A ação anulatória objetiva a desconstituição do ato judicial e também do ato jurídico em geral; ou seja, atos tanto praticados pelas partes em juízo, dependente ou não de sentença homologatória, como os demais atos jurídicos em geral; constitui-se em forma de impugnação do ato judicial e, por consequência, da sentença homologatória de ato judicial, quando esse depender de homologação por sentença.[431]

Como uma das formas de impugnação assemelha-se à ação rescisória, distinguindo-se em sua finalidade de atacar o próprio ato homologado por sentença, embora as imprecisões terminológicas e a errada colocação topográfica no estatuto canônico.

Busca a anulação dos atos praticados no processo, aos quais, ou não precisa de decisão alguma ou se segue decisão homologatória, que lhes imprime eficácia sentencial, como dito em lição preclara.[432]

A ação anulatória de conhecimento declaratório é a ação onde se busca o reconhecimento da existência de uma nulidade e a declaração dela, cumulando-se com pedido de retorno das partes ao **statu quo ante**, o estado anterior à homologação do ato declarado nulo, efeito condenatório, portanto, cumulado com o efeito declaratório.[433]

No procedimento de jurisdição voluntária, leciona o mestre paulista que escreveu obra singular sobre o tema, vê-se mais nitidamente o cabimento da ação anulatória, pois se trata de caso típico em que os atos ditos judiciais são simplesmente homologados por sentença, sem que essa opere coisa julgada material.

Aqui tem cabimento mais abrangente, eis que diz com ato jurídico em geral, além do ato judicial, aqui dizendo com atos dos **interessados**, já que neste procedimento há transformação do conceito de partes, não se decide litígio, mas pedido; não há lide, mas diversidade de interesses, o que justifica a aplicação do princípio da bilateralidade das partes.[434]

---

[429] DINIZ, Maria Helena. *Código Civil Anotado*. São Paulo: Saraiva 1995, p. 92.

[430] RT 791/397.

[431] VITAGLIANO, José Arnaldo. *Coisa julgada e ação anulatória*. Curitiba: Juruá, 2008, p. 94.

[432] MOREIRA, José Carlos Barbosa. *Comentários ao Código de Processo Civil*. Rio de Janeiro: Forense, 1974, 5º v. p. 137.

[433] VITAGLIANO, p.98.

[434] Idem, p. 100-101.

O fundamento da ação anulatória de ato judicial homologado ou não consubstancia-se em relação às regras relativas às nulidades dos atos tanto processuais como jurídicos em geral, pois diz respeito às nulidades atinentes ao direito material e também ao direito processual; o que é mais abrangente que a ação rescisória que tem o seu cabimento restrito às hipóteses do artigo 485 do Estatuto Processual, que retratam nulidades de ordem processual (rescisão de sentença de mérito transitada em julgado); será cabível, pois, para declarar e desconstituir tanto o ato praticado pelas partes em juízo, eivado de vício de nulidade absoluta ou relativa, por não ter observado as regras dispostas no direito material, como o ato jurídico em geral.[435]

Portanto, **é anulável e não rescindível a sentença proferida em procedimento de jurisdição voluntária**,[436] o que tem referência em Tribunal Superior.[437]

Acrescente-se que a ação anulatória é proposta perante o mesmo juízo onde tramitou o processo, ou até onde ainda está correndo o feito, que restará sobrestado, neste caso; aqui outra diferença da ação rescisória, que é aforada no Tribunal de Justiça; e que quanto ao prazo, a proposta se mede pelas regras materiais referentes à nulidade objeto da impugnação.

A **competência** da ação anulatória, segundo a firme jurisprudência da corte gaúcha, não se governa pelas regras de competência da rescisória (art. 101, § 3º, "e", da LC 35/79). E, portanto, deverá ser proposta no primeiro grau, observadas as regras do Livro I, Título IV, Capítulo III, do CPC,[438] afirmando o douto relator do acórdão que é demasiadamente óbvio que a anulatória não há de ser proposta em qualquer juízo, mas naquele competente, e no primeiro grau.[439]

A posição tem respaldo em conspícuas obras[440] e em repertório do egrégio tribunal paulista.[441]

A legitimidade dos interessados, tanto como legatários ou colaterais, se acha assegurada pelo permissivo legal, na mesma forma que a ação rescisória (CPC, art. 487, II); a legitimidade deriva do legítimo interesse para propor a ação.[442]

---

[435] VITAGLIANO, p. 116-117.
[436] Revista do Processo, 4/397.
[437] STJ, 4ª Turma, REsp. 13.102- SP, rel. Min. Athos Carneiro, j. 02.02.93.
[438] TJRS, 4ª Câmara Cível, AGI 70003145257, rel. Des. Araken de Assis, j. 12.12.2001.
[439] Idem ibidem.
[440] MOREIRA, ob. cit. p. 165; MAGRI, Berenice Soubhie Nogueira. *Ação anulatória: artigo 486 do CPC*. São Paulo: Revista dos Tribunais, 1999, p. 121; TUCCI, Rogério Lauria. Ação rescisória. In: *Enciclopédia Saraiva de Direito*. São Paulo: Saraiva v.3, p. 505.
[441] TJSP, Câmara Especial, Ccomp.33404-0/0, rel. Des. Dirceu de Mello, j. 13.02.97.
[442] TJP, PJ 28/41.

Os efeitos da invalidação decorrente da procedência da ação anulatória atingem a decisão que dirimiu o ato viciado, que perde seu conteúdo, deixando de iluminar qualquer reflexo, retornando à situação anterior, admitindo-se, em caso de prosseguimento, outra viagem a partir do ato ferido, o que se mostra impossível no caso vertente pelo decesso da autora.

4. Da indisponibilidade dos bens da adotada

O arrolamento de dados que levam à invalidação do processo adotivo, também enseja o exame da possibilidade de requerer medida de indisponibilidade dos bens da adotada; considera-se, aqui, o prejuízo para os herdeiros ou outros legatários de anteriores testamentos, que se vem desapossados de uma disposição de última vontade às vezes retumbante.

O *periculum in mora* de que se cogitará para sugerir uma atividade acauteladora é um dado do mundo empírico, capaz de determinar um prejuízo econômico e, sobretudo, eminentemente jurídico, no sentido de ser algo atual e capaz de afetar o êxito da demanda.

Diz o código de cânones que além dos procedimentos cautelares especificados na lei, poderá o juiz ordenar **medidas provisórias** que julgue adequadas e quando houver fundado receio de que uma das partes, antes do julgamento da lide, cause ao direito da outra lesão grave e de difícil reparação (CPC, art. 798); a medida pode ser concedida sem a oitiva da parte contrária, embora em caráter excepcional (CPC, art. 797); e poderá o juiz vetar a prática de determinados atos, entre outros, o depósito de bens (CPC, art. 799).

Para tanto, basta que a parte demonstre a **plausibilidade do direito** por ela afirmado (*fumus boni iuris*) e a **irreparabilidade ou difícil reparação** desse direito (*periculum in mora*), caso se tenha de aguardar o trâmite normal do processo; visa à cautela, assim, assegurar a *eficácia* do processo de conhecimento ou de execução.

Embora o grau de subjetividade na aferição dos requisitos objetivos para o deferimento da cautela, não menos certo é que não se pode falar em poder discricionário do juiz nesses casos, pois não lhe é dado pela lei mais um caminho igualmente legítimo, mas apenas um.[443]

A jurisprudência abona esse entendimento.[444]

Os interessados podem cogitar em propor algum procedimento para garantir a eficácia da sentença anulatória, e nisso podem optar no ingresso

---

[443] NERY JUNIOR, p. 943.
[444] RSTJ 153/207; RT 603/203; RJTJSP 106/175.

de uma ação cautelar específica, proposta antes ou de forma incidental, para atendimento dessa preocupação natural, por eventual desvio ou dilapidação do patrimônio da falecida, hoje já endereçado à demandada.

Desde erudita e antiga lição, a doutrina e os tribunais admitem, também, que o poder geral de cautela que dispõe o magistrado pode ser provocado em simples pedido liminar na própria ação principal, embora isso não se ache previsto em lei.

A posição encarece a tendência moderna de simplificação do processo e notadamente de respeito à economia e instrumentalidade, aliás, paradigmas constitucionais; e constitui exegese com respeitável apoio pretorial.[445]

Todavia, afigura-se mais razoável o instituto da antecipação de tutela, tanto que a legislação recomenda que, se o autor requerer providência de natureza cautelar, poderá o magistrado, desde que presentes os respectivos pressupostos, deferir a medida cautelar em caráter incidental do processo ajuizado (CPC, art. 273, § 7º).

E aqui existe um sistema de vasos comunicantes entre os institutos da medida cautelar e da tutela antecipatória, pois esta deve ser pleiteada nos próprios autos do processo de conhecimento, na inicial ou no curso da lide, independentemente da audiência da parte adversa.[446]

Nisso reside a grande inovação trazida com o adiantamento da tutela que permite o atendimento da providência acauteladora nos próprios autos em que se discute o pedido definitivo, determinando notáveis reflexos na economia processual.[447]

Relembre-se que a tutela antecipada é cabível em toda a ação de conhecimento, seja ação declaratória, constitutiva (negativa ou positiva), condenatória, mandamental, desde que presentes os requisitos legais;[448] também pode ser concedida na sentença.[449]

Acima se frisou que há uma permeabilidade entre a tutela antecipada e a medida cautelar, o que leva a afirmar-se, peremptoriamente, que não há diferença teleológica entre uma e outra;[450] a tutela antecipatória é uma espécie de tutela de urgência e que possui a mesma finalidade e características praticamente iguais às cautelares, sugerindo devam receber o

---

[445] RJTJSP 95/251; RT 597/125.
[446] RSTJ 142/272.
[447] RSTJ 152/117.
[448] STJ, 5ª Turma, MC 4.205-MG, rel. Min.. José Arnaldo, DJU 04.03.02.
[449] STJ, 3ª Turma, Resp. 473.069, rel. Min. Menezes Direito, j.21.08.03; também RSTJ 156/369.
[450] RSTJ 152/187.

mesmo tratamento jurídico (cautelares e antecipatórias), embora entendimento em contrário.[451]

Essa similitude e possível equívoco em propor a medida não devem prejudicar o autor por haver feito o pedido fora da técnica processual, pois caso tenha direito ao adiantamento, é irrelevante que haja interposto cautelar incidente ou antecipação de tutela: o juiz deve aplicar a *fungibilidade*, nada obstante a norma aparentemente possa indicar faculdade, devendo conceder a tutela de urgência desde que presentes os requisitos.[452]

A fungibilidade estatuída depois da Lei 10.444/02, permite ao juiz adaptar o requerimento e transformá-lo de pedido de tutela antecipada em pedido de cautelar incidental, recebendo o pedido como cautelar, sendo ainda verdadeira a recíproca, somente devendo ser indeferida a cautelar se não puder adaptar-se ao pedido de tutela antecipada ou se o autor se negar a fazê-lo.[453]

Há, finalmente, uma razão essencial para a propositura da tutela de urgência na mesma ação em que se busca a invalidade do decreto de adoção: é que um dos efeitos da sentença de procedência na ação anulatória de adoção é justamente recompor o patrimônio da adotante, caso falecida, para que após se enquadre nas disposições de última vontade.

É o argumento jurídico, mas também instrumental para justificar a concessão da indisponibilidade dos bens em forma antecipada, eis que desconstituída a adoção, os haveres retornam ao *statu quo ante* do questionado processo intentado.

A concepção de tutela está relacionada à de cuidado, de prudência e, logicamente, de prevenção ante a possibilidade da lesão de direito material provocar a infrutuosidade da sentença a prolatar; já a antecipação é um fenômeno temporal, consistindo em manifestação prematura, uma precipitação do tempo, podendo antecipar-se o que provavelmente irá ocorrer, uma verdadeira aceleração da prestação jurisdicional, com escopo de adiantar efeitos da futura decisão de mérito; e a urgência é consectário de acontecimentos fáticos, os quais transformam a situação litigiosa, exigindo do julgador um tratamento especial, mais célere, a fim de que a prestação jurisdicional, mesmo que precisa, não se torne inútil em virtude da intempestividade do julgado frente aos resultados advindos da espera, ou seja, frente aos prejuízos oriundos da morosidade do processo ordinário.[454]

---

[451] NERY JUNIOR, p. 453..

[452] Idem, p. 460.

[453] Idem, p. 460.

[454] PEIXOTO, Adriana. Sumarização do processo e do procedimento. In: *Tutela de urgência*. Porto Alegre: Sintese. 1997, p.104-106.

Dita tutela será sempre assegurativa e não satisfativa, pois a medida cautelar, por sua natureza e finalidade, visa a assegurar direito ou interesse exposto a determinado perigo, pois tão só assegura e não satisfaz.[455]

Daí se cogitar do êxito de tutela de urgência para tornar indisponível o patrimônio da adotada indicada no testamento de pessoa que venha a falecer, a fim de que a expectativa de sucesso da decisão anulatória possa garantir sua eficácia, possibilitando ao autor da demanda a recomposição de seus direitos subjetivos ao patrimônio legado e outros interesses daí emergentes.

---

[455] ESTROUGO, Mônica Guazzelli. Visão analítica da tutela cautelar. In: *Tutela de urgência*. Porto Alegre: Síntese, 1997, p. 245

Capítulo VII – Adoção póstuma

1. Meditação prévia

O parentesco é o vínculo que une as pessoas, seja por que uma descende da outra ou ambas de um tronco comum (**parentesco natural**), seja porque o liame decorreu de ato jurídico, assim diverso da consanguinidade, como a adoção (**parentesco civil**).

A lei enfatiza que os filhos havidos ou não do casamento **ou por adoção** têm os mesmos direitos e qualificações, proibidas quaisquer discriminações relativas à filiação (CC, art. 1.596), harmonizando o novo diploma material com a cláusula pétrea da igualdade (CF, art. 227, § 6º) e com as regras extravagantes (ECA, art. 20).

Daí ter a filha adotiva **preferência para a inventariança**, mesmo havendo viúva separada de fato,[456] não se podendo na sucessão aberta após a vigente Carta Magna estabelecer distinção entre filhos biológicos e adotivos.[457]

Tal discriminação é aceita quando a adoção se deu antes da Constituição, que não tendo declarado que a alteração quanto aos filhos adotivos se aplicava com relação aos fatos consumados no passado (retroatividade máxima), não lhes permitia os mesmos direitos.[458]

No Direito Romano, havia duas formas de agregação de um estranho no núcleo familiar: ou a pessoa ingressava com outros parentes na família do adotante a fim de impedir sua extinção, o que observava rito especial e acarretava modificações no culto doméstico (*ad rogatio*) ou a adoção era singular, em que cessava o poder familiar do pai genético (*adoptio*).

---

[456] TJRS, Sétima Câmara Cível, APC 70001893478, rel. Des. Sérgio Fernando Vasconcellos Chaves, j. 08.10.99).

[457] TJRS, Segunda Câmara Cível Especial, APC 70003850237, rel. Des.Ney Wiedemann Neto, j. 08. 05.02).

[458] STF, Primeira Turma, RE 204.089-4, rel. Min. Moreira Alves, DJ 28.04.00; em posição contrária, TJRS, Oitava Câmara Cível, AGI 592070841, rel. João Andrades Carvalho, j. 10.09.92.

A adoção encontra-se mencionada em obras remotas como na Bíblia, nos Códigos de Hamurabi e Manú, sempre objetivando manter o culto doméstico, pois se entendia que os mortos deviam ser venerados por seus descendentes, a fim de honrar sua memória e, não havendo filhos, havendo o risco de extinção familiar, a maneira de preservá-la era a inclusão de estranho.

Na Grécia, o homem sem filhos e sem possibilidade de tê-los em geral adotava pessoa adulta e parente, para que continuasse a existência do grupo e os ritos religiosos.

Na adoção romana, o adotado não podia cultuar dois fogos ou honrar dois antepassados, desligando-se do antigo lar, quebrando o laço de sangue, o que obstava seu retorno à família de origem.

As Ordenações, embora de forma pouco explícita, deixavam antever o instituto, quando se negava ao filho adotivo o direito às terras da Coroa.[459]

O instituto da **filiação artificial** é da tradição jurídica brasileira desde as consolidações civis, remanescendo no Código de 1916, em leis esparsas como a da legitimação adotiva, Código de Menores, Estatuto da Criança e Adolescente e, por óbvio, a Constituição Federal, embutindo-se no diploma de 2002 (arts. 1.618 a 1.629).

Em seu nascedouro, a adoção se destinava a suprir a falta de filhos; e a lei só a facultava para quem não tivesse a ventura de possuir prole,[460] para preencher um vazio, mas hoje como a família é funcional, com os filhos ocupando importante papel no sucesso e integração de todos, pode-se dizer que sua meta é a mesma do nascimento, ou seja, a felicidade e o bem-estar de todos.

Recorde-se que no âmbito da criança e do adolescente vigoram os princípios do melhor interesse do infante (CC, art. 1.625, e art. 43 do ECA; também a Convenção sobre os Direitos da Criança da ONU, de 26.01.90, aprovada pelo DL nº 28/90 do Senado Federal) e de sua proteção integral (CF, art. 227; e ECA, arts. 4º, 5º e 6º).

A paternidade adotiva é uma paternidade eletiva e espiritual, porque visa a dar um lar a menor sem família, vista sua qualidade de membro do gênero humano e filho de Deus, resgatando a dignidade humana do infante,[461] eis que a filiação não é apenas o nascimento, a família não é apenas o sangue, mas crescer, viver, envelhecer juntos.[462]

Mas não se trata, simplesmente de encontrar um continuador da família, sendo preciso salientar a ação benéfica, social que a adoção possa

---

[459] SABINO JÚNIOR, Vicente. *O menor, sua guarda e seus direitos:* São Paulo: Editora Juriscredi, 1973, p.62/64.
[460] BEVILÁQUA, Clóvis. *Código Civil.* Rio de Janeiro: Francisco Alves, 1917, II/ 349.
[461] ALBERGARIA, Jason. *Adoção simples e adoção plena.* Rio de Janeiro: Aide, 1990, p. 15/17.
[462] Idem, p. 16.

exercer, pois dando filhos a quem não os têm pela natureza, desenvolve sentimentos afetivos do mais puro quilate e aumenta, na sociedade, o capital de afeto e bondade, necessário ao seu aperfeiçoamento moral; chamando para o aconchego da família e para as doçuras do bem-estar, filhos privados de arrimo ou de meios idôneos, aproveita e dirige capacidades, que, de outro modo, corriam o risco de se perderem, em prejuízo dos indivíduos e do grupo social a que pertencem.[463]

A filiação ficta, que é irrevogável, absorve o adotado em sua nova família, rompidos os laços biológicos com os pais e parentes naturais, o que não se restabelece com a morte dos adotantes ou do adotado, passando a dispor dos direitos sucessórios e a alimentos, pois, como sublinhado alhures, não há distinção relativamente aos filhos do casamento.

E se o ato for praticado por um dos cônjuges ou companheiros em relação ao filho do outro, persistem os laços oriundos da filiação existente.

Ressalvam-se os impedimentos matrimoniais que, decorrendo do parentesco natural, afetam o adotado tanto numa como em outra família, e que têm fundamentos morais e religiosos: assim o impedimento do casamento entre o adotante com quem foi cônjuge do adotado e do adotado com quem foi parceiro do adotante ou entre o adotado e o filho do adotante.

Em vista do direito intertemporal, estão mantidas as regras de adoção prescritas no Estatuto da Criança e do Adolescente naquilo em que não conflitarem com as novidades do vigente Código Civil.

Num e noutro se profetiza sobre a **adoção póstuma** (CC, art. 1.628; ECA, arts. 42, § 5º, e 47, § 6º).

2. Adoção póstuma

A adoção póstuma é a que se constitui de provimento judicial posterior ao óbito do adotante, ocorrido no curso do procedimento judicial instaurado, retrocedendo os reflexos da decisão à data da morte.

O fato do falecimento não obsta a sentença e seus efeitos, já que a vontade do adotante, demonstrada na propositura da demanda, se projeta além daquele evento, ensejando a concessão judicial do pleito.

A palavra *postumus* remete ao que está na extremidade, último, derradeiro, que vem no fim, portanto ao que se passa depois da morte de alguém.

---

[463] CLÓVIS, p. 348.

Em regra, é assim que se imagina, mas agora se aceita, em situações teratológicas, que a ação possa ser manejada *depois* de ocorrido o decesso do almejado adotante, quando então o adjetivo observa plena e adequada encarnação.

Aí se cuida da adoção *post mortem*, promovida após o falecimento de um dos cônjuges, e que pode ser denegada quando não se provar que em vida o finado não demonstrara inequívoca vontade de adotar, podendo o pleito apenas ser deferido ao supérstite.[464]

A legislação anterior permitia a ocorrência, por vezes comum, de irreparável injustiça, já que, após estabelecidos profundos e irreversíveis laços de afetividade entre adotante e adotado, com a morte prematura deste último no curso do processo, ficava o *"filho"* desprovido não só do direito à sucessão, mas especialmente do reconhecimento judicial da filiação efetivamente estabelecida, retornando ao estado anterior de abandono em que se encontrava.[465]

A adoção póstuma é inovação do legislador menorista, mas referida no Código Civil francês.[466]

A **natureza jurídica** da adoção é assunto controvertido, em vista de sua própria compleição, como ainda do ato como se materializa.

A doutrina tradicional entende tratar-se de um *contrato*, em vista da intervenção de duas vontades e o consentimento de duas partes, bilateralidade que sugere a existência de um pacto, sendo verdade, contudo, que muitas vezes inocorre a convergência volitiva do adotado, que se incapaz é representado pelo pai, tutor ou curador.

Esta visão tem domicílio no Código de 1916, onde se ressaltava a natureza obrigacional do instituto como verdadeiro contrato de Direito de Família implementado por escritura pública (CC/1916, art. 375).

Alguns já a consideraram como um **ato solene**, outros como **instituto de ordem pública**, aparecendo ainda hipótese mista análoga ao casamento, como **contrato de Direito de Família** (requisitos) e como **instituição** (solenidade e estrutura).[467]

---

[464] TJPR, Segunda Câmara Cível, APC 96416-9, rel. Des. Telmo Cherem, j. 09.11.00.

[465] BORDALLO, Galdino Augusto Coelho. Da adoção. Em *O novo Código Civil do Direito de Família*. Heloisa Maria Daltro Leite (coord.), Rio de Janeiro: Freitas Bastos, 2002, p. 276-277.

[466] Art. 366. Se o adotante vier a morrer depois que o ato que comprova a vontade de formar o contrato de adoção foi recebido e que o pedido, com o fim de homologação, foi apresentado ao tribunal civil, será a instrução continuada e a adoção admitida, quando for o caso. Nesta hipótese produz ela os seus efeitos a partir da morte do adotante. Os herdeiros do adotante podem, se considerarem a adoção inadmissível, entregar ao procurador da República quaisquer memoriais e observações a respeito.

[467] SILVA, José Luiz Mônaco da. *A família substituta no Estatuto da Criança e do Adolescente*. São Paulo: Saraiva, 1995, p. 87.

Todavia, a bíblia civil vigente ordena que a adoção obedeça a **processo judicial,** mesmo para os maiores de dezoito anos, com a presença do Poder Público e de sentença constitutiva (CC, art. 1.623 e §), o que faz resplandecer sua natureza de **ato complexo**, envolvendo um pedido do adotante (ou adotado) em busca da declaração de seu propósito e ingerência dos interessados; e, após, um juízo de conveniência estatal, sopesado o contexto processual.

A participação efetiva do Estado afasta a prevalência da manifestação da vontade, salientando a apoteose do interesse público, o que fortalece tendência moderna do Direito.

Examinando-se os **pressupostos** da adoção póstuma, a regra atinente alude que a adoção poderá ser deferida ao adotante que, após **inequívoca manifestação de vontade,** vier a falecer no curso do **procedimento**, antes de prolatada a sentença (ECA, art. 42, § 5º).

O conceito de **vontade inequívoca** dos falecidos em adotar o filho ainda em vida, para fins de adoção póstuma, se expressa também pela condição de **estado de filho**, eis que o autor recebeu de seus guardiões, aos oito anos de idade, o patronímico da família; daí passando a ser tratado como filho e reconhecido perante a sociedade como tal até os 21 anos, quando faleceu sua mãe socioafetiva, situação admitida pelos filhos biológicos do casal; isso torna possível a convalidação da adoção após a morte dos adotantes, ainda que não iniciado o processo de adoção, eis que evidenciado o elemento anímico consubstanciado na **posse do estado de filho** amplamente retratada na prova dos autos.[468]

Demonstrada a **vontade inequívoca** do falecido em adotar a enteada, com a qual se estabeleceu uma **filiação socioafetiva**, procede a ação de adoção póstuma, bem como a destituição do poder familiar do pai registral, o qual havia **abandonado** a autora por completo.[469]

Assim, antes de tudo, é necessário haver um procedimento judicial previamente instaurado, plenamente apto a emprestar validade ao mencionado instituto; pouco importa que o mesmo seja de natureza simples ou contraditória,[470] ou seja, qualquer procedimento de colocação em família substituta,[471] como o de guarda, tutela ou a própria adoção.

Embora a doutrina majoritária condicione o acolhimento da adoção à existência de um procedimento já instaurado,[472] o que tem endosso juris-

---

[468] TJRS, Quarto Grupo Cível, EI 70025810441, rel. Des. André Luiz Planella Villarinho, j. 14.01.08.
[469] TJRS, Oitava Câmara Cível, APC 70025857533, rel. José Ataídes Siqueira Trindade, j. 30.10.08.
[470] SILVA, p. 110-111.
[471] CURY, Garrido e Marçura. *Estatuto da Criança e do Adolescente Anotado:* São Paulo: Revista dos Tribunais, 1991, p. 31.
[472] CHAVES, Antonio. *Comentários ao Estatuto da Criança e do Adolescente.* Munir Cury e outros (coords.), São Paulo: Malheiros, 1992, p. 145; SILVA, p. 110-111, entre outros.

prudencial[473] e administrativo,[474] é possível o deferimento da adoção póstuma desde que o adotante tenha manifestado, em vida, sua intenção de adotar determinada criança ou adolescente.

Não figurando como autor da ação de adoção, eis que sua **interdição provisória** já havia sido deferida quando do ajuizamento, é ele **parte ilegítima** para figurar no pólo ativo do pedido; assim seu falecimento no curso da demanda não caracteriza adoção póstuma, vez que sequer adotante ele era, devendo a ação prosseguir no nome na ex-esposa, figurando ela como adotante;[475] também não se conhece de apelação interposta por **pessoa já falecida**, já que flagrante o não preenchimento dos requisitos de admissibilidade,[476] como ainda não cabe o exame de pedido de adoção póstuma, quando o esposo da requerente faleceu antes do ingresso da ação, **não manifestando vontade** em reconhecer a adotanda como sua filha adotiva.[477]

Tratando-se de ação onde o autor busca a sua adoção póstuma para que seja declarado seu estado de filho em relação à pessoa já falecida, não há de falar-se em impossibilidade jurídica do pedido, pois dita espécie está contemplada no ECA, tendo legitimidade para tanto, e desde que prove a vontade do falecido.

Esse requisito é fundamental para o sucesso do pleito, pois descabe a adoção póstuma se, nos autos, se revela **inequívoca a ausência de vontade dos falecidos** em reconhecer o autor como filho adotivo ou de criação, embora a prova denote a condição de filho; é que eles nada providenciaram em vida, sendo sua intenção somente criá-lo e educá-lo até a maioridade, o que fizeram via **guarda judicial**.[478]

Também não é possível pedido de adoção póstuma formulado, quando os **adotantes sejam irmãos**;[479] nem é cabível a simples **transformação de mera guarda em adoção socioafetiva**, embora a existência de inequívoca manifestação de vontade do adotante, falecido antes da sentença.[480]

---

[473] TJRS, Sétima Câmara Cível, APC 70005206222, rel. Des. Luiz Felipe Brasil Santos, j. 19.03.03; no mesmo sentido, no mesmo tribunal e secção, APC 70004348207, rel. Des. Sérgio Fernando de Vasconcellos Chaves, j. 26.06.02.

[474] O Conselho da Magistratura do Tribunal de Justiça do Rio de Janeiro admitiu que o procedimento prossiga depois da morte, mas não que se instaure depois do óbito, pois o que a lei deseja é que seja obedecida a vontade manifestada em certas condições, respeitadas as formalidades que prevê, pois não é dado à sentença suprir o ato que não se realizou (Processo nº 393/97, rel. Des. José Lucas Alves de Brito, j. 04.09.97).

[475] TJRS, Oitava Câmara Cível, AGI 70028364982, rel. Des. José Ataídes Siqueira Trindade, j, 26.03.09.

[476] TJRS, Oitava Câmara Cível, APC 70026961623, rel. Des. Alzir Felippe Schmitz, j. 29.01.09.

[477] TJRS, Oitava Câmara Cível, APC 70025001090, rel. Des. Claudir Fidelis Faccenda, j. 11.09.08.

[478] TJRS, Oitava Câmara Cível, APC 70024210072, rel. Des. José Ataídes Siqueira Trindade, j. 19.06.08.

[479] TJRS, Oitava Câmara Cível, APC 70022470298, rel. Des. Rui Portanova, j. 23.05.08.

[480] TJRS, Sétima Câmara Cível, APC 70022484240, j. 02.04.08.

Embora o **marido tenha falecido antes do ajuizamento da adoção**, mostra-se possível o exame sua formalização, embora não iniciado o processo para tal, haja vista a autora exercer direito indisponível personalíssimo e que respeita à dignidade do ser humano: verificando-se a existência de paternidade socioafetiva e **certidão de batismo que aponta o inequívoco desejo** do adotante de ser o pai da autora, aliado ao contexto probatório que demonstra uma **adoção tácita**, impõe-se o reconhecimento da filiação paterna, em pedido de restauração de assentamento de nascimento.[481]

Embora não se cuide de adoção póstuma, é consabido que se admite a **alteração do patronímico**, desde que presente a justa motivação e a intervenção do Ministério Público; assim não é absoluto o **princípio da imutabilidade do nome de família**, aceitando-se que alguém acresça em sua certidão de nascimento o nome daqueles que a criaram e que considera seus pais verdadeiros, **como homenagem** a quem os criou.[482]

Frente aos preceitos norteadores do Estatuto, a interpretação da lei não pode ser apenas literal, sob pena de se negar efetividade às normas de proteção integral à criança e ao adolescente.[483]

Trata-se aqui de **adoção nuncupativa**, espécie de adoção *in extremis vitae momentis*, que já era cogitada pela Revisão do Código de Menores,[484] e que não se confunde com a adoção póstuma, pois aqui, havendo procedimento em trâmite, existe sempre a inequívoca manifestação de vontade, que somente será rejeitada se acontecer prova robusta de que o finado não mais a desejava.[485]

A norma assegura uma **possibilidade**, e não uma **imposição**, pois o óbito do adotante não impede, de modo absoluto, a concretização da adoção; pode-se sustentar, com base no princípio da tutela do melhor interesse da criança, que em dadas circunstâncias, o falecimento pode constituir fato obstativo para efetuar-se a adoção, desde que o exame dos fatos leve a um julgamento de improcedência, podendo haver interesse de outra pessoa na agregação familiar que seja, para o magistrado, de conveniência para o infante.

---

[481] TJRS, Sétima Câmara Cível, APC 70014741557, rel. Des. Ricardo Raupp Ruschel, j. 07.06.06.

[482] STJ, Terceira Turma, Resp. 605.708, rel. Min. Castro Filho, DJU 05.08.08.

[483] TJGO, Quarta Câmara Cível, APC 62946-6/188, rel. Des. Floriano Gomes, j. 23.11.03. No caso, o autor tivera dois registros, um pelo pai biológico e outro pelo futuro adotante (adoção à brasileira), que ajuizou ação de anulação do primeiro assento, falecendo no curso da ação, motivo por que o processo fora extinto.

[484] Artigo 50, IV *Admitir-se-á a adoção nuncupativa quando houver prova de que era intenção do de cujus adotar o menor.*

[485] SILVA FILHO, Artur Marques da. *O regime jurídico da adoção estatutária*. São Paulo: Revista dos Tribunais, 1997, p. 103.

A matéria é complexa, não sendo cabíveis critérios apriorísticos que se pretendam absolutos, devendo-se considerar o vínculo afetivo formado, analisando-se a situação com método tópico e sistemático, problematizando-se o caso concreto e perseguindo-se solução com os vetores do princípio do melhor interesse da criança e do adolescente.[486]

Na adoção *post mortem*, ausente prova inequívoca de vontade de adotar, manifestada em vida pelo defunto, afastada estará a possibilidade de constituição do vínculo.

Uma interpretação extensiva ao dispositivo que trata da adoção póstuma permite entender que a exigência do processo instaurado pode ser substituída por documento que evidencie o propósito de adotar a criança, que só não se concretizou por fato alheio; isso porque a referida regra menciona a "inequívoca manifestação de propósito", **que pode existir independentemente do procedimento**,[487] opinião mais liberal, favorável a sua concretização também fora deste, em consonância com a ampla proteção assegurada pelo artigo 1º do Estatuto.[488]

Não ofende a razoabilidade, ainda que, havendo a adoção sido deferida à viúva, se atenda posterior pedido de averbação do nome do falecido marido no assento da criança, quando o casal já desfrutava da guarda antes do início do processo de adoção.[489]

Desta forma, a existência de um procedimento em périplo não é requisito essencial para confessar-se a adoção póstuma, como ainda aquele não é imperial para a procedência de pedido de adotante que busca homologação de seu desejo, mas que desaparece no curso da ação.

Outra condição é a **inequívoca manifestação de vontade do adotante** que endereçou a pretensão e que não assiste seu desfecho processual.

Inequívoca é a demonstração clara, evidente e manifesta de alguma intenção, algo indubitável e inconteste, segundo os léxicos.

Como frequente no âmbito jurídico, a exigência se constitui em mais um dos *conceitos legais indeterminados ou conceitos jurídicos indeterminados*, palavras ou expressões indicadas na lei, de conteúdo e extensão altamente vagos, imprecisos e genéricos e por isso conceitos lacunosos e abstratos, que se relacionam com a *hipótese de fato* posta na causa.[490]

---

[486] FACHIN, Luiz Edson. *Comentários ao novo Código Civil*. Rio de Janeiro: Forense, 2003, v. XVIII, p. 209-210.
[487] STJ, Quarta Turma, REsp. nº 457.635-PB, rel. Min. Ruy Rosado de Aguiar, j. 19.11.02.
[488] SILVA, p. 111.
[489] TJRS, Sétima Câmara Cível, APC 70003643145, rel. Des. Luiz Felipe Brasil Santos, j. 29.05.02.
[490] NERY JUNIOR, Nelson; NERY, Rosa Maria de Andrade. *O novo Código Civil e legislação extravagante anotados*, São Paulo: Revista dos Tribunais, 2002.

Ou seja, é um conceito cujo conteúdo e extensão são incertos em larga medida, mesmo por que conceitos absolutamente determinados são muito raros no Direito; e que contém um *núcleo* conceitual e um *halo* conceitual.[491]

Cabe ao juiz, no momento de fazer a substituição do fato à norma, preencher os claros e dizer se a norma atua ou não no caso concreto, pois preenchido o conceito indeterminado com base em valores éticos, morais, sociais, econômicos e jurídicos; a solução já está preestabelecida na própria norma legal, competindo ao magistrado apenas aplicá-la, sem exercer nenhuma função criadora.

Portanto, há uma **subsunção** e uma **interpretação**, não acontecendo qualquer **criação de direito** por parte do juiz.[492]

A necessidade de uma **inequívoca demonstração de vontade,** locução posta como pressuposto para a adoção póstuma constitui-se em mais um conceito indeterminado que obriga preenchimento pelo juiz no instante da decisão, à vista dos elementos postos no processo.

O aforamento do pedido pelo adotante revela de modo implícito, sua iniludível vontade de adotar, que somente pode ser rechaçada, após ocorrer sua morte durante o processo, frente à prova de seu arrependimento posterior ou outra que indique melhor interesse para o adotado: inexistente a manifestação volitiva, a adoção não poderá ser deferida.

Essa revelação sentimental do adotante pode observar a forma escrita, o que é curial, como ainda declarar-se por ato verbalizado, em depoimento.

O juiz apenas convalida a vontade do falecido que apenas pedia a homologação de seu pleito, enquanto surpreendido pelo trespasse.

Embora a morte derrogue a personalidade jurídica (*mors omnia solvit*), impondo a substituição processual, como o julgamento ainda não se operou, em analogia a outras demandas se poderia supor que a ação seria extinta.

Em atitude comedida e atenta aos princípios que informam o instituto da adoção, a lei previu a possibilidade de desfecho da pretensão arrogada com a retroação de seus efeitos.

Não se censura a possibilidade de que o decesso do adotante tenha acontecido no período recursal, ainda sem trânsito o veredicto, não mudando a essência do desígnio.

A cogitação é diversa, quando se entabule da adoção nuncupativa, pois nesta a vontade de adotar é investigada em procedimento ajuizado **após a morte do indigitado adotante.**

---

[491] A respeito texto mais completo nesta obra, para onde se remete o leitor.
[492] MARTINS-COSTA, Judith. *A boa-fé no direito privado.* São Paulo: Editora Revista dos Tribunais, p. 326-27.

É uma espécie não imaginada pelo legislador, mas perfeitamente possível frente ao informalismo e a função teleológica da matéria menorista, substratada ainda no direito comparado.

Aqui interessam a pesquisa do intento e a natureza da prova a produzir para demonstrar a inequívoca disposição em adotar.

Traduzem prova suficiente o falecido ter-se declarado como pai do predito adotado em certidão de batismo, mais a procura de advogado para regularizar a adoção e a companhia do menor por dez anos, como filiação aparente.[493]

Ou o falecimento de senhora, proprietária de imóveis, sem herdeiros ou legatários, mas guardiã de um menor de sete anos, e que, segundo a prova oral colhida de vizinhos, sempre transmitira o desejo de adotar a infante.[494]

Nos exemplos invocados, registra-se um **processo socioafetivo de adoção** que compõe uma moldura idônea para guiar o deferimento do pedido, e onde o aplicador na lei não deve restar vinculado a uma exegese reducionista do sistema jurídico, mas mirar os princípios constitucionais que mandam considerar o superior interesse da criança.[495]

Não terá êxito, contudo, a busca de retificação de registro decorrente de adoção, para incluir o nome de companheiro, quando o pretenso pai adotivo **faleceu antes do nascimento do adotando**;[496] ou quando não deixou patente tal vontade em testamento, nem tomou qualquer medida para estabelecer o vínculo da filiação, sendo temerário conceder-se, aqui, a adoção póstuma pelas sequelas de ordem social, previdenciária, sucessória e parental, além do envolvimento de terceiras pessoas, o que possivelmente não fosse o desejo do falecido.[497]

Em resumo, somente será admitida a adoção que constituir efetivo benefício para o adotado (CC, art. 1.625).

A **sentença** que concede a adoção póstuma tem **natureza constitutiva**, eis que opera simultaneamente a extinção do poder familiar existente, expedindo-se mandado para cancelamento do registro original do adotado, de que não se fornecerá certidão, permanecendo os dados disponíveis apenas para eventual requisição judicial (ECA, art. 47, § 4º).

---

[493] STJ, Quarta Turma, REsp. nº 457.635-PR, rel. Min. Ruy Rosado de Aguiar, j. 19.11.02.
[494] SILVA, ob.cit., p. 111, em nota de rodapé.
[495] TJRS, Sétima Câmara Cível, APC 70003643145, rel. Des. Luiz Felipe Brasil Santos, j. 29.05.02.
[496] TJRS, Sétima Câmara Cível, AGI 599062791, rel. Des. Sérgio Fernando de Vasconcellos Chaves, j. 19.05.99.
[497] TJRS, Sétima Câmara Cível, APC 70004348207, rel. Des.Sérgio Fernando de Vasconcellos Chaves, j. 24.06.02.

As sentenças se classificam de uma maneira geral, a partir de critérios eminentemente processuais, como a espécie de tutela jurisdicional que está sendo prestada para quem provoca o Poder Judiciário.

Todas as sentenças têm um **cunho declaratório**, com a finalidade de declarar a existência ou inexistência de uma relação jurídica.

A sentença constitutiva não impõe sanção, mas altera, extingue ou cria uma situação jurídica, trazendo sempre uma **novidade** ou uma **modificação** para o universo jurídico a partir de determinada realidade que exista antes da mudança, ou seja, *o* **conteúdo declaratório** da sentença constitutiva.[498]

E para que proceda à constituição, modificação ou desconstituição, é mister que antes a sentença declare ocorridas as condições legais que autorizam a isso; em outras palavras, não é a sentença que cria o direito, pois se limita a declarar o direito preexistente, do qual derivam efeitos constitutivos, previstos no ordenamento jurídico.[499]

Toda a sentença tem aptidão ou **eficácia** para produzir **efeitos concretos** ou **efeitos típicos**, que são os queridos pelo agente, se for um ato, ou pelo legislador, se for uma norma.[500]

Os efeitos da sentença, ou mais exatamente do processo, se reportam a algum momento, no passado, e vão até certo ponto, no futuro e não pertencem ao ato extintivo, mas ao processo e seu desfecho.[501]

A adoção exige um processo judicial, e a intervenção do poder público (CC, art. 1.623, parágrafo único), podendo ser voluntário (em regra, adoção póstuma) ou contencioso (em regra, adoção nuncupativa).

Entre seus efeitos próprios, redunda como grifado atrás, a atribuição da condição de filho ao adotado, desfazendo-os os laços com os pais e parentes genéticos, salvo quanto a impedimentos matrimoniais, extinguindo-se o poder familiar, não se aceitado qualquer designação discriminatória quanto à filiação (CC, arts. 1.596, 1.626, 1627 e 1.635, V; e ECA, arts. 41 e 47, § 3º); institui um parentesco entre adotante e adotado, entre aquele e os descendentes desse e entre o adotado e os parentes do adotante (CC, art. 1.626; e ECA, art. 41, § 2º).

A adoção acolhe a possibilidade de alteração do sobrenome do adotado (CC, art. 1.627; e ECA, art. 47, § 5º) e se menor, também poderá mudar

---

[498] WAMBIER, Teresa Arruda Alvim. *Nulidades do processo e da sentença*. 4ª ed. São Paulo: Revista dos Tribunais, 1997, p. 76.
[499] CINTRA, Grinover; DINAMARCO. *Teoria Geral do Processo*: São Paulo: Revista dos Tribunais, 1976, p.268.
[500] PINTO, Alvim, p. 69.
[501] ASSIS, Araken de. *Doutrina e Prática do Processo Civil Contemporâneo*. São Paulo: Revista dos Tribunais, 2001, p. 185.

o prenome, a pedido do adotante ou do adotado (CC, art. 1.627; e ECA, art. 47, § 5º).

Atribuindo a condição de filho e resultando de decisão judicial, adoção é irrevogável depois do trânsito em julgado da sentença (ECA, arts. 48 e 49), permitindo a retratação até a publicação do édito (CC, art. 1.621, § 2º).

Os efeitos referidos são *ex nunc* e começam a partir do trânsito em julgado do axioma, o que corresponde à natureza da sentença constitutiva (CC, art. 1.628).

Todavia, em relação à adoção póstuma, como na legislação francesa, os efeitos são *ex tunc*, retroagindo à data do óbito, para que não tenha solução de continuidade o vínculo familiar já estabelecido em relação ao adotante; há quem pense que melhor seria recuar à data do início da guarda de fato ou de direito, privilegiando-se o fato da adoção, o estágio de convivência e a afetividade.[502]

Por simetria, entende-se que na adoção nuncupativa, em que se provará a inequívoca vontade do adotante, já falecido no aforamento da causa, os efeitos também se operam a partir do falecimento.

O regresso à data do óbito coincide com a abertura da sucessão (CC, arts. 1.784 e 1.788), restando assegurados os direitos patrimoniais inerentes.

Para os que entendem que persistem a adoção simples e a adoção plena, por uma posição hermenêutica, melhor será considerar a formação do vínculo com os parentes do adotante apenas em relação aos menores de 18 anos, e não em referência aos adotados com mais de 18 anos.

É que falta menção à aplicação daquele vínculo quando a lei cuida da adoção dos maiores de 18 anos, ressaltando-se que a redação original do projeto não se referia à formação de vínculo com os parentes do adotante, acréscimo que foi levado a efeito na segunda votação pelo Congresso; o que tem evidente inconstitucionalidade, pois a ditos maiores não se aplica o regime da adoção plena.

Assim, o vínculo criado pela adoção de menores de 18 anos é amplo, com todos os parentes do adotante, em linha reta ou colateral, e se constitui independente do consentimento destes, permitindo uma integração plena da criança, o que ainda ocorrerá com os descendentes do adotado, evitando-se uma **filiação parcial**.[503]

---

[502] SILVA FILHO, Artur Marques da. *O regime jurídico da adoção estatutária*. São Paulo: Revista dos Tribunais, 1997, p. 104 (referência à posição de Liborni Siqueira).

[503] FACHIN, p. 210-212.

3. Conclusão

O novo Código Civil consolida o instituto da adoção póstuma, que fora prescrito no Estatuto da Criança e do Adolescente, sendo o dispositivo material uma coroação do que já lecionara o diploma menorista.

Trata-se de espécie de adoção presente em algumas legislações do mundo e que objetiva respeitar a vontade de quem pretende adotar, mas vê sua intenção ceifada pelo óbito durante a viagem processual.

A leitura da regra específica deixa à calva constituir-se em **propósito** e, portanto, a manifestação de vontade do pretenso adotante, implícita no ajuizamento da causa, não obriga necessariamente o julgador; tanto que, pode ficar demonstrado, após a morte do autor, que havia se arrependido da intenção, bem como pode o magistrado valorizar o maior interesse do menor e afastar a adoção.

Em situação colateral, está a adoção nuncupativa, aceita por foros e tribunais, em que o processo é imediato ao falecimento da pessoa que, em vida, revelara a vontade de adotar, aqui se obrigando a necessária instrução com o rol adequado de provas e onde a convicção do julgador deve ser prudente e cautelosa, frente aos interesses envolvidos e a ausência de uma manifestação expressa do adotante.

Embora a sentença de adoção tenha natureza constitutiva, aqui os efeitos retroagem à data do falecimento, para preservar os direitos do adotado e fortalecer o vínculo parental já instalado.

Capítulo VIII – Alimentos: classificação

1. Notas iniciais

A constituição celular do ser humano exige o consumo de energia para o desempenho das atividades com que supre as necessidades inerentes a sua natureza; daí as relações intercambiáveis com o meio, de onde retira a matéria que precisa para sobreviver.

Assim, a concepção de alimentos transcende ao mero significado jurídico e se incorpora à agenda da própria vida de relação e constitui paradigma da existência gregária.

A dependência com alguém ou algo para durar na jornada é visceral, começa nos primeiros tijolos da arquitetura embrionária; a nidação representa o selo de fidelidade entre a mãe e a pessoa que desponta, e aparenta alforria quando os primeiros sopros inspiram a individualidade, mas não a autonomia; a criança ainda vai sugar os restos de comprometimento e mesmo almejando os passos do equilíbrio, não se desvincula da ação protetiva de seus genitores; e que vai acompanhá-la durante os pruridos juvenis, apenas largando o pulso quando o filho desata as amarras da sujeição material e avança no caminho de sua independência.

A fragilidade do menor ou outro parente, e a impotência financeira do cônjuge ou do companheiro, determinaram a institucionalização do dever de prestar alimentos a quem se ache na situação de subordinação ou necessidade familiar.

Não é sem razão que o constituinte inscreveu o respeito à dignidade humana como um dos princípios fundantes da nacionalidade, anotando como obrigação da família, da sociedade e do Estado, como prioridade, garantir o direito da criança e do adolescente à alimentação, educação e lazer, e do idoso à sobrevivência.

O fundamento da obrigação alimentar é o princípio da preservação da dignidade da pessoa humana (CF, art. 1°, III) e o da solidariedade social e familiar (CF, art. 3°), pois vem de um dever personalíssimo, devido pelo alimentante, em razão de parentesco, vínculo conjugal ou convencional que o liga ao alimentando; havendo uma tendência moderna de impor ao Estado o dever de socorrer os necessitados, através de sua política assistencial e previdenciária; mas com o objetivo de aliviar-se deste encargo, o Estado transfere, mediante lei, aos parentes daqueles que precisam de meios materiais para sobreviver, pois os laços que unem os membros de uma mesma família impõem esse dever moral e jurídico.[504]

Há interesse direto do Estado na estrita observância da norma, pois a desobediência a seus termos aumenta o número dos desprotegidos, ou seja, das pessoas que o Poder Público deve socorrer; por isso, entre outras razões, o dispositivo vem munido de violenta sanção, que pode chegar à prisão do devedor de pensão alimentícia que, podendo atendê-lo, descumpre seu dever.[505]

Todo o indivíduo tem direito à subsistência, em primeiro pelo trabalho, cujo exercício livre é assegurado pela Constituição (CF, art. 5º, XIII) e integra o desenvolvimento nacional segundo o princípio de sua valorização como um direito social (CF, arts. 6º e 9º); mas quem não pode prover seu sustento não é deixado à própria sorte, pois a sociedade há de propiciar-lhe sobrevivência, através de meios e órgãos estatais ou entidades particulares, competindo ao Poder Público desenvolver a assistência social, estimular o seguro, tomar medidas defensivas modernas; mas o direito não obscura o fato da vinculação da pessoa ao seu próprio organismo familiar, e impõe aos parentes do necessitado, ou à pessoa vinculada a ele por elo civil, o dever de proporcionar-lhe as condições mínimas de sobrevivência, não como favor ou generosidade, mas como obrigação judicialmente exigível.[506]

Sobre a terra, o indivíduo tem inauferível direito de conservar a própria existência, a fim de realizar seu aperfeiçoamento moral e espiritual, sendo o direito à existência o primeiro dentre os congênitos; em regra, o indivíduo, sendo capaz, deve procurar atingir tal objetivo com os recursos materiais colhidos do próprio esforço e trabalho; muitas vezes, por idade avançada, doença, falta de trabalho ou qualquer incapacidade, vê-se ele impossibilitado de pessoalmente granjear os meios necessários à sua subsistência; alguns, mais infelizes, recorrem à caridade; outros, menos desgraçados, contando com o cônjuge ou ex-cônjuge, o companheiro ou o ex-companheiro, ou parentes em propícias condições de fortuna, têm

---

[504] DINIZ, Maria Helena. *Curso de Direito Civil Brasileiro. Direito de Família*. 23ª ed. São Paulo: Saraiva, 2008, v. 5. p.559-561. .
[505] Rodrigues, Sílvio. *Direito Civil. Direito de Família*. 27ª ed. Atualizado por Francisco José Cahali. São Paulo: Saraiva, 2002, v. 6, p.416.
[506] Caio Mário da Silva Pereira. *Instituições do Direito Civil. Direito de Família*. 14ª ed. Atualizada por Tânia da Silva Pereira. Rio de Janeiro: Forense, 2004, v. V, p. 495.

direito de recorrer a eles, que se acham obrigados a prestar-lhes ajuda necessária para a respectiva mantença.[507]

Em resumo cartesiano, dirá a doutrina exponencial que todo indivíduo deve alimentar-se por si mesmo, com o produto de seu trabalho e rendimento; e somente recai em seus pais, ou parentes a obrigação de prestar alimentos legítimos quando o alimentando não tem bens, nem pode prover, por seu trabalho, a própria mantença; isto é, não pode adquiri para si víveres (*cibaria*), roupa (*vestitus*), casa (*abitatio*), ou não pode fazer despesas com remédios e médicos (*valetudinis impendia*). À obrigação alimentar corresponde a prestação a alimentos, de que deriva a ação de alimentos que nasce de não satisfazer a pretensão do alimentando a pessoa que é obrigada a alimentos.[508]

A bíblia civil novidadeira evangeliza que os parentes, cônjuges e companheiros podem recorrer uns aos outros para obter os alimentos que necessitem para viver de modo compatível com sua condição social e para atender sua educação.

A legislação alemã apenas admite como titular do direito a alimentos a pessoa que não está em condições de sustentar-se (Código Civil alemão, § 1.602, al.1), que é, portanto necessitada, o que pressupõe inexistência de patrimônio, de renda e incapacidade para o trabalho; entre os parentes em linha reta não é obrigatória a prestação de alimentos daquele que não está em condições de pagá-los (§ 1603, al. 1), havendo obrigação intensificada de alimentos para os filhos menores, solteiros, bem como os filhos solteiros maiores de idade até completarem 21 anos, que vivam na cada dos pais ou de outro parente e se encontrem em formação escolar.[509]

Para o direito espanhol, alimentos constituem o indispensável para o sustento, habitação, vestido e assistência médica, compreendendo ainda a educação e instrução do menor ou quem não haja terminado sua formação por causa de que não seja responsável; compõem os alimentos também as despesas de gravidez e parto; estão obrigados, reciprocamente, aos alimentos os cônjuges, os ascendentes e descendentes e os irmãos, os últimos somente quanto aos auxílios necessários para a vida e educação, desde que o alimentário não tenha dado causa à carência (CCE, arts. 142 e 143).

O vocábulo *alimentos* vem da palavra latina *alimentum*, que significa sustento, manutenção; o verbo se traduz por fomentar, tratar bem, favorecer, e Ulpiano já falava do legado de alimentos que serviam para o comer,

---

[507] MONTEIRO, Washington de Barros, *Curso de Direito Civil. Direito de Família*. 38ª ed. Atualizado por Regina Beatriz Tavares da Silva. São Pulo: Saraiva, 2007, v.2. p.361-362.
[508] PONTES DE MIRANDA. *Tratado de Direito Privado. Direito de Família. Direito Parental. Direito Protetivo*. 3ª ed. Rio de Janeiro: Borsoi, 1971, v. IX, p. 211.
[509] SCHLÜTER, Wilfried. *Código Civil Alemão. Direito de Família*. Porto Alegre: Sergio Antonio Fabris Editor, 2002, p. 364-367.

o beber, a manutenção do corpo, e que os alimentos se extinguiam com a vida; Labeão, afirmava que as vestes também faziam parte dos alimentos; Javoleno também abordava o legado de alimentos como sustento, as roupas e a casa (*cibaria, vestitus et habitatio*); os alimentos eram para os romanos um dever de caridade (*officium pietatis*), como uma obrigação moral que depois se desenvolveu, fundamentando-se no parentesco, transformando-se em dever jurídico; na família romana, o *pater familias* era dispunha do acervo da família e podia deixar o que fosse, até em detrimento dos filhos, quase uma deserdação; e, posteriormente, houve o direito a alimentos originado de convenção, testamento, de relação familiar, patronato ou tutela, mas também podia se originar da prática de um delito; no direito canônico os alimentos acharam substancial desenvolvimento.[510]

No Egito, às filhas incumbia a obrigação de proverem o sustento dos pais; e na Grécia antiga, não tinham os filhos de cortesãs a obrigação de manter seus genitores, como também esses se eximiam de todos os deveres paternais, daí resultando exposições frequentes de crianças, entregues aos cuidados de estranhos ou da República.[511]

O instituto merecia consideração desde as Ordenações Filipinas que recomendava o atendimento dos órfãos, autorizando ao juiz ordenar que seus responsáveis as assistissem através de mantimentos, vestidos e calçados e *tudo mais em cada ano*; também determinava que os mandassem ensinar a ler e escrever até a idade de doze anos (Livro I, Título LXXXVIII, § 15º).

A lei nacional que orientou a Organização e Proteção da Família (DL 3.200, de 19.04.1941), aludia que, quando o pagamento da pensão alimentícia fixada por sentença judicial ou acordo homologado em juízo, não estivesse suficientemente assegurado; ou não se fizesse com inteira regularidade, seria ela descontada, a requerimento do interessado e por ordem do magistrado, das vantagens pecuniárias, do cargo ou função pública ou de emprego em serviço ou empresa particular, que exerça o devedor, e paga diretamente ao beneficiário (art. 7º).

Previa-se, ainda, que em caso de inadimplemento ou insuficiência das vantagens referidas, a pensão poderia ser cobrada de aluguéis de prédios ou de quaisquer outros rendimentos do devedor, que o juiz destinaria a esse efeito, ressalvados os encargos fiscais e de conservação, e que serão recebidos pelo alimentando diretamente ou por depositário por ele designado (parágrafo único).[512]

---

[510] AZEVEDO, Álvaro Villaça de. *Prisão civil por dívida*. São Paulo: RT, 1993, p. 110-113.

[511] BEVILÁQUA, Clovis. *Direito de Família*. 8ª ed. Rio de Janeiro: Freitas Bastos, 1956, p. 387.

[512] ITAGIBA, Ivan Nogueira. *A Família. Comentários à Lei de sua Organização e Proteção*. Rio de Janeiro: Irmãos Pongetti, 1941, p. 53.

Ali se comentava que os alimentos são devidos quando provado ficar que a pessoa que os pede, sobre lhe falecerem recursos, não tem possibilidade de prover à própria subsistência; cumpria como regra geral, que o alimentador tivesse bens além dos indispensáveis a sua sustentação, o que não se aplicava ao filho e à mulher, cujos direitos são mais absolutos; admitia-se, todavia, que o marido necessitado podia requerer que a mulher afortunada lhe provesse a subsistência; finalmente, na legislação da época, o prestador podia optar entre dar certa soma periodicamente ao alimentário, ou fornecer-lhe hospedagem e sustento, cabendo ao juiz dirimir o modo de prestação devida, em certos casos.[513]

2. Classificação dos alimentos

O largo espectro das necessidades humanas e a mudança da legislação vigente sugerem o exame de temas específicos de a obrigação, entre eles a sistematização dos diversos tipos de alimentos

Impõe-se, assim, enumerar a classificação dos alimentos segundo sua natureza, à causa jurídica que os determina, conforme sua finalidade, quanto ao momento da prestação e quanto às suas modalidades, entre outras que também serão apontadas.

2.1. Quanto à natureza

A lei ordena que os alimentos sejam concedidos entre parentes, cônjuges ou companheiros para que desfrutem de vida compatível com sua condição social, inclusive para atender às necessidades de sua educação (CC, art. 1.694).

Isso não significa que a pensão deva reproduzir com absoluta equivalência ao padrão de vida adotado por um casal, nem que o cônjuge acostumado aos excessos da fortuna tenha a folgança dos tempos de matrimônio ou companheirismo, pois o que interessa é que a verba alimentícia atenda suas necessidades vitais e secundárias, proporcionando uma existência com dignidade.

A própria separação, em geral, prejudica o padrão de vida, não sendo razoável que o cônjuge acostumado a usufruir de automóveis, aviões, iates, viagens ao exterior e imensos luxos, tenha de manter ditas vantagens depois; tem-se resolvido que a permanência do padrão de vida, sem discussões, é para os filhos.[514]

---

[513] ITAGIBA, Ivan Nogueira. *A Família. Comentários à Lei de sua Organização e Proteção*. Rio de Janeiro: Irmãos Pongetti, 1941, p. 57.

[514] PEREIRA, S. Gischkow. *Ação de alimentos*. 4ª ed. Porto Alegre: Livraria do Advogado, 2007, p. 18.

Em outros termos, os alimentos devem se harmonizar com a necessidade do beneficiário considerada a situação antes usufruída por ele na relação de parentesco, conjugal ou de companheirismo, salvo quando a ruptura derive de culpa de quem os busque, quando, então, serão apenas os indispensáveis à subsistência (§ 2°).

Como se vê, a atribuição da verba alimentar, cuidando-se de dissolução litigiosa da sociedade conjugal condiciona-se ao resultado da demanda, eis que os alimentos são reconhecidos a favor do cônjuge inocente e desprovido de recursos para sua mantença; mas não os terá o cônjuge culpado, a menos que sua existência esteja comprometida por insuperáveis dificuldades materiais.

Esses alimentos são chamados *indispensáveis* e constam do mínimo necessário para a sobrevivência, sem apego ao estado social ou às possibilidades do prestador, sem outras balizas, eis que atendem o princípio da solidariedade nas relações de parentesco, casamento e união estável; isso sem deixar de reconhecer que em caso de culpa devem ser supridas somente as necessidades básicas do alimentário, com uma prestação indispensável a sua subsistência.[515]

A ideia de alimentos, como ressaltado pela doutrina tradicional, prende-se à relação que obriga uma pessoa a prestar à outra o necessário para sua manutenção, e quando menor o credor, também o que favoreça sua criação e processo educativo.

Em prestação revele um interesse particular, o fundamento do instituto é de ordem pública porque há um interesse superior do Estado na proteção da família e qualquer meio que a ampare resulta sempre em benefício para a coletividade; e entre parentes o direito também constitui regra de ordem pública internacional no Código de Bustamante,[516] obrigando ao estrangeiro, mesmo que sua lei internacional não lhe imponha o dever.[517]

Embora seja uma relação familial, que se funda no vínculo de parentesco (*jus sanguinis*) interessa diretamente à sociedade, tanto que os romanos a denominavam de *officium* e *pietas*, expressões que traduzem o fundamento moral do instituto, o dever de, mutuamente, se socorrerem os parentes, na necessidade.[518]

Nesse passo, o instituto dos alimentos, no presente momento histórico, não mais pode ser visto na concepção romanística que o entendia como

---

[515] MONTEIRO, p.362.
[516] BITTENCOURT, Edgard de Moura. *Alimentos*. 2ª ed. São Paulo: Universitária de Direito, 1975, p. 9.
[517] BEVILÁQUA, Clóvis. *Código Civil dos Estados Unidos do Brasil Comentado*. Rio de Janeiro: Livraria Francisco Alves, 1917, v. II, p. 384; também ITAGIBA, Ivair Nogueira. *A Família*. Rio de janeiro: Irmãos Pongetti Editores, 1941, p. 54.
[518] Idem, p. 384.

um ofício de piedade (*officium pietatis*), baseado apenas na solidariedade social; pois hoje, muito mais que moral, se trata de instituto jurídico perfeitamente regulado pelo Direito.[519]

Considerando-se sua natureza, desde as fontes tradicionais a doutrina habitua-se a dividir os alimentos em naturais e civis; a doutrina europeia chama os primeiros de alimentos necessários, e os últimos de alimentos côngruos.

Alimentos naturais (*alimenta naturalia*) são os estritamente necessários para a mantença da vida;[520] são os que se limitam às necessidades da vida de qualquer pessoa[521] e compreendem as prestações indispensáveis ao sustento, habitação e vestuário, ou seja, a alimentação ou *comidas e bebidas*, mas também o leito completo (cama, colchão, almofada, lençóis e cobertores) e ainda o tratamento de moléstias, médico e farmácia;[522] compreendem a alimentação, cura, vestuário e habitação, limitando-se ao *necessarium vitae*;[523] estão prescritos no artigo 1.694, § 2º, do CC.

Alimentos civis (*alimenta civilia*) são aqueles taxados segundo os haveres e qualidade das pessoas;[524] constituem o *pão do espírito* e são alimentos devidos só a quem seja menor, mas a obrigação pode prolongar-se até depois da maioridade, isto é, até que o alimentado possa adquirir *habilitação regular para um ofício ou profissão*, segundo o Código Civil português;[525] eles atendem as necessidades intelectuais e pessoais, consoante a posição social da pessoa, limitando-se ao *necessarium personae*;[526] estão referidos no artigo 1.694 do CC.

Em resumo, os alimentos naturais asseguram a manutenção da vida, com atendimento das necessidades primárias, como alimentação, remédios, casa, as vestes; enquanto os alimentos civis suprem as precisões morais, sociais ou culturais, como educação, lazer, transporte, aulas particulares, academias de natação e ginástica, etc.[527]

Essa divisão não teria mais razão de ser, eis que vinda de um direito antigo, e considerado que o Código determinou que o legado de alimentos também abrangesse o sustento, a cura, o vestuário e a casa, enquanto o le-

---

[519] PORTO, Sérgio Gilberto. *Doutrina e prática dos alimentos*. 3ª ed. São Paulo: RT, 2003, p. 20.
[520] ESPÍNOLA, Eduardo. *A Família no Direito Brasileiro*. Rio de Janeiro: Gazeta Judiciária, 1954, p. 469.
[521] BEVILÁQUA, p. 383.
[522] CUNHA GONÇALVES, Luiz. *Princípios de Direito Civil. Direito de Família. Direito das Sucessões*. São Paulo: Max Limonad, 1951, v. III, p. 1287-1288.
[523] GOMES, Orlando. *Direito de Família*. 7ª ed. Rio de Janeiro: Forense, 1992, p. 404.
[524] Idem, p. 383; Espínola, p.469.
[525] CUNHA GONÇALVES, p. 1288.
[526] GOMES, p. 404.
[527] GIORGIS, José Carlos Teixeira. *Alimentos: algumas notas*. In: Revista Magister de Direito Civil e Processual Civil. Porto Alegre: Magister, 2007, nº 19, p. 42.

gatário vivesse, além da educação, se menor; motivo por que só se deviam considerar os naturais, salvo disposição em contrário das convenções, ou costume a respeito, os alimentos prometidos que se regulem pelo direito das obrigações.[528]

Diante dos textos legais acima apontados, pode-se afirmar que ao cônjuge culpado não serão devidos alimentos *para viver de modo compatível com a sua condição social* (alimentos civis), e sim apenas os *indispensáveis à sobrevivência* (alimentos naturais), os quais se destinam para o que é estritamente necessário para a mantença da vida de uma pessoa, compreendendo tão somente a alimentação, a cura, o vestuário e a habitação, nos limites do *necessarium vitae*, mas sem direito à educação; disso se deduz que o legislador pretendeu conceder alimentos ao cônjuge culpado não como dever de sustento, pois dissolvida a sociedade conjugal, mas sim como forma de solidariedade humana, em favor de um companheiro do passado no amor, na alegria, na esperança, na saúde e no sofrimento, ora sem o suficiente para a sobrevivência.[529]

A diferença entre alimentos naturais e civis, adotada pelo Código, tem um nítido caráter punitivo, pois parentes, cônjuges e companheiros podem pedir alimentos uns aos outros para viver de modo compatível com sua condição social, inclusive para atender às necessidades de educação: assim, todos os beneficiários, filhos, pais, parentes, cônjuges e companheiros têm assegurado o padrão de vida que sempre desfrutaram e merecem alimentos civis independentemente da origem da obrigação: no entanto a lei limita o valor do encargo sempre que seja detectada a culpa do alimentando, isto é, ele perceberá somente o que baste para manter a própria subsistência; todavia, disso não podem ser excluídas as necessidades educacionais, bem como um mínimo razoável ao lazer e atendimento das carências intelectuais.[530]

Pela bíblia civil podem os parentes, cônjuges ou companheiros pedir alimentos uns aos outros, sendo o direito de prestação recíproco entre pais e filhos e extensivo a todos os ascendentes, recaindo a obrigação nos mais próximos em grau, uns em falta dos outros; não havendo ascendentes a obrigação toca aos descendentes, guardada a ordem de sucessão, e na carência destes, aos irmãos, sejam germanos ou unilaterais (CC, arts. 1.694, 1.696 e 1.697).

A lei projeta a possibilidade de serem acionados todos os ascendentes, recaindo a obrigação nos mais próximos em grau, uns em falta de

---

[528] PONTES DE MIRANDA, p. 207, que se referia ao art. 1.687 do CC/1916, hoje art. 1.920, com redação similar.
[529] WELTER, Belmiro Pedro. *Alimentos no Código Civil*. Porto Alegre: Síntese, 2003, p. 159-160.
[530] DIAS, Maria Berenice. *Manual de Direito das Famílias*. 4ª ed. São Paulo: RT, 2007, p. 452.

outros, como também é cabível a demanda na linha descendente e depois lateral, com apelo aos irmãos.

Caso seja absoluta ou reduzida a capacidade paterna ou materna para cumprir as incumbências legais, nasce a irradiação para o planeta avoengo, o que também sucede quando o responsável, sem justificativa, reitera o costume de não pagar alimentos, tornando-se remisso ou inadimplente: daí tocar a obrigação aos avós, em atitude complementar e não solidária, como repete a jurisprudência, embora visão diversa do estatuto dos idosos, por razões de solidariedade, embora contrária à essência da obrigação e ao próprio sistema,[531] sendo justificada pela premência da solução, eis que o idoso não pode, por sua idade, delongar-se em seguir um périplo de invocações processuais, sempre demoradas.

A obrigação alimentar dos avós, por ser subsidiária e complementar, só se configura ante a absoluta impossibilidade de ambos os genitores; mas os avós não estão obrigados a proporcionar ao neto o mesmo padrão de vida por eles desfrutado, obrigação que é, sim, dos genitores, mas não dos progenitores;[532] também a responsabilidade é avoenga quando o pai se encontre em lugar incerto e não sabido;[533] ou seja, a suplementação apenas acontece quando qualquer dos genitores não tenha patrimônio hábil para sustentá-lo, estiver incapacitado ou for falecido.[534]

Inicialmente, apenas se aceitava a ação contra os avós depois do fracasso da demanda contra parente mais próximo; depois se admitiu o ajuizamento contra pai e avô ao mesmo tempo, discutindo-se na demanda a impossibilidade do primeiro e a fortuna do segundo; finalmente, em busca da instrumentalidade, consagrou-se a possibilidade de dirigir a ação apenas contra os avós, discutindo-se a impossibilidade paterna no ventre do processo, quase como questão prejudicial.[535]

O Código inovou, contudo, em permitir que o parente situado em primeiro lugar, e que não disponha da totalidade das condições, possa convocar os de grau imediato, para contribuir na proporção de seus recursos financeiros, em nítido litisconsórcio passivo facultativo sucessivo, o que tem recolhido apoio jurisprudencial.[536]

Afirmado que a união entre pessoas do mesmo sexo constitui uma entidade familiar semelhante à união estável,[537] desde que presentes os

---

[531] TJRS, 7ª CC, APC 70006634414, rel. Des. Luiz Felipe Brasil Santos.
[532] TJRS, 7ª CC, APC 70002611713, rel. Des. José Carlos Teixeira Giorgis, j. 05.11.01.
[533] TJRS, 7ª CC, APC 70008640468, rel. Des. José Carlos Teixeira Giorgis, j. 02.06.04.
[534] TJGO, 2ª CC APC 52.799/188, rel. Des. Fenelon Teodoro Reis, j. 08.06.00.
[535] TJRS, 7ª CC, APC 70001770171, rel. Des. Luiz Felipe Brasil Santos, j. 06.12.00.
[536] CC art. 1.698; STJ, REsp. 658.139- RS, rel. Min. Fernando Gonçalves j. 11.10.05.,
[537] TJRS, 7ª CC APC 700013889882, rel. Des. José Carlos Teixeira Giorgis, j. 14.03.01.

pressupostos constitutivos daquela, havendo separação de fato, os direitos são os mesmos que decorrem da união heterossexual, inclusive quanto aos alimentos.[538]

Também se cogita de prestação alimentícia na relação concubinária, pois embora haja impedimentos, desde que provadas as necessidades da parceira e as possibilidades econômicas do alimentando, mostra-se razoável a fixação de alimentos a favor daquela, pois não pode ser tolerada a pretensão de locupletamento à custa de outrem, vedado o enriquecimento sem causa.[539]

Antes da edição do Código, já se dissera que não havia fundamento jurídico ou moral para privar a mulher do direito de alimentos por haver mantido concubinato com outro homem, pois censurável seria ela, que vive com outro, buscá-los de seu ex-marido; no caso, os alimentos são dados pela necessidade da alimentanda e possibilidades do alimentante, e não como recompensa de uma determinada conduta da beneficiária, pois não havendo qualquer dever de fidelidade, não há qualquer fundamento para a privação dos alimentos; pois que não se há de condicioná-los a um comportamento inexigível da mulher, qual seja de manter-se em estado de castidade.[540]

Nesse sentido, embora em sede de exoneração de alimentos, o tribunal gaúcho decidira que a separação judicial dispensa o dever de recíproca fidelidade, não impondo a perda da prestação alimentícia, o discreto relacionamento sexual da mulher.[541]

Embora as demandas sejam ajuizadas pelos alimentandos, é possível que a parte responsável pelo sustento, que tenha deixado o lar comum, tome a iniciativa de comunicar ao juízo seus rendimentos, pedindo a citação do credor para comparecer em audiência onde se estimem os alimentos: é a oferta de alimentos (CC, art. 1.701; LA, art. 24), aforada até para que o prestador não seja acusado de abandono material (CP, art. 244), e forma de adiantar-se ao manejo reivindicatório do interessado; cuida-se de procedimento que busca a celeridade, não se admitindo reconvenção.

O juiz tem discricionariedade para não aceitar o valor proposto, embora descaiba sua redução, a não ser com prova contrária contundente; havendo acordo anterior, esse tem supremacia sobre a oferta.

Como o ordenamento trabalha muitas vezes com conceitos vagos, é possível que cesse o dever alimentar em caso de comportamento indigno do beneficiado, hipótese que não se encontra catalogada, mas pode ser co-

---

[538] TJRS, 8ª CC APC 70021637145, rel. Des. Rui Portanova, j. 13.12.07.
[539] Louzada, Ana Maria Gonçalves. *Alimentos. Doutrina e jurisprudência*. Belo Horizonte: Del Rey. 2008, p. 88.
[540] TJRJ, 6ª CC, APC 228/83, j. 13.05.83; contra; contra RT 516/58.
[541] TJRS, 2ª CC APC 500398839, rel. Des. José Barison, j. 10.08.82.

nhecida utilizando-se os critérios do direito sucessório, em visão simétrica; como a autoria de homicídio contra o devedor, seu cônjuge, companheiro, ascendente ou descendente; acusação caluniosa em juízo ou prática de crime contra a honra sendo vítima o benfeitor, seu cônjuge ou companheiro; ou os casos similares à revogação de doação, como atentado à vida, ofensa física, injúria grave e calúnia, entre outros.

Daí se sugerir que, na interpretação do que seja procedimento indigno do credor, apto a fazer cessar o direito a alimentos deve aplicar-se, por analogia, as hipóteses dos incisos I e II do art. 1.814 do Código Civil.[542]

O Superior Tribunal de Justiça já proclamou que o advento da maioridade extingue o poder familiar, mas não revoga automaticamente o dever de prestar alimentos devidos por efeito da relação de parentesco; a teor dessa orientação antes de extinguir o encargo alimentar, deve-se possibilitar ao alimentado demonstrar, nos mesmos autos, que continua a necessitar de alimentos.[543] Nesse sentido, na IV Jornada de Direito Civil foi aprovado o Enunciado 244, declarando que a obrigação alimentar originada do poder familiar, especialmente para atender as necessidades educacionais, pode não cessar com a maioridade.

Essa orientação é razoável, como também a que estendeu o limite até os 24 anos, pois: a) os alimentos além do suficiente para o sustento envolvem necessidades de educação do alimentando; b) a educação é exigente de dedicação, ficando comprometida quando a maior parte do tempo útil é dedicada ao trabalho; c) o direito à educação inclui o acesso aos níveis mais elevados do ensino e da pesquisa, sendo certo que a idade de 24 anos é adotada pela legislação tributária como limite para considerar dependente o filho, desde que estudante universitário ou até mesmo de curso pré-vestibular.[544]

2.2. Quanto à causa jurídica

Considerada a atividade humana, os alimentos podem ter origem em *atos voluntários* ou em *atos jurídicos*.

Os primeiros provêm de uma declaração de vontade *inter vivos* ou *causa mortis*, e também se chamam obrigacionais, prometidos ou deixados, oriundos de um contrato ou de uma disposição de última vontade, estando regulados nos livro das Obrigações ou no Direito Sucessório.[545]

---

[542] TARTUCE, Flávio e Simão, José Fernando. *Direito Civil. Direito das Sucessões*. São Paulo; Método, 2007, v.6, p. 404.

[543] STJ, 3ª Turma, AGA 655.104- SP, rel. Min. Humberto Gomes de Barros, j. 28.06.05.

[544] LOBO, Paulo. *Direito Civil. Famílias*. São Paulo: Saraiva, 2008, p. 365.

[545] CAHALI, Yussef Said. *Dos alimentos*. 4ª ed. São Paulo: Revista dos Tribunais, 2002, p. 22.

O sujeito pode estatuir uma obrigação em benefício próprio, ou em favor de terceiro, aqui tomando a forma de ato gratuito em relação ao instituidor e a outra parte assumindo o encargo de prestar alimentos ao necessitado; se, ao contrário, o autor pretende constituir para si um direito alimentar, o ato jurídico adquire a natureza de onerosidade.

A intenção de garantir os meios de subsistência a determinada pessoa pode ser feita através de renda vitalícia, onerosa ou gratuita; através de um usufruto ou capital vinculado; ou de um legado especifico; ou na obrigação do donatário ou em atividade resultante de ato ilícito.[546]

Daí dispor-se que a prestação alimentícia pode-se originar de uma determinação legal, constituindo uma obrigação; de um contrato; de uma disposição testamentária; ou ainda de um ato ilícito.

Em síntese, a dívida alimentar pode ter diversas causas ou fontes, que se alinham na doutrina em três categorias distintas: a) a lei; b) a vontade (contrato ou testamento); c) o delito.

A distinção tem importância prática porquanto profundas diferenças as dividem uma espécie de outra, regulada cada uma por normas especiais; assim, a obrigação legal de prestar alimentos é regulada no direito de família; a obrigação decorrente do contrato é considerada na parte das obrigações convencionais; a prestação instituída em testamento pertence ao direito das sucessões; e os alimentos resultantes do delito se situam entre as regras da liquidação das obrigações *ex delicto*.[547]

Então, a obrigação alimentar pode resultar: a) da lei, pelo fato de existir, entre pessoas determinadas, um vínculo de família; b) de testamento, mediante um *legado*; c) de sentença judicial condenatória do pagamento de indenização para ressarcir danos provenientes de *ato ilícito*; d) de contrato.[548]

Tais fontes levam à classificação dos alimentos em alimentos legítimos ou legais, quando oriundos de uma obrigação legal, seja por direito de sangue (*jus sanguinis*), por um vínculo de parentesco ou relação de natureza familiar, ou em decorrência do matrimônio; alimentos voluntários, quando se constituem em decorrência de uma declaração de vontade, manifestada através de um contrato ou legado;[549] e alimentos indenizatórios ou ressarcitórios, quando resultam da prática de um ato ilícito, e constituem uma forma de indenização do dano *ex delicto*.[550]

Como sublinhado, os primeiros têm arrimo no Direito de Família (lei), enquanto os outros estão contidos no Direito das Obrigações (contrato, indenização) ou no Direito Sucessório (legado).

---

[546] CAHALI, Yussef Said. *Dos alimentos*. 4ª ed. São Paulo: Revista dos Tribunais, 2002, p. 22-23.
[547] ESPÍNOLA, p. 468.
[548] GOMES, p. 404.
[549] CAHALI, p. 22.
[550] GONÇALVES, Carlos Roberto. *Direito Civil. Direito de Família*. 5ª ed. São Paulo: Saraiva, 2008, p. 452

Assim, a obrigação alimentar pode ter sede no parentesco, no casamento ou na união estável (*alimentos legítimos*); em contrato (*alimentos obrigacionais*) ou em disposição de última vontade (*alimentos testamentários*); ou resultar de indenização por cometimento de delito (*alimentos ressarcitórios*).

Os alimentos voluntários podem ter a forma de constituição de renda vitalícia, onerosa ou gratuita; de usufruto; ou de um capital vinculado; podem, ainda, resultar de uma exigência legal quanto a um comportamento superveniente de uma parte em relação à outra, como acontece na doação; aqui o donatário fica compelido a prestar alimentos ao doador, e, caso não cumpra a obrigação, isso dará motivo à revogação por ingratidão, a menos que o donatário não esteja em condições de cumpri-la;[551] assim, a recusa de alimentos pelo donatário ao doador só será causa de revogação quando for injusta, mas não o será quando o doador possa demandá-los de parentes a tal obrigados; quando o montante dos alimentos pedidos e necessários for desproporcional ao valor da doação; ou quando a doação for remuneratória de serviços prestados ou gravados com encargos, a não ser que o excedente deles ou o encargo possa constituir liberalidades justificar a postulação, pontos que devem submeter-se ao critério judicial.[552]

O legado de alimentos consiste em prestações periódicas, a serem cumpridas pelo herdeiro de qualquer condição ou pelo testamenteiro; a duração é determinada pelo testador e, na falta disso, entende-se subsistir até a morte do legatário, como no caso de prestações periódicas de rendas.[553]

No passado se reconhecia que o testador poderia beneficiar até o filho extramatrimonial (espúrio), sem que isso significasse favorecimento à concubina; a situação se solidificou com a Lei nº 883/49, que permitiu àquele descendente ajuizar ação de alimentos, onde a apuração da paternidade constituía questão prejudicial.[554]

O princípio que norteia a produção de efeitos dos legados gira em torno da ideia de se transmitirem bens a *título singular*, pois o legatário não sucede na universalidade; mas recebe a coisa certa ou direito determinado, o que acontece desde a abertura da sucessão e o herdeiro indicado entregará no estado em que a coisa se achar, com seus acessórios, respondendo pelos prejuízos que causar; se for dinheiro, os juros correm a partir da mora de quem descumpre; se for renda vitalícia ou temporária ou quantidade certa de prestações periódicas datará da morte do primeiro período; assim, o legado de alimentos paga-se por períodos adiantadas,

---
[551] GONÇALVES, p. 452.
[552] BITTENCOURT, p. 18.
[553] Idem, p. 21.
[554] Idem, p. 22..

ressalvada disposição testamentária em contrário;⁵⁵⁵ mas o testador pode, ainda, fazer um legado por tempo determinado, como até a maioridade, por exemplo, no caso estipulando data para seu término.⁵⁵⁶

Consoante a lei, o legado de alimentos abrange o sustento, a cura, o vestuário e a casa, enquanto viver o legatário, e se menor inclui ainda sua educação (CC, art. 1.920); caso os alimentos não atendessem as necessidades do beneficiado em sintonia com seu nível social, estar-se-ia transformando o legado de alimentos num convite ao ócio, à improdutividade, conduta que o Direito não pode chancelar.⁵⁵⁷

Trata-se de legado a termo, sujeito a evento futuro e incerto, até distinto da morte do beneficiário; se o valor não for fixado pelo testador, toca ao juiz estimá-lo de acordo com as necessidades do legatário e as forças da herança, aceitando-se sua alteração, se acontecer mudanças nas causas de sua instituição; mas pode ser imposto como encargo apenas do herdeiro ou ao legatário, e não da herança propriamente dita, funcionando, então como sublegado.⁵⁵⁸

No testamento, os alimentos são vistos de acordo com a vontade do testador e as forças da herança; não se tem em vista as necessidades do alimentando como em outra espécie de alimentos, mas o nível social do legatário. Os alimentos, aqui, também podem ser *in natura*, nada obstando que o testador determine ao herdeiro que forneça hospedagem e sustento ao agraciado, embora forma inconveniente e banida na prática; neste caso, o herdeiro pode fornecer os meios econômicos para que a hospedagem se realize; assim acontece quando o testador determine a internação em determinado colégio ou em unidade de saúde, ensejando a que o herdeiro examine a possibilidade de atendimento da vontade ou a oportunidade ou conveniência de substituição por entidade similar; tudo vai depender das condições financeiras da herança e das necessidades do alimentando, saindo os alimentos da parte disponível do testador;⁵⁵⁹ reitere-se que os alimentos provêm das forças da herança, não impondo, por óbvio, a qualquer dos herdeiros do testador o ônus de suportar o encargo, acaso tenham se esvaído o espólio.⁵⁶⁰

Os alimentos testamentários, como subsistência, inserem-se entre os bens impenhoráveis; se o testador fixa um rendimento ou pagamento periódico ao legatário como alimentos, mas o beneficiário tem plenas

---

⁵⁵⁵ PEREIRA, Caio Mário da Silva. *Instituições de Direito Civil. Direito das Sucessões.* 16ª ed. Atualizada por Carlos Roberto Barbosa Moreira. Rio de Janeiro: Forense, 2007, v. VI, p. 312-313.

⁵⁵⁶ DINIZ, p. 312.

⁵⁵⁷ PORTO, p. 42.

⁵⁵⁸ TARTUCE; SIMÃO, p. 319.

⁵⁵⁹ VENOSA, Sílvio de Salvo. *Direito Civil. Direito das Sucessões.* 3ª ed. São Paulo: Atlas, 2003, v.7, p. 230-231; no mesmo sentido, RODRIGUES, p. 207 e GONÇALVES, p. 347.

⁵⁶⁰ PORTO, p. 43.

condições de sustento, o legado deve ser tratado como uma renda, e não como alimentos, não se favorecendo da impenhorabilidade; se a intenção do testador foi apenas a de garantir os meios de subsistência do legatário, os interessados podem pedir a diminuição ou o cancelamento do benefício quando o legatário deles não necessitar; finalmente as pessoas que não podem ser nomeadas como herdeiras ou legatárias (CC, art. 1.801) também não têm capacidade para adquirir alimentos por testamento;[561] embora, ao contrário, se entenda que os casos de proibição legal não podem ser sobrepostos ao direito à vida.[562]

Ressalte-se, finalmente, que diversamente dos alimentos legais, havendo modificação das circunstâncias ou da situação econômica do beneficiário, o legado não se altera quando fixados pelo testador ou arbitrados pelo juiz.[563]

Finalmente, são alimentos indenizatórios ou ressarcitórios, como já exposto, os que se destinam a indenizar a vítima de ato ilícito.

Necessário esclarecer que a obrigação alimentar indenizativa, derivada do delito, não se converte em obrigação de prestar alimentos, servindo a remissão a estes de simples ponto de referência para o cálculo da indenização e para a determinação de seus beneficiários.[564]

Evangeliza a bíblia civil que, no caso de homicídio, a indenização consiste, sem excluir outras reparações, no pagamento das despesas com o tratamento da vítima, seu funeral e o luto da família; mas também na prestação de alimentos às pessoas a quem o morto os devia, levando-se em conta a duração provável da vítima (CC, art. 948, I e II).

No âmbito penal, alude-se que, entre os efeitos da condenação está tornar certa a obrigação de indenizar o dano causado pelo crime (CP, art. 91, I); e que transitada em julgado a sentença condenatória, poderão promover-lhe a execução, no juízo cível, para efeito de reparação do dano, o ofendido, seu representante legal ou seus herdeiros (CPP, art. 63).

Motivo por que a legislação instrumental civil considera título executivo judicial a sentença penal condenatória trânsita (CPC, art. 475-N, II); não o é, todavia, a decisão proferida em processo criminal perante o Juizado Especial Criminal em que se recebe a denúncia e se acata a proposta do Ministério Público para suspensão do processo;[565] também não enseja a ação civil quando a sentença penal reconheça ter o agente praticado o ato em estado de necessidade, o que não pode deixar de ser aceito no juízo cível.[566]

---

[561] PORTO, p. 231.
[562] MONTEIRO, p. 197.
[563] GONÇALVES, p. 346.
[564] STF, 1ª Turma, RE 85.575- SP, RTJ 83/513.
[565] RT 810/239.
[566] STJ, 4ª Turma, REsp. 89.390-RJ, rel. Min. Ruy Rosado, j. 10.06.96.

O estudo das eficácias principais da sentença penal condenatória demonstra que o provimento repressivo contém, independentemente de qualquer enunciado do juiz a respeito, o relevante efeito anexo de constituir título executivo; por isso, semelhante ato decisório permite à vítima, agora livre da necessidade de ajuizar a demanda reparatória, acesso direto à via executiva; e na execução se legitimam, ativamente, àquelas pessoas já recordadas no contexto da ação indenizatória; passivamente, apenas o condenado; a pretensão executória prescreve no prazo da ação e, em procedimento próprio e prévio, semelhante título deve ser liquidado; nesta eventualidade, atender-se-á eventual participação da vítima na extensão dos danos.[567]

A sentença criminal repercute no cível de modo absoluto, constituindo aqui um título executivo, quando reconhece o fato e a autoria; se negar de modo categórico o fato ou a autoria, impede questionar-se o fato no juízo cível; contudo, se a sentença for absolutória e apoiar-se em ausência ou insuficiência de provas ou na inconsciência da ilicitude, remanesce o ilícito civil;[568] o reconhecimento da prescrição não desnatura a sentença penal condenatória como título.[569] Como a sentença penal condenatória não continha o valor do dano causado deve-se fazer a sua liquidação, dispensado, de qualquer forma o processo de conhecimento.[570]

Sucede que recente reforma do processo penal prescreveu que o juiz, ao proferir a sentença condenatória, deve fixar o valor mínimo para a reparação dos danos causados pela infração, considerando os prejuízos sofridos pelo ofendido (CPP, art. 387, IV); transitada em julgado a sentença penal condenatória, a execução poderá ser efetuada nos termos do dispositivo anterior, sem prejuízo da liquidação para a apuração do dano efetivamente sofrido (CPP, art. 63, parágrafo único).

A execução provisória da sentença far-se-á do mesmo modo que a definitiva, e havendo levantamento de depósito em dinheiro e atos que importem alienação da propriedade ou de que resulte grave dano ao executado, o juiz arbitrará caução suficiente e idônea; a caução pode ser dispensada, nos casos de crédito alimentar ou decorrente de ato ilícito, até o limite de sessenta vezes o valor do salário mínimo, quando o exequente demonstrar situação de necessidade (CPC, art. 475- O, III, § 2º, I).

Quando a indenização por ato ilícito incluir prestação alimentícia, o juiz, quanto a essa parte, poderá ordenar ao devedor a constituição de capital (imóveis, títulos de dívida pública ou aplicações financeiras em

---

[567] ASSIS, Araken. *Eficácia civil da sentença penal*. São Paulo: RT, 1993, p. 207.
[568] STJ, RSTJ 7/400.
[569] STJ, RSTJ 176/307.
[570] TJRS, RTJRS 149/463.

banco oficial), cuja renda assegure o pagamento do valor mensal da pensão, o que será inalienável e impenhorável enquanto durar a obrigação do devedor (CPC, art. 475-Q e § 1º).

O objetivo da constituição de capital é de dar segurança à parte lesada de que não será frustrada quanto ao efetivo recebimento das prestações futuras;[571] e tem a natureza de obrigação de fazer, comportando a imposição de multa para seu cumprimento;[572] essa constituição de capital independe de pedido do credor.[573]

O juiz poderá substituir a constituição do capital pela inclusão do beneficiário da prestação em folha de pagamento de entidade de direito público ou de empresa de direito privado de notória capacidade econômica, ou a pedido do devedor, por fiança bancária ou garantia real, em valor a ser arbitrado pelo juiz (§ 2º).

Os alimentos podem ser fixados em salários mínimos,[574] e a prestação reduzida ou majorada se sobrevier modificação nas condições econômicas da parte; cessada a obrigação, o juiz ordena a liberação do capital, o término do desconto em folha ou cancelamento das garantias prestadas (§§ 3º, 4º e 5º).

As prestações devidas a título de pensão indenizatória devem para garantir o princípio do *restitutio in integrum* acompanhar a variação salarial da categoria funcional a que pertencia a vítima,[575] o que tem respaldo em verbete do Supremo Tribunal Federal;[576] mas não podem ser iguais aos rendimentos que eram percebidos pela vítima, porque desse montante deve ser descontado o que lhe era necessário para o sustento próprio,[577] devendo a redução corresponder à terça parte dos rendimentos do ofendido.[578]

Aliás, a decisão tomada em indenização por ato ilícito pode fixar a pensão em valor superior ao pedido[579] ou estabelecer critério de reajuste diverso do postulado na inicial.[580]

---

[571] STJ, 3ª Turma, Ag. 274.106-AgRg-Edcl, rel. Min. Castro Filho, j. 24.09.01.
[572] STJ, 3ª Turma, Resp. 631.756, rel. Min. Menezes Direito, j. 06.09.05.
[573] TJSP, JTJSP, 166/183.
[574] STF, Súmula 490: "A pensão correspondente à indenização oriunda de responsabilidade civil deve ser calculada com base no salário mínimo vigente ao tempo da sentença e ajustar-se-á às variações ulteriores".
[575] STJ, 3ª Turma, REsp. 39.625-BA rel. Min. Cláudio Santos, j. 17.04.95.
[576] STF, Súmula 562: "Na indenização de danos materiais decorrentes de ato ilícito cabe a atualização de seu valor, utilizando-se, para esse fim, dentre outros critérios, dos índices de correção monetária".
[577] STJ, 3ª Turma, REsp. 191.379- RJ, rel. Min. Ari Pargendler, j. 01.10.01.
[578] STJ, 2ª Turma, REsp. 26.810- ES, rel. Min. Pádua Ribeiro, j. 15.09.93.
[579] STJ, RT 807/219.
[580] STJ, RSTJ 163/383.

A pensão não pode ser paga de uma única vez,[581] salvo a satisfação do dano moral;[582] nesta espécie de alimentos não podem ser deduzidas quaisquer parcelas pagas à vítima a título de benefício previdenciário.[583]

O valor da indenização, se consistente em prestações periódicas e sucessivas, compreenderá, para que se mantenha inalterável na sua fixação, parcelas compensatórias do imposto de renda, incidente sobre os juros do capital gravado ou caucionado, nos termos dos arts. 911 e 912 do CPC.[584]

O novo casamento da beneficiária da pensão não presume a cessação das necessidades da viúva alimentanda e, portanto, não faz terminar a obrigação existente;[585] mas se presume o dano patrimonial resultante da morte de um dos membros de família de poucos recursos,[586] ou de família de baixa renda, mesmo que a vítima não trabalhasse,[587] embora também se entenda que cabe apenas indenização por dano moral quando o filho menor vitimado não trabalhasse;[588] ao contrário, a morte de filho de família rica não gera danos materiais, pois nessa situação ele se dedicaria aos estudos, e não à atividade remunerada.[589]

O termo inicial da pensão devida aos pais pela morte do filho é o da data em que teria idade para trabalhar (14 anos), sendo fixada na base de 2/3 do salário mínimo até que a vítima completasse 25 anos, e reduzida para 1/3 até os 65 anos, tratando-se de família de baixa renda.[590]

Já o termo final da pensão devida aos pais pela morte do filho é o da data em que a vítima completaria 65 anos;[591] ou na data em que a vítima completaria 25 com redução de 50% do valor da pensão, até quando completasse 65 anos;[592] ou redução de 2/3 no aniversário de 24 anos;[593] caso algum dos beneficiários morra antes do termo final, a pensão fica reduzida à metade;[594] ao contrário, entende-se que essa pensão é vitalícia, não havendo limite para sua duração.[595]

---

[581] STF, RTJ 114/427.
[582] STJ, RSTJ 76/257.
[583] STJ, 4ª Turma, REsp. 248.412-RS, rel. Min. Aldir Passarinho, j.09.04.02.
[584] STF, Súmula 493. Os artigos 911 e 912 correspondem, agora, ao art. 475-Q do CPC.
[585] STJ, 4ª Turma, REsp. 100.927-RS rel. Min. César Rocha, j. 26.10.01.
[586] STJ, ESTJ 76/257.
[587] STJ, 4ª Turma, REsp. 278.885, rel. Min. Aldir Passarinho, j. 22.03.01.
[588] STJ, 4ª Turma, REsp. 74.532-RJ rel. Min. Sálvio de Figueiredo, j. 11.03.97.
[589] STJ, RT 807/219.
[590] STJ, 3ª Turma, REsp. 422.911-SP rel. Min. Ari Pargendler, j. 07.04.03.
[591] STJ, RSTJ 133/327.
[592] STJ, 2ª Turma, REsp. 653.597, rel. Min. Castro Meira, j. 24.08.04
[593] STJ, 2ª Turma, REsp. 507.120, rel. Min. Eliana Calmon, j. 02.10.03.
[594] STJ, RJ 213/49.
[595] STJ, 3ª Turma, REsp. 437.681-DF rel. Min. Ari Pargendler, j. 10.02.04..

Quanto aos alimentos devido aos filhos pela morte dos pais, são devido até a idade em que completam 25 anos;[596] há, nesse caso, direito de acrescer a cota parte do beneficiário para quem cessou o direito aos demais remanescentes, proporcionalmente,[597] o que se aconchega ao teor da Súmula 57 do TFR.[598]

Saliente-se, por imperioso, que os alimentos legítimos são os únicos que ensejam o pedido de prisão civil em caso de falta de pagamento pelo alimentante, consoante recomenda a norma constitucional.[599]

Está consagrado que não cabe a prisão por inadimplemento de prestação alimentícia decorrente de responsabilidade civil por ato ilícito,[600] mas possível quando se trate de alimentos provisórios, provisionais ou definitivos.[601]

A prisão civil fora prevista nos cânones das civilizações orientais, dentre eles, o Código de Hamurabi, na Babilônia, e o Código de Manu, da Índia, também entre egípcios e hebreus.; em Roma, estava regulado na Lei das XII Tábuas, a qual previa a escravidão por dívida e a venda do devedor em feiras, culminando com a divisão de seu corpo em pedaços; entre os germanos, na Idade Média, permitia-se ao credor aniquilar seu devedor; na França, manteve-se até a Revolução Francesa, e foi incorporada ao Código Napoleônico de 1804, somente no caso de depósito; existente na Itália, logrou ser eliminada pelo Código Civil de 1942; as Ordenações Afonsinas e Filipinas cogitavam da prisão civil mas somente depois de sentença judicial definitiva; e as últimas apenas do depositário infiel, proibindo a prisão de mulheres; a Consolidação das leis civis brasileiras previa também a prisão do depositário, e embora não fosse tratada nas Constituições de 1824, 1891 e 1937, reapareceu no Código Civil de 1916, como no atual (CC, art. 652); também nos códigos instrumentais de 1939, 1973; finalmente, está prevista na Carta de 1988.[602]

---

[596] STJ, 2ª Turma, REsp. 592.671- PA, rel. Min. Eliana Calmon, j. 06.04.04.

[597] STJ, 3ª Turma, REsp. 408.802- RS, rel. Min. Nancy Andrighi, j. 16.09.02.

[598] TRF, Súmula 57: "É cabível a reversão da pensão previdenciária e daquela decorrente de ato ilícito aos demais beneficiários, em caso de morte do respectivo titular ou a sua perda por força de impedimento legal ".

[599] CF, art. 5º, LXVII: "Não haverá prisão civil por dívida, salvo a de responsável pelo inadimplemento voluntário e inescusável de *obrigação alimentícia* e a de depositário infiel". A Convenção de São José da Costa Rica afasta a sanção ao depositário infiel, mas mantém a coerção ao devedor contumaz de alimentos.

[600] STJ, 3ª Turma, REsp. 93.948-SP rel. Min. Eduardo Ribeiro, j. 02.04.98; no mesmo sentido, JTAERGS, 91/55.

[601] STF, RTJ 86/128 e RT 567/226.

[602] FACHIN, Rosana Amara Girardi. *Dever alimentar para um novo Direito de Família*. Rio de Janeiro: Renovar, 2005, p. 80-82.

A escolha do rito processual para a cobrança dos alimentos cabe à credora e, mesmo que tenha escolhido a forma de penhora dos bens do devedor, caso frustrada a execução, nada impede que se valha da ameaça do decreto prisional;[603] embora haja posição contrária, achando que não se pode pedir a prisão quando se desista da execução iniciada na forma do art. 732, CPC.

É tranquilo, contudo, que na execução dos alimentos seja possível incluir, no saldo devedor, as parcelas vencidas no curso da demanda, mesmo que o rito adotado seja o da execução por quantia certa;[604] essa forma de execução não pode o devedor alegar a impossibilidade de cumprir a obrigação, o que é permitido só na execução com ameaça de prisão;[605] a execução pode ser ordenada nos mesmos autos da separação judicial, desde que tenha havido homologação do cálculo e a tentativa fracassada de conciliação entre as partes.[606]

O Superior Tribunal de Justiça editou verbete esclarecendo que o débito alimentar que autoriza a prisão civil do alimentante é a que compreende as três prestações anteriores ao ajuizamento da execução e as que vencerem no curso do processo (STJ, Súmula 309).[607]

A prisão civil por alimentos não tem caráter punitivo, nem constitui uma pena, mas um meio de coerção, expediente destinado a forçar o devedor a cumprir sua obrigação alimentar, daí ser imediatamente revogada se o mesmo pagar o débito; só é decretada se o devedor solvente busca frustrá-la, e não quando se acha impossibilitado de pagá-la; advirta-se que a prisão não pode ser decretada de ofício, mas depende de requerimento do credor, bastando sinalizar na petição com o dispositivo processual adequado (CPC, art. 733), ou postular a citação *na forma da lei* ou sob as *cominações legais*.[608]

Legitima-se para o pedido somente o alimentando ou seu representante, se incapaz, funcionando o Ministério Público como fiscal da lei (CPC, art. 82, I e II), salvo quando promotor da infância e da juventude; aí se coloca como substituto processual, com legitimação extraordinária (ECA, arts. 98, II e 201, III), ou em comarca onde não exista assistência judiciária gratuita, em nome de menor sob a guarda materna;[609] o despacho que decreta a prisão deve ser fundamentado, com exame da justificativa

---

[603] STJ, 4ª Turma, REsp. 216.560-SP rel. Min. César Rocha, j. 28.11.00.
[604] STJ, 4ª Turma, REsp.657.127, rel. Min. Jorge Scartezzini, j. 19.05.05; no mesmo sentido e tribunal, 3ª Turma, REsp. 505.173, rel. Min. Menezes Direito, j. 25.05.04.
[605] TJRS, RJTJRS 148/233.
[606] RT 669/94.
[607] STJ, RSTJ, 190/646.
[608] Gonçalves, p. 510- 511; também RT 530/227 e 807/204; RT 548/279.
[609] Idem, p. 511-512.

da impossibilidade material de cumprir a obrigação, não bastando simples referência a dispositivos.[610]

O devedor está sujeito à prisão civil apenas quanto à prestação alimentícia, não sendo a ameaça apropriada para compelir o inadimplente ao pagamento dos honorários advocatícios e custas judiciais;[611] o benefício da assistência judiciária gratuita não elide o pagamento da dívida alimentar.[612]

Mas a prisão civil não deve ser tida como meio de coação quando a execução se referir a parcelas atrasadas acumuladas por inércia da credora, já que com o tempo perdem o cunho alimentar e passam a ter caráter de ressarcimento de despesas realizadas;[613] a prisão civil oriunda das três últimas prestações também não se recomenda, quando o credor ajuíza sucessivas execuções autônomas, pretendo cumulação de cerceamentos da liberdade, pois a cobrança das pensões vencidas durante o período prisional é exatamente objeto da execução posterior, um verdadeiro *bis in idem*.[614]

Cabe a cobrança coercitiva de pensões ajustadas em acordo nos autos da execução, quando o devedor deixa de cumprir o que fora pactuado, independente de nova citação, bastando a intimação do procurador;[615] todavia, não cabe a prisão do alimentante por descumprimento de acordo ocorrido entre os interessados, sem a chancela do Judiciário;[616] finalmente, para afastar a prisão não basta a quitação de uma única parcela, mas o pagamento integral das três últimas parcelas.[617]

Destaque-se que já se entendeu que não se justifica a modalidade extrema da prisão civil do devedor de alimentos que possui disponibilidades suscetíveis de arresto ou penhora cuja efetivação garante a satisfação imediata do credor, medida coercitiva só cabível em caso de frustração de execução pelo devedor;[618] ou quando o alimentante age com má-fé e recalcitrância, sendo solvente.[619]

---

[610] CAHALI, p. 1050; também STJ, 3ª Turma, HC 25.338- RJ, rel. Antonio de Pádua Ribeiro, j. 15.04.03; RSTJ 104/440; STF, 2ª Turma, HC 67.365- MG, rel. Min. Francisco Rezek, j. 31.03.89; TJRS, 8ª CC, HC 70012633079, rel. Des. Luiz Ari Azambuja Ramos, j. 20.10.05.
[611] STJ, RSTJ 25/53 e 89/ 351.
[612] TJRS, 7ª CC, HC 700001205939, rel. Desª. Maria Berenice Dias, j. 09.08.00.
[613] STF, 1ª Turma, HC 75.180- MG, rel. Min. Moreira Alves, j10.06.97..
[614] STJ, 3ª Turma, HC 39.902-MG, rel. Minª Nancy Andrighi, j. 18.04.06.
[615] STJ, 3ª Turma, HC 16.602-SP, rel. Min. Ari Pargendler, j. 07.08.01
[616] STJ, RSTJ 165/288 e RT 809/209.
[617] STJ, RT 822/186.
[618] TJSP, 2ª CC, rel. Des. Cezar Peluso, RT 631/115; ao contrário, RT 670/132.
[619] RT 535/275.

A execução da pena deve ser feita na forma regular, ressaltando-se que no passado não era admissível sua conversão em prisão-albergue;[620] aceitava-se o cumprimento em quartéis ou em prisão especial, quando se cuidasse de diplomado em curso superior (CPP, 295, VII e §§ 1º, 2º e 3º), mas não em prisão domiciliar ou em liberdade vigiada.[621]

Consolida-se o entendimento de que a prisão deve ser cumprida em regime aberto,[622] tendo-se aceito, contrariamente ao que se entendia no passado, também prisão domiciliar, que se constitui amarga pilhéria e de que não resulta nenhum estímulo real sobre a vontade renitente do devedor;[623] sendo desastroso admiti-la porque só irá perpetuar o verdadeiro calvário que é a cobrança da dívida alimentar, pois quem deixa de assegurar a sobrevivência dos próprios filhos, mesmo tendo recursos financeiros, não têm constrangimentos pessoais ou sociais a conservar, além de que a prisão domiciliar retira o caráter intimidativo da providência.[624]

A custódia não pode superar a 60 dias, pois é providência executiva, e dito procedimento deve-se desenvolver pelo menos gravoso ao devedor,[625] embora reiterável quantas vezes forem necessárias, no curso do mesmo processo ou outro, sem embargo de o obrigado obter a liberdade através do cumprimento da obrigação,[626] descabendo a prorrogação da prisão pela mesma dívida, o que constitui constrangimento ilegal;[627] assim não é possível pedido de renovação de prisão do devedor de alimentos, com base nas parcelas em atraso que deram causa ao primeiro decreto prisional já cumprido,[628] embora a prisão executada não dispense o pagamento.

Quando o alimentante venha responder pelo crime de abandono material, o prazo da prisão civil cumprida não se computa na sanção imposto no juízo criminal em caso de condenação, mesmo para diminuí-la.[629]

Um problema que pode surgir é quando a prisão civil é decretada no estrangeiro em vista do inadimplemento da pensão, ou quando um

---

[620] RT 552/413.

[621] STF, 1ª Turma, rel. Min. Soares Munhoz, RTJ 112/234.

[622] Corregedoria-Geral da Justiça do RS: "Considerando a absoluta inconveniência de cumprimento de prisão civil em estabelecimento destinado a apenados por fatos criminosos, recomenda-se que , não sendo o caso de prisão domiciliar, seja determinada sempre que possível, seu cumprimento sob regime aberto em casa do albergado" – Circular 59/99.

[623] ASSIS, Araken. *Da execução de alimentos e prisão do devedor*. 4ª ed. São Paulo: Editora RT, 1998, p. 145.

[624] DIAS, p. 512.

[625] Idem, p. 144; Porto, p.97; TJRS, 7ª CC, HC 70010291755, rel. Des. Sérgio Fernando de Vasconcellos Chaves, j. 01.12.04.

[626] Idem, p. 144.

[627] TJRS, 4ª CC, HC 39.236, rel. Des. Oscar Gomes Nunes, j. 16.09.81.

[628] TJRS, 7ª CC, AGI 70004466918, rel. Des. José Carlos Teixeira Giorgis, j. 21.08.02.

[629] DIAS, p. 513.

juiz brasileiro peça a um colega estrangeiro para executar a custódia do devedor.

A questão nodal é verificar-se se ditas nações não divergem em suas legislações sobre o tema; quando a lei pessoal do alimentante coincide com a do alimentário, e quando não discrepa a *lex fori*, pode a execução da sentença do juízo estrangeiro operar-se pelo magistrado brasileiro; juridicamente, então é viável, executar-se a prisão decretada por juiz com jurisdição além fronteira, surgindo a controvérsia somente quando se estabeleça um conflito de leis; não havendo divergências nas leis dos países interessados, nada obsta o cumprimento.[630]

2.3. Quanto à finalidade

Na estimação dos alimentos, o juiz deve considerar sua finalidade, além de conjeturar sobre sua natureza, razão por que se costuma falar em alimentos provisórios, provisionais e definitivos.

Alimentos provisórios são fixados no curso da lide, mas não se destinam a garantir o acesso à ordem jurídica justa, como os provisionais, e que só se arbitram quando haja prova pré-constituida do parentesco, casamento ou união estável, mas são fixados com o despacho da petição inicial (Lei nº 5.478/68, art. 4º), tem caráter temporário e retroagem à data da citação (Lei nº 5.478/68, art. 13, § 2º).[631]

Convém sublinhar que eles podem ser concedidos *ex officio* pelo magistrado, independentemente de pedido expresso do autor;[632] todavia, assim se deve entender quando se trate de alimentos pleiteados por menor, exigindo manifestação concreta quando se cuide de pretensão de cônjuge ou companheiro, pois o silêncio na peça faz presumir a falta de necessidade urgente.

A prova a ser acostada com a petição inicial é a certidão de nascimento (parentesco) ou de casamento (matrimônio); a união estável é comprovada por contrato de vida em comum, se houver, prova de casamento religioso, certidão de nascimento de filhos ou outras que robusteçam a convicção sobre a existência da relação (inscrição como dependente na previdência social, contas conjuntas, seguros, fotografias, contrato de locação, etc.), favorecendo a cognição sumária do magistrado.

Embora verbete que autoriza os alimentos na ação de investigação de paternidade, mas somente depois de uma sentença de procedência e

---

[630] MARMITT, Arnaldo. *Pensão alimentícia*. Rio de Janeiro: Aide, 1993, p;190.
[631] ZULIANI, Ênio Santarelli. *Alimentos*. In: Revista Magister de Direito Civil e Processo Civil, Porto Alegre, 2009, nº 29, p. 14.
[632] FARIAS, Cristiano Chaves e Rosenwald, Nelson. *Direito das Famílias*.Rio de Janeiro: Lumen Juris, 2008, p.639.

a partir da citação (STJ, Súmula 277), tem-se aceito a concessão de verba provisória logo depois da propositura da causa; e isso ante uma prova irretocável que faça presumir a filiação, como um exame positivo de DNA, ou documentos em que o investigado abraça a possibilidade de ser o pai do autor.

Também se acha assegurado à gestante o direito a alimentos, para enfrentar as despesas de gravidez e parto, concedidos à vista de prova indiciária convincente sobre a paternidade, pensão que se torna definitiva depois do nascimento (Lei 11.804/2008, art. 6º e parágrafo único, que trata dos *alimentos gravídicos*).

Já se dizia que a obrigação alimentar também pode começar antes do nascimento e depois da concepção, pois antes de nascer, existem despesas que tecnicamente se destinam à proteção do concebido, e o direito seria inferior à vida se acaso recusasse atendimento a tais relações inter-humanas, solidamente fundadas em exigências da pediatria; acrescente-se que o nascituro pode figurar como autor da ação de alimentos, quando se estabelece a indenização por homicídio, o que consiste no ressarcimento não só das despesas com tratamento da vítima, mas seu funeral, luto e ainda na *prestação de alimentos às pessoas a que o defunto devia*.[633]

Justamente por existir um direito à personalidade, isto é, aos direitos do nascituro, há de se pôr a salvo certas necessidades para o bom desenvolvimento da pessoa intrauterina do ser humano; para tanto, todo o ambiente propício para evoluir com normalidade o ser concebido deve assegurar-se à mãe, a ela cabendo uma adequada assistência médica pré-natal, além de outros cuidados e providências, com o que não se poderá furtar em colaborar o pai da criança em formação.[634]

A Lei Maria da Penha cogita na estimação de alimentos provisórios ou provisionais desde logo a título de medida protetiva de urgência (Lei nº 11.30/2006, art. 22, V).

O cômputo dos alimentos provisórios a partir da citação não navega em águas tranquilas, achando-se que devem ser pagos desde o momento que o juiz os fixa, tal como projetava antigo verbete sobre o desquite (STF, Súmula 226), pois o ato citatório pode delongar-se pela esperteza do alimentante, que dele se oculta ou evade, comprometendo a subsistência do credor; a inclinação majoritária é que a retroação à citação apenas sucede em relação aos alimentos definitivos, e não quanto aos provisórios.[635]

---

[633] PONTES DE MIRANDA, p. 215, que faz referência aos artigos 397, 4 e 1.537, II do CC/1916, hoje arts. 1.696, 2º e 948 II do estatuto vigente, com redações similares.

[634] RIZZARDO, Arnaldo. *Direito de Família*. 2ª ed. Rio de Janeiro: Forense, 2004, p.759.

[635] DIAS, p. 489; TJRS, 7ª CC, APC 70019140490, rel. Des. Sérgio Fernando de Vasconcellos Chaves, j. 27.06.07; no mesmo sentido, TJRS, 7ª CC, AGI 70010715134, rel. Dra. Walda Maria Melo Pierro, j. 11.05.05 e 7ª CC, APC 70017325887, rel. Des. Ricardo Raupp Ruschel, j. 25.04.07.

Também se sugere que na investigação de paternidade a obrigação alimentar deve retroagir à data da concepção do alimentando, assim se considerando porque o autor teve ciência da gravidez e se recusou a reconhecer o filho.[636]

Os alimentos provisórios vigoram até ulterior modificação na demanda, pela sentença ou no julgamento do recurso; se alterados, majorados ou reduzidos, passa a valer o novo montante (eficácia *ex nunc*, ou seja, vale apenas para as prestações futuras); embora haja recurso e apenas com efeito devolutivo, vigoram os alimentos estabelecidos na sentença, mesmo que reduzidos, pois as parcelas, mesmo que vencidas, obedecem ao valor provisório.[637]

Nesse sentido, é esclarecedora a jurisprudência: 1) A redução do valor dos alimentos em sede de apelação não afeta a validade dos alimentos provisórios, não atinge a execução e não retira a exigibilidade dos valores anteriormente fixados; o novo valor não retroage, pois caso contrário, o alimentante seria estimulado a não adimplir o encargo durante a tramitação do processo, já que os alimentos são irrepetíveis e incompensáveis;[638] 2) Fixada a pensão alimentícia, provisória ou definitiva, é devida até que sobrevenha outra decisão modificando-a; se majorado o valor dos alimentos provisórios na sentença, essa majoração retroage à data da citação; se reduzido o valor ou exonerado o devedor, a nova decisão produzirá efeitos *ex nunc*, não afetando a dívida já consolidada, que possui certeza, liquidez e exigibilidade.[639]

Reitere-se que, cassada a pensão por sentença que extinga o processo sem julgamento do mérito, ou tenha a ação de alimentos sido julgada improcedente, os alimentos provisórios continuam devidos até o julgamento final da lide, não configurando ilegalidade a exigência de seu pagamento.[640]

Só há efeito retroativo quando os alimentos definitivos são fixados em valor maior que os provisórios, pois o devedor deve pagar as diferenças desde a citação; todavia, os alimentos provisórios fixados antes da citação e até ela permanecem no mesmo valor.[641]

Alimentos provisionais são destinados a proporcionar meios de subsistência para que o alimentado se mantenha em regulares condições en-

---

[636] TJRS, 7ª CC, APC 70012915062, rel. Desa. Maria Berenice Dias, j. 09.11.05.
[637] Dias, p. 490.
[638] TJRS, 7ª CC, APC 70017350976, rel. Des. Sérgio Fernando de Vasconcellos Chaves, j. 14.02.07.
[639] TJRS, 7ª CC, APC 70005813068, rel. Des. Sérgio Fernando de Vasconcellos Chaves, j. 26.03.03.
[640] TJRJ, 5ª CC, MS 2.246, rel. Des. Barbosa Moreira, Ementário TJRJ v.6, p.35. no mesmo sentido e tribunal, 7ª CC, MS 355/86, rel. Des. Waldemar Zveiter, Revista de Direito TJRJ, v. 4, p. 229..
[641] DIAS, p. 490.

quanto ele litiga com o alimentante, daí chamados também alimentos *ad litem*, pois diz com a demanda principal, podendo a qualquer tempo ser modificados ou revogados (CPC, art. 807); buscam a retribuição das custas e dos honorários (CPC, art. 852, parágrafo único).[642]

Os alimentos provisionais exigem do juiz redobrada cautela quanto ao arbitramento, porque de sua atuação dependerá o bom termo da difícil empreitada daquele que se prepara para enfrentar alguém que lhe impôs subordinação econômica; o juiz pode conceder liminar sem ouvir o réu (CPC, art. 854), como não obsta a designação de audiência de justificação; mas é de conveniência que o magistrado imprima urgência para que o necessitado não sucumba diante das incertezas financeiras e até desista da tutela jurisdicional que lhe poderia ser favorável; os alimentos são fixados de acordo com a necessidade do alimentado e a possibilidade do alimentante, mas serão deferidos junto com outros requisitos das medidas cautelares (CPC, art. 798).[643]

Julgada improcedente a ação de alimentos provisionais por sentença ou acórdão, deixam de existir os alimentos nela fixados, cessando a eficácia da liminar concedida,[644] julgada improcedente a ação principal por sentença ou acórdão, deixam também de ser devidos os alimentos firmados na cautelar deferida, o que também sucede quando a decisão fixa verba inferior àquela estimada párea os alimentos provisionais, portanto, tem eficácia imediata.[645]

Todavia, há julgados achando que os alimentos são devidos à mulher, mesmo que condenada na separação judicial, até que a decisão nesta transite em julgado,[646] ou até o resultado do recurso especial[647] ou da apelação por ela interposta.[648]

Embora o veredicto tenha sido desfavorável, persiste o direito aos alimentos atrasados, tais como obtidos antes, pois, ao contrário, os devedores seriam incentivados ao descumprimento, apenas aguardando o desfecho do processo principal.[649]

A diferença entre os alimentos provisórios e os provisionais é meramente terminológica, mas, na verdade, pertencem à categoria dos alimentos antecipados e observam o mesmo rito (liminar, sem audiência da parte

---

[642] ZULIANI, p. 13.
[643] Idem, p. 13-14.
[644] STJ, RSTJ 97/239.
[645] TJRS, RJTJRS 179/245 e RJ 230/72.
[646] STF, RT 541/284.
[647] RT 464/93.
[648] TJSP, RJTJSP 49/215.
[649] STJ, 3ª Turma, REsp. 555.241, rel. Min. Nancy Andrighi, j. 02.12.04; no mesmo sentido, RSTJ 63/381.

contrária); os provisórios são pedidos quando da propositura da ação de alimentos ou depois, mas antes da sentença, e os provisionais em ação cautelar ou propostos em ação de separação, divórcio, anulação de casamento ou reconhecimento de união estável, destinados a custear a demanda.[650]

Segundo a doutrina proeminente, o problema pode ser resumido numa frase: tanto os alimentos *provisórios* como os ditos *provisionais*, regulados pelo Código de Processo Civil, são alimentos antecipados, ou seja, são os mesmos alimentos que seriam obtidos através da sentença final que provasse a ação de alimentos, os quais, em virtude da urgência, concedem-se antecipadamente. Isto significa, em última análise, que ao conceder o magistrado os alimentos *provisórios* que o sejam, ou provisionais, ele o fará à custa da sentença final, esvaziando-a de seu principal componente eficacial. Uma vez concedidos os alimentos, a sentença final de procedência que reconhecer o dever de prestar alimentos, *antecipadamente concedidos*, tal como numa ação de reintegração de posse, por exemplo, apenas confirmará a liminar que haja sido outorgada pelo autor; haveria, então, uma única lide, sobre a qual se opera, para retirar-lhe um elemento da sentença de procedência, trazendo-o para a fase liminar do procedimento; e quando isso ocorre, a sentença final se esvazia de um componente eficacial, exatamente o que foi antecipado, sendo, assim, uma questão de *estrutura*, e não de *função*.[651]

Ao contrário, acha-se que a indistinção generalizada que se verifica nestes dois tipos de alimentos resulta da análise da *função* de uma e outra categoria, o que não dispensa a análise da atividade cognitiva do julgador, devido à diversidade procedimental entre eles; quando se tratar de alimentos provisórios, a atividade judicial se limita a verificar a comprovação da relação parental, portanto o comando legal nunca se contentará com a mera probabilidade desta relação, suficiente para a concessão dos alimentos provisionais.[652]

Os alimentos provisórios exibem uma feição *executiva*, ou seja, constituem espécie de tutela jurisdicional diferenciada, pois há, por força da lei, adiantamento da execução inserida no processo de conhecimento, ao passo que os provisionais têm a natureza de tutela antecipada; os alimentos provisórios são concedidos apenas a quem disponha de prova da relação de parentesco ou da obrigação alimentar e são fixados pelo juiz independentemente de pedido da parte; e os provisionais dependem do juízo de probabilidade sobre o direito alegado – aparência do direito o que não se admite na Lei de Alimentos –, e deferidos a pedido da parte autora,

---

[650] DIAS, p. 488,

[651] SILVA, Ovídio A. Baptista. *Curso de Processo Civil*. 2ª ed. São Paulo: RT, 1998, v. 3. p. 312.

[652] OLIVEIRA, Flávio Luís de. *A antecipação da tutela dos alimentos provisórios e provisionais cumulados à ação de investigação de paternidade*. São Paulo: Malheiros, 1999, p. 41.

além de se considerar o receio de lesão; acrescente-se que os alimentos provisionais são mantidos até o julgamento dos recursos ordinários, salvo revogação anterior à sentença ou se o acórdão desfavorecer o autor; e os provisórios, em face do *título*, são devidos até a decisão final, inclusive do julgamento de recurso extraordinário.[653]

Os dois institutos não se igualariam, especialmente em sede de separação judicial e divórcio, onde suas diferenças se projetam com relevantes consequências jurídicas.

Quando se deduz em juízo uma pretensão alimentícia por *via da ação de alimentos*, admite-se pedir *alimentos provisórios*, medida que não é cautelar, mas simplesmente uma liminar antecipatória, como ocorre no mandado de segurança ou no embargo de obra nova; tal não acontece em outros casos, como a separação judicial e o divórcio, em que se usa a *medida cautelar de alimentos provisionais* com seu caráter específico, não tendo a prestação, pois, caráter antecipatório, o que pode suceder mas depois da ação principal; os alimentos provisórios têm que ser pagos até a decisão final, inclusive do recurso extraordinário, e a decisão não pode ser revogada; os alimentos provisionais, ao contrário, pois neles incidem regras gerais relativas ao processo cautelar, podendo a medida ser revogada a qualquer tempo.[654]

De qualquer sorte, sem embargo da nomenclatura, é certo que ambos estão amparados em medida liminar, até que se decida o litígio, sem perder de vista que estarão sujeitos os provisórios à revisão pelo critério da possibilidade e necessidade.[655]

Portanto, os alimentos provisionais constituem medida cautelar preparatória ou incidental de ação de separação judicial, divórcio, nulidade ou anulação de casamento, dissolução de união estável, ou alimentos (CPC, arts. 852-854), e garantem a subsistência do autor durante a ação; conservam sua eficácia até o julgamento da ação principal, embora possam ser revogados ou modificados (CPC, art. 897).

Requerido que tenham sido os alimentos provisionais como medida preparatória do feito a ser ajuizado, a regra é que a ação principal deve ser proposta no prazo de 30 dias, como prevê o art. 806 do CPC, pena de caducidade; não obstante, a jurisprudência vem se orientando no sentido da não aplicação daquela regra processual peremptória que acarreta a perda de eficácia da medida cautelar;[656] a jurisprudência acentua que nas ques-

---

[653] OLIVEIRA, Carlos Alberto Álvaro de. *A tutela de urgência e o Direito de Família*. 2ª ed. São Paulo: Saraiva 2000, p. 83-85; no mesmo sentido, PEREIRA, Gischow, p. 84.

[654] CAHALI, p. 847-848.

[655] FACHIN, p. 42, nota 64.

[656] PEREIRA, Áurea Pimentel. *Alimentos no Direito de Família e no Direito de Companheiros*. 2ª ed. Rio de Janeiro: Renovar, 2003, p. 191.

tões de família e no âmbito de amparo ao menor, há tendência de considerar que não ocorre a caducidade da medida liminar se a ação principal não for proposta em 30 dias, pois o bom-senso repele a caducidade aqui.[657]

Essa posição é aceita quando se trate a ação de alimentos provisórios ou provisionais,[658] em fixação do regime de visitas,[659] em busca e apreensão de menor[660] e em separação de corpos.[661]

Coincidem os doutrinadores em asseverar que os alimentos provisionais não podem ser restritos a sustento, habitação e vestuário, além das despesas para custear a demanda, mas também eles abrangem saúde, transporte, educação, instrução, eis que a lei contém apenas os elementos mínimos para a fixação dos provisionais;[662] e sua concessão é aceita mesmo em ação revisional, consideradas as peculiaridades do caso,[663] o que também pode suceder quando os alimentos provisórios foram cassados na ação revisional, não se achando impedida a alimentanda de pleitear os alimentos provisionais em ação cautelar;[664] os alimentos provisionais podem ser pleiteados também em ação de investigação de paternidade cumulada com alimentos, desde que presentes os pressupostos para a concessão da cautelar.[665]

É interessante referir que, em casos de separação ou divórcio em que se arraste a partilha por culpa do varão, e quando se encontre na administração do patrimônio, as cortes têm fixado alimentos provisionais para compensar a mulher por não auferir as rendas de seu acervo.

Assim, estando a mulher alijada da maior parte do patrimônio comum, é necessária a fixação de verba alimentar com fundamento no parágrafo único do artigo 4º da Lei de Alimentos.[666]

Também se diz que, destinando-se a prover a subsistência e as despesas do processo, nada obsta a concessão de alimentos provisionais ao cônjuge que ainda não tem poder de disposição sobre os bens a ser partilhados, até a conclusão do inventário e da partilha, em que pese o alimentante não ter sido julgado culpado pela ruptura da vida conjugal.[667]

---

[657] TJSP, RJTJSP 108/181 e RT 554/214.
[658] RT 496/98.
[659] TJSP, RJTJSP 61/121.
[660] RT 648/174.
[661] TJRS, Súmula 10: "O deferimento do pedido de separação de corpos não tem sua eficácia submetida ao prazo do art. 806 do CPC"; no mesmo sentido, RJTJRS 134/169, RT 824/220, RJ 232/279..
[662] PEREIRA, p. 84-85.
[663] STJ, 3ª Turma, RMS. 540- Rj, rel. Min. Cláudio Santos, j. 13.11.90.
[664] STJ, RSTJ 85/263.
[665] TJRS, RJTJRS 174/207 e 176/432.
[666] TJRS, 7ª CC, APC 70018872986, rel. Desa. Maria Berenice Dias, j. 23.05. 07.
[667] TJRS, RJTJRS 159/341.

De outra sorte, a abdicação dos alimentos na separação, sem referência em posterior conversão ao divórcio, não inibe o pedido de alimentos civis destinados à manutenção da qualidade de vida do credor divorciado, principalmente quando há fortes indícios da sonegação de bens na partilha, ainda não ultimada.

Os alimentos provisionais, fixados com razoável estimativa de possíveis rendimentos acionários futuros, devem remanescer até que a parte ingresse na posse e gestão do acervo a que diz ter direito.[668]

Em casos de partilha entre empresários ou das cotas sociais, esses alimentos provisionais funcionam como verdadeiro *pro labore* para quem não dispõe do cabedal por procrastinação do ex-cônjuge que está na gestão solitária do patrimônio.

Alimentos definitivos ou regulares são os de caráter permanente, determinados na sentença judicial ou acertados por combinação das partes devidamente chancelados (Juiz, Ministério Público, Defensoria Pública ou advogados); hoje também podem ser pactuados mediante escritura pública (Lei 11.441/2007).

Os alimentos definitivos admitem revisão, caso sobrevenha mudança na situação financeira de quem os supre, ou na de quem os recebe, podendo o interessado reclamar ao juiz, conforme as circunstâncias, exoneração, redução ou majoração do encargo (CC, art. 1.699).

A disposição procede da alusão de que a decisão judicial sobre alimentos não transita em julgado e pode a qualquer tempo ser revista, em face da modificação da situação financeira dos interessados (Lei 5.478/68, art. 15).

Segundo a doutrina, esse dispositivo não pode ser tomado em sua literalidade, pois as sentenças proferidas em ações de alimentos, como quaisquer outras, referentes ou não a *relações continuativas*, transitam em julgado e fazem coisa julgada material, ainda que, igualmente como quaisquer outras, possam ter sua eficácia limitada no tempo, quando fatos supervenientes alterem os dados da equação jurídica nelas traduzida.[669]

2.4. Quanto ao momento da prestação

O momento em que os alimentos devem ser reclamados conduz a chamá-los de alimentos pretéritos, presentes e futuros.

Os alimentos pretéritos (*alimenta praeterita*) acamparam no passado e não admitem cobrança, em regra, pois a execução se debruça sobre a atua-

---

[668] TJRS, 7ª CC, APC 70009613159, rel. Des. José Carlos Teixeira Giorgis, j. 23.11.04..

[669] FABRÍCIO, Adroaldo Furtado. A coisa julgada nas ações de alimentos. In: *Ensaios de Direito Processual*. Rio de Janeiro; Forense, 2003, p. 295-319.

lidade; existem antes do ingresso da ação de alimentos e, por não terem sido requeridos, não são devidos, pois a lei presume a falta de necessidade quando o credor se mantenha apático; admitem alguns a possibilidade de uma ação de indenização para compensar os gastos anteriores ao aforamento da demanda, especialmente com o cuidado de algum filho, o que não se confunde com verba alimentar;[670] neles, os alimentos retroagem a período anterior ao ajuizamento da causa e que não são devidos, como se disse, porque se o alimentando, bem ou mal, conseguiu sobreviver sem eles, não pode pretender o pagamentos de alimentos relativos ao passado (*in praeteritum non vivitur*).[671]

Os alimentos pretéritos são confundidos com *prestações passadas*, firmadas na sentença ou no acordo, vencidas há algum tempo, mas não cobradas, daí se deduzindo não serem indispensáveis; caso não tenham sido cobertas pela prescrição, que é de dois anos a partir do vencimento de cada uma (CC, art 206, § 2°), constituem crédito passível de execução mediante coerção patrimonial (CPC, art. 732).

Alimentos atuais são os pleiteados a partir do ajuizamento da ação.

Alimentos futuros (*alimenta futura*) são os resultantes de decisão judicial e devidos desde a citação do devedor ou do acordo, são prestações pendentes que se vão vencendo no curso da ação, independendo de trânsito em julgado do veredicto que os concedeu.

A jurisprudência consolidou o entendimento de que a execução das pensões em atraso mediante possibilidade de prisão civil somente pode se ancorar nas três últimas prestações no ajuizamento da causa (CPC, art. 733), mais as vincendas no curso da ação, o que reforça, portanto, o caráter de *atualidade* da cobrança; as parcelas anteriores não exigidas naquele lapso indicam a falta de precisão de alimentos pelo credor, motivo pelo qual somente podem ser executados mediante penhora (CPC, art. 732), se ainda não cobertas pela prescrição bianual.

Diz verbete do egrégio Superior Tribunal de Justiça que o débito alimentar que autoriza a prisão civil do alimentante é a que compreende as três últimas prestações anteriores ao ajuizamento da ação e as que se vencerem no curso do processo (STJ, Súmula n° 309).

2.5. Quanto às modalidades

A lei recomenda que o devedor dos alimentos pode pensionar o alimentando, ou dar-lhe casa e sustento, sem prejuízo do dever de lhe prestar o que for necessário para sua educação, quando menor; mas compete

---

[670] MADALENO, Rolf. *Curso de Direito de Família*. Rio de Janeiro: Forense, 2008, p. 64.
[671] GONÇALVES, p. 455.

ao juiz fixar a forma do cumprimento da prestação, se as circunstâncias o exigirem (CC, art. 1.701 e parágrafo único).

Permite o Código assim, que a pessoa obrigada a prestar alimentos escolha entre chamar o alimentando para a sua casa, onde mais facilmente lhe dará habitação, sustento, e vestuário, ou dar-lhe e pensão fixada, direito de escolha que não é absoluto, eis que o juiz examinará se pode ser exercido.[672]

Como se vê, há uma liberdade de escolha quanto ao modo de solução, pois pode a pessoa subministrar periodicamente uma quantia ao alimentado, ou optar em recebê-lo em sua casa, onde lhe dará cama, comida e vestuário; embora essa liberdade alternativa, havendo alguma situação de incompatibilidade, não pode o magistrado constranger o segundo a coabitar com o primeiro, convertendo em fontes de novos atritos;[673] destarte, o juiz deve agir com a máxima cautela e comedimento, a fim de obstar dissabores futuros.

Contudo, feita a escolha pelo juiz, se o alimentando tiver de habitar a casa do alimentante e, sem justa causa, dela se retirar, não pode o magistrado constranger o último a prestar pensão, que, então ficará desobrigado, pois fez quanto lhe cumpria.[674]

A forma mais frequente de prestação de alimentos é o pagamento direto pelo alimentante em quantia acertada segundo o binômio necessidade e possibilidade, em geral através de depósito bancário, ou ainda através de descontos em folha, quando o alimentante for funcionário ou assalariado.

Isso leva a classificar os alimentos em próprios e impróprios.

Alimentos próprios são os que se prestam em espécie (*in natura*), na forma de alimentos, sustento e hospedaria, sem prejuízo do atendimento da educação, quando menor o credor.

Essa opção é de escassa ocorrência no foro porque, a par de condicionada ao exame das circunstâncias pelo juiz, as ações judiciais são precedidas de estremecimento dos laços afetivos pelo abandono material, do acertamento ainda que informal da guarda ou da inconveniência surgida pela fase etária do alimentário; acrescente-se que o credor, sendo capaz, deve anuir em hospedar-se com o alimentante, assim, não pode ser compelido a viver em sua companhia.[675]

---

[672] BEVILÁQUA, p.389.
[673] MONTEIRO, Washington de Barros. *Curso de Direito Civil. Direito de Família*. 38ª ed. Atualizada por Regina Beatriz Tavares da Silva. São Paulo: Saraiva, v. 2. p. 376.
[674] BEVILÁQUA, p. 390; assim também pensava W.B. Monteiro nas versões anteriores de sua obra.
[675] OLIVEIRA FILHO, Bertoldo Mateus. *Alimentos e investigação de paternidade*. 4ª ed. Belo Horizonte: Del Rey, 2007, p. 123.

Alimentos impróprios são os que se pagam mediante pensão, portanto em pecúnia, em regra, como se disse, através de entrega direta, depósito bancário ou desconto em folha, providenciados ao nome do guardião, quando menor o alimentando.

A pensão, em regra, é uma soma periódica em dinheiro (quinzenal, mensal, trimestral, semestral ou anual), para que o credor atenda suas necessidades prementes.

Essa forma é sempre adotada no direito francês, pois evita conflitos, salvo convenção especial dos interessados,[676] e forma um direito de crédito que encontra garantia genérica no patrimônio do obrigado.[677]

Salvo quando estabelecido em acordo, os alimentos podem ser determinados em valor monetário fixo, em percentual sobre os vencimentos, proventos ou salários, quando se trate de funcionário público, inativo ou empregado; ou, o que é bastante frequente, os alimentos são estimados em salário mínimo, padrão que sofre correção anual, evitando a demanda revisional.

Alguns entendem que a fixação em salários mínimos é inconstitucional, pois tal remuneração não pode ser usada para outras finalidades senão para o pagamento de salários de trabalhadores (CF, art. 7º, IV), discordando outros, pois o dispositivo refere-se especificamente às relações de emprego.[678]

Acrescente-se que os tribunais superiores já proclamaram a possibilidade de que a pensão seja estipulada em salários mínimos, posição seguida no pretório gaúcho.[679]

A questão se agudiza em ações onde se pede a prisão de trabalhadores autônomos, comerciantes, empresários ou profissionais liberais, que, em sua defesa, alegam que o salário mínimo vem sendo beneficiado por reajustes muito superiores aos da desvalorização da moeda; isso cria um descompasso insuperável que converge para a peleja judicial, pois ditas categorias não têm suas rendas acrescidas nos mesmos patamares e acabam descumprindo os acordos.

Daí a prédica de que o salário mínimo é mais um instrumento de política econômica, não servindo para indexar alimentos, sob pena de desestabilizar em curto prazo o equilíbrio do binômio alimentar, levando, como se disse, a constantes pedidos de prisão por inadimplência ou au-

---

[676] PEREIRA, p. 509.
[677] CAHALI, p. 28.
[678] TARTUCE, Flávio e Simão, José Fernando. *Direito Civil. Direito de Família*. 2ª ed. São Paulo: Método, 2007, p. 398.
[679] STF, RE. 134.567; STJ, REsp. 85.685; TJRS, APC 70001012996.

mentando as ações revisionais, que congestionam os escaninhos forenses, argumento já com apoio jurisprudencial.[680]

No entanto, se a intenção fora corrigir pelo índice de inflação (IGP-M), tal indexador é o menos indicado, pois não mede a evolução do poder de compra dos itens que compõem a pensão alimentícia; ao depois, o ajuste de valores por indicador econômico depende de cálculos matemáticos complexos, que não estão afeitas pessoas de instrução média, sendo mais adequado o IPCA, que é um termômetro para a medida da inflação.[681]

A tendência referida acabou abandonada, persistindo somente quando o valor dos alimentos alcança grandes somas em dinheiro, e o devedor comprova que seus ganhos não acompanharam o aumento do salário mínimo; assim, persiste a indexação pelo salário mínimo, como índice de fácil quantificação e que garante a atualidade do encargo alimentar, até porque a lei processual e a Sumula 490, STF, assim recomendam em sede de responsabilidade civil derivada de pensionamento pela prática de ato ilícito.[682]

2.6. Outras classificações

Além da sistematização anterior fundada nas fontes doutrinárias tradicionais sobre alimentos, encontram-se referências a outros tipos de pensão.

Como os alimentos transitórios que constituem prestações que asseguram, por algum tempo, o sustento de um cônjuge ou companheiro desprovido de emprego e de recursos financeiros, mas dotado de capacidade e condições de buscar em curto espaço de tempo algum emprego ou rendimento no mercado de trabalho, para prover a própria subsistência;[683] esses alimentos possuem nítido cunho *resolúvel*, vigendo pelo prazo fixado na decisão judicial, sob termo ou condição, findo o qual cessa automaticamente o dever alimentício e seu prazo pode corresponder a determinado período de tempo ou à conquista do mercado de trabalho, sempre dependendo das circunstâncias do caso concreto.[684]

É uma situação que se repete entre casais antes vinculados pelo casamento ou pela união estável, portanto sem vínculos sanguíneos, que combinam um termo temporário e passageiro; isso para garantir a um deles

---

[680] MALHEIROS FILHO, Fernando. *O problema da indexação dos alimentos ao salário mínimo*. In: COAD/ADV, edição de agosto de 2006; TJRS, 7ª CC, APC 70015627979, rel. Des. Luiz Felipe Brasil Santos, j. 02.08.06..
[681] DIAS, p. 461.
[682] Idem, p. 462.
[683] MADALENO, p. 722.
[684] FARIAS, p. 643.

condições para enfrentar por certo tempo as agruras da vida, na expectativa de acomodar-se logo em sua profissão ou em atividade rendosa, a que não estava integrado em vista da vida em comum.

Essa tendência sedimenta-se na igualdade entre homem e mulher consagrada na regra constitucional, e no entendimento de que o pensionamento não deve servir para a cultura do ócio, quando a outra pessoa possui graduação ou exerce função capaz de permitir-lhe vida digna e suficiente; e que se presume aumentar, em vista do acesso cada vez maior das mulheres nos setores variados da atividade humana.

Esses alimentos são pactuados por alguns meses ou anos, portanto com um termo final definido, após o que o alimentante se acha desobrigado de atender as prestações.

É frequente que, por exemplo, os alimentos sejam assegurados a uma filha maior e universitária, sem restrições de saúde para o trabalho, até que complete seus estudos superiores, delegando-lhe um tempo extra para ingresso no mercado de trabalho.[685]

É possível que haja dificuldades para que o beneficiário seja absorvido pelo mercado de trabalho, pois a graduação em curso superior nem sempre é passagem segura; assim, embora haja homologação do ajuste, pode o alimentando requerer a continuidade do pagamento da pensão, demonstrando a permanência das necessidades e a capacidade do prestador, eis que a pensão está relacionada com a sobrevivência.[686]

Embora tais casos não sejam raros, a solução não recolhe completas bênçãos dos tribunais e dos juristas, ante a falta de previsão da temporalidade dos alimentos; melhor será, sem dúvida, que o alimentante ajuíze uma ação exoneratória, com ampla produção de prova, quando verifique que seu dependente não mais precisa do pensionamento por haver aportado com sucesso alguma profissão, emprego ou atividade.

Pensa-se não haver como fixar um prazo para que as mulheres consigam sobreviver por conta própria, quando habituadas, por exigência do varão, a se dedicar exclusivamente às lides domésticas e à criação dos filhos; assim, a fixação do prazo está condicionada à conquista de trabalho, e para o devedor livrar-se do encargo, é mister buscar a via exoneratória.[687]

Alude-se que se concediam alimentos também ao nascituro (hoje *alimentos gravídicos*), afirmando-se que mulher jovem e em condições de trabalhar não pode reclamar alimentos, seja casada ou em união estável, pois a proteção a tais relações não pode se transformar em monetarização das

---

[685] TJRS, 8ª CC, APC 70009242751, relª. Dra. Walda Maria Melo Pierro, j. 12.08.04.
[686] LOUZADA, p. 6.
[687] DIAS, p. 479; no mesmo sentido, STJ, 4ª Turma, REsp. 555.429- RJ, rel. Min. César Asfor Rocha, j. 08.06.04.

relações amorosas; mas ante a peculiaridade de a mulher estar grávida, deve ao menos auferir alimentos transitórios, fixados em salários mínimos, pois o direito se transmite também ao nascituro.[688]

Chamam-se alimentos compensatórios os que um cônjuge ou companheiro reconhece ao outro na dissolução da sociedade conjugal ou fática, como uma prestação periódica que objetiva igualar ou equalizar as condições face a eventual desnível decorrente no padrão de vida, subsistência ou obrigações, em vista do dissídio.

Tem por base legal o dever de mútua assistência (CC, art. 1.566, III) e na conjugação de esforços (CC, art. 1.565), além do vínculo de solidariedade (CC, art. 265).

O objetivo é indenizar por algum tempo, ou não, o desequilíbrio econômico causado pela repentina redução do padrão socioeconômica, do cônjuge desprovido de bens e meação, sem pretender a igualdade econômica do casal que desfez a relação; mas busca reduzir os efeitos deletérios surgidos da súbita indigência social, causada pela ausência de recursos pessoais, quando todos os ingressos eram suportados pelo parceiro agora separado.[689]

O fundamento dos alimentos compensatórios se debruça na solidariedade humana e nos países onde se adota essa modalidade tem expressão ou num valor único, com a entrega de bens ou moedas, ou algum usufruto, ou cessão de crédito; não são vitalícios nem admitem exoneração automática, pois não há uma condição previamente projetada, mas não acontecerá com o separado que tiver renda própria, bens rentáveis ou aptidão para o emprego; e não se estenderá ao cônjuge culpado, pois a lei para ele apenas garante o indispensável à sobrevivência.[690]

Desfeitas as diferenças que os cônjuges ou companheiros tinham quando da dissolução de suas sociedades, essa função compensatória ou indenizatória tem seu desfecho.

Os alimentos podem classificar-se, ainda, quanto à forma, em alimentos judiciais e extrajudiciais, os primeiros quando obtidos através de decisão judicial; e os últimos quando derivem de contrato ou convenção.[691]

Quanto à origem, em conjugais, quando derivam do casamento; parentais, quando resultam do parentesco; contratuais, quando oriundo de pactos ou convenções; testamentários, quando provêm de disposição de

---

[688] TJRS, 8ª CC, APC 596018879, rel. Des. Sérgio Gischow Pereira, j. 29.07.96.
[689] MADALENO, p. 726-727.
[690] Idem, p. 726-727.
[691] MARMITT, p.11.

última vontade; indenizatórios, se resultam de prática de ato ilícito; e concubinários, se provenientes de união estável.[692]

Os alimentos ainda podem ser compatíveis com a condição social ou prestações fornecidos em quantidade superior ao mero necessário à subsistência, também chamados de alimentos integrais; alimentos parciais são somente os necessários para a subsistência.[693]

---

[692] Idem, p. 10.
[693] LUZ, Valdemar. *Comentários ao Código Civil. Direito de Família.* Florianópolis: OAB/SC Editora, 2004, p. 245.

Capítulo IX – A execução de alimentos e a penhora de bem clausulado, numa visão constitucional

1. Notas iniciais

A existência de um título é o pressuposto do processo de execução, pois garante ao credor o direito de buscar a prestação (*nulla executio sine titulo*).

O papel primordial do título executivo está, justamente, em outorgar ao credor uma situação de evidente vantagem quanto à segurança do direito que nele se inscreve, estando nele destruídas as contestações do devedor, ressalvadas estritas impugnações por fatos extintivos, modificativos ou impeditivos, em geral, emergentes em época ulterior à constituição dele.

Nesta pronta e desembaraçada prestação jurisdicional, contida nos atos ordenatórios do processo de execução, é que radica a *superioridade* do título que a lei oferece a este tipo de tutela, daí o ordenamento jurídico havê-la aparelhado de maneira a estrangular ao máximo uma possível inconformidade do devedor, cuja sujeição é clara no processo, e oferecer presteza na consecução do resultado prático objetivado.[694]

O título executivo, sem o que não se admite a execução, é consequência do reconhecimento de que a esfera jurídica do indivíduo não deve ser invadida senão quando existir uma situação de tão elevado grau de *probabilidade* de existência de um preceito jurídico material descumprido; ou de tamanha *preponderância* de outro interesse sobre o seu, que o risco de um sacrifício injusto seja, para a sociedade, largamente compensado pelos benefícios trazidos na maioria dos casos.[695]

---

[694] MOURA, Mário Aguiar. *Processo de execução*, v. I. Porto Alegre: Emma, 1975, p. 94.

[695] DINAMARCO, Cândido Rangel. *Execução civil*: São Paulo: Revista dos Tribunais, 1973, p. 261.

A pessoa humana, para sobreviver, necessita de saúde, educação, habitação, vestuário, lazer, fatores que integram o dever alimentar.

O fundamento da obrigação de assistência, que é personalíssimo, se sustenta no princípio da solidariedade familiar, derivando, em regra, do parentesco que vincula o alimentante a seu aparentado, do casamento ou da união estável, sendo possível a prisão civil do responsável pelo inadimplemento voluntário e inescusável dos alimentos (art. 5º, LXVII, CF).

Todavia, além da lei, a obrigação alimentar pode resultar de *testamento*, mediante legado, de *sentença judicial condenatória* do pagamento de indenização para ressarcir danos provenientes de ato ilícito e de *contrato*.[696]

Embora manifesto que a obrigação alimentar tem natureza creditícia, implicando um intercâmbio patrimonial, pois o alimentário se beneficia com o desfalque do acervo de bens do devedor, não ofende a razoabilidade arrimar seu escopo na tutela da vida.[697]

O direito à vida, cláusula pétrea que tem assento majestático na Constituição (art. 5º, CF), é a maior expressão do homem, gravitando em seu redor uma constelação de garantias inerentes à personalidade, impondo-se à coletividade; o que significa ineficácia de qualquer declaração de vontade do titular que importe em sua restrição, descabendo ceifar-se a vida de outrem, mesmo com consentimento, nem a própria.[698]

É um direito que emana da concepção, reconhecido também ao nascituro (CC, art. 2º), acompanhando o ciclo humano até a morte, sem distinguir pessoas, condições ou estados, não importando a maneira de fertilização ou as anomalias do ser.

2. O título executivo na obrigação alimentar

Embora o catálogo processual disponha de vários meios para a execução do crédito alimentar, a leitura prudente dos dispositivos consagrados à ação executiva aponta na direção do título judicial quando menciona sintomaticamente a *execução de sentença* (CPC, arts. 732 e 733), embora a referência à *decisão*, ato diverso, situado em degrau inferior à execução de sentença (CPC, art. 162, § 2º).

---

[696] GOMES, Orlando. *Direito de família*, 7ª ed.. Rio de Janeiro: Forense, 1992, p. 404.
[697] CAHALI, Yussef Said, referindo posição de Heredia de Onis. *Dos alimentos*, 2ª ed. São Paulo: Revista dos Tribunais, 1993, p. 29.
[698] BITTAR, Carlos Alberto. *Os direitos da personalidade*. Rio de Janeiro: Forense Universitária, 1999, p. 67.

Ora, o crédito alimentar em si nada apresenta de peculiar em relação aos demais, e embora se mostre compatível com o título extrajudicial, as asserções doutrinárias e jurisprudenciais confinam ao ato judicial a execução dos alimentos; além disso, as considerações de índole sistemática e conveniência da defesa do executado reclamam a apresentação do título judicial, que pode resultar da sentença propriamente dita, seja oriunda do processo de conhecimento, de rito comum ou de procedimento sumário (CPC, art. 162, § 1º); como da decisão interlocutória fixadora dos alimentos provisórios (Lei nº 5.478/68, art. 4º), dos provisionais (CPC, art. 852), da antecipação de tutela do pedido formulado em ação condenatória de alimentos e da homologação da separação consensual, em que conste cláusula sobre alimentos (CPC, art. 1.122, § 1º).[699]

Para compelir o cumprimento da obrigação alimentar, cogita-se o desconto (CPC, art. 734), a expropriação (CPC, art. 646) e a coação pessoal (CPC, art. 733), numa pródiga disciplina legal, onde o legislador expressou, na abundância da terapia executiva, o interesse público prevalente da rápida realização forçada do crédito alimentar.[700]

3. A coerção patrimonial

O cumprimento da sentença que condena ao pagamento de prestação alimentícia observa o rito da execução por quantia certa contra devedor solvente, e objetiva expropriar bens do devedor, a fim de satisfazer o direito do credor (CPC, art. 646).

Assim, o alimentante será citado para, em 24 horas, pagar ou nomear bens à penhora (CPC, art. 652), e caso não o faça, o oficial de justiça providenciará a penhora de tantos bens quantos bastem para o pagamento da dívida principal, juros, custas e honorários (CPC, art. 659).

Cuidando-se de imóveis, a penhora se realiza mediante auto ou termo e inscrição no respectivo registro (CPC, art. 659, § 4º), ato de natureza administrativa, cuja ausência não interfere com a validade e eficácia dele, podendo a execução prosseguir normalmente em direção à excussão do bem.[701]

A penhora é ato executivo pelo qual o Estado penetra no patrimônio do executado, limitando-lhe o uso e o gozo sobre a coisa, principalmente

---

[699] ASSIS, Araken, *Da execução de alimentos e prisão do devedor*, 4ª ed. São Paulo: Revista dos Tribunais, 1998, 105, *passim*.
[700] ASSIS, ob. cit., p. 113.
[701] STJ, 2ª Secção, CComp., 2870-0-SP, rel. Min. Sálvio de Figueiredo, DJU 4.10.93.

o poder de dispor da mesma, o que faz para substituí-lo ou para garantia do credor, sem que assuma o poder de dispor, por força do próprio ato de apreensão.

Assim, a apreensão destina-se não só a assegurar a execução, mas realizá-la integralmente, individualizando e localizando bens, limitando o gozo por parte do executado, ficando o cabedal, mesmo quando em depósito, sujeito ao controle jurisdicional, mas indisponível ainda para um ou outro.[702]

A legislação instrumental assegura a penhora de dinheiro, pedras e metais preciosos, títulos de dívida pública da União ou dos Estados, títulos de crédito com cotação em bolsa, móveis, veículos, semoventes, imóveis, navios e aeronaves, direitos e ações (CPC, art. 655), tendo o executado direito líquido e certo em que seja respeitada a preferência específica dos bens que devam ser penhorados ou arrestados.[703]

Contudo, são impenhoráveis *os bens inalienáveis e os declarados por ato voluntário, não sujeitos à execução,* as provisões de alimento e combustível, para manutenção do devedor e família durante um mês, o anel nupcial e os retratos de família, os vencimentos dos magistrados, dos professores e dos funcionários públicos; o soldo, os salários, salvo para pagamento de prestação alimentícia, os equipamentos dos militares, os livros, as máquinas, os utensílios e os instrumentos, necessários ou úteis ao exercício de qualquer profissão, as pensões, as tenças ou os montepios, percebidos dos cofres públicos, ou de institutos de previdência; também os provenientes de liberalidade de terceiro, quando destinados ao sustento do devedor e sua família, os materiais necessários para obras em andamento, salvo se estas forem penhoradas; o seguro de vida e o imóvel rural, até um módulo, desde que seja o único de que disponha o devedor, ressalvada a hipoteca para fins de financiamento agropecuário (CPC, art. 649), além do bem de família (Lei nº 8.009/90).

Como se viu, os bens inalienáveis são impenhoráveis, pois se o executado não tem o poder de dispor da coisa, uma vez que esta é intransferível, claro está que não há penhora sobre ela, nos casos em que a lei permite ou determina a inalienabilidade.

Assim, não só os bens que, por lei expressa, sejam considerados tais, como também aqueles que por contrato, convenção, ou declaração unilateral de vontade sejam declarados inalienáveis.[704]

Tais são os bens públicos (CC, arts. 65-67), o bem de família (CC, art. 1.711), as cláusulas de inalienabilidade e impenhorabilidade impostas por testamento (CC, art. 1.911).

---

[702] PACHECO, José da Silva. *Tratado das execuções.* 2ª ed. São Paulo: Saraiva, 1976, p. 459.

[703] RT 683/106).

[704] PACHECO, p. 464.

4. A clausulação testamentária e a penhora

Como se viu, os bens declarados inalienáveis por testamento são impenhoráveis, restrição que vai até a morte do herdeiro, mas mesmo depois dela são incoercíveis por suas dívidas, sendo nula a constrição patrimonial,[705] cuidando-se de impenhorabilidade material absoluta, que, direta ou indiretamente, é *ex lege*.[706]

Um dos efeitos da inalienabilidade e de maior relevância é a impenhorabilidade, posto que, não sendo voluntária, mas coativa, a alienação determinada pela execução dos credores, campearia a fraude se o bem fosse penhorável; acolhe-se, então a chamada *teoria da indisponibilidade da coisa*, já que a cláusula grava o bem de genuíno ônus real, aderindo à coisa, permitindo que se considere nula sua transferência a qualquer título, por desvio de destinação, tratando-se, destarte, de um aniquilamento do direito de dispor.[707]

Esta cláusula é válida quando for temporária, por exemplo, durante a vida do doador ou enquanto subsistir o usufruto reservado e que onere todos os bens; também ainda se tiver por fim acautelar pôr o donatário a coberto de sua própria prodigalidade ou feitio gastador, mas, como não se trata de impor uma incapacidade a esse, nem pressão a sua liberdade, a infringência da vontade do doador, com a alienação dos bens recebidos, nenhuma sanção legal pode ser de fato aplicada.[708]

Desta forma, em regra, a impenhorabilidade é uma cláusula protetiva, cuja finalidade é prover a mantença da família e seu sustento, estendendo seus efeitos além da morte do herdeiro ou legatário, de modo que não podem os credores daqueles penhorar os bens gravados ou vinculados.[709]

Contudo, qualquer bem impenhorável, mas disponível pelo devedor, à exceção dos inalienáveis, poderá ser afetado à execução por sua livre e soberana nomeação (CPC, art.652, § 2º) como ocorre com certo instrumento de trabalho, como um trator, de regra impenhorável (CPC, art.649, § V), quando seu proprietário o empenhe na cédula rural.[710]

---

[705] PACHECO, p. 464.

[706] ASSIS, Araken. *Manual do processo de execução*, 6ª ed. São Paulo: Revista dos Tribunais, 2000, p. 367.

[707] GOMES, Orlando. *Sucessões*, Rio de Janeiro: Forense, 1970, p. 197-8.

[708] GONÇALVES, Luiz da Cunha. *Princípios de Direito Civil*, 2º volume. São Paulo: Max Limonad, 1951, p. 951-952.

[709] MALUF, Carlos Alberto Dabus. *Das cláusulas de inalienabilidade, incomunicabilidade e impenhorabilidade*. São Paulo: Saraiva, 1986, p. 174.

[710] ASSIS, p. 361; também STJ, 3ª turma, REsp. 38.8007-RJ, rel. Min. Eduardo Ribeiro, RSTJ 6(59)/354.

Todavia, há argumentos contrários à estimação da inalienabilidade e, como consequência, também à da impenhorabilidade (Súmula 49, STF), como a *inutilidade* da proibição, pois os interesses protegidos são mínimos, e podem ser atendidos através de outros processos.

Como a *circulação de bens* é manancial perpétuo de arrecadação pelo Estado, a retirada dos bens gravados priva o governo de impostos derivados das transmissões imobiliárias, constituindo-se em elemento de *insegurança* das relações jurídicas, afetando os interesses da sociedade pela obstrução no movimento das riquezas.

Além de que a cláusula da inalienabilidade é uma *fonte de fraudes*, pois o devedor tem a intenção de dissimular a verdadeira condição de seu patrimônio, já que a existência de bens impenhoráveis representa prejuízo para os credores, em geral imbuídos de boa-fé

Por outro lado, como a legítima é um **direito de expectativa**, que serve durante a vida do *de cujus* para garantir aos legitimários o que lhes pertence depois da morte, verificando-se esta, transforma-se imediatamente no mesmo pleno direito que tinha o defunto, plenitude que não permite ônus algum.[711]

A proibição de alienar os bens da legítima é insustentável, pois pertence ela aos herdeiros necessários, devendo passar a eles nas condições em que se encontram no poder do autor da herança, pois constituem reserva inalterável, devendo transferir tal e qual se encontrem.

Em consequência, não se admite a clausulação da legítima, pois quando ocorre o óbito do autor da herança, a plenitude dos direitos não pode sofrer restrições atentatórias da regular expectativa convertida em direito adquirido.

A preocupação do testador de preservar da adversidade herdeiro necessário pode ser atendida por outros meios jurídicos, que não a sacrificam; de resto, a proteção visada pelo ascendente cauteloso se transforma, não raro, num estorvo, antes prejudicando que beneficiando, já que permitida a livre disposição testamentária dos bens inalienáveis, nada obstando que seu titular o grave com o mesmo ônus, e assim sucessivamente, permanecendo retirados de circulação por várias gerações, motivo por que se deve abolir a prerrogativa de clausular bens com a inalienabilidade, ao menos da legítima.[712]

Alinham-se, ainda, outros sumários desfavoráveis às cláusulas.

É inarredável que apenas alimentam a vaidade do autor da liberalidade, que se crê mais capaz de que o beneficiário, desejando antever um

---

[711] MALUF, p. 28-31.
[712] GOMES, p. 195.

futuro distante e continuar a regular os bens naquele porvir, daí rechaçá-las quando impostas por mero espírito de emulação prejudicial ao herdeiro.

Como foram próprias de período de exarcebado individualismo, hoje não se devem cogitar, pois caminham em detrimento dos interesses da sociedade.[713]

Hoje, diversamente do que acontecia no passado, o testador necessita expor as razões por que onerou os bens (CC, art. 1.848), a motivação geral de favorecer, beneficiar, proteger os herdeiros se acha então explícita, podendo ser impugnada pelo herdeiro, após o decesso do testador, através de prova competente.

Por outro lado, se a situação de fato, com o evoluir do tempo, altere as coisas de tal forma que venha acontecer um prejuízo dos destinatários da cláusula, haverá o término de sua eficácia temporal; idêntica conclusão se obterá mesmo que o testador tenha adjetivado de vitalícia a oneração de bens, eis que será mister verificar a realidade fática do momento da liberalidade e àquela jacente quando do exame judicial da questão, inclusive quanto à motivação que restringiu o gravame, não podendo o Judiciário endossar a iniquidade e a injustiça a pretexto de se aferrar a soluções formalistas e conservadoras, já censuradas quando do código anterior; mas deve buscar fórmula jurídica que melhor aproxime o justo formal do justo real.[714]

Com tais arrimos, os tribunais já mitigavam o rigorismo da clausulação, quando ainda não se exigia a aposição de motivo para o ônus, e se aplaudia seu alívio, em casos excepcionais.

Assim, quando modificada de modo frontal a situação de fato pela idade, aposentadoria ou viuvez de pessoa que recebera acervo por testamento, nada obstava a liberação dos bens, pois não devia o juiz obrigar que permanecessem hígidos preceitos antissociais e antieconômicos;[715] como ainda em caso em doação com gravames feita para órfãos da revolução vetusta, em que as nobres finalidades de sua imposição, pelos ônus acarretados aos beneficiários, e que acabavam se voltando contra quem deveriam proteger.[716]

Algumas vezes, o gravame recaía sobre imóvel, que pede reformas pelo mau estado, onde habitava família numerosa, agravada com desemprego do varão, suportando execução por dívidas, com prole acometida de diversas moléstias.

---

[713] RODRIGUES, Sílvio. *Direito das Sucessões*, 18ª ed. São Paulo: Saraiva, 1993, VII/ 142 e 205.

[714] CUNHA, Ivo Gabriel da. *A dispensa do ônus da inalienabilidade e a decisão judicial*. Revista Ajuris, nº 10/26.

[715] TJRS, 4ª Câmara Cível, APC 26.191, rel. Des. Antonio V. Amaral Braga, RJTJRS 64/195.

[716] TJRS, 5ª Câmara Cível, APC 585046790, rel. Des. Sérgio Pilla da Silva, RJTJRS, 116/385.

Aí a liberação se tornava imperativa, como também se compadecia com a aplicação da equidade ao texto legal, eis que não há uma decisão ofensiva da letra da lei, que é mantida abrandada pela justiça exigida pelo caso concreto.[717]

Afinal, dizem os escólios ser possível, em casos especiais e quando comprovadamente nociva ao herdeiro, a liberação de cláusula imposta pelo testador.[718]

Isso também aconteceu quanto ao cancelamento de cláusula de inalienabilidade imposta a um portador do vírus HIV, em estágio avançado da doença;[719] mas não se aceita a liberação sob argumento de quitação de dívidas pessoais.[720]

É absolutamente razoável, pois, ante os fins maiores de uma execução de alimentos, que o juiz determine a penhora, mesmo em bem testado com as cláusulas da inalienabilidade, incomunicabilidade e impenhorabilidade.

5. A clausulação sob a ótica constitucional

As cláusulas testamentárias de inalienabilidade, impenhorabilidade e incomunicabilidade, além de extremamente prejudiciais aos indivíduos e à sociedade, não foram recepcionadas pelo sistema constitucional vigente.[721]

É que ofenderia o direito de propriedade e sua função social, com a ampla garantia do direito de herança (CF, art. 5º, XXII, XXIII e XXX).

A doutrina tradicional considerava a propriedade particular regulada exclusivamente pelo Código Civil, com a exceção da legislação excepcional, costumando-se dizer que o direito civil tinha no Código sua verdadeira *Constituição*; e que a Carta Federal, em contrapartida, restava em texto de princípios e programas, funcionando como mero limite para o legislador ordinário e traçando metas a serem desenvolvidos pela lei civil, quadro que se coadunava com o sistema individualista do século XIX, caracterizado justamente, pela não ingerência do Estado na contratação privada e nas relações interindividuais.

---

[717] TJRS, 3ª Câmara Cível, APC 586055204, voto do Des. Galeno Lacerda, RJTJRS 133/199.
[718] TJRS, 1ª Câmara Cível, APC 31.914, rel. Des. Athos Gusmão Carneiro, RJTJRS 82/256.
[719] TJRJ, 18ª Câmara Cível, APC 15131, rel. Des. Jorge Luiz Habib, j. 30.08.05.
[720] TJMG, APC 426.500-3, rel. Juiz Batista de Abreu, DJ 13.08.05.
[721] TJRS, 4º Grupo de Câmaras Cíveis, EI 596245324, rel. Des. Sérgio Gischow Pereira, RJTJRS 183/ 177.

Contudo, ao final dos anos setenta, tamanha resultou a legislação especial, que se atentou para o fato do Código Civil não mais centralizar o sistema normativo privado, passando-se a um *polissistema*, caracterizado por leis setoriais, fruto do democrático mecanismo das pressões e discussões legislativas a guiar em cada setor da economia a própria disciplina.[722]

Isso significou uma inversão hermenêutica sem precedentes, pois as regras interpretativas utilizadas pelo operador do direito deveriam respeitar a lógica setorial, e não mais a lógica do Código Civil, com os princípios constitucionais assinalando um programa, enquanto os princípios das leis especiais adimpliriam a função interpretativa do sistema, como *analogia legis* e *analogia juris*.

Assim, a disciplina do Código Civil, com suas regras hermenêuticas, teria aplicação residual, formando um sistema fragmentado, ora inteiramente apartado, ora complementar em relação aos microssistemas.

Entretanto, na verdade, é a Constituição que serve de ponto de atração para todo o sistema normativo e o Código Civil, centro do ordenamento privado, mercê da socialização do Direito Civil que o tornou voltado para valores sociais e não patrimoniais, não dá lugar a uma fragmentação normativa, não se concebendo um sistema que responda a lógicas setoriais.[723]

A perda do espaço do Código Civil coincide com a chamada *publicização* ou *despatrimonialização* do direito privado, invadido pela ótica publicista do Estado Social de Direito, estando-se a assistir uma espécie de *constitucionalização* do direito privado, voltado mais para as preocupações sociais e para os valores estabelecidos ao ápice do sistema normativo.

O Código Civil e a legislação setorial, em tema de propriedade, permanecem em vigor naquilo que não contrariarem a Constituição, onde a lógica proprietária, os princípios basilares e sua função social devem ser amalgamados pelas normas constitucionais, as quais servem para ditar nova disciplina para a propriedade privada, com a aplicação inexorável e imediata do direito privado.[724]

Há institutos onde é prevalente o interesse dos indivíduos, estando presentes, contudo, o interesse da coletividade; e institutos em que predomina, em termos quantitativos, o interesse da sociedade, embora sempre funcionalizado, em sua essência, à realização dos interesses individuais e existenciais dos cidadãos.

---

[722] TEPEDINO, Gustavo. *A nova propriedade e o seu conteúdo mínimo, entre o Código Civil, a legislação ordinária e a Constituição*. Revista Forense, 306/73.
[723] Idem, p. 77.
[724] Idem, p. 77-78.

No Estado Democrático de Direito, delineado pela Constituição de 1988, que tem entre seus fundamentos dignidade da pessoa humana e os valores sociais do trabalho e da livre iniciativa, o antagonismo público-privado perdeu definitivamente o sentido; pois os objetivos constitucionais de construção de uma sociedade livre, justa e solidária, de erradicação da pobreza, colocaram a pessoa humana, isto é, os valores existenciais, no vértice do ordenamento jurídico brasileiro, valor que confirma todos os ramos do Direito.[725]

Como dito, ampliando-se a importância dos princípios constitucionais na interpretação e aplicação do direito, pode-se afirmar que a leitura da legislação infraconstitucional deve ser feita sob a ótica dos valores constitucionais.

Assim, mesmo na presença de aparentemente perfeita subsunção à norma de um caso concreto, é necessário buscar a justificativa constitucional daquele resultado hermenêutico, sendo necessário aos operadores do direito conhecerem a lógica do sistema, oferecida pelos valores constitucionais; eis que a norma ordinária deverá sempre ser aplicada juntamente com a regra constitucional, que é a razão de validade para sua aplicação naquela situação.

Nesta visão, a norma constitucional assume, no direito civil, a função de modificar os institutos, à luz de seus valores e princípios, quando valida a norma ordinária aplicável ao caso concreto, cabendo ao magistrado verificar a supremacia do documento constitucional, tendo como insubsistentes as regras ordinárias que conflitem com o texto maior, através do controle difuso de constitucionalidade.[726]

Nesta linha, a função social da propriedade também é critério de interpretação da disciplina proprietária para o juiz e para os operadores jurídicos, devendo o intérprete propor uma exegese conforme os princípios constitucionais; marcante para o hermeneuta a consciência de que o crescimento econômico e o bem-estar, quando não preservam a qualidade de vida, ou seja, a *liberdade* e a *dignidade humana,* não são progresso e desenvolvimento social e constitucionalmente valoráveis, mas se traduzem em mal-estar para todos.[727]

A livre disposição dos bens à vontade de seu dono, que é base do direito de propriedade, tem no direito de alienar um de seus atributos, e sua supressão o desvirtua por completo, tanto que o direito civil moderno, em conformidade com o direito romano, dá a importância máxima ao *jus abutendi*.[728]

---

[725] TEPEDINO, Maria Celina B.M. *A caminho de um direito civil constitucional*. Revista de Direito Civil, 65-21.
[726] TEPEDINO, p. 29- 30.
[727] PERLINGIERI, Pietro. *Perfis do Direito Civil*. Rio de Janeiro: Renovar, 1999, p. 227/228.
[728] MALUF, p. 34.

A proibição atenta, ainda, contra o princípio da dignidade da pessoa humana, valor fundante do Estado brasileiro (CF, art. 1ª, III), que é afirmação da integridade física e espiritual do homem com dimensão irrenunciável de sua individualidade; e autonomamente responsável, garantia da identidade, através do livre desenvolvimento da personalidade, libertação da *angústia da existência* da pessoa mediante mecanismos de socialidade, dentre os quais se inclui a possibilidade de trabalho e condições existenciais mínimas.[729]

Como se sabe, o princípio da dignidade da pessoa humana não é apenas um princípio da ordem jurídica, mas também da ordem econômica, cultural, política, tendo densificação constitucional.

É um valor supremo que não aceita discriminação, subjazendo à concepção de pessoa como um ser ético-espiritual que aspira, determinar-se e a desenvolver-se em liberdade; e que reclama condições mínimas de existência digna conforme os ditames da justiça social como fim da ordem econômica,[730] limite e tarefa dos poderes estatais e da comunidade em geral, de todos e de cada um.

Como fronteira da atividade dos poderes públicos, é algo que pertence necessariamente a cada um e que não pode ser perdido e alienado; e como tarefa (prestação) imposta ao Estado, a dignidade reclama que este guie suas ações no sentido de preservá-la, objetivando sua promoção, especialmente criando condições que possibilitem o pleno exercício e fruição da dignidade, que é dependente da ordem comunitária, manifestando-se tanto como autonomia da pessoa humana, como necessidade de sua proteção (assistência) por parte da comunidade e do Estado, especialmente quando fragilizada ou até mesmo quando ausente a capacidade de autodeterminação.[731]

Desta forma, a consagração do princípio da dignidade humana implica adotar uma visão jurídica antropocêntrica, o que abrange todos os seres, e que se dirige não apenas em relação a todos, mas a cada um, de sorte que os efeitos irradiados pela ordem jurídica não hão de manifestar-se, a princípio, de modo diverso ante duas pessoas.

A inalienabilidade e a impenhorabilidade atingem também os princípios da igualdade e da liberdade, esta última limitada pelas necessidades superiores da ordem social e pelas leis naturais que governam as instituições jurídicas e sociais.

---

[729] CANOTILHO, J. J. Gomes. *Direito Constitucional*. 6ª ed. Coimbra: Almedina, 1993, p. 363.

[730] SILVA, José Afonso. *A dignidade da pessoa humana como valor supremo da democracia*. Revista de Direito Administrativo, 212/91.

[731] SARLET, Ingo Wolfgang. *Dignidade da pessoa humana e direitos fundamentais*. Porto Alegre: Livraria do Advogado, 2001, p. 46.

A liberdade consiste na possibilidade de coordenação consciente dos meios necessários à realização da felicidade pessoal, um poder de autodeterminação, sendo as regras constitucionais que a normatizam de eficácia plena e aplicabilidade direta e imediata, ou seja, o exercício da liberdade não depende de normas reguladoras

A igualdade perante a lei corresponde à obrigação de aplicar as normas jurídicas gerais aos casos concretos, na conformidade com que elas estabelecem.[732]

Acrescente-se que a clausulação ofende o dever do Estado em assegurar à criança e ao adolescente o direito à vida, saúde, alimentação, educação e lazer (CF, art. 227)

Já se disse alhures que o direito à vida é uma emanação dos direitos de personalidade, não se pode descartar a necessidade de uma estrutura jurídica no interesse social, e para a preservação da vida humana, daí se identificando também o interesse do Estado.

Assim, a obrigação alimentícia não se funda exclusivamente sobre um interesse egoísta e patrimonial do alimentando, mas um interesse público de natureza superior; daí se reconhecer nas normas disciplinadoras do dever legal não apenas os interesses privados do credor, mas um interesse geral, sem prejuízo do conteúdo moral, expresso em normas que pretendem a conservação e a sobrevivência, ainda que impostas por humanidade, piedade ou solidariedade, pois resultam do vínculo de família, que o legislador considera essencial preservar.[733]

Como se vê, as cláusulas testamentárias da inalienabilidade, incomunicabilidade e impenhorabilidade, obstáculos para a penhora na execução de alimentos, são consideradas assimétricas em relação aos princípios constitucionais do direito à vida (CF, art. 5º), da dignidade da pessoa humana (CF, art. 1º, III), da liberdade e da igualdade (CF, art. 5º), do sustento da criança e do adolescente (CF, art. 227) e da propriedade (CF, art. 5ª, XXII)

Em sede de crédito alimentar, contudo, a própria lei estabelece hipóteses discriminatórias entre bens impenhoráveis.

Assim, a impenhorabilidade do bem de família, embora oponível em qualquer processo de execução civil, fiscal, previdenciária, trabalhista ou de outra natureza, é superada quando se trate de execução de crédito alimentar (Lei 8.009/90, art. 3º).

É que, à guisa de defender-se a célula familiar, não pode ser negada a proteção existencial do próprio integrante dela, devendo, primeiro,

---

[732] SILVA, José Afonso. *Curso de Direito Constitucional positivo*, 15ª ed. São Paulo: Malheiros, 1998, p. 218, 236 e 271.
[733] CAHALI, p. 30.

sobreviver o membro da família e, depois, esta, como fortalecimento da sociedade e do Estado.[734]

Há uma razão hermenêutica para se entender que a penhorabilidade do bem de família, na falta de maior especificação, refere-se a qualquer dívida de caráter alimentar, mesmo que não genuinamente alimentos, como a decorrente de ato ilícito ou de indenização;[735] embora entendimento de que a expressão *pensão alimentícia* deva ser interpretada de modo estrito, apenas abrangendo a que tem esteio no vínculo do parentesco,[736] conclui-se que a impenhorabilidade estatuída na Lei 8.009/90 não afeta a obrigação alimentar.[737]

De mesma forma, embora o catálogo processual considere impenhoráveis os vencimentos dos magistrados, dos professores e dos funcionários públicos, o soldo e os salários, a constrição se aceita para pagamento de prestação alimentícia (CPC, art. 649, IV).

A norma se refere a tudo que é recebido pelo servidor público a qualquer título, inclusive proventos de aposentadoria,[738] embora se entenda que estes não podem ser objeto de constrição;[739] não podendo a penhora, se ocorrer, adotar a forma de desconto parcelado na folha de pagamento do funcionário.[740]

Os subsídios de vereadores são impenhoráveis.[741]

A penhorabilidade dos salários e dos vencimentos na execução do crédito alimentar é relativa e limitada, não atingindo a parte indispensável à subsistência do próprio executado e alimentante, que o juiz deverá arbitrar, e que em geral é fixada em trinta por cento dos rendimentos;[742] aqui abrangidos os salários a qualquer título, presente, passado ou futuro, pagos ou não, na constância do emprego ou por despedida,[743] embora não se permita a penhora de saldo em conta-corrente bancária, se proveniente de salário.[744]

Desta forma, como a própria lei institui espécies de coerção patrimonial em bens definidos como impenhoráveis, não ofende a razoabilidade

---

[734] AZEVEDO, Álvaro Villaça. *Bem de família,* 3ª ed. São Paulo: Revista dos Tribunais, 1996, p.169.
[735] CZAJKOWSKI, Rainer. *A impenhorabilidade do bem de família,* 2ª ed. Curitiba: Juruá, 1995, p. 104/105.
[736] TAPR, APC 57.249-0, rel. Juiz Trota Telles, j. 17.08.93.
[737] TJRS, 7ª Câmara Cível, APC 598398337, rel. Des. Maria Berenice Dias, j. 10.02.99.
[738] RT 614/128 e RJTJSP 110/286.
[739] RT 719/209.
[740] RT 711/133.
[741] TARS, JTAERS 83/137.
[742] ASSIS, p. 373.
[743] RT 618/198.
[744] JTASP, 148/160.

argumentar-se que a clausulação pode ser transposta pelas formas sugeridas.

A regra da proibição, sublinhada como de duvidosa constitucionalidade, cede perante direitos assegurados pela Carta Magna, como o de uma vida digna, qualificada, com alimentação, saúde, bem-estar e lazer, que superam o relativo direito de propriedade.

Desta forma, não é desarrazoada a penhora de bem que seja onerado com as cláusulas de incomunicabilidade e impenhorabilidade, em testamento.[745]

É que as regras de proibição contidas no estatuto civil merecem o devido temperamento, eis que a intenção de preservar o patrimônio, para a fruição dos descendentes, se subjuga à situação vigorante, diversa de quando foram estabelecidas as cláusulas, e o abrandamento da austeridade canônica mira-se na real convivência ou vantagem para os interessados.

Além disso, a leitura da legislação infraconstitucional deve ser feita sob a ótica dos valores fundamentais contidos na Carta Federal, para que ocorra a prevalência dos princípios nela contidos sobre normas elaboradas em outro século.[746]

Em síntese, é preciso dar à lei uma interpretação que se afine com as exigências do bem comum e atenta à sua função social, sempre meditando que a norma representa a expressão de um episódio histórico, devendo o magistrado torná-la flexível ao instante de sua aplicação.

O Direito é um *meio* para atingir os *fins* colimados pelo homem em atividade, e sua função é eminentemente social, construtora, sendo contraproducente o excesso de *juridicidade*, afasta-se do objetivo superior das leis, desvia os pretórios dos fins elevados para o que foram criados; deve-se fazer-se justiça do modo mais humano possível, de sorte que o mundo progrida e jamais pereça.

Cumpre atribuir ao texto um sentido tal que resulte haver a lei regulado a espécie *a favor*, e não *em prejuízo*, de quem ela evidentemente visa a proteger.[747]

Relembre-se que o juiz é um hermeneuta que compatibiliza a rigidez da regra com a situação concreta posta, adequando a legislação civil a uma exegese sensível ao momento presente, mas aguçada pelos princípios constitucionais.

---

[745] TJRS, 7ª Câmara Cível, AGI 70002268480, rel. Des. José Carlos Teixeira Giorgis, j. 04.04.2001.

[746] TJRS, 7ª Câmara Cível; APC 70002609295; rel. Des. José Carlos Teixeira Giorgis; j. 06.06.2001.

[747] MAXIMILIANO, Carlos. *Hermenêutica e aplicação do Direito*, 9ª ed. Rio de Janeiro: Forense, 1979, p. 169 e 156.

6. Conclusão

A nova bíblia civil trouxe algumas mudanças, como, por exemplo, afirmar que a cláusula de inalienabilidade acarreta a impenhorabilidade e a incomunicabilidade (CC, art. 1.911), significando que aquela contém as demais,[748] sem que se possa concluir que o inverso também constitui asserção legal.

Os gravames podem incidir sobre todos os bens que integram a legítima dos herdeiros necessários ou sobre a herança do herdeiro testamentário; porém nada obsta que seja gravada apenas uma parte da legítima ou bem determinado, sendo possível que o testador delegue ao próprio herdeiro a escolha do bem onde vai recair o ônus.[749]

As restrições não são eternas, embora vitalícias, persistindo enquanto vivo o herdeiro, transmitindo-se livres aos seus sucessores, portanto a limitação é *personalíssima* e não necessita chancela judicial, tendo eficácia após a abertura da sucessão; ao contrário, o *afastamento* do gravame exige manifestação judicial, precisando o herdeiro comprovar a inexistência da causa indicada pelo testador e assim livrar sua legítima; persuadido, o juiz pode reconhecer a razoabilidade da alegação e cancelar a cláusula, ou mantê-la se a prova não for convincente, sendo também possível a *sub-rogação*, que é a troca do gravame para outro bem, bastando que seja de propriedade do herdeiro, não necessitando que seja do acervo hereditário; ou autorizar a venda do bem e transferir a restrição sobre o que vier a ser adquirido.[750]

As condições limitadoras impostas aos filhos, em testamento, não podem ser estendidas aos netos,[751] e com a morte do herdeiro necessário, que recebeu os bens clausulados em testamento, os bens passam aos herdeiros deste, livres e desembaraçados.[752]

Sublinhe-se que a justificação da causa de restrição somente ocorre em relação à legítima do herdeiro, não sendo necessária para a herança testamentária ou para os legados; e também se reitere que, caso o testador não indique a causa para a restrição, dito gravame não atinge a legítima, mas incide sobre a parte disponível.

Afastada judicialmente a motivação alegada no testamento, cai a cláusula restritiva com relação à legítima, mas persiste sobre a parte disponível, pois para essa não é preciso indicar motivos.[753]

---

[748] TJRS, 8ª Câmara Cível, APC 70018637306, rel. Des. Luiz Ari Azambuja Ramos, j. 29.03.07.

[749] DIAS, Maria Berenice. *Manual das Sucessões*. São Paulo: Revista dos Tribunais, 2008, p.273.

[750] Idem, p. 273.

[751] TJRS, 18ª Câmara Cível, APC 70001791573, rel. Des. Rosa Terezinha Rodrigues, j. 05.04.01

[752] STJ, Quarta Turma, Resp. 80480-SP rel. Min. Ruy Rosado de Aguiar, DJ 24.06.96

[753] Idem, p. 274.

Como restou afirmado alhures, para acontecer a restrição é necessário que haja uma *justa causa*, ou seja, deve ser arrolado um fato concreto e objetivo, além de razoável, não se prestando para relato de acontecimentos superficiais ou mero desagrado em razão de sentimento menor.

Segundo os doutrinadores, o implemento de causa para restringir o gozo do bem herdado vai gerar inúmeros tumultos no andamento do inventário, além de criar muitos constrangimentos, chegando alguns até a imaginar seu desatendimento, por ineficácia temporal.

O novo Código Civil perdeu a chance de afastar a possibilidade de a legítima ser clausulada, restrição que sempre foi considerada uma *"preponderância do círculo de família, ainda patriarcal"*, expressão do arbítrio do testador, uma mutilação da ação dos sucessores e de terceiros.

Embora tenha inçado o dever de apontar a *justa causa* que recomenda o gravame, acabou por engastar no ordenamento mais um conceito vago ou indeterminado; e cujo preenchimento fica ao alvedrio da dicção judicial, cabendo ao magistrado, no instante de substituir o fato pela norma, dar-lhe coloração e timbre no caso concreto, com uso de critérios e/ou valores éticos, morais, sociais, econômicos e jurídicos vigentes naquele episódio.[754]

O diploma debutante impôs ainda, no prazo de um ano após sua vigência, o comparecimento do testador para ajustar a disposição lavrada antes, aditando motivo, razão ou causa, que deve ser justa, para gravar a legítima, desconhecendo-se a quantidade de averbações, aditamentos ou testamentos substitutivos havidos naquele lapso.

Além de ser apontada aquela regra transitória como de duvidosa eficácia, por ofender o ato jurídico perfeito, além de confrontar com princípio do direito das sucessões de que um testamento somente pode ser alterado por outro.

Em conclusão, como já acontecera no passado, é possível o cancelamento do gravame de impenhorabilidade, para submetê-lo à penhora por inadimplemento da obrigação alimentícia.

A regra da clausulação, de duvidosa recepção na ordem constitucional vigente, cede perante os direitos assegurados pela Carta Federal, como o de uma vida digna, qualificada, com alimentação, saúde, bem-estar e lazer, que superam o relativo direito de propriedade, não sendo desarrazoada a penhora de bem que foi onerado com as cláusulas de incomunicabilidade e impenhorabilidade, em testamento.[755]

---

[754] GIORGIS, José Carlos Teixeira. A justa causa no novo testamento. In: *Novo Código Civil. Questões controvertidas*. Coordenação de Mário Luiz Delgado e Jones Figueiredo Alves. São Paulo: Método, 2004, p. 166.

[755] TJRS, 7ª Câmara Cível, AGI 7º002268480, rel. Des. José Carlos Teixeira Giorgis, j. 04.04.01.

Capítulo X - O culto ao beato DNA

1. Breve história do DNA

Como sabido, no instante da concepção, cada indivíduo recebe um conjunto de genes (genótipo) oriundos do óvulo materno e do espermatozóide paterno.

O genótipo contém as **informações** que determinam o funcionamento do futuro organismo, ou seja, todas as suas características e que estão escritas em linguagem química peculiar: o código genético.

Os genes são formados pelo ácido desoxirribonucléico (DNA), onde se situam as informações, expressas em sequências de bases, as letras deste alfabeto (adenina, citosina, guanina e timina), e que, conforme seu alinhamento, transmitem as informações genéticas.

Em 1985, o geneticista inglês Alec Jeffreys, da Universidade de Leicester, desenvolveu em laboratório um conjunto de sondas de DNA que permitiam estudar simultaneamente um grande número de regiões do genótipo, e que chamou de **minissatélites** ou grupos de pequenas sequências de bases que se repetem inúmeras vezes e interrompem a mensagem genética propriamente dita em milhares de sítios dos genes, cujos comprimentos e números são varáveis nas pessoas.

Com tais sondas, pode-se estudar simultaneamente o padrão de comprimento de um grande número de minissatélites de uma pessoa, obtendo-se um padrão específico, a que se chamou de *impressões digitais de DNA*.

Jeffreys provou, matematicamente, que a probabilidade de dois indivíduos não aparentados terem o mesmo padrão de comprimento dos minissatélites é, na média, inferior a uma chance de cem bilhões, o que as torna absolutamente específicas para cada indivíduo, tal como sucede com as impressões do dedo polegar.

As duas mais significativas aplicações práticas da descoberta radicam-se na identificação criminal e na determinação da paternidade.[756]

---

[756] PENA, Sérgio D. J. Determinação da paternidade pelo estudo direto do DNA: estado da arte no Brasil, In: *Diretos de família e do menor*. Belo Horizonte: Del Rey, 1992, p. 67-68.

Para o estudo das impressões, inicialmente é necessário isolar o DNA do indivíduo, o que se faz a partir de uma mostra de sangue ou outro tecido que contenha o ácido, como sêmen, raiz do cabelo, pele, placenta.

Depois, as longas moléculas do DNA são fragmentadas com **tesouras químicas**, as enzimas de restrição, que o cortam em milhões de fragmentos, colocados em blocos de material gelatinoso (gel), e separados em um campo elétrico (eletroforese) de acordo com seu tamanho.

Para identificar os fragmentos que interessam, utilizam-se sondas, marcadas com fósforo radioativo e que se ligam aos pedaços de minissatélites, como um *fecho éclair* e, quando se posta o gel em uma chapa de filme de raio X, a radiação da sonda sensibiliza a película, aparecendo nas radiografias os fragmentos reconhecidos pela sonda.

Para cada pessoa obtém-se um padrão de bandas, parecido com o código de barras dos produtos comerciais, o que constitui as impressões digitais de DNA da pessoa, e altamente individual.

Assim, as impressões digitais da mãe, da criança e do possível pai são comparadas, e todas as bandas presentes no padrão do filho têm de vir da mãe ou do pai: se apresentar algumas que não estão presentes na mãe nem no pai (bandas de exclusão), a paternidade está afastada.

Por outro lado, se o possível pai apresentar todas as bandas da criança que não estão presentes na mãe, a paternidade está demonstrada.

A confiabilidade da determinação da paternidade pelo uso das sondas é superior a 99,9999%, ou seja, efetivamente absoluta.[757]

A técnica de impressões digitais do DNA, com sondas unilocais, é uma das mais requisitadas, inclusive internacionalmente; e a análise estatística computadorizada permite maior qualidade e rapidez na elaboração matemática dos laudos.

Assim também um banco de dados de alelos de DNA na população caucasóide brasileira está disponível, permitindo a análise do índice de paternidade e da probabilidade cumulativa

Com sondas unilocais, a probabilidade cumulativa média de paternidade é de 99,99%, e o poder de exclusão, com quatro sondas unilocais, é de 99,80%.[758]

A possibilidade da técnica do P.C.R. (reação em cadeia pela polimerase), posterior à metodologia do *fingerprints* (impressões digitais), permite afastar um homem que seja falsamente acusado de ser o pai biológico em patamar de probabilidade superior a 99,99%; e se não for excluído de

---

[757] PENA, p.. 68-72.
[758] JOBIM, Luiz Fernando. *Perícias médicas em investigação de paternidade pelos principais sistemas genéticos*. Porto Alegre: Newslab, edição 17/19, p. 110.

sê-lo, a probabilidade de que o genitor varia de 99,99% a 99,9999%, de caso para caso.

2. Critérios de avaliação

O teste é bastante preciso, desde que se tomem as devidas precauções no controle de sua qualidade, pois um resultado de exclusão significa com 100% de certeza que o suposto pai não é o pai biológico.

Em caso afirmativo, os números são superiores a 99,999% resolvendo inequivocamente todas as disputas.[759]

Do ponto de vista genético, há três situações em que uma criança pode não apresentar a mesma sequência de DNA dos pais: *crossing-over*, durante a meiose, em situações especiais, **mutação** e **formação de aberrações cromossômicas**, eventos que, entretanto, são muito raros, sendo que um erro comparativo pode ser mais facilmente devido a problemas de execução laboratorial do método de que a qualquer das formas mencionadas; ainda assim, para evitar o problema, procuram-se identificar vários fragmentos em um mesmo ou diferentes cromossomos, para mapeamento e comparação. Normalmente são usados dez diferentes *locí* para estudo e, assim, a probabilidade de uma criança apresentar 20 bandas coincidentes com um indivíduo qualquer é de uma em um trilhão, o que afasta a probabilidade de erro.[760]

O teste desperta confiança, tornando-se fundamental assegurar que as amostras colhidas sejam das pessoas indicadas, tomando-se providências para garantir suas identidades e obter suas autorizações.

Assim, a identidade dos envolvidos somente é conhecida pela equipe técnica e assessores, e as outras turmas que trabalham em outras etapas não têm acesso aos nomes daqueles, mas apenas de um número-código que cada paciente recebe.

Em determinados laboratórios, os exames são feitos em duplicatas, às cegas, por duas equipes técnicas distintas, em dias diferentes, originando dois resultados independentes, cabendo ao responsável a feitura dos cálculos matemáticos e estatísticos, sendo os laudos entregues aos juízes que autorizaram a perícia, acentuando-se que a confidencialidade é um direito do paciente e um dever do médico.[761]

---

[759] RASKIN, Salmo. *Investigação de paternidade. Manual prático do DNA*. Curitiba, Juruá Editora, 1998, p. 37-38.
[760] BENFICA. Francisco Silveira. *O estudo do DNA e suas aplicações forenses*. São Leopoldo: Estudos Jurídicos. V. 25, p. 45.
[761] PENA, p. 73-74.

A Sociedade Brasileira de Medicina Legal, através de seu Comitê de Hemogenética, elaborou documento que dirigiu aos médicos credenciados e por suas qualificações, para o teste de paternidade através do DNA, recomendando que os laboratórios sejam dirigidos por um doutor, com experiência continuada em estudos de DNA forense por pelo menos 3 anos ou experiência continuada em estudos de DNA forense por pelo menos 5 anos; que a equipe seja competente e adequada para a realização da técnica, devendo cada laboratório estabelecer um programa de controle e melhora da qualidade, sob a supervisão de pessoas que garantam as diretrizes elaboradas, detalhadas em manual, como ainda participar com sucesso de programas externos reconhecidos de testes de proficiência; os reagentes devem ser guardados de forma apropriada, os testes seguirão padrões, e seus registros serão mantidos por 5 anos, observando-se normas escritas nos procedimentos; cada laboratório pode contratar outro, desde que credenciado, para a realização de parte ou de todos os testes genéticos, em sistemas diferentes do contratante, devendo o contratado constar do relatório; o laboratório deve observar normas de segurança, incluindo provisões para o manuseio seguro das amostras de sangue e reagentes e descarte dos resíduos, minimizando os riscos saúde e segurança de funcionários e clientes, com salas e ambientes equipados e disponíveis, inclusive com procedimentos relativos à segurança, biológica e radioativa; o sangue e outros tecidos humanos devem ser coletados, manuseados e desprezados com as devidas preocupações, reconhecendo o potencial de exposição a agentes infecciosos e os objetos capazes de fazê-lo serem estéreis e descartáveis; prescrevem-se, ainda, normas para a identificação de indivíduos e espécies, sobre o cuidado com as amostras de sangue e tecidos, armazenamento e manuseio e principalmente como se farão os testes de polimorfismo do DNA (teste de polimorfismo do tamanho do fragmento de restrição e teste de amplificação por reação em cadeia da polimerase), bem como regras sobre cálculos e relatórios.[762]

Todavia, a noticiada certeza absoluta da prova genética pelo método DNA desencadeou uma distorção na investigação judicial do vínculo genético quanto à valoração do campo probatório: o juiz tornou-se mero homologador de laudos periciais.[763]

É que, diante do valor excessivo atribuído ao exame de DNA, houve pelos operadores do direito um parcial afastamento das provas antes utilizadas (documentais, testemunhais, depoimentos pessoais) no curso da instrução para, num sobressalto apaixonado, a prova pericial em DNA

---

[762] BYDLOVSKI, Sérgio Paulo, MOURA NETO, Rodrigo e Munôz, Daniel Romero. *Teste de paternidade através do DNA. Recomendações para laboratórios*. Rio de Janeiro: Editora Regional, 1999.
[763] ALMEIDA, Maria Christina de. *Investigação de paternidade e DNA*: aspectos polêmicos. Porto Alegre: Livraria do Advogado, 2001, p. 93-95.

tomar especial assento dentre as provas destinadas à revelação da verdade biológica.

Não obstante esse rumo, o mito da certeza absoluta do resultado da prova científica e da posição central do DNA no campo probatório está sendo desmistificada aos poucos.

Depois de um escaldante fervor criado em torno do inegável avanço científico na descoberta da paternidade biológica pela tipagem DNA, reflexões começaram a surgir no sentido de se redimensionar o critério de valoração das provas na busca judicial da paternidade.

Muito embora a análise do poliformismo do DNA seja entendida como prova de maior importância no momento, não se pode considerá-la infalível e absoluta a ponto de tornar o julgador prisioneiro de seus resultados, sendo perigoso substituir o juízo de valor do pretor por uma única prova de resultado objetivo. Desta forma, é imperioso que os julgadores mostrem-se cautelosos e não desprezem o conjunto dos outros elementos de prova.

Por outro lado, alude-se que no Brasil, no entanto, é preciso levar-se em conta que não é feita fiscalização adequada aos laboratórios clínicos que realizam o exame, não há qualquer controle de qualidade e nem um banco de dados suficientemente seguro para oferecer todas as garantias no que se refere à determinação da paternidade. Falhas podem ser cometidas e a contraprova, por parte do réu, com a possibilidade que ele ofereça resultado diferente em outro exame deve ser sempre admitida. Em presença de resultados conflitantes, um ulterior teste parece ser a melhor solução, com a responsabilização civil ao laboratório que cometeu o erro – considerando-se que a mais recente posição doutrinária em matéria tem entendido que os resultados de laboratórios de análises clínicas representam obrigação de resultado, e não obrigação de meio.[764]

Um aspecto importante que, estranhamente, não tem sido objeto de preocupação, é a falta de respostas para as seguintes indagações: Que laboratórios são esses, que estão fazendo exames de DNA por todo o país? Que critérios foram tomados para credenciá-los? Por que estão proliferando os laboratórios, e já os temos em número superior ao dos Estados Unidos ou da Alemanha? Que técnicos ou especialistas e doutores integram esses laboratórios? Que cuidados foram tomados na colheita do material, na identificação das pessoas? Que laboratórios mantêm bancos de dados das frequências populacionais dos sistemas genéticos utilizados? Adotam os laboratórios controles de qualidade dos exames? Os materiais foram

---

[764] MORAES, Maria Celina Bodin de. *O direito personalíssimo à filiação e a recusa ao exame de DNA: uma hipótese de colisão de direitos fundamentais*. In: LEITE, Eduardo de Oliveira (coord.). *Grandes temas da atualidade* – DNA como meio de prova da filiação. Rio de Janeiro: Forense, 2000, p. 224.

obtidos e estão guardados com toda segurança? O Estado tem fiscalizado os laboratórios?[765]

Não se conclua que essas reflexões são inspiradas em espírito refratário aos avanços e conquistas tecnológicas, nem se vá agora, desconhecer, ignorar ou deixar de aplaudir e reverenciar os progressos da inteligência, da arte, do trabalho, da cultura, duvidando, por exemplo, que o homem chegou à lua; ou negando as descobertas da engenharia genética e da biomedicina, ou propondo uma nova e feroz campanha contra a vacinação.

Nada disso!

Mas tem-se de advertir para os grandes riscos e perigos que se corre com esta confiança cega, irrestrita, absoluta, nos testes genéticos.

A veneração, a sacralização, a divinização do DNA (e sem, mesmo, ter-se conhecimento de quem faz, ou de como foi feito o exame) é atitude desarrazoada, que tem causado transtornos e desvios. A questão ainda está envolvida de muita incerteza e segurança. Em países muito mais desenvolvidos do que o nosso, os próprios cientistas têm sugerido que se tenha cuidado com a supervalorização dos testes de DNA.

Assim, como se vê, a sacralização do teste genético é perigosa, pois pode levar a corrosivas injustiças, já que se ignoram o equilíbrio e a adequada distribuição do conjunto probatório processual.

Fugar-se das provas ditas tradicionais, por um apego insustentável ao exame técnico, dispensando-se de coletar indícios de maior segurança de processualidade da ação, é ato judicial que descarta o princípio constitucional do devido e amplo processo legal, pois a decisão limitada a esta faixa de ideias acena com um inadmissível tarifamento das provas; a prova pericial e a sua verdade científica não foram abençoadas ao degrau da supremacia, ao menos enquanto não forem eliminadas as incertezas e inseguranças que ainda pesam sobre os testes de DNA produzidos no Brasil.[766]

3. O DNA e o sistema de provas

Em sintonia com esta doutrina, entende-se que, embora o prestígio da prova genética, não se pode reduzir a ação em mera aprovação de teste

---

[765] VELOSO, Zeno. *A sacralização do DNA na investigação de paternidade*. In: LEITE, Eduardo de Oliveira (coord.). *Grandes temas da atualidade* – DNA como meio de prova da filiação. Rio de Janeiro: Forense, 2000, p. 389-390.

[766] MADALENO, Rolf Hanssen. *A sacralização da presunção na investigação de paternidade*. Revista Síntese, julho de 1999, p. 13, passim.

de laboratório, sendo imprescindível outros elementos para construir a persuasão judicial,[767] pois o exame pelo DNA, embora relevante e suficiente para convalidar outras suspeitas sobre a paternidade, não é prova infalível nem incontrastável, sob pena de tornar o Judiciário uma secção homologatória dos gabinetes genéticos.[768]

O entendimento não desnatura a prova pelo DNA como uma das mais influentes no deslinde das controvérsias sobre a filiação, mas apenas a considera como contribuição científica ao labor intelectual do julgador, que a ela não restará exclusivamente adstrito.

A infalibilidade do exame encontra restrições quando se impugnam as condições de coleta e pesquisa, como também a dificuldade de atuação de eventuais assistentes técnicos, pois cada laboratório deseja preservar a originalidade da técnica empregada.

Daí por que se arrolam entre fatores que podem comprometer os resultados o número deficiente de sondas; o uso de dados estatísticos não adequados à realidade da miscigenação racial brasileira, eis que baseados em informações de estrangeiros; ocorrência de transfusões de sangue; transplantes de medula; falta de cuidados na colheita; troca de tubos e contaminação da aparelhagem por células de outra pessoa.[769]

Além disso, o laudo deve ser redigido em linguagem acessível ao juiz, descrever os métodos utilizados e como se operaram os cálculos estatísticos da probabilidade, identificar os técnicos incumbidos das diversas etapas do exame, apontar possíveis fontes de erros e problemas de interpretação e incluir as fotografias das bandas de DNA ou filme de raios-X marcado, para o respectivo exame visual.[770]

Não se pode abdicar, ainda, da consideração a respeito do sistema de valoração probatória adotada pelo ordenamento brasileiro, sabidamente inclinado para o sistema da **persuasão motivada** (CPC, art. 131); e que, além do dispositivo nominado, transparece em outros do estatuto instrumental, como no que atribui ao magistrado o exame livre da idoneidade de documentos juntados (CPC, art. 386), ou o que autoriza a atribuir valor ao depoimento de testemunhas suspeitas ou impedidas (CPC, art. 405, § 4°); essa liberdade de análise também se estende aos laudos periciais e opção quando eles se encontrem confrontados (CPC, arts. 436 e 439); finalmente, no exame de contas (CPC, art. 915, § 3°).

---

[767] TJRS, Sétima Câmara Cível, APC 598.054.922, Rel. Dês. José C. T. Giorgis, j. 9-9-98.; também APC 598.282.762, j. 31.03.99.

[768] TJRS. Sétima Câmara Cível, APC 598.009.348. rel. Das. José C. T. Giorgis. j. 6.5.98.

[769] TJRS, Oitava Câmara Cível, APC 595.074.709, Rel. Des. Sérgio Gischow Pereira, j. 3.8.95, RJTJRS, 175/596.

[770] TRACHTEMBERG, Anita. *O poder e as limitações dos testes sangüíneos na determinação da paternidade.* Revista Ajuris, 63/324.

Não se descarte a presença de algumas sequelas gravíssimas do sistema da prova legal ou tarifada que limitam a atividade do julgador, eis que restringem sua liberdade na apreciação de determinadas provas, tais como se anota em determinadas regras (CPC, arts. 302, 319, 334, V, 359, 366, 378 e 406 e §§, entre algumas).[771]

De acordo com ele, o juiz não deve decidir exclusivamente segundo suas impressões pessoais ou escorado em elementos colhidos fora dos autos, mas deve atender ao **conjunto probatório** e às regras jurídicas e de experiência; assim, não se confere ao juiz **liberdade absoluta,** mas não se lhe impõem critérios rígidos e inflexíveis (valores tarifados) na apreciação da prova; com efeito, posto que o magistrado não esteja adstrito a critérios e valores prefixados pelo legislador, não pode ele, à evidência, desprezar as regras da lógica, os postulados das ciências positivas, os princípios básicos da economia, as regras de experiência, etc., por que a livre convicção não tem caráter absoluto.[772]

O livre convencimento é um corolário lógico do ativismo judicial, fenômeno que tomou fôlego na Europa a partir do código austríaco, e que superou a ideia do Estado-Juiz como mero espectador da batalha entre as partes em vista do reconhecimento da função pública da jurisdição, e que não deve ser confundido com a inquisição judicial; quando se fala de livre convencimento, indica-se um sistema pelo qual o magistrado goza de liberdade para valorar as provas que são aportadas no processo, sem regras rígidas, a princípio; mas o convencimento pode e deve ser controlado por terceiros, a fim de garantir-se o legítimo exercício da jurisdição.[773]

E não pode se constituir em fonte de arbitrariedade; e para garantir a legitimidade apela-se para os princípios informadores do processo civil, aos quais é conferida a missão de organizar a atuação do Estado e principalmente permitir a efetiva participação das pessoas que sofrerão as consequências do provimento; assim, o princípio do livre convencimento motivado (**persuasão racional**) facilita ao magistrado desvincular-se da realidade dos autos para aplicar sua impressão pessoal, subjetivismo que não agrada ao sistema e que deve ser combatido.[774]

Nesse sentido, o colendo Superior Tribunal de Justiça proclamou que sobre o gravíssimo risco do livre convencimento redundar em convicção íntima e as colossais diferenças entre esses sistemas, o princípio da persuasão motivada exige fundamentação concreta, calcada nas provas dos au-

---

[771] SILVA, Ovídio Baptista da. Gomes, Fabio. *Teoria geral do processo*. 2ª ed. São Paulo: Revista dos Tribunais, 2002, p. 303.

[772] LOPES, João Batista. *A prova no direito processual civil*. São Paulo: Revista dos Tribunais, 2000, p. 47-48.

[773] USTÁRROZ, Daniel. *Prova no Processo civil*. Porto Alegre: Verbo Jurídico, 2007, p. 25.

[774] Idem, p. 28.

tos, observadas as regras jurídicas pertinentes e as da experiência comum aplicáveis.[775]

Em outras palavras, nesse sistema o magistrado deve demonstrar um convencimento racional, equiparar a convicção judicial à certeza do homem comum; inexiste arbítrio, mas critério de análise, o juiz demonstra que em sua decisão foi guiado pela lógica, pela razão, pelo bom-senso e pela experiência da vida.[776]

Contudo, como se disse acima, o juiz não pode quedar-se ao alvedrio da vontade das partes, podendo intervir no exercício do encargo de gestor do processo, eis que nesses pleitos se cuidam direitos indisponíveis (ações de estado), presentes razões de ordem pública e igualitária;[777] tal atitude se mostra cabível mesmo quando há requerimento feito a destempo, a preclusão não alcança o juiz em se cuidando de instrução probatória, além das hipóteses de expressa imunização legal em caso das condições da ação e dos pressupostos processuais (CPC, art. 267, § 3º); é que o juiz deixou de ser apenas espectador inerte da batalha judicial, assumindo **posição ativa** que lhe permite, entre outras prerrogativas, **determinar a produção de provas**, desde que o faça com imparcialidade e resguardando o princípio do contraditório; na fase atual da evolução do direito de família, **não se justifica inacolher a produção genética pelo DNA**, que a ciência tem proclamado idônea e eficaz.[778]

Toda **prova é dirigida ao juiz** e somente a ele incumbe a sua direção em ordem ao esclarecimento da controvérsia, não se podendo imputar, em face dos aspectos da cognição posta em juízo, que tal prova seja acoimada de desnecessária.[779]

Em sede de investigação de paternidade, a prova pericial é uma das mais prestigiadas, justamente por habilitar o edito judicial através de pessoas capacitadas, que auxiliam com seus conhecimentos específicos, mostrando dados técnicos e científicos.

Embora isso, o juiz não fica vinculado ao laudo, podendo concordar ou não com a conclusão do perito, orientando sua convicção através de outras provas existentes nos autos.

Embora se confie, como prudente, que o decisor acolha o laudo, não se olvide que o juiz é o *peritus peritorum*, podendo sobrepor-se à conclusão

---

[775] STJ, Resp. 363.548, rel. Min. Félix Fischer; no mesmo sentido e tribunal, Segunda Turma, REsp. 837.566, rel. Min. Castro Meira, DJ 28.09.06.

[776] PORTO, Sérgio Gilberto. Prova: generalidades da teoria e particularidades do direito de família. Porto Alegre: *Revista Ajuris*, n. p. 122

[777] STJ, RSTJ 84/250.

[778] STJ, Quarta Turma, REsp. 140.665, rel. Min. Sálvio de Figueiredo, DJU 03.11.98.

[779] TJSP, RJTJSP 164/161.

(CPC, art.436), mas, por outro lado, nada o impede de tê-lo como fundamento de sua convicção.[780]

Por outras palavras, a perícia idônea é a que habilita o juiz, em face de os dados colhidos e da explicação, técnica ou científica, serem aqueles claramente identificados e ser a explicação nitidamente entendida; o perito deve traduzir o objeto da prova pericial de forma a que sejam os fatos e sua explicação cabalmente entendidos. E, sendo assim, poderá o juiz concordar ou não com a conclusão do perito, e, se tiver dúvidas persistentes, no uso do poder discricionário, poderá determinar, de ofício ou a requerimento da parte, a realização de nova perícia, que terá por objeto os mesmos fatos da primeira, mas que não a substituirá, pois o julgador, em conformidade com sua convicção, apreciará o valor de ambas.[781]

Uma **nova perícia** pode ser determinada pelo Tribunal, quando assim ache conveniente para a sua persuasão;[782] e na livre apreciação da prova, o julgador não se acha adstrito aos laudos periciais, podendo, para seu juízo, valer-se de outros elementos de prova existentes nos autos, inclusive pareceres técnicos e dados oficiais sobre o tema objeto da prova, tanto mais quando, como no caso, adota conclusões de um dos laudos, com adaptações determinadas por dados científicos que se acham nos autos.[783]

É que o juiz forma sua convicção pelo método da crítica são do material probatório, **não estando adstrito aos laudos periciais**, cuja utilidade é evidente, mas que não se apresentam como cogentes, nem em seus fundamentos, nem em suas conclusões, ao magistrado, a quem a lei confia a responsabilidade pessoal e direta da prestação jurisdicional.[784]

Mas o **indeferimento de perícia**, oportuna e fundamentadamente requerida, que se revela essencial ao deslinde da controvérsia posta em juízo implica **cerceamento de defesa**; pois a perícia judicial somente pode ser dispensada com base no art. 427 do CPC, se não comprometer o contraditório, vale dizer, quando ambas as partes apresentam desde logo elementos de natureza técnica prestados a que o juiz forme a sua convicção: é a exegese que se impõe, pois, fora daí, sequer haveria igualdade no tratamento das partes, que a lei processual manda observar.[785]

Entre os métodos empregados para declarar a paternidade, no passado, erguiam-se como importantes o exame de certos caracteres an-

---

[780] STJ, AG. N° 39595, rel. Min Hélio Mossmann, DJU 17.9.93.

[781] ALVIM, Arruda; ALVIM, Teresa Arruda. *Manual de direito processual civil*. 4ª ed. São Paulo, Editora Revista dos Tribunais, 1994, v. 2 p. 325.

[782] STF, Revista Trimestral de Jurisprudência v. 93/735.

[783] STJ, Terceira Turma Ag. 27.011- AgRg. Rel. Min. Dias Trindade, DJU 23.11.92.

[784] STJ, Quarta Turma, AG. 12.047- AgRg., rel. Min. Athos Gusmão Carneiro, DJU 09.09.91

[785] STJ, RSTJ 73/382;

tropomórficos ou morfológicos externos, dos pais e do suposto filho, notadamente: a cabeça e de suas partes isoladamente, como cabelo, fronte, orelhas, nariz, boca, queixo e dentes; a cor da pele e seus pigmentos; as impressões digitais; e todas as anomalias anatômicas individuais que têm caráter genealógico.

Ainda, o exame antropocinético, ou dos caracteres funcionais externos, como a expressão fisionômica ou mímica facial, a atitude, a maneira de caminhar, a cetra, a gesticulação, o timbre de voz, em suma, tudo que pudesse ter uma significação individualizadora ou familiar.

Também se usavam os exames psicológico e semiológico, ou dos caracteres patológicos transmissíveis hereditariamente e, finalmente, o exame biológico do sangue.[786]

Quanto ao **momento desta prova**, relembre-se que as partes deverão postulá-la com a inicial ou com a contestação (CPC, arts. 282 e 300), cabendo ao juiz, antes do saneador, ordenar que as provas sejam especificadas, ocasião em que poderá ou não ser atendida (CPC, art. 324 e 331,I).

É sempre **recomendável a realização de perícia para a investigação genética**, porque permite ao julgador um juízo de **fortíssima probabilidade**, senão de certeza, podendo ser realizado a **qualquer tempo**, mesmo em **segundo grau**, importando apenas a busca da verdade real.[787]

Nas demandas investigatórias, o juiz poderá determinar a perícia *de officio*, quando se encontre em **estado de perplexidade** em face das provas produzidas; ou, ainda, quando haja **significativa desproporção econômica ou sociocultural entre as partes**, pois não é mais um espectador inerte da batalha judicial, mas desfruta de posição ativa, ordenando provas, desde que não comprometa sua imparcialidade e preserva o princípio do contraditório.[788]

É paradigmática a afirmação de que na fase atual da **evolução do direito de família**, é injustificável o **fetichismo de normas ultrapassadas** em detrimento da verdade real, sobretudo quando em prejuízo de legítimos interesses de menor; deve-se ensejar a produção de provas, sempre que ela se apresentar imprescindível à boa realização da justiça;[789] pois nas ações com a finalidade de se descobrir a paternidade deve-se ensejar a mais ampla produção de provas.[790]

Tanto é assim que, revelando-se a prova duvidosa e frágil quanto à probabilidade positiva de paternidade, por **falta de exame mais prestigia-**

---

[786] FONSECA, Arnaldo Medeiros da. *Investigação de paternidade*. Rio de Janeiro: Forense, p. 402.
[787] STJ, Quarta Turma, Resp. 38.415 – MG, Rel. Min. Sávio de Figueiredo, DJU 22.08.94; também, no mesmo sentido, Resp. 140.665 – MG, DJU 3.11.98 e Resp. 215.247 – PB, j. 5.10.99.
[788] STJ, Quarta Turma, Resp. 140.665, rel. Min Sálvio de Figueiredo, DJU 3.11.98.
[789] STJ, RSTJ 26/378, acórdão do Min. Sálvio de Figueiredo.
[790] STJ, RSTJ 73/296.

do, o direito constitucional da criança de saber quem é seu genitor deve ser resguardado, com a **extinção do pleito, sem consideração de mérito**.[791]

Em diversas demandas, seja por requerimento do autor ou por iniciativa do juiz, o investigado é impelido a submeter-se ao exame de DNA, **recusando-se a comparecer** à coleta.

A escusa é muitas vezes séria e justificada, outras vezes, uma simples negativa; ou a impossibilidade de custeá-lo, como também o não comparecimento na data aprazada.

A Suprema Corte proclamou que a recusa do réu ao exame genético significa sua implícita renúncia à tese negativa da paternidade,[792] posição que por sua supremacia jurisprudencial acabou por ser acolhida pelos demais pretórios.

É que uma parte não pode frustrar a outra a produzir prova lícita em processo regular, sem declinar e provar justa causa para a recusa.

O **direito à intangibilidade corporal**, invocado como *jus in se ipso*, importa reserva personalíssima de governo sobre a própria pessoa, mas a recusa de submissão à prova hematológica importa renúncia,[793] pois se o exame é necessário para a negativa da paternidade, cumpre ao réu o ônus de ceder o sangue exigido, sob pena de a recusa ser interpretada em seu desfavor.[794]

Portanto, a **negativa de submissão** importa na veracidade dos fatos alegados, pela **presunção**,[795] que se constitui em verdadeira sanção para esta conduta incivil, qual seja de considerar-se verdadeira a imputação de sua paternidade;[796] para outros, a negação não pode convencer o juiz nem ter a consequência de presumir-se o que afirmou a outra parte, mas, em vez disso, o ônus da prova, salvo se desnecessária a perícia.[797]

No entanto, melhor achar a repulsa como mais um **indício positivo** quanto à paternidade buscada, sempre aliado a outros dados processuais.[798]

A respeito, recorde-se que o código vigente estabelece que não pode aproveitar-se da recusa quem se nega a submeter-se a exame médico necessário (CC, art. 231), como ainda a recusa à perícia médica ordenada

---

[791] TJRS, Sétima Câmara Cível, APC 598.082.568, rel. Des. José Carlos Teixeira Giorgis, j.17.03.99.

[792] STF, RE 110.315-SP, Rel. Min. Aldir Passarinho, DJU 5. 2. 88.

[793] TJRS. 4º Grupo de Câmaras Cíveis, EI 593.160.773. rei. Das. Luiz Felipe Azevedo Gomes, j. em 11.11.94.

[794] TJAC, Câmara Cível, APC 505/95, Rel. Desa. Miracele Lopes Borges, j. 11.12.95.

[795] TJAC, Câmara Cível, APC 96.000228-6, Rel. Des. Eva Evangelista, j. 24.03.97.

[796] TJMG, APC 88.469/3, Rel. Des Hugo Bengtsson, RT 633/70.

[797] TADF, Terceira Câmara Cível, j. 11.3.41, RF 87/420.

[798] TJRS, Sétima Câmara Cível, AGI 598.445.161, Rel. Des. José Carlos Teixeira Giorgis, j. 10.3.99.

pelo juiz **poderá suprir** a prova que se pretendia obter com o exame (CC, art. 232).

E que verbete superior aduz que, em investigação de paternidade, a **recusa do suposto pai** a submeter-se ao exame de DNA induz **presunção *juris tantum*** de paternidade (STJ, Súmula 301); o que foi completado pela Lei n° 12.004/09 ao acrescentar dispositivo à Lei n° 8.560/92, que trata da investigação oficiosa, aludindo que a recusa ao exame do código genétco gera a presunção de paternidade, a ser **apreciada em conjunto com o contexto probatório**.[799]

É fato bastante corriqueiro que as partes divirjam quanto à indicação dos peritos por elas apontados para o exame; há mesmo situações de laudos contraditórios realizados por laboratórios ou profissionais diferentes, que causam natural perplexidade.

Nestes casos, ante a **discordância das partes** quanto ao laboratório responsável pela confecção do teste genético, deve o magistrado indicar profissional de sua confiança, a fim de averiguar a isenção da perícia, evitando, assim, acolher a proposição dos litigantes.[800]

Em arremate, considerados os argumentos aqui expostos, tem-se que a sentença baseada em uma **única prova** (exame positivo de paternidade pelo DNA), sem que outras se produzam, ofende o princípio do livre convencimento do juiz, devendo a sentença assim pronunciada ser invalidada.

Em diversas ações de investigação de paternidade, muitas vezes o **magistrado se adianta** em ordenar o exame genético, mesmo sem requerimento da parte, aceitando desde logo o laudo como prova definitiva; isso corresponde a **substituir a jurisdição e o contexto processual pelo teste laboratorial**, a que se atribui então valor absoluto, regressando-se ao superado sistema tarifário de avaliação da prova; esse procedimento ocorre até quando há testemunhas arroladas, e o veredicto é pronunciado de forma repentina.

Ora, esse procedimento significa abdicar do debate judicial; e do respeito à garantia constitucional ao devido processo legal buscado pelo cidadão que pede a tutela estatal; e como dito, descansar-se em opinião técnica, que passa a funcionar como um sucedâneo jurisdicional.

Nesse sentido, diz a jurisprudência que deve ser desconstituída a sentença quando prolatada abruptamente, com **fundamento apenas no exame do DNA** e sem a intimação das partes para se manifestarem sobre as provas que pretendam produzir, o que ofende aos princípios do devido processo legal e da ampla defesa; é que o ordenamento jurídico pátrio

---

[799] O assunto será desenvolvido em outro texto desta obra.
[800] TJRS, Sétima Câmara Cível, AGI 70010293066, rel. Des. José Carlos Teixeira Giorgis, j. 16.03.05.

adota o **sistema do livre convencimento do juiz**, quando da apuração das provas, não podendo o deslinde do feito ficar adstrito ao resultado do exame genético, sob pena de se retroceder ao sistema da prova legal; e a demanda investigatória envolve questões fáticas, sendo imperativo o apetrechamento probatório não apenas para roborar o exame pericial, como ainda para dissipar dúvidas acerca do valor a ser arbitrado a título de alimentos. Descabe, assim, o **julgamento antecipado da lide** porque a matéria versada nos autos não é exclusivamente de direito.[801]

Desta forma, por mais sério e prestigiado que seja o exame genético, e por mais idôneo o laboratório que o confeccionou, exige-se o suporte probatório, em obediência ao sistema da persuasão racional.[802]

4. Conclusão

A investigação de paternidade costuma escorar-se nas galas da prova pericial convicta que a manifestação de pessoas habilitadas tem o selo da inerrância.

Foi assim no passado com a comparação dos caracteres antropomórficos do filho e suposto pai, a cabeça, a fronte; as orelhas, queixo e dentes; a cor da pele e seus pigmentos; as anomalias pessoais; depois as marcas digitais; fotografias, até incidências psicológicas; e finalmente o exame biológico do sangue.

A descoberta dos grupos sanguíneos trouxe alento à averiguação do parentesco quando se constatou a incompatibilidade entre proteínas portadas pelos glóbulos vermelhos dos indivíduos; um singelo teste de tipagem dos envolvidos leva à exclusão, quando o jogo apontava que o suspeito **não era o pai**; mas se constituía em prova circunstancial que precisa outro referendo quando afirme que o indigitado **podia ser o pai**, já que sua carga genômica pode abranger outros.

O desenvolvimento da técnica de transplantes deu cancha a sistema composto por marcadores genéticos integrados nos leucócitos, que se enfileiravam em diversos alelos e que permitiam combinações díspares, assim melhorando as percentagens de exclusão; e que deviam distar milésimos do limite para conquistar o beijo da certeza científica.

Era evidente a paternidade quando o HLA ultrapassasse 99% de probabilidade; muito provável, se bailasse entre 95% e 99%; mas insignificante, se estacionada em 70%.

---

[801] TJRS, Sétima Câmara Cível, APC 70008829368, rel. Des. José Carlos Teixeira Giorgis, j. 16.06.04.
[802] TJRS, Sétima Câmara Cível, APC 79995928817, rel. Des. José Carlos Teixeira Giorgis, j. 21.05.03.

A revolução aconteceu com o manuseio do alfabeto formado por uma sequência de bases do ácido desoxirribonucléico existente nos cromossomas; e o uso de sondas que acessam um grande número de regiões ou minissatélites do genótipo onde se deciframa as mensagens genéticas, permitindo obter padrões específicos ou **impressões digitais do DNA**; o exame das bandas colhidas leva a níveis de 99, 999% tidos por impressionantes e definitivos para a imposição de paternidade.

A confiança na técnica e a disseminação de que a prova pericial é proeminente às demais, leva à **equivocada conclusão** de que o exame por **DNA é incontestável**, e suficiente para impingir um registro de nascimento.

Embora o prestígio da pesquisa genética, não se pode reduzir a pretensão de paternidade a uma chancela de teste de laboratório, sendo necessário construir-se a persuasão judicial com outros elementos, sob pena de transformar-se a jurisdição em secção homologatória dos gabinetes periciais; o que também abalaria o método processual de avaliação, e retorno ao tarifamento onde a decisão se apoia em prova solitária.

Não é sem razão que a entidade médica recomenda que os laboratórios sejam dirigidos por doutor, com estudos de três anos em DNA forense ou experiência de cinco anos; que a equipe tenha programa de controle e de qualidade; os reagentes guardados de forma apropriada em ambientes equipados; a coleta efetuada com precauções às infecções do meio e ao trato dos servidores; regras de assepsia, estrita segurança e padrões de fidelidade.

Alguns países operam as análises em duplicata, e **às cegas**, por equipes e dias diferentes, enviados ao juiz da demanda; em outros, aceitam-se testes de afirmação.

Embora confortável para o magistrado ordenar desde logo o exame, descansando de audiências e testemunhas, é bom conselho que o comando se fundamente em amostras de responsabilidade dos autos, para não submeter a dignidade da pessoa às sequelas familiares e sociais que o transtorno pode causar.

A **beatificação do DNA** não se coaduna com a glória dos altares, onde a justiça já tem trono, e a verdade busca apostolado.

Capítulo XI – A recusa ao exame do DNA, Constituição e bioética

1. Notas iniciais

A convivência é um dos emblemas da natureza humana, timbre e base da estrutura comunitária, irradiação de valores.

Os seres humanos acham vantajoso viver em comunidades, mas os seus desejos, contrariamente aos das abelhas na colmeia, permanecem amplamente individuais, daí a dificuldade em vida social e a necessidade de governo.[803]

Para Aristóteles, o homem, somente se fosse um deus ou um bruto, poderia viver fora da sociedade, e, como não é uma coisa nem outra, pode-se afirmar que a principal característica do ser humano é sua sociabilidade, ou seja, é **um ser social**.

Fruto deste convívio, composto por ingredientes resultantes de misturas e combinações da química social, o homem é feito para a sociedade, que, todavia, não o faz, mas ele que lhe traz à existência; não é o homem que é destinado à sociedade, mas ela que se organiza para servi-lo.

Como resultado, não é o ser homem que deve acomodar-se ao ser sociedade – desfigurada – mas é a organização social que deve moldar-se pelo ser humano, outra coisa não dizendo o estagirita, quando sublinhava que a **sociedade não é o homem em ponto grande**.[804]

A sociedade humana se distingue das demais sociedades animais por imponderabilidade e relativismo das relações intersubjetivas, eis que em seu seio as regras de organização podem ser desrespeitadas, exatamente pela existência de predicado que o torna diverso ao contexto zoológico: a possibilidade de raciocinar, de pensar, de poder escolher.

---

[803] RUSSEL, Bertrand. *O Poder*. Rio de Janeiro: Zahar, 1979, p. 127.
[804] GALVES, Carlos. *Manual de filosofia do direito*. Rio de Janeiro: Forense, 1996.

Portanto, o homem exige proteção e garantia de determinados direitos, expressos em normas e princípios que lhe assegurem a circunspeção social, mas que ainda lhe atribuam igual número de deveres.

2. Direitos da personalidade

Entre tais, avulta a categoria dos **direitos fundamentais**, que buscam a tutela da pessoa, e nestes ganham especial relevo os **direitos da personalidade**, considerados essenciais para a proteção do homem, que o preservam de ameaças e atentados, e que formam o mínimo necessário e imprescindível, sem o que sua dignidade se vê despida de qualquer merecimento concreto.

No âmbito jurídico, o exercício de algum direito tutelado pressupõe um sujeito que dele disponha, como titular ou beneficiário: *é* **a pessoa.**

Muitos remontam a origem do vocábulo a raízes etruscas ou gregas, mas parece adequado firmá-la em Roma, em que *persona* indicava uma máscara constituída de lâminas metálicas, que fazia ressoar as vozes dos atores nos espaços artísticos e que, posteriormente, obteve o sentido de *representação* na cena jurídica, como uma investidura.

E, para alcançá-la era preciso o preenchimento de três estados: o de família, o de cidadania e o de liberdade, motivo por que dela estavam afastados os escravos e os plebeus.

Desta forma, o termo tem abrangência biológica, física, filosófica, moral, psicológica e jurídica.

Para Teixeira de Freitas, *pessoa* é o ente suscetível de aquisição de direitos, noção que não é centrípeta, mas irradiadora; e tal aptidão é reconhecida pela ordem jurídica a alguém, seja para exercer direitos e contrair obrigações, como define Clóvis,[805] ou a suscetibilidade de ser titular de direitos e obrigações jurídicas.[806]

A personalidade individualiza, eis que suas características são próprias de determinado ser, distintivas dos outros, e como qualidade, emite direitos, é fonte de bens e garantias.

O vigente regime legal sobre os direitos da personalidade, além da memória romana, tem suporte histórico na filosofia patrística de santo Tomás, Alberto Magno e são Boaventura, que cunhou o moderno concei-

---

[805] *Apud.* SANTA MARIA, Jose Serpa de. *Direitos da personalidade e a sistemática civil geral.* São Paulo: Julex Livros, 1987, p.21.
[806] DE CUPIS, Adriano. *Os direitos da personalidade.* Lisboa: Livraria Morais, 1961, p. 13.

to de pessoa, baseada na sua dignidade e valorização; nos trabalhos de Donello, com noções embrionárias do direito à imagem e ao corpo, agora destacadas do direito de propriedade; no liberalismo e na monarquia constitucional da Grã-Bretanha do século XVII, já subsidiadas pela revolta dos barões contra João Sem Terra, em 1215, e a promulgação de direitos fundamentais, como a intangibilidade corporal; na Declaração de Virgínia (1776), que assegura o princípio da liberdade e a proteção da pessoa, ratificados na Constituição americana de 1787; nas Declarações dos Direitos do Homem, em 1789, na França, na da ONU, em 1946, e na de Teerã, em 1968; na Declaração da UNESCO, em 1968, alertando sobre as ameaças à vida privada e explícita sobre a condenação aos aparelhos de escuta.

No Brasil, o Código Civil não disciplina os direitos de personalidade, talvez porque a matéria estivesse absorvida pela Constituição de 1891, embora arrole regras sobre a imagem (art. 666, X) e o segredo da correspondência (art. 671, par. único), agora revogados, e outros, como a preservação do direito moral do autor e a cessão do vínculo do nome à obra. Entretanto, por influência da legislação penal, há um leque de normas extravagantes que trata de emanações daqueles direitos, como as contidas nas Leis nº 4.117/62 (Código Brasileiro de Telecomunicações), nº 6.538/78, que dispõe sobre os crimes contra o serviço postal, nº 5.479/68, que regulava a retirada e transplante de tecidos, órgãos e partes do cadáver para utilização terapêutica e científica, substituída pela de nº 8.489/92, que cuida do corpo e do cadáver, impedindo a utilização econômica, permitida a doação a parentes, a de nº 69.610/98, sobre direitos autorais, e a nº 8.401/92, que estabelece o controle de cópias de obras audiovisuais em videofonogramas, a nº 8501/92, sobre a utilização de cadáveres para pesquisas científicas, a nº 4.701/65, que disciplina a política do sangue humano, nº 6.437/73, que estabelece sanções sanitárias para a atividade homoterápica, o decreto nº 20.931/32, que proíbe a esterilização, ao prescrever sobre o exercício da medicina, a de nº 8.069/90, sobre direitos menoristas, nº 3.133/57, sobre adoção, e a nº 8.560/92 sobre a investigação de paternidade de filhos havidos fora do casamento, entre outras.

No direito comparado, os direitos da personalidade inserem-se com destaque no Código Civil italiano (artigos 5º a 10º), no Código Civil português (artigos 70 a 81), no Código Civil peruano (artigos 5º a 20º); o projeto de Código Civil brasileiro contempla a matéria nos artigos 11 a 20.[807]

Assim, embora todos os direitos, na medida em que são destinados a dar sustento à personalidade, possam chamar-se de **direitos da personalidade**, a linguagem jurídica reserva a designação àqueles direitos subjeti-

---

[807] BITTAR, Carlos Alberto. *Os direitos da personalidade*. Rio de Janeiro: Forense Universitária, 1999, p. 38/40; SZANIAWSKI, Elimar. *Direitos da personalidade e a sua tutela*. São Paulo: Revista dos Tribunais, 1993, p. 86-90.

vos cuja função, relativamente à personalidade, é especial, compondo um *minimum* necessário e imprescindível ao seu conteúdo;[808] ou faculdades jurídicas cujo objeto são os diversos aspectos da própria pessoa do sujeito, bem assim de sua projeção essencial no mundo exterior,[809] e que resguardam a dignidade da pessoa humana,[810] portando, direitos de defender essa primordial propriedade humana, esse particular bem do homem, que se chama personalidade.[811]

A doutrina positivista considera a maioria dos direitos da personalidade como **direitos inatos**, cabendo ao Estado reconhecê-los e sancioná-los em um e outro plano, dotando-os de proteção própria contra o arbítrio do poder público ou as incursões dos particulares, havendo outros que não têm por escopo a personalidade, mas derivam do direito positivo, como **direitos adquiridos**, tal o direito moral do autor.

Os naturalistas, todavia, salientam que os direitos provêm de atributos inerentes à condição humana, tendo-os como faculdades exercidas normalmente pelo homem, e os adquiridos como meros reflexos deles.

Embora os direitos da personalidade estejam unidos a outros de cunho subjetivo, não é possível denominá-los, estritamente, como inatos, assim compreendidos como respeitantes à pessoa, mas **direitos essenciais**, sem os quais os outros perderiam todo o interesse para o indivíduo, pois sem eles, a pessoa não existe como tal, restando uma suscetibilidade completamente irrealizada, privada de todo o valor concreto.[812]

Recorde-se que a Declaração Universal dos Direitos do Homem e do Cidadão, adotada pela Assembleia Constituinte francesa, em agosto de 1789, em seu preâmbulo, estatuía que os representantes do povo ali congraçados, consignavam em ato solene *os* **direitos naturais, inalienáveis e sagrados do homem**, a que seguiu, a partir do século XVII, sua construção sistemática, via escola do direito natural.

É verdade que antes do reconhecimento jurídico existe apenas o fato da vida e de todas as suas faculdades naturais, que só assumem a condição de **direitos** se e quando a ordem posta se digne a lhes conferir proteção, pois tal qualidade não decorre senão do arrimo do Estado, com alicerce no sistema, e que não seria possível se ditos direitos da personalidade não estivessem insculpidos, ao menos implicitamente, no ordenamento; e, ainda, que fora dela, só haveria o direito da força, do mais forte subjugar o

---

[808] DE CUPIS, p. 17.
[809] FRANÇA, Rubens Limongi, *Instituições de direito civil*. São Paulo: Saraiva, 1990, v. I, p. 1025.
[810] GOMES, Orlando. *Direitos de personalidade*. Rio de Janeiro, RF 216/5.
[811] TELLES JÚNIOR, Gofredo. *Direito, filosofia e poesia*. São Paulo: Saraiva, 1992, p. 585.
[812] DE CUPIS, p. 17

mais fraco e cada um defender os seus interesses, legítimos ou não, pelos próprios meios.

Neste sentido, a maioria dos direitos da personalidade é inata, não porque sua existência independa ou seja anterior ao reconhecimento pelo sistema jurídico, mas por bastar o pressuposto da personalidade jurídica para sua incidência.[813]

Daí sublinhar-se, com propriedade, que tais direitos não são impostos aos sistemas por ordem sobrenatural ou natural, mas efeitos dos fatos jurídicos que ali se produziram, quando a certo grau de evolução, a pressão política fê-los dar entrada a suportes fáticos que antes ficavam de fora, na dimensão moral ou religiosa.[814]

Em resumo, o objeto de tais direitos se encontra em bens constituídos por determinados atributos ou qualidades físicas ou morais do homem, individualizados pelo ordenamento jurídico e que apresentam caráter dogmático; são ínsitos e peculiares, verdadeiros limites à ação do titular, que não pode eliminá-los por ato de vontade.[815]

Caracterizam-se por serem **direitos privados**, pois respeitam aos indivíduos como tais, no círculo dos fins que têm como seres humanos ou mesmo aos entes revestidos de autoridade imperante, na medida em que, não exercendo a autoridade de que estão investidos, sejam titulares de interesses privados, sem que se excluam **direitos públicos da personalidade**, como os da liberdade civil que se maneja quando a coletividade oprime com o poder; são **direitos não patrimoniais ou extrapatrimoniais**, pois tendo como objeto um modo de ser físico ou moral da pessoa, bem se compreende como eles nunca contenham em si mesmos uma utilidade imediata de ordem econômica; e são **direitos patrimoniais absolutos,** pois obrigados a não lesar a quem detenha direitos de que o mesmo sujeito é titular; são oponíveis *erga omnes*, pois a pessoa pode desconsiderar seu crédito ou propriedade, mas está constrangida a conservar seu corpo, sua vida e sua honra, que não são suscetíveis de pecúnia, e a ofensa a elas impõe indenização, ainda que por dano moral; são **direitos intransmissíveis**, tendo um nexo de natureza orgânica, que torna inseparáveis objeto e sujeito, não podendo o ordenamento consentir que um sujeito se despoje daqueles direitos que têm feição de essencialidade,[816] excepcionando-se a transferência de titularidade de **partes** destacadas do corpo, como ocorre nas transfusões de sangue e transplante de órgãos, que ao abandonar realidade orgânica da pessoa passam à condição jurídica de **coisas,** permane-

---

[813] SILVA, Edson Ferreira da. *Direito à intimidade*. São Paulo: Oliveira Mendes, 1998. p. 11.
[814] MIRANDA, Pontes de. *Tratado de direito privado*. Rio de Janeiro: Editora Borsoi, 1955. VII/7.
[815] BITTAR, p. 5.
[816] DE CUPIS, p. 43-49.

cendo fora do comércio, eis que seu mercado ofende o senso ético e os bons costumes; são **direitos indisponíveis,** pois carecem do poder de vocação, não cabendo mudar de sujeito, nem mesmo pela vontade do titular, estando subtraídos à vontade individual tanto como a personalidade,[817] reiterando-se a possibilidade de atos de disposição a título gratuito de sangue, órgãos, e até de cadáver, estritamente para fins terapêuticos, didáticos ou científicos, como enunciam as Leis n°s 5.479/68 e 8.489/92; são *i*, não se podendo eliminar pela vontade do titular, já que a norma jurídica, ao atribuí-los, é irrevogável, de ordem pública; são **direitos vitalícios,** acompanham a pessoa durante a existência, extinguindo-se, em regra, com a morte; finalmente, são **direitos gerais, impenhoráveis, inalienáveis, imprescritíveis e necessários,** pois não podem faltar, não se perdem.[818]

Os direitos da personalidade dividem-se em **direitos à vida e à integridade física,** abarcando o direito à saúde e ao corpo vivo ou morto; **direito à integridade moral,** que contém a liberdade de opinião, a honra, o direito moral do autor e os conexos e, como a identidade pessoal e familiar através de nome e sobrenome, pseudônimo conhecido e imagem; **direito à vida privada,** que envolve o segredo epistolar, profissional, doméstico, o inédito e a investigação médica e psicológica não autorizada.

Também se podem distribuir os direitos da personalidade em **direitos físicos,** quando dizem com os componentes naturais da pessoa, como a integridade corporal (corpo, órgãos, membros, imagem ou efígie); **direitos psíquicos,** formados pelos elementos intrínsecos da personalidade, como a liberdade, a intimidade e o sigilo; e **direitos morais,** que respeitam aos atributos valorativos ou virtudes da pessoa na sociedade, ou seja, seu patrimônio moral, como a identidade, a honra, as manifestações do intelecto.[819]

Entre os direitos prevalentes, e que interessam à presente dissertação, avulta o **direito à vida,** como maior expressão do homem, e de que emergem outros também prestigiados, gravitando uma constelação de garantias inerentes à personalidade ao seu redor.

Promana da concepção, é reconhecido ao nascituro e acompanha o ciclo biológico até o decesso, não fazendo distinções entre pessoas, condições ou estados, desimportando a maneira de fertilização ou as anomalias do ser.

É direito de caráter negativo, impondo-se ao respeito da coletividade, o que significa a ineficácia de declaração de vontade do titular que redun-

---

[817] DE CUPIS, p. 49-51.
[818] Idem, p. 52-53; FREGADOLLI, Luciana. *O direito à intimidade e a prova ilícita.* Belo Horizonte: Del Rey, 1998, p. 33.
[819] BITTAR, p. 17.

de em sua restrição, não se podendo nem ceifar a vida de outrem, mesmo com consentimento, ou a própria.[820]

Assenta-se como majestático na Constituição, sendo tutelado na esfera penal (CP, arts. 121 a 128), na legislação civil material e supletiva, não se descartando as repercussões da biotecnologia destes tempos, cujos procedimentos exigem catalogação conveniente.

Assim como o direito à vida, ressalte-se o **direito à integridade física**, que tutela a incolumidade física e intelectual, mantendo-se higidez corporal e a lucidez mental da pessoa, evitando-se danos à saúde, aos dotes naturais ou adquiridos na vida de conveniência.

Também se encarna desde a fecundação e assessora o homem até o perecimento material, mas diversamente do direito à vida, que é **indisponível**, o direito à integridade física, sob certos parâmetros, é **disponível**, sob o escudo de certos interesses, familiares ou sociais.

Aqui, as questões atinentes às intervenções cirúrgicas, inclusive transplantes, as experiências científicas, os esportes perigosos, o exercício de funções prejudiciais e a automutilação.

Para as primeiras é imperativo o consentimento, salvo o estado de necessidade, podendo opor-se a tratamentos dolorosos, inclusive o seccionamento de partes, mesmo cabelos e unhas, às internações desnecessárias, aceitando operações corretivas ou estéticas, vedadas as que causem deformidade.[821]

A Carta Federal protege o direito à incolumidade física, entre os direitos fundamentais, reprimindo a tortura, penas cruéis ou infamantes (CF, art. 5°, III), também o tutela a legislação penal (CP, arts. 129 e seguintes, e ainda arts. 130 a 137), e a legislação civil contempla a reprimenda às lesões , quanto à liquidação do dano (CC, arts. 949 e seguintes).

Outra classe que interessa referir é o **direito ao corpo**, instrumento para a realização da vida e que incorpora as qualificações pessoais, também perenes do nascimento à morte.

Como na situação anterior, remanesce a possibilidade de disposição às partes do corpo e de outrem, tanto na sua concreção quanto às porções renováveis ou não (órgãos, cabelos, sêmen, sangue, etc.), o que, todavia, encontra limites em diferentes direitos, desaconselhados em caso de perigos à vida, à saúde, deformação permanente ou outros, não se impedindo que a pessoa o faça, em benefício próprio ou com fins altruísticos.

A vedação penal da exploração do corpo por outrem (lenocínio), a omissão de socorro nos acidentes, a disposição no casamento, a investiga-

---
[820] BITTAR, p. 67.
[821] Idem, p. 74.

ção científica, as operações cirúrgicas, a correção de anomalias físicas ou sexuais (transexualismo), o aborto, o aleitamento pelas amas, as transfusões, as inseminações artificiais, os bebês de proveta, as mães de aluguel, são temas recorrentes que esperam a guarida da moral, dos bons costumes e da norma positiva.

Há, portanto, *um* **direito às partes separadas do corpo**, bens que podem ingressar no tráfego jurídico, com poder de disposição, eis que *coisas*, como se sublinhou alhures (cabelos, unhas, sangue), além de outras artificiais (órgãos artificiais, próteses, perucas).

A separação somente é cabível quanto às partes destacáveis, renováveis ou não, cuja extirpação (partes enfermas) ou transplante (doação), e devem submeter-se à regra do direito, genuflexo o consentimento e o uso de técnicas apropriadas.

Os bens separados podem ter valoração econômica ou serem utilizados com fins humanitários (sangue, pele, bancos de sêmen, leite).

A moderna biotecnologia evoca a possibilidade de engenharia genética, como no Projeto Genoma, que se destina a localizar o patrimônio hereditário para fins de patente e utilização, tema que deve recolher a melhor atenção dos juristas, para evitar-se a biopirataria, hoje frequente em países subdesenvolvidos, e que devem balizar-se pelo respeito à dignidade do homem.

Como apanágio ainda o **direito à integridade psíquica**, ou a preservação da incolumidade ou sanidade mental, com a proteção do aparato psíquico e que completa a condição humana, como o direito ao corpo, resguardando os elementos identificadores da estrutura interna da pessoa e que não se pode afetar por ações internas ou externas, naturais ou experimentais: daí a vedação à tortura, o detector de mentiras, a narcoanálise, a psicoterapia, a lavagem cerebral.

Repulsam-se expedientes que busquem o domínio da mente, como certas práticas religiosas, exorcismos, rituais, as práticas subliminares, entalhando-se a tutela em regras constitucionais (CF, art. 5º, *caput*, e incisos III, X , XLIX), como em repressivos penais (CP, art. 146, constrangimento ilegal, art. 149, cárcere privado, etc.); ou na esfera civil, tal a indenização dirigida contra médicos, autoridades e outros profissionais.

Saliente-se, finalmente, também o **direito à liberdade,** a faculdade de fazer ou deixar de fazer o que à ordem se coadune, que é a prerrogativa da pessoa desenvolver suas atividades no mundo de relações, sem obstáculos.

Para tanto, o sistema lhe confere o asilo necessário nos pontos essenciais à personalidade, como a locomoção, o pensamento e sua expressão, o culto, a comunicação em geral.[822]

---

[822] BITTAR, p. 101.

Aludem os doutos que o direito à liberdade incorpora todos os predicados do direito da personalidade, embora com abrandamentos, como acontece na restrição pela sanção penal, ou limitações administrativas nos vínculos com o Estado, onde o consentimento nem sempre se faz eficaz (por exemplo, a lei contra o abuso de autoridade).

A Constituição ampara as liberdades de locomoção, consciência, expressão, culto, exercício de atividade, associação, acobertadas por remédios como o mandado de segurança, o *habeas corpus,* e outros; em sede penal, recriminam-se condutas contra a liberdade individual, como o constrangimento ilegal, a ameaça, o sequestro, o cárcere privado (CP, arts. 213 e seguintes), e no campo civil é aceito o direito da pessoa agir, contratar, casar, associar-se, cominando-se a reparação em caso de ofensa à liberdade.

3. Direito à intimidade

A Carta Magna declara invioláveis a intimidade, a vida privada, a honra e a imagem das pessoas (CF, art. 50, X).

Ao fazê-lo, erigiu tais direitos à condição de direitos individuais, mas deixando de fazê-lo no cabeço do dispositivo, a colocação topográfica leva a tê-los como direitos conexos à vida; e, ainda, pela redação, a intimidade foi relegada à posição diversa dos direitos à vida privada, à honra, à imagem das pessoas, quando a doutrina os reputava como expressão daquela.

A imprecisão aconselha o uso da locução **direito à privacidade ou privatidade**, num sentido genérico, para abranger as incidências da esfera íntima, privada e da personalidade, e que pode ser definida como o *"conjunto de informações acerca do indivíduo que ele pode decidir manter sob seu exclusivo controle, ou comunicar, decidindo a quem quando, onde e em que condições, sem a isso poder ser legalmente sujeito".*

É verdade que alguns situam a intimidade em patamar diferente da vida privada, que ficaria reservada a círculo mais abrangente que àquela, envolvendo a proteção das formas de convivência, em que a comunicação é inevitável, enquanto a intimidade é o espaço que alguém poupa a si, sem repercussão social.

O juiz americano Cooley, em 1873, identificou a privacidade como o direito de ser deixado tranquilo, em paz, de estar só (*right to he alone*), havendo a Suprema Corte dos Estados Unidos opinado que o *right of privacy* compreende o direito da pessoa tomar sozinha as decisões na esfera de sua vida privada.[823]

Ao que consta, a construção do direito à intimidade teve base no controvertido trabalho *Grundzüge des Naturrechts*, publicado na Alemanha em 1846, em que David Augusto Röder esclarecia, como atos violadores do direito natural à vida privada, os de incomodar alguém com perguntas indiscretas ou entrar em aposento sem anunciar-se, publicação que mereceu críticas de Ihering, para quem o autor recorria ao direito natural para legitimar formas de viver e preocupações limitadas a uma pequena camada da população.

Logo, na França, em 1858, tramitou **affaire Rachel**, atriz famosa falecida prematuramente, tendo sua irmã, consternada, contratado dois fotógrafos para reproduzir a imagem da artista em seu leito de morte, mas proibindo qualquer reprodução do retrato, o que não foi atendido, fazendo-se através de um desenho, publicado no semanário *L 'Íllustraction*.

O Tribunal Civil de Sena reconheceu não haver direito de alguém reproduzir traços de pessoa em sua pompa mortuária, sem o assentimento formal da família, por maior que fosse a celebridade, sentença que originou a Lei de 11 de maio de 1868, onde se ordenou que a publicação, de fatos da vida privada, em jornais, seria punida como contravenção e coibida com multa.

A mesma solução foi adotada pelo Reichsgerich, com a edição de foto do Chanceler Bismarck, em sua câmara de morte, em 28 de dezembro de 1899.

Nos Estados Unidos, um artigo de Samuel Dennis Warren e Louis Dembiz Brandeis, intitulado *Rigth of Privacy*, é a primeira apresentação dos contornos do direito aprendiz, ante o temor de que os novos inventos pudessem desviar as clássicas formas de proteção da pessoa.

Seguiram-se ali numerosos julgados (*Mackenzie v. Soden Mineral Springs Co, Marks v. Jofjà, Pavesich v. New Engind Lité Ins. Co, Peed v. Washington Times Co, Roberston v. Rochesier Foiding Box Co*, etc.).

Na França, além da construção doutrinária de Gény, em 1900 o direito à privacidade teve assiduidade no *affaire Klobb*, militar famoso por suas campanhas no Sudão e contra os tuaregues e que fora assassinado por seus capitães.

O jornal *Le Figaro* promoveu campanha de subscrição popular, para aquisição de apólice de seguros, destinada a viúva e filhos do militar, que quedaram em situação delicada, o que teve a oposição da família como o periódico seguiu a campanha, foi intentada ação judicial, onde o tribunal

---

[823] SILVA. José Afonso. *Curso de direito constitucional positivo*. São Paulo. Malheiros. 1992. p. 209.

admitiu que a obstinação do jornal, em afronta ao legítimo desejo da viúva, criara-lhe prejuízos morais e materiais, obrigando-a a sair de sua dor, para expor-se às sequelas de uma demanda, quando detinha o direito de ficar em paz, para que não se confundissem as glórias do marido com a situação econômica da família, que mereceria respeito.

Outro caso de ressonância foi o processo contra o escritor Anatole France, que fundara a personagem Julien Sariette, de seu livro "**A rebelião dos Anjos**", na vida de um bibliotecário famoso de Paris, apresentando facetas da vida dele, inclusive um internamento em manicômio.

Os herdeiros do escritor foram obrigados a pagar indenização a Jean Lemoine, afirmando os juízes que o autor tinha direito indiscutível de tirar da vida real o material necessário para sua obra, mas que isso se estremava no respeito à personalidade moral e física do outro.

Na Alemanha, admitiu-se o direito de divulgação, em biografias, das cartas de Wagner e, depois, de Niestzche.

Na Itália, a família de Eurico Caruso repeliu a utilização de cenas que tratavam de sua vida íntima, em filmes como **Il grande Caruso**, buscando o sequestro da obra cinematográfica, o que logrou atendimento pelo tribunal de Roma, que obrigou o diretor a cortar as imagens de quatro sequências, além de impor ressarcimento monetário.

Ainda ali, o Tribunal de Milão (1953) acolheu que o livro "**Il Grande Amore**", que descrevia episódios amorosos entre Claretta Pettacci e Benito Mussolini, lesava a reputação daquela cidadã, sendo o editor condenado a suspender o comércio da obra e a pagar reparação pecuniária à família Pettacci, como dano moral.

No Brasil, foi precursora a sentença do juiz Octávio Kelly, da 2ª Vara Cível do Rio de Janeiro, em maio de 1928, que tutelou o direito de Zezé Leone, Miss Brasil 1922, pela captação de sua imagem por cinegrafista de filme de variedades, sob ângulos inconvenientes para sua fama.

Em São Paulo, o padre Pedro Bellini, temendo a repercussão que haveria com a publicação de sua fotografia em jornal, danificou a câmera do profissional, sendo condenado pelo *excesso verificado*, mas não por dano, eis que cabia opor-se a uma fotografia não consentida.[824]

O direito à intimidade é apoiado na Declaração Americana dos Direitos e Deveres do Homem (Bogotá), na Declaração Universal dos Direitos do Homem (ONU), na Convenção Europeia dos Direitos Humanos (Roma), no Pacto Internacional dos Direitos Políticos e Civis, de 1966, na Conferência Internacional dos Direitos do Homem (Teerã), na Convenção

---

[824] SAMPAIO. José Adércio Leite. *Direito à intimidade e à vida privada*. Belo Horizonte: Del Rey, 1997, p. 54/61.

Americana sobre Direitos Humanos (São José da Costa Rica), como também no Código Civil português (secção II), na Inglaterra (Post Act, Post Office Act, Telegraph Act, Interceptation of Communications Act, Finance Act, Road Traffic Act, etc.), nos Estados Unidos (Federal Rules of Civil Procedure, Omnibus Crime Control and Safe Streets Act, Federal Privacy Act, Video Privacy Act, Cable Television Privacy Act, Telephone Consumer Proctetion Act), na Alemanha (Lei Fundamental e Código Civil), na França (Código Civil, art. 9° na Itália) (Código Civil, Lei do Direito Autoral, Código de Processo Civil e Lei n° 98/74, que trata de **tutella della riservatezza e della íibertà a segretezza delle comunicazioni**).

Em passagem anterior, registrou-se a legislação brasileira, material e especial, sobre o direito à intimidade.

Este direito, hoje, assume um peculiar relevo, mercê do desenvolvimento da tecnologia e a exposição constante do homem, nos diversos papéis sociais que exerce.

Como espécie de direito da personalidade, também apresenta seus típicos, sendo **direito subjetivo privado, geral, inato, vitalício, intransmissível, imprescritível, impenhorável e não sujeito à desapropriação**, podendo compreender uns de **natureza física**, como a intangibilidade corporal, o direito às partes e ao cadáver, e outros de **natureza moral**, como o direito à imagem, ao nome, etc.

É certo que a vida moderna debilitou os arrimos da intimidade, que pode sofrer restrições, se presentes condições e justificativas, como ocorre no juízo da proporcionalidade, pois sendo o homem um ser social, deve respeitar certas limitações, em busca do melhor convívio e do bem comum; tal é o sacrifício do direito à imagem, para fins judiciais ou policiais, quando o interesse individual cede ao coletivo, as buscas domiciliares, a interceptação telefônica, a nudez consentida, etc.

A moderação sucede por via legislativa, de forma indireta (Lei n° 9.496/96, sobre interceptação telefônica; Lei n° 8.069/90, Estatuto da Criança e do Adolescente, quando trata da igualdade entre filhos) ou indireta (regras da Constituição sobre segurança e moralidade públicas, funções institucionais do Ministério Público, fiscalização contábil, financeira e orçamentária da União pelo Tribunal de Contas), como ainda pela atuação judicial, na solução de conflitos, onde se ponderam interesses em confronto.[825]

Entendem outros que não se pode colocar o direito pessoal acima do interesse superior da Justiça e das garantias que devem ser dispensadas a esta em beneficio do grupo social, cabendo ao Judiciário definir quando será justa a restrição de tais direitos individuais, devendo ela ocorrer nos

---

[825] SAMPAIO, Leite, p. 383/385.

casos de prova de existência de vícios de vontade, de ato criminoso ou contravencional, de fato concernente ao interesse público, de produção de prova da própria honra ou inocência ou defesa de direito ou alegação do destinatário, no juízo cível ou criminal, de desmentir uma falsa acusação contra alguém; ou nos processos de separação de pessoas e bens, de anulação de casamento, de investigação de paternidade, de maternidade ilegítima ou impugnação de legitimidade de filho.[826]

Aqui, conforme propósito inicial, se cuidará de abalo deste direito, como também do atinente à integridade física, em ações de investigação, sob a ótica da proporcionalidade e da bioética.

4. O princípio da proporcionalidade

A ideia de proporção sempre esteve ligada à compreensão da noção de direito, seja a partir do conceito aristotélico de justiça distributiva, ou das lições de Ulpiano, Dante e Grócio, ganhando projeção nos séculos XVIII e principalmente XIX, em referência às limitações administrativas da liberdade individual.

A ideia hoje difundida de proporcionalidade (*Verhaitnismassigkeit*) é dotada de um sentido técnico, correspondente a **uma limitação do poder central em benefício da garantia da integridade física e moral dos que lhe estão sub-rogados**, mesclando-se com a origem do Estado Democrático de Direito, nascido sob a égide de uma Lei Fundamental, percebida como **documento formalizador de propósitos de se manter o equilíbrio entre os diversos poderes que formam o Estado e o respeito mútuo entre este e os indivíduos a ele submetidos, a quem são reconhecidos direitos inalienáveis;** é adotado nas modernas Constituições Europeias (Portugal, art. 18; Alemanha, art.19).

Pretende-se, atualmente, a vinculação do exercício do poder político, por quaisquer funções do Estado, quando das decisões que importem em restrições de direitos ou interesses jurídicos relevantes, não apenas a legitimidade dos meios empregados e dos fins perseguidos, mas também, **cumulativamente**, à adequação desses meios à consecução dos propósitos desejados, à necessidade de sua utilização e à razoabilidade (justa medida) do sacrifício de um ou mais direitos e interesses em detrimento de um ou outros.[827]

---

[826] SÁ JÚNIOR, Renato Maciel de. *A prova fonográfica*. São Paulo: Revista dos Tribunais, v. 574/302.

[827] DINIZ, Márcio Augusto Vasconcellos. *A concessão de medida liminar em processo cautelar e o princípio constitucional da proporcionalidade*. Rio de Janeiro: Revista Forense, v. 318/103.

A partir de 1945, firmou-se na Alemanha a aspiração de assegurar a liberdade, registrando-se ali, justo na entrada da Lei Fundamental, o princípio supremo incondicional e indisponível da intangibilidade da dignidade da pessoa e o reconhecimento de direitos invioláveis e inalienáveis do homem (Lei Fundamental alemã, artigo 1º, alíneas 1 e 2).

Advogava-se, então, que os direitos fundamentais eram assegurados e valiam na medida das leis, e seu estatuto nada mais representava do que a especialização e a concretização constitucional da legalidade administrativa, ou seja, a vinculação da administração a determinadas situações e âmbitos da vida, tais como a liberdade religiosa, a propriedade, a liberdade pessoal; somente depois da Lei Fundamental é que a administração, os legisladores e os tribunais passaram a ser objeto de ligação à Constituição e aos direitos fundamentais nela inscritos, havendo urna transformação da *reserva legal*, para o princípio da **reserva da lei proporcional**, disto resultando que a jurisprudência acabou por desenvolver o conteúdo do princípio da proporcionalidade em três níveis: a lei, para corresponder ao princípio da reserva legal proporcional, deve ser **adequada, necessária e razoável**.[828]

Nesta nova orientação, interessam não apenas os meios usados e os fins buscados pelo legislador, mas também a *adequação* destes meios para a consecução dos objetivos pretendidos e a **necessidade** de sua utilização, quando o juízo definitivo há de resultar da **rigorosa ponderação** entre o significado da intervenção para o atingido e as metas intencionadas pelo legislador.

O pressuposto da **adequação** exige que as medidas interventivas adotadas se mostrem aptas para o intuito almejado, e o requisito da **necessidade** significa que nenhum meio menos gravoso para o indivíduo se revelaria igualmente eficaz no sucesso dos propósitos.

Assim, apenas o **adequado** pode ser **necessário**, mas o que é necessário não pode ser **inadequado**.

Portanto, o princípio da proporcionalidade, em sentido estrito, mostra que uma lei restritiva, mesmo adequada e necessária, pode ser inconstitucional quando adote cargas coativas de direitos, liberdades e garantias **desmedidas, desajustadas, excessivas ou desproporcionais** em relação aos resultados obtidos.[829]

Uma medida é **adequada** se o meio escolhido está pronto para alcançar o resultado pretendido é *necessária* se, dentre todas as disponíveis e igualmente eficazes para o fim, é a menos gravosa em relação aos direitos

---

[828] SCHOLLER, Heinrich. *O princípio da proporcionalidade no direito constitucional e administrativo da Alemanha*. Palestra no Curso de Aperfeiçoamento em Direito Público Comparado. Porto Alegre, UFRGS, em 20.11.98.

[829] CANOTILHO, José Joaquim Gomes. *Direito Constitucional*. Coimbra: Livraria Almedina, 1989, p. 487-488.

envolvidos; e *proporcional* ou *correspondente*, se, quanto ao fim, não restringe excessivamente os direitos envolvidos.[830]

Ressalte-se que parte da doutrina acha o princípio requestado como um verdadeiro **dever de proporcionalidade**, eis que não é um **princípio ou norma-princípio**, pois sua descrição abstrata não aceita uma concretização em princípio gradual, e sua estrutura trifásica admite uma única possibilidade de aplicação, sendo seu teor neutro em conformidade ao contexto fático, não sendo modificado no choque com outros princípios.

Tampouco é um **princípio ou critério material**, pois enquanto este serve para a tomada de uma decisão racional sobre a aceitação ou rejeição de uma das variáveis envolvidas, também não determinando que um dos princípios seja escolhido em oposição de outro; nem é uma regra jurídica, pois não identifica qual o conteúdo relacionado com a atividade humana ou aplicação de outras normas, mas consiste em **postulado normativo aplicativo**, pois impõe uma condição formal ou estrutural de conhecimento concreto de outras regras e numa condição normativa criada pelo Direito para sua devida aplicação: sem o dever de proporcionalidade não há a devida realização integral dos bens juridicamente resguardados.[831]

Entretanto, é prudente lembrar que autores debruçados sobre julgados tedescos advertem que não se deve cair na sedução do entusiasmo que o critério da proporcionalidade apresenta para dirimir conflitos entre direitos fundamentais legitimamente tuteláveis, pois emprego insere dose de subjetivismo, que pode trazer perigo à garantia da lisura plena das provas produzidas no processo e na proteção da dignidade e do livre desbordamento da personalidade humana (assim, a admissibilidade da prova ilícita, como a gravação magnética da conversa da mulher com terceiro, feita pelo marido, sob o argumento de que é a única possível para o divórcio).[832]

A Corte Suprema brasileira de muito adotou o princípio da proporcionalidade, como se vê do RE nº 18.331, relatado pelo Ministro Orozimbo Nonato, com a proteção do direito de propriedade, onde se alude que o poder de taxar não pode chegar à desmedida do poder de destruir, pois seu exercício não deve superar o abuso, o desvio, descabendo levar em conta só a letra do texto, mas, principalmente, o espírito do dispositivo invocado.

Posteriormente, em fevereiro de 1968, ao declarar a inconstitucionalidade de cânone da Lei de Segurança Nacional, que vedava o exercício de alguma atividade profissional pelo acusado, o Excelso Pretório proclamou

---

[830] ÁVILA. Humberto Bergmann. *A distinção entre princípios e regras e a redefinição do dever de proporcionalidade*. Revista de Direito Administrativo, v. 215/172.
[831] Idem, p. 168-170.
[832] SZANIAWISKI. p. 115-116.

que a restrição se revelava desproporcional (**exorbitância dos efeitos da condenação**), por manifesta oposição ao direito à vida, acentuando o Ministro Themístocles Cavalcanti que a Carta então vigente privilegiava o aperfeiçoamento do homem e o respeito à sua integridade física e moral, com a preservação dos direitos da personalidade (HC 45.232).

Mais além, no exame da Representação n° 930, onde se discutia a extensão da liberdade profissional e a expressão **condições de capacidade**, o Ministro Rodrigues Alckimin enfatizou a necessidade de se defender o núcleo essencial do direito fundamental, anotando que, na estimação de ditos requisitos, haveria o legislador de **atender ao critério da razoabilidade**.[833]

O aresto que engala este trabalho é uma evidente aplicação do princípio ou dever da proporcionalidade.

Daí se segue que não pode ele, no âmbito probatório, se entregar totalmente à pesquisa da verdade dos fatos alegados, como se fosse parte suplicante ou suplicada, mas manterá sua imparcialidade, que constitui a essência do ato de julgar, pois se tentasse substituir as partes na pesquisa e na demonstração da verdade, correria o risco de proferir decisões parciais e apaixonadas.[834]

O fenômeno da **constitucionalização do processo civil**, que aconselha a releitura de institutos fundamentais à luz da Carta Federal, veio a contribuir para o fortalecimento dos poderes do juiz na direção e instrução do processo, pois, para se lograr a efetividade, é de rigor que tais atribuições sejam endereçadas.

Com efeito, a postura burocrática e protocolar do juiz, que tecnicamente não se assemelha a qualquer outro funcionário ou servidor público, pois detém parcela do poder do Estado e o representa perante a sociedade, entra em conflito aberto com as tendências atuais do processo civil, devendo ser afastada, já que não se concebe que a parte seja prejudicada pelo apego ao fetichismo das formas e à dogmática tradicional.[835]

A atividade probatória do juiz é plena em ação que versa sobre direitos indisponíveis, podendo determinar a realização de provas *ex officio*, independentemente de requerimento da parte ou interessado e até mesmo contra a vontade daquela.[836]

---

[833] MENDES. p. 475-476.
[834] MIRANDA, Vicente. *Poderes instrutórios do juiz do processo civil brasileiro*. São Paulo: Saraiva, 1993, p. 216-217.
[835] LOPES, João Batista. *A prova no direito processual civil*. São Paulo: Revista dos Tribunais, 1999, p. 162-163.
[836] NERY JÚNIOR, Nelson. *Código de Processo Civil Comentado*. São Paulo: Revista dos Tribunais, 1996, p. 555.

5. A prova hematológica

Em sede de investigação de paternidade, como se disse em outro texto desta obra, a prova pericial é uma das mais prestigiadas, justamente por habilitar o edito judicial através de pessoas capacitadas, que auxiliam com seus conhecimentos específicos, mostrando dados técnicos e científicos.

Embora isso, o juiz não fica vinculado ao laudo, podendo concordar ou não com a conclusão do perito, orientando sua convicção através de outras provas existentes nos autos.

A criação do microscópio por Anton Van Leeuwenhok, na metade do século XVII, trouxe uma paixão pelo infinitamente pequeno e pelo desconhecido, e ele mesmo descobre os glóbulos vermelhos do sangue.

Em 1869, Friedrich Miesher isola a **nucleína** nos núcleos dos glóbulos brancos, e Altman, vinte anos depois, precisa a natureza química daquela substância: é o **ácido nucléico**.

Em 1879, Walter Flemming constata finos filamentos cobráveis no núcleo da célula, a que chama *cromatina* e, em 1888 Wilhem Waldeyer observa que ditos filamentos, ao se espessarem, constituem bastonetes, que batiza como *cromossomos*.

Com intuição, em 1892, Augusto Weismann observa que a essência da hereditariedade é a transmissão de uma substância nuclear que tem uma estrutura molecular específica; anos antes, Johann Gregor Mendel, estabelecera que as características herdadas se deviam a *fatores* presentes nas células sexuais, a que Wilhelm Johansen denominara de **genes**.

Genes, pois, são partículas materiais, alojadas nos cromossomos e que determinam os caracteres hereditários.

Em 1927, R. Feulgen, através de técnica de coloração que criara, localiza nos cromossomos o **ácido desoxirribonucléico**, ou *DNA*, sem lhe atribuir qualquer função, e Archibald E. Garrod formula a hipótese de que uma desordem hereditária ou **doença genética** era consequência de uma deficiência enzimática; George W. Beadle, Bons Ephrussi e Edward Tatum concluem que os genes determinam o aparecimento de proteínas e que, por meio delas, acabam controlando os caracteres (fenótipos); as proteínas, consequências moleculares do funcionamento dos genes, são formadas pelo encadeamento de 20 moléculas diferentes, agrupadas sob o nome de *aminoácidos*, ligados por um elo químico (ligação peptídica).

Embora se soubesse que o DNA era o suporte da hereditariedade e a matéria dos genes, desconhecia-se como se replicava, e como comandava as proteínas, quando em 1953 dois jovens pesquisadores, James D. Watson e Francis H. C. Crick, descobriram a estrutura em **dupla hélice** do DNA, duas fitas complementares, estreitamente entrelaçadas.

Cada fita da dupla hélice era constituída pelo encadeamento de unidades nucleotídicas (açúcar + base + fosfato), em que o açúcar é a desoxirribose, as bases são **adenina, timina, citosina e guanina**.

A coesão das fitas se deve a duas pontes de hidrogênio, como barras paralelas, onde **o conhecimento de uma fita acarreta o conhecimento da outra, por complementaridade**;[837] denomina-se **genoma** ao conjunto dos genes de um organismo, independentemente de seu número.

Em arremate, as características morfológicas e fisiológicas do indivíduo são condicionadas pelo desempenho dos genes, compostos pelo DNA, onde se acham armazenadas todas as informações genéticas, que constituem o código genético.

Graças à capacidade de o DNA autoduplicar-se, ou seja, de produzir uma cópia fiel de si mesmo, os genes podem manter, de geração a geração suas peculiaridades funcionais.

As informações hereditárias se acham codificadas no DNA, obedecendo a uma sequência das bases que o formam; as bases nitrogenadas são **letras**, cujas sequências determinam as combinações possíveis de aminoácidos da matéria viva para criarem esta ou aquela proteína (hormônio, enzima, proteína estrutural).

O *alfabeto* utilizado pela matéria viva teria, assim, apenas quatro letras: adenina, guanina, citosina e timina; cada conjunto de três bases (*triplet*) codifica ou determina a exata incorporação de certo aminoácido e posição que deve ocupar na proteína sintetizada, e daí a eclosão de um caráter.

Desta forma, o grupo sanguíneo de cada pessoa resulta da herança biológica de seus pais, conforme as regras mendelianas, daí prestar-se para a averiguação da ascendência genética.

Tratando-se de **ação de investigação de paternidade**, se a prova carreada aos autos autoriza afirmar-se que a mãe do autor veio a conceber durante o tempo de relacionamento afetivo com o réu, e o bom comportamento da mulher, forçoso concluir pela aceitabilidade da prova técnica, em vista da compatibilidade de tipagem sanguínea entre o autor e o investigado, deixando a certeza do liame paterno entre um e outro.[838]

Cuidando-se de grupos sanguíneos, a incompatibilidade sanguínea demonstrada tem valor probatório de caráter absoluto, invalidando o

---

[837] MARCHAND, Claudine Guérin. *Manipulações genéticas*. Bauru: Editora da Universidade do Sagrado Coração, 1999, p. 13, passim.

[838] TJSP, 1ª Câmara Cível, APC 127.674-1, Rel. Des. Euclides de Olveira, Revista dos Tribunais, v. 663/81.

registro de nascimento,⁸³⁹ e caso o exame exclua a paternidade, a autora pode apenas pedir, em caso de dúvida, que se faça perícia mais apurada, sem aceitar-se que venha a ser contraposto por prova testemunhal e juízo de procedência.⁸⁴⁰

Não se afasta, também nesta espécie de exame hematológico, a possibilidade da recusa do indigitado pai, por considerar constrangimento contra sua pessoa ou faltar permissivo legal.⁸⁴¹

A partir da descoberta que o DNA contém o código genético, todavia, importante avanço se deu nas ciências da vida, com reflexos também no âmbito jurídico.

Como se disse, no instante da concepção, cada indivíduo recebe um conjunto de genes (genótipo) oriundos do óvulo materno e do espermatozóide paterno. O genótipo contém as *informações* que determinam o funcionamento do futuro organismo, ou seja, todas as suas características e que estão escritas em linguagem química peculiar: o código genético.

Em diversas demandas, seja por requerimento do autor ou por iniciativa do juiz, o investigado é impelido a submeter-se ao exame de DNA, recusando-se a comparecer à coleta.

Em outro local, afirmou-se que a escusa é muitas vezes séria e justificada; outras vezes é uma simples negativa ou insubmissão ao custeio da diligência; outras vezes o investigado não comparece ao laboratório.

Cuida-se de examinar os efeitos da recusa e a possibilidade da condução coercitiva.

6. O STF e o paradigma

Em demanda que tramitou em Porto Alegre, à falta de outra prova para demonstrar a paternidade, a juíza ordenou que o réu se sujeitasse ao exame pelo DNA.

Em agravo interposto contra o despacho, o investigado alertou sobre a proteção insculpida no artigo 5º, incs. II e X, da Carta Federal, afirmando que ninguém pode ser obrigado ao atendimento de império semelhante.

A Corte, entretanto, por maioria, assentou que é correta a determinação que ordena o comparecimento do réu-agravante, pena de condução sob vara, para a realização do exame, já que seu corpo, no caso, é objeto de di-

---

⁸³⁹ TJSP, 5ª Câmara Cível, APC 87.212-1, Rel. Des. Márcio Bonilha, RJTJSP, v. 111/104.

⁸⁴⁰ TJSP, 1ª Câmara Cível, APC 26.934, Rel. Des. Protásio Leal, Revista Jurídica, v. 125/129.

⁸⁴¹ TJSP, 2ª Câmara Cível, AGI 87.550-1, Rel. Des. Walter Moraes, RJTJSP 111/350.

reitos, sendo-lhe vedado invocar o direito personalíssimo de disposição do próprio corpo; verifica-se, aí, o interesse maior das agravadas em conhecer suas origens e, consequentemente, obterem o direito ao nome paterno.

No acórdão respectivo, diz-se que a análise da peculiaridade do caso deve ser feita à luz das exigências do bem comum, atendendo-se aos fins sociais e aplicando-se a lógica do razoável, diante das situações mutáveis, que com o tempo reclamam aplicação de justiça em sintonia com tais modificações; a ciência biológica e a jurídica não dispõem de meios diretos de prova da paternidade, valendo-se, para estabelecer a filiação, de um jogo de presunções, baseadas em fatos certos, como o exame de sangue, que se constitui em fatos excludente; assim, o progresso da ciência pode conduzir à fixação de um tipo sanguíneo tão preciso que forme a convicção definitiva da hereditariedade biológica.

E em vassalagem implícita ao **princípio da proporcionalidade**, o tribunal proclamou que, não obstante a dita violação do ordenamento constitucional, a assertiva do investigado sucumbia em face de outro direito federal, de mesma categoria, concedido à criança e ao adolescente, com absoluta prioridade, relativo a dignidade, respeito, liberdade e convivência familiar, e, principalmente, o direito a ver conhecidos seus pais (CF art. 227); aduz ainda que o Estatuto da Criança e do Adolescente perfilha a **doutrina da proteção integral**, baseada no reconhecimento de direitos decorrentes da condição peculiar das pessoas em desenvolvimento, em consonância com a Convenção sobre os Direitos da Criança, adotada pela ONU, e de que o Brasil é signatário.

Daí o desenvolvimento físico, mental, moral, espiritual e social das menores somente podia ser alcançado com a elucidação de sua paternidade.

Sendo o processo um instrumento também ético, e não apenas técnico, deve servir para resguardo dos interesses e direitos materiais das partes, não se olvidando que todos os direitos são relativos, e não absolutos e qualquer hierarquização dentre eles, pressupõe o conhecimento dos que estão em cotejo o direito à liberdade é mais importante que o da propriedade, mas menos importante do que o direito à vida.

O direito à vida de uma pessoa, porém, é mais importante quando em **cotejo** com o direito à vida de muitas pessoas; desta forma, os direitos constitucionais devem ser protegidos toda a vez que sofram ataque em favor de interesses menores, mas, quando suportam o embate da mesma hierarquia e valor, há de prevalecer o direito à dignidade, elevando à categoria de fundamento da República (CF, art. 1º, III).

Em arremate, fragilizado conteúdo da prova que as partes produziram, justificava-se que a magistrada determinasse a diligência compulsória, como elemento de convicção definitivo.

O voto vencido sustentou que o Poder Judiciário não podia desgastar-se ao impor exame a alguém; que o paciente detinha o direito de não permiti-lo, pois a **inspeção corporal** só é moralmente legítima com o assentimento do interessado.

A recusa, assim, era justa, embora o recorrente assumisse o ônus da presunção.[842]

Ao conceder ação mandamental impetrada contra a decisão, e por maioria, a Suprema Corte anunciou que:

"Discrepa, a mais não poder, de garantias constitucionais implícitas e explícitas preservação da dignidade humana, da intimidade, da intangibilidade do corpo humano, do império da lei e da inexecução específica e direta de obrigação de fazer provimento judicial que, em ação civil de investigação de paternidade, implique determinação no sentido de o réu conduzido ao laboratório, 'debaixo de vara' para a coleta do material indispensável à feitura do exame DNA. A recusa resolve-se no plano jurídico-instrumental, consideradas a dogmática, a doutrina, a jurisprudência, no que voltadas ao deslinde das questões ligadas à prova dos fatos".

Segundo o Relator, a violência era ímpar e se divorciava, sobremaneira, não só da ordem constitucional em vigor, como também das normas instrumentais comuns aplicáveis, pois a recusa implicava a admissão ficta dos fatos, sendo desnecessária a condução do paciente em camisa de força, para, imobilizado, ver recolhido do próprio corpo o material atinente.

Embora competisse ao cidadão colaborar com a Justiça, na busca da prevalência dos respectivos interesses, e mesmo que o sacrifício (espetadela) não fosse grande, os princípios constitucionais obstaculizavam a solução dada; assim, o princípio da legalidade não obriga ninguém a fazer ou deixar de fazer alguma coisa senão em virtude da lei.

Por outro lado, a Constituição consigna serem invioláveis a intimidade, a vida privada, a honra e a imagem das pessoas (CF, art. 5º, X): onde ficaria a **intangibilidade do corpo humano**, a dignidade da pessoa, uma vez agasalhada a esdrúxula forma de proporcionar a uma das partes, em demanda civil, a feitura de uma certa prova?

Era irrecusável o direito do paciente em não ser conduzido, mediante coerção física, ao laboratório, como seu direito de não permitir que se retirasse das veias mesmo uma pequena porção de sangue; a recusa haveria de ser solvida, não no campo da violência física, de ofensa à dignidade

---
[842] TJRS, Oitava Câmara Cível, AGI 593.108.228, Rel. Eliseu Gomes Torres, j. 4.11.93, RJTJRS 162/233.

humana, mas no **plano instrumental reservado ao Juízo competente**, sopesadas a prova coligida e a negativa.

A hipótese não configurava situação de supremacia do interesse público ao individual, como nas vacinações obrigatórias em épocas de epidemia, ou mesmo na preservação da vida humana, naqueles casos em que as convicções religiosas arraigadas acabam por conduzir à perda da racionalidade.[843]

Em outro aresto, disse aquele colegiado que "... se cuida de situação atípica na qual se pretende de resto, apenas para obter prova de reforço – submeter ao exame pai presumido, em processo que tem por objeto a pretensão de terceiro de ver-se declarado o pai biológico da criança nascida na constância do casamento do paciente; hipótese que, à luz do princípio da proporcionalidade ou da razoabilidade, se impõe evitar a afronta à dignidade pessoal que, nas circunstâncias, a sua participação na perícia substantivaria".[844]

Em sintonia, a jurisprudência alude que não se pode constranger pessoas ao exame de seus órgãos genitais, quando não desejarem, pois a **inviolabilidade** desse direito personalíssimo (intimidade) é preceito constitucional.[845]

Acentue-se que os ordenamentos europeus de maior trânsito, salvo a Alemanha, comungam da mesma posição sustentada pela maioria do Tribunal Excelso. Assim, França, Itália e Espanha se identificam em que a recusa de se submeter ao exame biológico não tem consequências senão na apreciação das provas pelo juiz, ao passo que o direito inglês acha que a negativa vale por obstruir a busca da prova e deve conduzir necessariamente à perda do processo.

A diferença de comportamentos semelhantes entre os sistemas jurídicos de influência romanista e o sistema inglês esbarra na explicação em que, nos primeiros países, se obedecem aos princípios concernentes ao estado da pessoa, onde o julgamento sobre a filiação produz efeitos *erga omnes* e deve, por essa razão, ter em conta a verdade biológica, ao passo que na Inglaterra as questões atinentes ao direito de filiação são sempre examinadas enquanto questões prejudiciais autônomas, incidentes, no âmbito dos processos de alimentos ou relativos à sucessão.

No grupo majoritário, ainda, os direitos suíço e austríaco.

A exceção mais notável na Europa ocidental é a Alemanha, onde vigora, desde 1938, a regra de submissão coativa das partes e das teste-

---

[843] STF. Pleno. HC 71.3734- RS. Rel. Min. Marco Aurelio, DJU 22.11.96.
[844] STF. Primeira Turma, HC 76060/SC. Rel. Min. Sepúlveda Pertence, DJU 15.5.98.
[845] TASP. Segunda Câmara, AGI 578. 774-8. Rel. Juiz Rodrigues de Carvalho. j. 27.4.94.

munhas à colheita do sangue, **desde que essa medida seja necessária ao exame da filiação de uma criança.**

A inovação data do auge do nacional-socialismo, quando por força da política racial do regime totalitário, as pesquisas sobre as origens raciais e genéticas conheceram importância crescente, excedendo o domínio do direito da infância, sendo estendida, em 1943, aos processos administrativos de apuração somente de pertinência de uma raça ou a um clã.

O interessante é que a regra da compulsoriedade do exame não foi estigmatizada, como vinculada ao pensamento nazista, mas subsistiu à democratização e até a reforma processual de 1950, justificada como decorrência do princípio inquisitório que domina, no direito alemão, os procedimentos relativos à filiação.

A legitimidade do sistema veio a reforçar-se com a afirmação, pelo Tribunal Constitucional Federal, entre os direitos gerais da personalidade, do **direito ao conhecimento da origem genética**, do qual extraiu o imperativo constitucional da criação de uma ação autônoma declaratória da filiação genética, não sujeita a limitações da contestação da legitimidade presumida; contra o que não se pode antepor o direito à integridade corporal, em relação à qual, já na década de 50, a Corte assentara que manifestamente não a agride a colheita de uma pequena quantidade de sangue. A respeito, similar o direito norte-americano e dos países nórdicos.

Nos Estados Unidos, os ordenamentos estaduais adotam a regra do Uniforme Parentage Act, de 1973, II, a teor do qual *the Court may, and upon the request of a party, shal require the child, mother or alleged father to submit to blood tests*, sob pena de condução compulsória (*contempt of Court*).[846]

Nesta esteira, a despeito da valiosidade do exame pericial de DNA, sobretudo diante da grande contribuição proporcionada ao Judiciário, na entrega da prestação jurisdicional, não se pode admitir a presunção de veracidade de fatos alegados na inicial da investigação de paternidade, quando o suposto pai se recusa a submeter-se a tal prova. E mandamento constitucional (artigo 5°, II) que ninguém é obrigado a fazer ou deixar alguma coisa, senão em virtude de lei.

Não havendo lei que imponha a obrigatoriedade de alguém se subjugar a determinada prova, tampouco, que estabeleça a presunção legal da veracidade dos fatos, **não há como se admitir tal recusa como prova indireta**, incumbindo ao autor produzir outras que demonstrem os acontecimentos narrados, de acordo com a regra de distribuição da prova (CPC, art. 333).[847]

---

[846] STF, Primeira Turma, HC 76.0604/SC, rel. Min. Sepúlveda Pertence, DJU 15.04.98.
[847] TJMG, Segunda Turma Cível, APC 46.788-5, Rel. Des. Milton Malulei, j. 4.3.97.

É consabido que uma investigação de paternidade traz para as partes uma compreensível perturbação na sua estrutura emocional, desequilibra e interfere no relacionamento conjugal do investigado, abalando seu núcleo familiar; diante destes reflexos psíquicos, ético-familiares, sociais, morais e materiais incidentes no seio das famílias envolvidas, não se permite ao decisor descurar dos meios de prova tradicionalmente postos à disposição pela garantia do contraditório, não havendo certeza jurídica que lhe permita desdenhá-los, em atitude de veneração ao DNA; assim fazendo, restam violados os princípios da ampla defesa.

Ao acionado deve assegurar-se a garantia de provar a negativa, não sendo nem ético nem judicioso que a pessoa demandada possa ser aprioristicamente constrangida, sob a ameaça suprema de se tornar pai por presunção, a realizar prova pericial com preferência pré-ordenada para o teste do DNA, sem que o investigante tivesse anteriormente logrado convencer o juiz de alguma razoável procedência de suas alegações iniciais.[848]

Já se disse alhures que a **intangibilidade corporal** se inscreve entre os direitos da personalidade, pois o corpo é o instrumento para a realização da vida, aí se encarnando as qualificações pessoais, protegidas pelo sistema jurídico, que acompanham o homem desde a concepção.

É verdade a que disto remanesce a possibilidade de disposição de determinadas partes, renováveis ou não, como certos órgãos, cabelos, sêmen, sangue, etc., mas que encontra limites em outros direitos, em caso de perigo à vida, à saúde, à deformação permanente, não impedindo que a pessoa o faça, em benefício próprio ou com fins altruísticos.

A vedação penal da exploração do corpo por outrem, a omissão de socorro nos acidentes, a disposição no casamento, a investigação científica, as operações cirúrgicas, a correção de anomalias físicas ou sexuais (transexualismo), o aborto, o aleitamento pelas amas, as transfusões, as inseminações artificiais, os bebês de proveta, as mães de aluguel, são temas recorrentes que merecem a consideração da moral, dos bons costumes e da norma positiva.

Há, assim, um direito às partes separadas do corpo, havendo certos bens que podem entrar na circulação jurídica, dentro do poder de disposição, pois consideradas coisas pela maioria dos doutrinadores (cabelo, sangue, unhas), além de outros de natureza artificial (órgãos artificiais, perucas, próteses), e que até podem ter valoração econômica ou usados para fins humanitários.[849]

---

[848] MADALENO, Rolf. Hanssen. *A sacralização da presunção na investigação de paternidade*. Revista Síntese, julho de 1999, p. 12-13.

[849] GIORGIS, José Carlos Teixeira. *Personalidade, intimidade e proporcionalidade*. Trabalho para a disciplina de Direito Constitucional Contemporâneo, Curso de Mestrado, PUCRS, março de 2000.

Ninguém, sem licença do titular, pode interferir no exercício do direito ao corpo, ou operar nele, pois tal se constitui em violação do direito, e as exceções à regra devem estar na lei e são de dois gêneros, estão sujeitos a constrangimento corporal das pessoas sob restrição de liberdade física (prisão criminal, civil ou administrativa), e a autoridade legítima pode, por necessidade de resguardo da saúde pública, ordenar atos de intervenção compulsória (como as vacinações obrigatórias, as internações compulsórias de portadores de certas moléstias).

O Código de Ética Médica manda o profissional respeitar o direito do paciente de decidir livremente sobre a execução de práticas diagnósticas ou terapêuticas, salvo em caso de iminente perigo de vida (art. 56).

Aplica a regra da exclusividade, mas significa também que, em caso de iminente perigo de vida, o médico pode intervir contra a vontade do paciente, e nisto quebra o princípio. Por sua vez, o projeto nº 634/75 dispõe que ninguém pode ser constrangido a submeter-se, com risco de vida, a tratamento médico ou intervenção cirúrgica. Pior ainda, quer dizer que, sem risco de vida, alguém pode ser constrangido à intervenção médica, mas em juízo não se constrange parte ou terceiro a submeter-se à perícia médica, não havendo lei que autorize a compulsão corporal para tanto.[850]

A doutrina leciona que do reconhecimento do direito à integridade psicofísica decorre a inviolabilidade do corpo humano, que significa proteção àquele que tem ameaçado sua integridade física corporal e psíquica. Uma vez que diuturnamente todas as pessoas estão sujeitas a atentados contra sua integridade, o direito trata de impor limites a essa proteção, e em dois planos: a intensidade da lesão e na valoração do consentimento do lesionado.

Na busca da proteção do bem maior (vida), deve o direito resguardar a integridade física (e psíquica) do indivíduo da melhor maneira possível.

O principal problema se coloca na disponibilidade do direito à integridade física através do consentimento.

Apesar de o interesse público imprescindir da integridade psicofísica dos membros da comunidade, não há como se afastar a possibilidade de disposição, dentro de certos limites, do direito à integridade, mediante consentimento do interessado.

No Brasil, face à ausência de norma expressa, o intérprete da lei elege os limites ao consentimento de acordo com a validade intrínseca de tal manifestação, as circunstâncias de cada caso e os conceitos fundamentais

---
[850] MORAES, Walter. *Direito ao corpo*, p. 198-199.

da ordem jurídica nacional, o que afasta disposição do direito à integridade que vá contra a lei, a moral ou os bons costumes.[851]

Com relação ao corpo vivo estão, portanto, os direitos de decisão individual sobre o tratamento médico e cirúrgico, exames médicos ou perícias, tendo a anuência como pressuposto.[852]

A outros, o despacho judicial que determina a doação ou a coleta de parte do corpo do réu para a realização do exame hematológico, sob pena de confissão ficta em razão da recusa, é absurdo e inconstitucional, pois anula o direito à intimidade, não se harmonizando com o Estado Democrático de Direito, por afronta também à dignidade humana do promovido.

O investigado, já submetido ao vexame de uma ação judicial, não pode, ademais, sofrer o **vilipêndio de sua intimidade**, cabendo ao investigante, que dispõe de todos os meios de prova, procurar a comprovação do fato constitutivo, mas respeitando a esfera secreta da vida do investigado, eis que portador de direito fundamental.

Que se encontra no rol dos insuscetíveis de restrição, sendo antecedente natural do direito da personalidade e da capacidade jurídica, **pois os direitos fundamentais não sujeitos a normas restritivas não podem converter-se em direitos com mais restrições do que os direitos restringidos diretamente pela Constituição ou com autorização dela**.[853]

A busca da verdade, embora deva ser exercida pelas partes e pelo juiz da forma mais ampla, deve respeitar os limites da dignidade da pessoa, seja no sentido físico, seja no espiritual.

A negativa do réu em submeter-se ao exame hematológico **não implica presunção de paternidade**, mas apenas mais um fato que pode ir a seu desfavor, no conjunto das provas.

Aceitar com naturalidade que seja coagido a extrair uma parte de seu corpo para a realização de qualquer perícia, por mais indolor que seja, **pode vir, no futuro, a dar ensanchas a atos mais esdrúxulos e igualmente aviltantes da dignidade, como se instituir a tortura como forma mais célere de se encontrar a verdade, com supedâneo no princípio da economia processual**.

Também se discorda da condenação fulcrada em confissão ficta oriunda da negativa à exposição a qualquer exame, sinalizando-se que, até no processo penal, jamais se ultrapassa a fronteira da decência do réu,

---

[851] CORTIANO JUNIOR, Eroulths. *Direitos da personalidade: direito à vida, ao próprio corpo e ao cadáver*. Dissertação de Mestrado, Universidade Federal do Paraná, 1993, p. 83-88.
[852] FONSECA, Antônio Cezar Lima da. *Anotações aos direitos da personalidade*. Revista dos Tribunais, 715/42.
[853] CANOTILHO, J. J. Gomes. *Direito Constitucional*. Coimbra: 1993, p. 646.

sendo-lhe assegurado o direito ao silêncio ou à mentira, em sua defesa; a repulsa, no máximo, pode significar mais um dado desfavorável no contexto probatório.

Entre as esferas concêntricas e superpostas da existência humana, avulta como mais restrita e inviolável, a esfera da intimidade, parte recôndita guardada da curiosidade dos olhares e ouvidos e que, como se disse, está no elenco dos direitos fundamentais não sujeitos a normas restritivas.

Portanto, a deliberação do investigado em manter sob controle informações relativas à sua intimidade, não pode encaminhar-lhe dano sumário, mas apenas compor mais um indício inconveniente.[854]

Embora as massivas posições, também relevantes são os argumentos contrários.

Diz-se que a paternidade, como laço de parentesco que une imediatamente a pessoa a um ascendente, constitui, sem sombra de dúvida, núcleo fundamental da origem de direitos a se agregarem ao patrimônio do filho, sejam eles direitos da personalidade ou até mesmo direitos de natureza real ou obrigacional.

Como direito da personalidade, a paternidade não pode deixar de ser investigada da forma mais ampla possível, respeitados os princípios fundamentais da bioética.

A defesa dos direitos da personalidade, se é objetivo da permanente preocupação do Estado, através de seus órgãos próprios, visualizados em suas três funções, não pode ser concebido como princípio absoluto. Deve ser flexibilizado o individualismo extremado se o exercício da prática científica segura e confiável não atentar contra a saúde, a vida ou a debilidade de órgão, sentido ou função da pessoa natural, para dar lugar, excepcionalmente, aos avanços da ciência, quando estes, sem qualquer degradação moral ou física, puderem ser úteis ao homem também na área da Justiça.

Não se pode mais, em certos casos, mormente na investigação de paternidade, quando existe o choque de dois interesses, ambos situados na esfera dos direitos da personalidade – direito à inviolabilidade do próprio corpo e o direito à identificação paterna – propender-se no sentido da corrente que erige como dogma a não obrigatoriedade da submissão do investigado à teste de impressões digitais do DNA. A tendência internacional na esfera da jurisdição é o recurso a essa perícia, para indicação correta da verdade biológica, desatendendo-se, inclusive, a solução pre-

---

[854] BENEVIDES FILHO, Maurício. *Direito à intimidade e o processo de investigação de paternidade*: direito à recusa ao exame hematológico. Dos Direitos Humanos aos Direitos Fundamentais. Porto Alegre: Livraria do Advogado, 1997, p. 159, passim.

conizada largamente na doutrina e na jurisprudência da improcedência da ação em caso *da exceptio plurium concumbentium,* por que os avanços da ciência permitem até nessa hipótese indicar a relação paterna.[855]

A exceção da promiscuidade sexual, como uma das diretrizes para julgamento de demandas investigatórias, anota o tribunal catarinense, cumpriu a sua função enquanto a ciência não atingiu o grau de evolução que ostenta, atualmente, no tema específico da perfeita identificação da paternidade. Hoje, apesar da vida desregrada da mulher, o filho por ela concebido pode buscar a identificação paterna através do sistema do DNA, cuja conclusão, quando positiva, passa a ser cientificamente incontestável, pois a identificação digital genética constitui valiosíssimo recurso da distribuição da justiça, rápida e justa, possibilitada mediante considerável economia de tempo e dinheiro.

Todos os anos, a renúncia ou a recusa da responsabilidade parental provoca ajuizamento de milhares de investigações do liame genético, que representam pesado fardo para o erário público, comprometendo, pela alteração que acarretam, a própria justiça.[856]

Outra linha de raciocínio coloca em confronto o direito à intangibilidade física do suposto pai e o conhecimento da historicidade da pessoa investigante, **direito elementar e fundamental que nenhuma Corte pode frustrar.**

A integral tutela da criança, em particular sua dignidade, reflete, nessa medida e ainda hoje, tarefa primeira e urgente, da qual decorre, em primeiro lugar, a ciência da identidade verdadeira, e não presumida, dos progenitores; a paternidade e a maternidade representam as únicas respostas possíveis ao questionamento humano acerca de quem somos e de onde viemos, portanto núcleo da origem de direitos a se agregarem ao patrimônio do filho, sejam eles direitos da personalidade ou direitos de natureza patrimonial.

O conhecimento das origens, que são também culturais e sociais e não apenas genéticas, permite estabelecer o vínculo entre o titular do patrimônio genético e sua descendência, assegurar o uso do sobrenome familiar, com sua história e reputação, garantir o exercício dos direitos e deveres do pátrio poder, além das repercussões patrimoniais e sucessórias.

Através da técnica do DNA, basta **um fio de cabelo, um pedacinho de pele, qualquer vestígio de sangue ou sêmen para estabelecer a identidade de um indivíduo**, com certeza praticamente absoluta, sendo de considerar-se risível o sacrifício imposto ao pretenso pai, como se disse no Supremo.

---

[855] TJSC. Segunda Câmara Cível. AGI 8.137. Rel. Des. Napoleão Amarante, j.13.9.94.
[856] TJSC, Segunda Câmara, APC 33.643, Rel. Des. Napoleão Amarante, JC 69/120.

A alegação de que a ínfima quantidade de sangue suficiente para o exame viole a integridade física é sofismática, pois muitas vezes a tutela psicofísica não pode inspirar-se exclusivamente no aspecto subjetivo do consentimento do sujeito, como ocorre quando prevalente o interesse público a ser protegido.

No tratamento sanitário, quando o estado de saúde do indivíduo contenha potencialidade para lesionar terceiro, a vontade do doente é irrelevante.

Na determinação da paternidade, a integridade física parece configurar mero interesse individual se contraposta ao direito à identidade real, que, referindo-se diretamente ao estado pessoal e familiar da criança, configura interesse público de toda a coletividade.

Em outra senda, o sumário de que a retirada compulsória de sangue ofenda o princípio da legalidade, pela inexistência de permissivo especial, encontra revide em dispositivos que consagram o primado das razões de justiça, esta fundada no princípio da verdade real.

Tais são, por exemplo, o artigo 27 do Estatuto da Criança e do Adolescente que obsta qualquer restrição ao reconhecimento da filiação, aqui, a recusa do investigado a atender a ordem judicial. Também o cânone 339 do catálogo processual que impõe o dever de colaboração com o Poder Judiciário para o estabelecimento da verdade. Enumere-se, ainda, a faculdade que tem o juiz de determinar as provas que considere necessárias (CPC, art. 130) e a produção de meios moralmente legítimos, hábeis para demonstrar a verdade dos fatos em que se arrima a ação (CPC, art. 332).

Finalmente, como notório, o princípio da proibição do abuso do direito corresponde à passagem da concepção individualista do direito subjetivo, de absoluta soberania privada, a uma noção socializante (ou relativista) do mesmo, e que se deu através do reconhecimento de que o aspecto funcional do direito é tão característico como o estrutural; ou seja, o direito subjetivo não se qualifica apenas por seu conteúdo predefinido pelo legislador (pressuposto fático) mas principalmente pelas circunstâncias do seu exercício.

Abusivo, em tal medida, é o ato exercido em contrariedade à finalidade do direito, ao seu espírito, à sua função social, respeitando a comparação dos interesses em conflito, seja no desenvolvimento de alguma relação jurídica, seja na regulamentação de interesses privados; e quando a prevalência há de ser endereçada o consentâneo com as finalidades sociais da norma de tutela em detrimento daquele que se manifesta despido de legítima motivação.

A concepção está embutida na lei brasileira desde 1942, pois, **na aplicação da lei, o juiz atenderá aos fins sociais a que ela se dirige e às exigências do bem comum** (Lei de Introdução ao Código Civil, art. 5°).

Desta forma, abusa de seu direito quem, exercitando um determinado direito subjetivo, embora sem contrariar qualquer específico dever normativo, afasta-se do interesse que constitui (ou valor) que constitui a razão de ser de sua tutela legislativa; assim, o princípio da proibição do abuso atua como um limite interno ao confronto entre o aspecto lógico-formal ou estrutural do direito e sua feição ético-social ou funcional, vigorando para seu titular enquanto não for exercido de modo nocivo ao interesse social.

O abuso ocorre quando o emprego do direito compromete o gozo do direito de outrem, gerando desproporção, na ótica valorativa, entre a utilidade do exercício do direito pelo titular e as consequências que outros têm de suportar.

Embora não se duvide que a incolumidade física abranja o direito de recusa a sufragar-se a tratamento médico ou a exame de qualquer espécie, sem o consentimento expresso de seu titular, não podendo ser obrigado a realizá-los, representa ele direito subjetivo da personalidade, garantido pela Constituição, cujo exercício, entretanto, se torna abusivo se servir de escusa para eximir a comprovação acima de qualquer dúvida, de vínculo genético, a fundamentar adequadamente as responsabilidades decorrentes da relação de paternidade.

A perícia compulsória, ainda que repugne aos que vêem o corpo como intangível e inviolável, parece providência necessária e legítima, a ser adotada pelo juiz, quando tem por objetivo impedir que o uso contrário à finalidade de sua tutela, prejudique direito de terceiro, correspondente à dignidade da pessoa em desenvolvimento, interesse público e individual, e que busca o reconhecimento de seu estado de filiação.

O limite, para os que temem a instauração de precedente, sempre será o princípio da dignidade da pessoa, além de que há apenas ilicitude.[857]

Entende-se, ainda que o melhor caminho para o investigado, é a produção de todas as provas, principalmente a do DNA, porque: a) deve-se buscar o caminho nativo e constitucional da verdade biológica da filiação, pois a descoberta da verdadeira paternidade exige que não seja negado o direito de declaração; b) a recusa ao exame pericial, segundo a jurisprudência, acarreta a inversão do ônus da prova, presumindo-se a paternidade contra ele; c) o exame genético não só exclui, como também afirma a paternidade em elevando percentual, sendo tão preciso que se desdenha dos demais exames genéticos; d) o investigado deve ser o maior interessado na produção de todas as provas, inclusive do DNA, para evitar que assuma uma paternidade inexistente; e) a paternidade pela técnica perde

---

[857] MORES, Maria Celina Bodin de. *Recusa à realização do exame de DNA na investigação de paternidade e os direitos da personalidade.* A nova família: problemas e perspectivas. Livraria e Editora Renovar, 1997, p 169, *passim*.

relevância a alegação defensiva da relação plúrima da mulher, no período da fecundação; f) não é recomendável ao investigado resistir injustificadamente à demanda, mesmo que tenha dúvida sobre a paternidade, embora admita o congresso sexual, porque hoje habita no meio jurídico a tese de que cabe dano moral pela insubordinação indevida, sendo preferível assumir os gastos de laboratório que tê-la como presumida; g) e, mesmo que se submeta a um ou mais exames, o investigado poderá impugná-los fundamentadamente, postulando mais uma perícia, como aceita a jurisprudência gaúcha.[858]

7. A bioética e o princípio da autonomia

O desenvolvimento científico na última centúria foi extraordinário, sem paralelo com outras épocas, repercutindo em todos os setores na vida social; nenhum período foi mais penetrado pelas ciências naturais, nem mais dependente delas do que o século XX, fato que não precisa de prova.

Além disso, graças em grande parte à espantosa explosão de teoria e prática da informação, novos avanços científicos foram se traduzindo, em espaços de tempo cada vez menores, numa tecnologia que não exigia qualquer compreensão dos usuários finais.

As ciências biomédicas conheceram progresso inusitado nos últimos anos, contribuindo para o bem-estar da humanidade. As novas tecnologias neste campo também levaram ao questionamento sobre suas repercussões na vida e no futuro, pois o acelerado crescimento de determinadas técnicas acabou gerando uma ambiguidade entre a confiança cega no progresso científico e o temor sobre a sobrevivência do homem e do planeta.

É que as descobertas não produzem apenas efeitos em algumas pessoas, mas tendem a ser cada vez mais apropriadas por todos, integrando-se no mercado e sendo reclamados pela maioria.

Entretanto, o núcleo do problema reside não apenas na possibilidade de técnicas inovadoras, mas na deterioração dos paradigmas éticos de referência na sociedade ocidental, podendo-se afirmar que o impacto das ciências biomédicas é modulado e mediatizado pela cultura do momento em que se desenvolve, e que as dotam de um significado axiológico particular.

Assistiu-se, assim, a um crescente despertar de consciência ética em relação a diversos desafios levantados pelos avanços científicos e pelo pro-

---

[858] WALTER, Belmiro Pedro. *Investigação de paternidade*. Porto Alegre: Síntese Editora, 1999, tomo II, p. 36-38.

gresso econômico e técnico. A humanidade começa a dar-se conta de que nem toda descoberta científica e nem toda a vantagem tecnológica trazem sempre efeitos puramente benéficos para a pessoa e a sociedade.

Ela acorda da visão ingênua de uma ciência isenta de interesses espúrios e de uma técnica limpa e benéfica, sendo preciso um saber mais global e interdisciplinar, e principalmente, uma argumentação ética mais consistente.

Não basta apenas remeter a questão ao contexto cultural, mas esclarecer a visão de ser humano que serve de referencial para a solução, **eis que a vida humana não é pura realidade biológica, mas antes de tudo um evento pessoal.**[859]

Neste nicho se insere a **bioética**, como um estudo sistemático das dimensões morais das ciências da vida e da saúde.

O médico inglês Thomas Percival (século XIX) é tido como o pai da **ética médica**, pois em livro abordou aspectos éticos do exercício da medicina em instante histórico quando as tensões eram grandes na profissão; nessa época, organizam-se as primeiras associações ou colégios, ressaltando os aspectos éticos; e aparecem os **códigos deontológicos**, que sintetizam valores inspirados na ética hipocrática, como obrigações a cumprir.

A fase crítica da condenação de dezesseis médicos pelo Tribunal de Nuremberg, sendo sete à morte, trouxe, como resultado da sentença ali pronunciada, um Código sobre as experiências operadas pelo nazismo; Logo depois, veio a Declaração de Genebra (1946), fruto da Primeira Assembleia da Associação Médica, com a atualização das regras hipocráticas, feita após a conflagração mundial.

Em 1971, vem a público a obra **Bioethics. Bridge to lhe future**, escrita pelo oncólogo e professor de Wisconsin, Van Rensselaer Potter, onde aparece o termo *Bioética* (*bios*, vida, e *ethos*, ética), e que antes tivera referência em artigo dele, **Bioethics: the Cience of Survival.**,

Para Potter, a Bioética é a ciência da sobrevivência diante das diferentes ameaças à vida causadas pelo ambiente, compreensão a que chegara em pesquisas sobre o câncer, doença que não é apenas uma enfermidade física, mas derivada da agressão do meio, segundo ele.

Entre os fatores histórico-culturais que propiciaram a eclosão da bioética alinham-se: a) o surgimento dos transplantes entre seres humanos, como os de coração; b) a questão do aborto; c) o avanço dos direitos civis, entre eles autonomia, intimidade, direito a ser deixado em paz, direito das minorias; d) o avanço dos direitos sociais, como o acesso à saúde pública dos setores menos favorecidos, e) a discussão de questões como a morte e

---

[859] JUNGES, José Roque. *Bioética*. São Leopoldo: Editora Unisinos, 199, p. 9/11.

o morrer; f) o avanço na juridicização de direitos, principalmente daqueles que protegem a dignidade e a personalidade das pessoas em resultado da afirmação dos valores individualistas e democráticos, que fazem o indivíduo centro da vida social. Tais mudanças tiveram ímpeto na prática médica da época, colocando em xeque a antiga moralidade hipocrática, baseada na beneficência.

No Brasil, que na época não havia superado a revolução terapêutica, que afetara a longevidade, causada pelos investimentos estatais no campo da saúde, como vacinação, saneamento ou construção de hospitais, somente na década de noventa, completada a transição demográfica, com o aumento da expectativa de vida, aliada à nova Constituição, as questões bioéticas emergiram em nosso país.[860]

A Bioética, segundo a Enciclopédia, é o estudo sistemático da conduta humana no âmbito das ciências da vida e da saúde, enquanto esta conduta é examinada à luz de valores e princípios morais; na nova edição, foi conceituada como o estudo sistemático das dimensões morais – incluindo visão, decisão, conduta e normas morais – das ciências da vida e da saúde, utilizando uma variedade de metodologias éticas num contexto interdisciplinar. Excluíram-se os princípios, pois.

À luz de suas origens, a Bioética é também definida como ética das ciências da vida e da saúde; é um ramo da ética aplicada, que reúne um conjunto de conceitos, direitos, princípios e teorias, com a função de dar legitimidade às ações humanas que podem ter efeito sobre os fenômenos vitais.[861]

Enquanto a bioética objetiva o exame sistemático da conduta humana, valendo-se de metodologia interdisciplinar, não se confunde com a deontologia médica, que estuda as normas de comportamento profissional específicas das profissões sanitárias, nem com a medicina legal que, embora interdisciplinar, abrange os conteúdos biológicos e médicos das normas jurídicas.

O edifício da bioética contemporânea se alicerça em três pilares, conhecidos com a *trindade bioética*, estabelecidos após longa reflexão dos especialistas, através do Relatório Belmont, oriundo da *National Comission for the Protection of Human Subjects of Biomedical and Behavioral*, indicada pelo congresso americano, para identificar os princípios básicos que nortearia a experimentação em seres humanos, nas ciências do comportamento e na biomedicina.

São eles, a **beneficência, a autonomia e a justiça**.

---

[860] PRUDENTE, Mauro Godoy. *Bioética, conceitos fundamentais*. Porto Alegre: Editora do Autor, 2000, p. 39-40.
[861] JUNGES, p. 18-20; PRUDENTE. p. 38-39.

Por sugestão de Beauchamps e Childress, o princípio da beneficência devia desdobrar-se em dois: a **não maleficência e a beneficência**.

Enquanto o princípio da autonomia é referência ética para o enfermo, os da beneficência e de não maleficência o são para o médico, e o da justiça para as instituições de saúde e a sociedade no tratamento de questões relativas à vida e à saúde dos seres humanos[862].

A **beneficência** *(bonum facere*, fazer o bem) regula as instâncias éticas da profissão médica e a estrutura da deontologia profissional, e que encontra respaldo no Código Brasileiro de Ética Médica, quando proclama que o alvo de toda a atenção do médico é a saúde do ser humano, em benefício do qual deverá agir com o máximo de zelo e o melhor de sua capacidade profissional (art. 2º); é o fim primário de toda a profissão que está a serviço da vida e da saúde do ser humano, pois deve visar, eticamente, ao bem da pessoa; inclui não apenas a atitude de impedir e remover dano e prover benefícios, mas também equilibrar os possíveis bens com possíveis danos de uma ação; ou seja, prover benefícios e ponderar benefício e danos.[863]

É o critério mais antigo da ética médica, deitando raízes no paradigma hipocrático, onde se diz que "aplicarei os regimes para fazer o bem dos doentes, segundo meu saber e a minha razão, e nunca para prejudicar ou fazer o mal a quem quer que seja. A ninguém darei, para agradar, remédio mortal nem conselho que induza à destruição. Também não fornecerei a uma senhora pessário abortivo. Na casa onde eu for, entrarei apenas pelo bem do doente, abstendo-me de qualquer mal voluntário de toda sedução".

O **princípio da não maleficência** significa que não se deve fazer o mal ou dano a outrem; é verdade que se pode infligir dano a alguém para impedir dano maior, mas sempre com o consentimento da pessoa (operação cirúrgica) ou para impedi-lo de atentar contra outras pessoas (prisão); o dever de não maleficência inclui também não assumir riscos e agravos futuros.[864]

O **princípio da justiça** obriga a distribuição justa, equitativa e universal dos benefícios dos serviços de saúde, tendo sido gestado recentemente na bioética, como parte da consciência de cidadania e luta pelo direito à saúde.

A justiça distributiva no âmbito da saúde pode obedecer a cinco critérios para determinar o tipo de assistência sanitária desenvolvida por uma determinada sociedade: o mérito ou virtude da pessoa, a utilidade social

---

[862] PESSINI, Léo. *Problemas atuais de bioética*. São Paulo: Loyola, 1997, p. 43; JUNGES, p. 39-40.
[863] JUNGES. ob. cit., p. 45/46.
[864] Idem, p. 50.

das pessoas, a capacidade de pagamento dos indivíduos, assistência a cada um segundo suas necessidades e o tratamento igual para os iguais.[865]

O **princípio de autonomia** está na base do novo marco da relação entre os profissionais da saúde e dos enfermos.

Sob o conceito de **consentimento informado**, está o reconhecimento da autonomia, da capacidade de decisão do paciente; ultimamente, o que valoriza o princípio da autonomia é **o respeito à pessoa, às suas convicções, opiniões e eleições que devem ser protegidas**, inclusive por estar doente; o paciente não pode ser convertido num menor de idade, a quem se busca colocar à margem.

O consentimento informado é a primeira concreção do respeito à autonomia e a capacidade de decisão de cada pessoa autônoma; mas não aparece no Juramento de Hipócrates, nem na Declaração de Genebra, mas é insculpido na Carta de Direitos dos Enfermos, onde se enfatizam os direitos do doente.

Deriva, especialmente, do pensamento kantiano e diz com a capacidade do sujeito governar-se por uma norma que aceite sem coação externa, regra que deve ser universalizada pela razão humana, tendo a ver com a capacidade de autodeterminação do indivíduo.

O pensamento filosófico moderno incorporou a autonomia como uma noção fundamental da antropologia e da ética, firmando-se que todo o homem merece respeito nas decisões que não prejudiquem a outros.

A *autorização para determinadas ações depende do mútuo consentimento,* e portanto, quando não assentidas, há culpa pela violação da decisão do outro.

Daí a obrigação social de proteger os indivíduos para que possam expressar seu consentimento, antes que se tomem ações contra eles.

O respeito à autonomia das pessoas se relaciona com a maneira de guiar-se nos juízos sobre como tratar agentes autodeterminantes; **ser respeitado significa ter reconhecido seu direito de autogoverno**, é afirmar que o sujeito está autorizado a determinar-se autonomamente, livre de limitações e interferências.

Ele reza que ações autônomas e escolhas não devem ser constrangidas por outros, mesmo que fossem objetivamente para o bem do sujeito, **pois existe um direito de não ser interferido** e, correlativamente, a obrigação de não constringir uma ação autônoma.

O ato de consentimento deve ser genuinamente voluntário e basear-se na revelação adequada das informações e elementos de concordância;[866]

---
[865] PESSINI. p. 44/45; JUNGES. p. 54/58.
[866] JUNGES. p. 42-43.

desta forma, o princípio de autonomia se refere ao respeito devido aos direitos fundamentais do homem, inclusive o da autodeterminação.

É sobre esse princípio que se fundamentam sobretudo a **aliança terapêutica** entre o médico e paciente e o consentimento aos tratamentos, diagnósticos e terapias, significando a capacidade da pessoa governar-se a si mesma: de **autogovernar-se**, escolher, dividir, avaliar, sem restrições internas ou externas.[867]

Finalmente, o **fundamento jurídico do princípio da autonomia** se assenta no **princípio da intimidade**, que reconhece e garante um espaço ao indivíduo, perante si mesmo e sua coletividade, livre de qualquer forma de coerção.

O princípio ético da autonomia e o princípio jurídico da intimidade, introduziram na prática médica o conceito do livre e informado consentimento.[868]

Assim como o profissional não pode ferir a **intangibilidade do paciente**, sem sua autorização, igualmente não se admite que se viole sua integridade corporal, pelo **procedimento invasivo do exame compulsório de DNA**.

Embora seja vedado ao médico deixar de atuar com absoluta isenção quando designado para servir como perito (CEM, art. 118), é-lhe **proibido desrespeitar o direito do paciente de decidir livremente sobre a execução de práticas diagnósticas ou terapêuticas**, salvo em caso de iminente perigo de vida (CEM, art. 56) ou usar qualquer processo que possa alterar a personalidade ou a consciência da pessoa, com finalidade de diminuir sua resistência física ou mental, em investigação policial ou de qualquer outra natureza (CEM, art. 52).

Ainda, recorde-se que o médico não pode exercer sua autoridade de maneira a limitar o direito do paciente de decidir livremente sobre sua pessoa ou seu bem-estar (CEM, art. 48).

Uma interpretação menos restritiva destas normas impõe alargar a abrangência delas para a relação perito/periciado, em nome do princípio da autonomia.

8. Conclusão

A declaração da paternidade, obtida através da demanda investigatória, é garantia do autor protegido constitucionalmente.

---
[867] PESSINI. op. cit., p. 44.
[868] PRUDENTE, op. cit., p. 29-31.

Toda pessoa tem direito de conhecer sua origem, com o estabelecimento da paternidade e da maternidade, ficando raízes na história de sua família natural.

A prova é o instrumento para persuadir o juiz, criando-lhe certeza ou verossimilhança sobre a pretensão posta na demanda.

É a reconstrução histórica dos fatos, em que as partes reproduzem os acontecimentos, para quem não foi ator, coadjuvante ou expectador do drama humano trazido ao átrio forense.

Nesta obra, o juiz não é uma estátua que reste ao alvedrio do debate processual, mas o direito moderno agasalha a faculdade de intervir na produção probatória, para integrar-se nos dados relevantes que os litigantes tenham negligenciado em ofertar. E uma ação supletiva, que não deve exorbitar os limites da busca da verdade e ou comprometer a imparcialidade.

Uma das provas mais influentes para a convicção judicial é a prova pericial, por seu relevo técnico, embora não subjugue o decisor às conclusões do laudo. E, entre elas, o exame hematológico pelo DNA.

Erigido ao trono da infalibilidade, por sua sofisticação e aprumo, não merece divinização, pois muitos são os fatores que podem arriscar sua conclusão (problemas na coleta do sangue, contaminação, falta de assistentes técnicos, etc.).

Também não pode servir como único fundamento para a sentença de procedência, quando prova única e tarifada, sob pena de reputar o Poder Judiciário como mera instância da homologação de laudos, uma seção de laboratórios.

O investigado pode recusar-se ao exame, quando convocado, achando alguns pretórios que tal apatia conduz à presunção da paternidade, à confissão ficta, indício, ou apenas um dado a somar-se ao restante da prova colhida.

Entretanto, o juiz pode impor a colheita coativa do sangue, com o beneplácito de muitos tribunais, mas, ainda, com oposição do Supremo Tribunal Federal.

É que a diligência afronta a intangibilidade corporal, centelha do direito da intimidade, protegido pela Constituição.

O conflito põe à calva o equilíbrio entre dois direitos ou interesses, a filiação e preservação do corpo, que se deslinda pelo emprego do princípio da proporcionalidade, que pondera os valores em confronto, como fez a Corte Excelsa no julgamento paradigmático.

O intérprete deve reconhecer que não se precisa de maior ou menor intervenção volitiva, mas a extração da melhor exegese, mais flexível e focalizadora da orientação finalística, já que sabe imperativo não abdicar jamais de uma visão solidária do conjunto de princípios, das normas e dos valores; tais integrantes e constitutivos do sistema hão de ser vistos como interdependentes e hierarquizáveis consoante a utilização, com maior ou menor qualidade, do metacritério da supremacia axiológica.

Assim, o intérprete deve saber priorizar princípios, normas e valores, pautando sua visão rumo aos elementos mais altos e nobres do sistema e sobrepassar antinomias, resguardando o binômio segurança-justiça, o qual não pode ser convertido em oposição.[869]

Destarte, a exegese formulada pelo STF é razoável para a controvérsia.

Por outro lado, ergue-se como proeminente uma reflexão bioética lastreada no princípio da autonomia, que tutela a vontade e o discernimento da pessoa, para que não se submeta a qualquer incidência que redunde em sacrifício de sua intimidade, salvo com seu espontâneo e refletido consentimento.

A recusa à ordem do exame compulsório de sangue, portanto, se abriga no seio do **princípio bioético do autogoverno,** somando-se aos argumentos até aqui agitados nas decisões.

---

[869] FREITAS. Juarez. *A interpretação sistemática do direito*. São Paulo: Malheiros, 1995. p. 139-143.

Capítulo XII – Divórcio sem partilha e eficácia de pacto posterior

1. Notas iniciais

Não é raro que o casal relegue a partilha dos bens para etapa posterior ao divórcio, oportunidade em que um dos membros da parelha permanece na administração dos bens, evento que cria algumas dificuldades de relacionamento e confrontos judiciais quando o prazo se distenda.

Ainda pode suceder que, durante a mora, algum dos divorciados intente recompor sua vida amorosa e, afirmado o afeto com o novo parceiro, decida celebrar matrimônio, agora precedido de um pacto antenupcial, onde adote, por exemplo, o regime da separação convencional.

No texto, discute-se a eficácia do pacto e seus reflexos, principalmente em caso de eventual concorrência sucessória.

2. Divórcio sem partilha e impedimento matrimonial

A sociedade conjugal termina pela morte, nulidade ou anulação do casamento, separação e/ou **divórcio.**

Consolidando o que vinha sendo tratado pela jurisprudência, a recente lei civil dispôs que o divórcio pode ser concedido sem prévia **partilha de bens** (CC, art. 1.581), revogando o artigo 31 da Lei do Divórcio, e que já havia sido contrastado pela Súmula 197 do Superior Tribunal de Justiça, sedimento do atual cânone material.[870]

---
[870] Súmula 197, STJ: "O divórcio direto pode ser concedido sem que haja prévia partilha dos bens".

É possível que essa mudança constitua a mais significativa alteração trazida pelo novo diploma, placitando a orientação judicial que deixou de impor empecilhos para a conversão da separação em divórcio, mesmo por que a norma constitucional exige somente o decurso de tempo.[871]

A prática de relegar a identificação do patrimônio comum e a partilha para a fase de liquidação de sentença, que se está generalizando, é uma tendência nociva, pois a necessidade do procedimento acaba perpetuando o litígio, sendo fonte de sérias desavenças e tumultos processuais.[872]

A falta de partilha no divórcio, no entanto, acaba por determinar uma **causa suspensiva** para a celebração do casamento, pois **não deve casar** o divorciado, enquanto não houver sido homologada ou decidida a partilha de bens do casal (CC, art. 1.523, III).

Assim, enquanto pendente a partilha do patrimônio amealhado durante o vínculo anterior, a pessoa divorciada fica sujeita à causa suspensiva para a realização do casamento, ausência que constitui uma inovação no Direito de Família, tendo como objetivo evitar a confusão patrimonial da antiga com a nova sociedade conjugal.[873]

As causas suspensivas são situações expressamente elencadas, que momentaneamente não permitem a realização do casamento, embora a lei preveja solução para o impasse circunstancial, determinando que se aguardem prazo ou condição, que, naquele dado momento, desautorizam o enlace.[874]

Ditas causas não se assemelham aos impedimentos proibitivos e absolutos, que atingem à sociedade, enquanto aquelas dizem com a família dos nubentes ou eles próprios, o que se traduz nos verbos **não podem** casar para os primeiros (CC, art. 1.521 e incisos), e **não devem** casar, para as medidas suspensivas (CC, arts. 1.523 e incisos).

As hipóteses catalogadas no último dispositivo eram denominadas impedimentos impedientes no texto civil revogado, e **não implicam invalidade do casamento,** mas apenas suspendem a possibilidade de sua celebração, desde que arguidos antes da concretização do matrimônio pelos legitimados; caso o casamento se realize, pois não se o proíbe de modo absoluto, **será válido,** mas por força do artigo 1.641, I, **incidirá sobre ele o regime da separação obrigatória de bens.**[875]

---

[871] DIAS, Maria Berenice. Da separação e do divórcio, em *Direito de Família e o novo Código Civil.* Maria Berenice Dias e Rodrigo da Cunha Pereira (coord.). Del Rey: Belo Horizonte, 2001, p.77.

[872] DIAS, Maria Berenice. *Manual de Direito das Famílias.* Livraria do Advogado: Porto Alegre, 2005, p. 307.

[873] LAMARE, Maria Luiza de. Do casamento, em *O novo Código Civil. Do Direito de Família.* Freitas Bastos Editora: Rio de Janeiro, 2002, p. 32-33.

[874] Idem, p. 31.

[875] FACHIN, Luiz Edson; RUZYK, Carlos Eduardo Pianovski. *Código Civil Comentado. Direito de Família. Casamento.* Atas: 2003, v. XV, p. 72.

São circunstâncias que não invalidam o casamento, facultado aos nubentes requerer judicialmente a dispensa destes requisitos.[876]

Destarte, a violação das causas suspensivas da celebração do casamento não desfaz o matrimônio, apenas acarreta a aplicação de **sanções** previstas em lei, para alguns doutrinadores;[877] o casamento **não é inválido** caso seja descumprida uma causa suspensiva, e sim **válido**, mas **irregular**, ocasionando a aplicação de determinadas sanções previstas na lei;[878] e ante o advento da Lei n° 11.441/07, que permitiu o divórcio por escritura pública, é necessária uma releitura do dispositivo, para incluir a nova situação de divórcio pela via administrativa com efetivação do inventário e partilha dos bens comuns.[879]

Por outras palavras, não há impedimento ao casamento de pessoa divorciada e tampouco existe vedação à decretação do divórcio sem partilha de bens; entretanto, não havendo a partilha de bens do antigo casal, a nova sociedade conjugal somente será constituída se o regime de bens for o da separação total;[880] não há óbice ao divórcio sem a partilha de bens, mas, neste caso, a causa suspensiva se instala.[881]

Repita-se ser possível deferir-se o divórcio sem que se tenha providenciado na partilha, todavia, para o novo casamento não se dispensa a antecedente homologação dela; ou, no mínimo, sem que se tenha decidido sobre a mesma, não podendo restar pendente alguma questão relativa à divisão do patrimônio formado durante o anterior casamento.[882]

É verdade que a lei enseja aos nubentes solicitar ao juiz que **não lhes seja aplicada a causa suspensiva indicada**, provando-se a inexistência de prejuízo, respectivamente, para o herdeiro, para o ex-cônjuge e para a pessoa tutelada ou curatelada (CC, art. 1.523, parágrafo único).

Em outros termos, ao franquear incondicionalmente o divórcio, o novel legislador não apenas busca prevenir uma eventual *turbatio patrimonii* como **elimina a liberdade de convenção dos cônjuges**, determinando que, em linha de princípio, **o novo casamento será obri-**

---

[876] PEREIRA, Rodrigo da Cunha. *Novo Código Civil da Família Anotado.* Síntese: Porto Alegre, 2003, p. 28.
[877] DINIZ, Maria Helena. *Curso de Direito Civil Brasileiro. Direito de Família.* Saraiva: São Paulo, 2002, v. 5°, p. 79.
[878] GAMA, Guilherme Calmon Nogueira da. *Direito Civil. Família.* São Paulo: Atlas, 2008, p.36-37.
[879] Idem, p. 37.
[880] MONTEIRO, Washington de Barros. *Curso de Direito Civil. Direito de Família.* Atualizado por Regina Beatriz Tavares da Silva. Saraiva: São Paulo, 2004, v.2, p. 89.
[881] GONÇALVES, Carlos Roberto. *Direito Civil Brasileiro. Direito de Família.* Editora Saraiva: São Paulo, 2005, v. VI, p. 70; no mesmo sentido, Sílvio de Salvo Venosa. *Direito Civil. Direito de Família.* Atlas: São Paulo, v.6, p.92.
[882] RIZZARDO, Arnaldo. *Direito de Família.* Forense: Rio de Janeiro, 2004, p. 51.

gatoriamente celebrado pelo regime da separação, sem comunhão de aquestos.⁸⁸³

A primeira conclusão que se impõe é que nada obsta o divórcio sem efetivação de partilha, mas um **novo casamento** de algum dos ex-cônjuges, **sem haver feito a partição** do patrimônio anterior, embora o segundo matrimônio seja **válido e existente**, será **sancionado** com **a proibição de se convencionar um regime de bens diverso da separação legal, que será obrigatório.**

3. Regime da separação obrigatória

Conforme estipulação legal, é obrigatório o regime da separação de bens no casamento das pessoas que o contraírem com inobservância das causas suspensivas da celebração do matrimônio (CC, art. 1.641, I).

A doutrina aponta como únicas possibilidades de excepcionar esse imperativo legal, a existência de uma **comunhão de vida** entre os nubentes, antes de 28 de junho de 1977, que haja perdurado por **10 anos**, ou, quando o lapso for inferior, que da união tenham resultado **filhos** (LD, artigo 45).⁸⁸⁴

Como acentuado, a inobservância das causas suspensivas torna o casamento **irregular,** sendo **imposto** o regime da separação como **sanção** aos cônjuges,⁸⁸⁵ cabendo ajuntar ainda que os cônjuges fiquem **irrestritamente sujeitos ao regime da separação, nos casos citados, independentemente do pacto antenupcial.**⁸⁸⁶

A infração as impedimentos proibitivos **não conduz ao desfazimento do casamento,** mas sujeita os infratores às **penas estabelecidas na lei**, a principal das quais é a **imposição do regime de separação dos bens.**⁸⁸⁷

É que em certas circunstâncias, consideradas relevantes pelo direito, os **nubentes não podem escolher livremente o regime de bens,** pois o regime passa a ser **obrigatório,** não se aplicando nem o regime legal dispositivo, **nem outro escolhido em pacto antenupcial.**⁸⁸⁸

---

⁸⁸³ CAHALI, Yussef Said. *Divórcio e separação*. 10ª ed. São Paulo: Revista dos Tribunais, 2002, p. 1237; no mesmo sentido, RIZZARDO, p. 663.

⁸⁸⁴ RIZZARDO, p. 666; também MALHEIROS, Fernando. Dos Regimes de Bens no casamento em face da Lei do Divórcio. *Revista da Associação dos Juízes do RS*, Porto Alegre, 1985, v. 33, p. 91.

⁸⁸⁵ GONÇALVES, p. 408.

⁸⁸⁶ MONTEIRO, p. 220.

⁸⁸⁷ RODRIGUES, Silvio. *Direito Civil. Direito de Família*. Saraiva: São Paulo, 2002, v.6, p, 182.

⁸⁸⁸ LOBO, Paulo Luiz Netto. *Código Civil Comentado. Direito de Família, Relações de Parentesco.Direito patrimonial*. São Paulo: Atlas, 2003, v. XVI, p.241.

O direito se vale de variadas consequências jurídicas para reprimir o comportamento que considera indesejado, e mais e comum e incisiva, é a sanção negativa ao descumprimento do dever jurídico, fixado em lei ou no negócio jurídico, que pode ser a inexistência ou a invalidade do ato; mas também pode utilizar uma **consequência mais leve** para a realização de certo ato que não é proibido por lei, mas situação que procura inibir, mediatamente a um instrumento chamado ônus.[889]

O ônus não é sanção, pois não há dever jurídico perante qualquer pessoa ou o Estado, **é encargo, gravame que a pessoa deve suportar se decidir por determinado ato, é livre para realizá-lo, mas se o fizer o ônus recairá.**[890]

O regime obrigatório de bens é tipicamente um ônus: a pessoa, incluída em algumas das três hipóteses legais, escolhe em casar ou não casar; **se preferir casar deverá suportar o ônus do regime obrigatório de bens.**[891]

Não se faculta aos nubentes que convencionem acerca de seus bens e interesses comuns no casamento, sob pena de nulidade, tratando-se de exceção ao princípio da liberdade de escolha do regime de bens e ao da liberdade dos pactos antenupciais.[892]

Entende-se como irrefreável a inferência de que, afetada a causa suspensiva, o ex-cônjuge assume o ônus – ou sanção, como pensam outros – **de adotar o regime da separação obrigatória, sendo-lhe vedado dispor de forma diversa em pacto antenupcial**, salvo se requereu ao juiz a dispensa do encargo.

4. Ineficácia do pacto antenupcial

O pacto antenupcial é o negócio jurídico celebrado entre os nubentes cuja eficácia somente recairá sobre os cônjuges a partir da celebração do casamento civil, sendo consideradas não escritas as cláusulas que ofendam a lei e as que prejudiquem algum direito conjugal ou paterno, **e nula a convenção que violar norma jurídica de ordem pública e interesse social.**[893]

---

[889] LOBO, Paulo Luiz Netto. *Código Civil Comentado. Direito de Família, Relações de Parentesco. Direito patrimonial.* São Paulo: Atlas, 2003, v. XVI, p. 241-242.
[890] Idem, p. 242.
[891] Idem, ibidem.
[892] FARRULA JUNIOR, Leônidas Filippone. Do regime de bens entre os cônjuges. In: *O novo Código Civil...*, p. 319.
[893] LISBOA, Roberto Senise. *Manual Elementar de Direito Civil. Direito de Família e Sucessões.* 2ª ed. São Paulo: Revista dos Tribunais, v.5, p. 111-112.

É a veneração à lei civil vigente, onde se consagra que é nula a convenção ou cláusula dela que contravenha disposição absoluta de lei (CC, art. 1.655),

Apesar de haver liberdade dos nubentes na escolha do regime de bens que lhes aprouver, **a lei, por precaução ou para puni-los, impõe**, em certos casos, **um regime obrigatório**, para nós o regime da **separação de bens sem a comunhão dos aquestos**, necessários em hipóteses excepcionais (CC, art. 1.641, I a III), **quando perdem os noivos a liberdade de escolher o regime matrimonial de sua preferência; se apesar da proibição legal eles regularem diferentemente seus interesses econômicos, nula será tal convenção, prevalecendo a determinação legal.**[894]

Embora a nulidade não contamine todo o pacto, **o juiz deve declará-la de ofício**, sempre que conhecer o negócio jurídico,[895] **ineficácia que inutiliza a convenção antenupcial** que ajusta a comunhão de bens, **quando o casamento só podia efetuar-se pelo regime da separação.**[896]

Aqui a vontade das partes é irrelevante e totalmente desconsiderada, e, assim sendo, mesmo que os nubentes tenham manifestado vontade através do pacto antenupcial, não decorrerão efeitos jurídicos, uma vez que a norma é de ordem pública e prevalece sobre a manifestação dos interessados.[897]

Embora a nulidade se refira mais especificamente às disposições absolutas da lei, como o dever de fidelidade, coabitação, mútua assistência, sustento e educação dos filhos, a desobediência ao regime obrigatório constitui **fator de ineficácia**, como **cláusula não escrita**.

Não se argumente, em contrário, com o preceito alternativo que manda vigorar o regime da comunhão parcial quanto aos bens dos cônjuges, se o pacto não for feito, for declarado nulo ou **ineficaz** (CC, art. 1.640), pois aqui se cuida de uma imposição legal, **que obriga a adoção do regime da separação obrigatória** (CC, art. 1.641, I).

5. Separação obrigatória e concorrência sucessória

No regime da separação absoluta de bens, **que exclui a possibilidade de concorrência**,[898] cada consorte tem seu patrimônio independente do ou-

---

[894] DINIZ, p. 148.
[895] LOBO, p. 276.
[896] RODRIGUES, p. 176; também Monteiro, p. 193.
[897] GUEDES, Jefferson Carús. Do Direito patrimonial, em *Comentários ao Código Civil Brasileiro. Direito de Família. Direito Patrimonial*. Rio de Janeiro: Forense, 2005, v. XV p.55
[898] O Código trata desta hipótese (CC, artigo 1.829, I, primeira parte), fazendo equivocada menção ao artigo 1.640, par. único, enquanto o regime da separação legal está anunciado no artigo 1.641, haven-

tro, podendo aliená-lo livremente, sem restrição, como também tocando-lhe a administração do cabedal particular (CC, art. 1.687).

Não há semelhança entre os acervos, o que gera uma separação dos bens do casal, uma **verdadeira incomunicabilidade**, sendo traço marcante a gestão própria que cada cônjuge exerce sobre os respectivos bens, não se comunicando também frutos e rendimentos.[899]

Em caso de falecimento do cônjuge, não há motivo para suceder, pois, em regra, o cônjuge sobrevivo já se acha suficientemente aquinhoado com seu acervo, e, em tese **haveria fraude a esse regime imposto por lei**, tudo levando a crer, que no futuro, a jurisprudência se encarregará de abrandar este rigor, como no passado levando em consideração profundas iniquidades no caso concreto.[900]

Aqui cada cônjuge mantém seu próprio patrimônio, pois não se fala em acervo comum; e na abertura da sucessão o cônjuge sobrevivente **não tem direito à meação do outro, porque o regime repudia divisão do que nunca foi comum**, mantendo-se os bens particulares, tanto anteriores como posteriores ao casamento, não havendo concorrência com a classe dos descendentes, diante da ressalva da lei.[901]

Todavia, uma das questões controvertidas é a indagação se no regime legal pode haver a comunicabilidade dos bens havidos na constância do casamento, por mútuo esforço dos cônjuges, e que repousa na **Súmula 377 do Supremo Tribunal Federal**,[902] editada na vigência do antigo catálogo canônico e que ordenava a comunicação de haveres assim obtidos, com batismo jurisprudencial.[903]

Hoje é controvertida a permanência da Súmula 377, notadamente porque o legislador vislumbrou a realidade dos nossos tempos, com a **ascensão da mulher no mercado de trabalho e a relevância de sua partici-**

---

do proposta corretiva no Congresso. O coordenador da reforma, reconhecendo a errônea remissão, propõe a eliminação do adjetivo *obrigatória*, pois com esta supressão o cônjuge sobrevivente não teria a qualidade de herdeiro, *se casado com o falecido no regime da comunhão universal, ou no de separação de bens* (REALE, p. 63).

[899] CARVALHO, João Andrades. *Regime de bens*. Rio de Janeiro: Aide, 1999, p. 109.

[900] VENOSA, Silvio de Salvo. *Direito Civil*. Direito das Sucessões. 3ª ed. São Paulo: Atlas, 2003, p. 109.

[901] LEITE, Eduardo Oliveira, *Comentários aos novo Código Civil*. Direito das Sucessões. v. XXI. 3ª ed. Rio de Janeiro: Forense, 2003, p. 219; no mesmo sentido, TAVARES, Daniela Faria. Do regime de separação dos bens. in *O novo Código Civil do Direito de Família*. Rio de Janeiro: Freitas Bastos, 2002, p. 375.

[902] Súmula nº 377 do STF: "No regime da separação legal de bens, comunicam-se os adquiridos na constância do casamento".

[903] Segundo o STJ, o enunciado nº 377 da Súmula STF deve restringir-se aos aquestos resultantes da conjugação de esforços do casal, em exegese que se afeiçoa à evolução do pensamento jurídico repudia o enriquecimento sem causa (RSTJ 39/414).

pação na sociedade moderna, onde propiciou a transformação da relação familiar e do casamento.[904]

Já de muito a doutrina pregava a **incomunicabilidade dos aquestos no regime da separação legal**; eis que, quando de tratasse dele, não se aplicava o dispositivo do artigo 259, pois permitir que se comunicassem os bens, no caso de ser obrigatório o regime da separação, seria tolerar que a lei fosse burlada, seria, em suma, admitir que os cônjuges fugissem daquele regime. A verdade é esta: quando o regime da separação resulta de imposição da lei, quando ele é obrigatório por haver ocorrido um dos casos previstos no artigo 258, em hipótese alguma os bens dos cônjuges se comunicarão, nem mesmo os bens adquiridos na constância do casamento com o produto da indústria e do trabalho de cada um dos cônjuges.[905]

Também de forma enfática se declarou que, em vista do regime legal ser o da comunhão parcial, se a penalidade consistisse na imposição deste regime, deixaria de existir,[906] pois o artigo 259 não incide se o regime da separação é o obrigatório, quando os bens são adquiridos pelos cônjuges separadamente e há dois patrimônios sem ligação.[907]

A respeito também se pronunciara a Suprema Corte, aludindo que, se a separação é obrigatória, imposta pela lei como pena, não se comunicam os bens adquiridos na constância do casamento. Em um, cuida-se de mera convenção firmada entre os cônjuges, sem qualquer empecilho à adoção deste ou daquele regime de bens; em outro, porém, o regime da separação é imposto por força de dispositivo expresso de lei. Permitir-se, neste último caso, que se institua o regime de comunhão entre os aquestos, representará verdadeira burla à disposição da lei, que estabeleceu como obrigatório o regime da separação.[908]

O entendimento também se repetiu nos tribunais dos diversos Estados.[909]

A jurisprudência local recente recomenda que o cônjuge supérstite casado sob o regime da separação obrigatória de bens só herda se não

---

[904] SILVA, p. 170.
[905] SANTOS, João Manoel Carvalho dos. *Código Civi Brasileiro Interpretado*. Freitas Bastos: Rio de Janeiro, 1937, 2.e. v. 5, p. 55. A referência é ao Código Civil anterior.
[906] PEREIRA, Caio Mário da Silva. *Instituições de Direito Civil*. Rio de Janeiro: Forense, 1997, 11.e. v. 5, p. 99.
[907] MIRANDA, Francisco Cavalcanti Pontes de. *Tratado de Direito Privado*. 3ª ed. Rio de Janeiro: Borsoi, 1971, v.VIII, p. 346. A referência é ao Código Civil anterior.
[908] STF, Primeira Turma, RE 43.295, Rel. Min. Luiz Galotti, j.30.07.59; também RT 201/572, de lavra do Min. Hahnemann Guimarães.
[909] TJSP, RT 190/253, 203/270, 222/158; TJRJ 359/478, entre outros.

houver descendentes ou ascendentes, quando a sucessão lhe será deferida por inteiro.[910]

Evidencia-se, destarte, forte resistência à Súmula 377, restando estatuído que **não há comunicação de aquestos no regime da separação obrigatória de bens, principalmente quando dito regime resulta de imposição legal.**

Admitir-se ao contrário, significaria clara burla à lei, embora, reitere-se, seja pendular a posição sobre a perpetuidade do verbete.

Disciplinada a ordem da vocação hereditária, a nova bíblia civil prega que a sucessão legítima se defere aos descendentes, em concorrência com o cônjuge sobrevivente, **salvo se casado este com o falecido no regime da comunhão universal, ou no da separação obrigatória de bens (art. 1.640, parágrafo único)**; ou, se, no regime da comunhão parcial, o autor da herança não houver deixado bens particulares (CC, art. 1.829, I).

Segundo a doutrina, a ressalva é correta e procedente, uma vez que, tratando-se de **separação legal (imposta, pois pela lei) não há que se falar em concorrência**, eis que o que a lei veda não pode ser contornado pela própria lei e em manifesta contradição ao espírito da separação.[911]

Aliás, convém referir que nem mesmo os direitos sucessórios decorrerão nas hipóteses do artigo 1.641, como prescreve o artigo 1.829 do CC, que obsta, até mesmo, que o cônjuge supérstite concorra na sucessão de seu falecido consorte.[912]

A meridiana clareza da prescrição legal não deixa dúvidas sobre a impossibilidade de o cônjuge sobrevivente participar da herança, quando o regime imposto pela lei foi o da separação obrigatória de bens, o que se encontra absolutamente pacificado na doutrina pátria.

Importa aqui e do ponto de vista conceitual abordar-se a questão sobre a **concorrência do cônjuge sobrevivente nos regimes** em que a lei a admite, especialmente sobre quais bens ela se debruça, se na herança dos bens comuns ou na dos bens particulares.

É lícito aos nubentes estipular o regime de bens que os aprouver, antes de celebrar o casamento, e que começa a vigorar desde a data do consórcio.

No regime legal, aqui tomado como paradigma para o exame, comunicam-se os bens que sobrevierem ao casal, na constância do casamento, salvo os que o cônjuge possuir ao casar ou receber por doação ou sucessão;

---

[910] TJRS, Sétima Câmara Cível, AGI 70006500243, rel. Des.Luiz Felipe Brasil Santos, j. 13.08.03.
[911] LEITE, Eduardo de Oliveira. *Comentários ao novo Código Civil. Direito das Sucessões.* Rio de Janeiro: Forense, 2003, v. XXI, p. 220.
[912] GUEDES, p. 55.

e os sub-rogados em seu lugar, os bens havidos com valores exclusivos do cônjuge em sub-rogação aos bens pessoais, as obrigações anteriores ao casamento, as obrigações provenientes de atos ilícitos caso não revertam ao casal, os provenientes do trabalho pessoal de cada cônjuge, as pensões, montepios, meio-soldos e outras rendas semelhantes.

Ingressam, contudo, na comunhão os bens adquiridos por título oneroso, mesmo em nome de um só dos consortes, na constância do matrimônio; também os havidos por fato eventual com ou sem concurso de trabalho, os doados, herdados ou legados em favor de ambos os cônjuges, as benfeitorias dos bens particulares e os frutos dos bens comuns, ou particulares de cada cônjuge, percebidos na constância do casamento, ou pendentes quando cessou a comunhão (CC, arts. 1.658 a 1.660).

Anota a prescrição sucessória que a vocação hereditária se defere, em primeiro lugar, aos descendentes, mas em concorrência com o cônjuge sobrevivo, salvo quando o casamento observou o regime da comunhão universal, ou da separação obrigatória de bens (CC, art. 1.640, parágrafo único); **ou se, no regime da comunhão parcial, o autor da herança não houver deixado bens particulares** (CC, art. 1.829, I).

A concorrência objetivou compensar a viúva pela extinção do usufruto vidual e de ampará-la em vista da mudança do paradigma histórico, como já acentuado.

A redação dúbia do dispositivo invocado causou algumas perplexidades e diferentes interpretações, que agora se encaminham para um caudal comum.

O Direito é a ciência da palavra, e fazendo a mediação entre as pessoas e o Estado, a linguagem dos diplomas jurídicos há de ser absolutamente fiel aos signos do comportamento a ser observado pelos cidadãos, o que se deduz da semiologia do termo, *derectus,* que indica ideia de dirigir, guiar, apontar.

Um texto redigido com imprecisão não permite interpretação razoável, pois os desvios da linguagem acarretam consequências danosas à aplicação da lei e em entraves para as intenções do processo legislativo.

O duelo exegético estremou-se entre o entendimento de que a concorrência acontecia apenas quando **o autor da herança não houvesse deixado bens particulares**, e entre os que achavam que o concurso só era cabível exatamente quando o falecido **tivesse transmitido acervo pessoal**; e no segundo caso, se a concorrência operava-se somente **na herança dos bens particulares** ou se englobava também a *meação* do sucedido.

A primeira dúvida que suscita o indigitado dispositivo legal com sua intrincada construção gramatical é o fato de trazer, em uma mesma sentença, uma hipótese e três exceções, sendo que, em relação a uma delas, há um desdobramento e se não bastasse, uma dupla negação: as duas primeiras hipóteses excludentes são introduzidas pela locução conjuntiva *salvo se* e a última previsão vem depois de um ponto-e-vírgula e inicia com a expressão *ou se*, o que só poderia gerar controvérsias e interpretações dissonantes.[913]

O uso da expressão *"salvo se"* exclui da concorrência os regimes ali enumerados, e o sinal **ponto-e-vírgula** estabelece um seccionamento entre duas ideias, sendo imperioso reconhecer que a parte final da norma regula o direito concorrente quando o regime é da comunhão parcial, abrindo suas hipóteses a depender ou não da existência de bens particulares: assim, deixa claro o texto que há concorrência *se* o autor da herança **não houver deixado bens particulares** e, ao contrário, se deixou bens exclusivos o cônjuge não concorrerá com os descendentes, não podendo outra ser a leitura do artigo.

Não há dupla negativa na regra, pois na parte final e após o ponto-e-vírgula, passa a lei a tratar de hipótese diversa, ou seja, o regime da comunhão parcial, oportunidade em que é feita a distinção quanto à existência ou não de bens particulares, o que não cabe nos regimes antecedentes; daí a divisão feita pela pontuação, utilizada pelo legislador para afastar a perplexidade que tem assaltado os intérpretes do novo Código.[914]

Assim, **quem casa com alguém que possui bens particulares, quando de sua morte percebe somente sua meação, ficando os herdeiros com a titularidade exclusiva do acervo hereditário composto pela meação do morto e pelo patrimônio preexistente ao casamento**; tal raciocínio, longe de afrontar a lei, está em consonância com a lógica da vida, pois se harmoniza com a cadeia sucessória e o sistema legal que sempre priorizou os vínculos do parentesco, fugindo ao razoável interpretar a lei distanciada do senso comum.[915]

Entender-se que a herança dos bens particulares possa ser compartilhada com o cônjuge sobrevivente é visualizar enriquecimento sem causa; além da quebra do princípio norteador do direito sucessório que orienta **a transmissão patrimonial seguindo os vínculos da consanguinidade**, pois ditos bens foram normalmente havidos com o esforço pessoal ou com a colaboração dos filhos de leito anterior, que recolheriam, em regra, tal patrimônio.

Ora, se houver **novo cônjuge**, novos filhos ou ainda seus parentes colaterais, eles perceberiam cabedal que **sequer era de propriedade do pa-**

---

[913] DIAS, p. 142-143.
[914] Idem, p. 126-127.
[915] Idem, p. 145.

rente morto, pois o titular era o cônjuge pré-morto, não mais retornando aos sucessores de quem era seu titular.[916]

Desta forma, no regime onde a lei reconhece a possibilidade de concorrência, como a comunhão parcial, ou naqueles aceitos por extensão pela doutrina, como a **separação convencional** ou participação final dos aquestos, **não há concorrência com os herdeiros nos bens particulares, mas apenas na herança dos bens comuns.**

6. Conclusão

Impende concluir-se, pois, que não se realizando a partilha no divórcio do casal, o novo casamento de algum dos divorciados deve observar, e de forma rígida, ao regime da separação legal dos bens, sendo irregular e ineficaz eventual pacto antenupcial que tenha estimado regime da separação convencional, cláusula que pode ser impugnada através de ação declaratória de invalidação.

Em consequência, o cônjuge sobrevivo não desfruta da condição de herdeiro, segundo a regra sucessória, eis que no regime os patrimônios são individuais e na separação legal de bens não há meação ou **herança**, consoante o postulado legal (CC, art. 1.829, I).

---

[916] DIAS, p. 144; também entendendo que não há concorrência quando existam bens particulares, pois a intenção do legislador foi a de tornar o cônjuge herdeiro apenas quando não existir bens decorrentes da meação, VENOSA, p. 108.

Capítulo XIII – A natureza jurídica da relação homoerótica

1. Notas iniciais

Já são significativas as refregas judiciais sobre questões que envolvam a homossexualidade, e que, antes tímidas e quase sem registros nas estatísticas forenses, desestimulavam a produção jurídica.

Algumas causas, como as resistências sociais e psicológicas, decorrentes dos preconceitos largamente difundidos, até a bibliografia praticamente inexistente em português, impediram o desenvolvimento de discussões na área, panorama que se alterou a partir do projeto da chamada parceria civil, e com o fortalecimento de entidades e organizações não governamentais que labutam pelos direitos civis e políticos de *gays*, lésbicas e travestis, o enfraquecimento do discurso dos movimentos de esquerda sem bandeiras tradicionais, como a do socialismo, para adotar os da proteção da subjetividade e a liberdade comportamental; além disso, a transformação dos padrões culturais acerca da masculinidade, da posição de homens e mulheres na sociedade, processo profundo e de repercussões imprevisíveis mas frutíferas, abriram espaços à vida erótica dissonante dos monolíticos referenciais da outrora intocada e inabalável visão do mundo heterossexual.[917]

Adote-se ainda como concausas a formação de comunidades homoeróticas a crise na concepção da família, a modificação dos conceitos médicos e psicológicos sobre homossexualidade, fatores que contribuíram também para o aumento da produção científica sobre a homossexualidade, hoje tema recorrente em monografias de graduação e dissertações de mestrado.

---

[917] RIOS, Roger Raup. "Direitos humanos, homossexualidade e uniões homossexuais". *Direitos humanos, ética e direitos reprodutivos*. Porto Alegre: Themis, Assessoria Jurídica e Estudos de Gênero, 1998, p. 130.

Hoje são frequentes as decisões sobre variados aspectos da homoafetividade, construindo-se repertórios que alimentam as demandas e que despertam estudos, sendo numerosas publicações aonde especialistas se debruçam sobre flagrantes destas uniões, contribuindo para a mudança do paradigma que sustentava o farisaísmo e a indiferença no manejo de tema relevante.

Uma das controvérsias diz com a partilha do patrimônio havido por homossexuais de vida comum, ora solvida nas regras do direito obrigacional, como se fora uma sociedade de fato.

Na linha do entendimento dominante, o parceiro tem direito de receber a metade do patrimônio adquirido pelo esforço comum, reconhecida a existência de sociedade de fato com os requisitos do artigo 1.363 do Código Civil, aceitando-se uma mútua obrigação de combinar ânimos para lograr fim, eis que a negativa da incidência de dita regra tão ampla e clara; o que significa prevalecer princípio moral (respeitável) que recrimina o desvio de preferência sexual, desconhecendo a realidade que esta união, embora criticada, existe e produz efeito de natureza obrigacional e patrimonial que o direito civil comum abarca e regula.

O Direito, segundo a decisão, não regula sentimentos contudo, dispõe sobre os efeitos que a conduta determinada por esse afeto pode representar como fonte de direitos e deveres, criadores de relações jurídicas previstas nos diversos ramos do ordenamento, algumas ingressando no Direito de Família, como o matrimônio e, hoje, a união estável; outras ficam à margem dele, contempladas no Direito das Obrigações, das Coisas, das Sucessões, mesmo no Direito Penal, quando a crise da relação chega ao paroxismo do crime, e assim por diante.[918]

A inclusão da discussão no direito obrigacional é iterativa, achando-se que o concubinato de dois homens, como se casados fossem, é uma relação esdrúxula que até contrasta com a alegada sociedade de fato,[919] ou mesmo não gera direitos, embora a coabitação.[920]

O objetivo desta meditação é discutir a relação homossexual como entidade similar à união estável.

2. O homoerotismo como vocabulário

É irrefutável que a homossexualidade sempre existiu, podendo ser encontrada nos povos primitivos, selvagens e nas civilizações mais anti-

---

[918] STJ, 4ª Turma, REsp. nº 148897-MG, rel. Min. Ruy Rosado de Aguiar.
[919] TJRJ, APC 7355/99, 14ª Câmara Cível, j. 29.09.98; APC 1813/93, 1ª Câmara Cível, j. 14.09.93; APC 3.309/92, 8ª Câmara Cível, j. 24.11.92.
[920] TAMG, APC 226.040-8, 2ª Câmara Cível.

gas, como a romana, aegípcia e a assíria, tanto que chegou a relacionar-se com a religião e a carreira militar, sendo a pederastia uma virtude castrense entre os dórios, citas e os normandos; os gregos atribuíam predicados como a intelectualidade, a estética corporal e a ética comportamental, sendo considerada mais nobre que a relação heterossexual, e prática recomendável por sua utilidade.

Com o cristianismo, a homossexualidade passou a ser tida como uma **anomalia psicológica**, um vício baixo, repugnante, já condenado em passagens bíblicas (*com o homem não te deitarás, como se fosse mulher: é abominação*, Levítico, 18:22) e na destruição de Sodoma e Gomorra, tanto que alguns teólogos modernos associam a concepção bíblica de homossexualidade aos conceitos judaicos que procuravam preservar o grupo étnico, e, nesta linha, toda a prática sexual entre os hebreus só se poderia admitir com a finalidade de procriação, condenado-se qualquer ato sexual que desperdiçasse o sêmen; já entre as mulheres, por não haver *perda seminal*, a homossexualidade era reputada como mera lascívia.

Os povos islâmicos têm a homossexualidade como um delito contrário aos costumes religiosos.

A idade Média registra o florescimento da homossexualidade em mosteiros e acampamentos militares, sabendo-se que na Renascença, artistas como Miguel Ângelo e Francis Bacon cultivavam a homossexualidade.

Do ponto de vista psicológico e médico, a homossexualidade configura a atração erótica por indivíduos do mesmo sexo, uma **perversão sexual** que atinge os dois sexos, sendo considerado homossexual quem pratica atos libidinosos com indivíduos do mesmo sexo ou exibe fantasias eróticas a respeito (Delton Croce e Delton Croce Júnior); ou **inversão sexual** que se caracteriza pela atração por pessoas do mesmo sexo (Guilherme Oswaldo Arbenz), ou, ainda, por **perversão sexual** que leva os indivíduos a sentirem-se atraídos por outros do mesmo sexo (Hélio Gomes), com repulsa absoluta ou relativa para os do sexo oposto.[921]

Teorias de cunho psicanalítico, social e biológico explicam as causas da homossexualidade sob diferentes pontos de vista, havendo se alterado o conceito, eis que a homossexualidade deixou de ser tida como uma patologia, tanto que, em 1985, o Código Internacional de Doenças (CID) foi revisado, mudando-se o homossexualismo, então entre os distúrbios mentais, para o capítulo dos **sintomas decorrentes de circunstâncias psicossociais**, ou seja, um desajustamento social decorrente da discriminação religiosa ou sexual.

---

[921] BRITO, Fernanda de Almeida. *União afetiva entre homossexuais e seus aspectos jurídicos*. São Paulo: LTr, 2000, p. 46/48.

Em 1995, na última revisão, o sufixo (-ismo) que significa doença, foi substituído pelo sufixo -*idade*, que designa um modo de ser, concluindo os cientistas que a atividade não podia mais ser sustentada enquanto diagnóstico médico, porque os transtornos derivam mais da discriminação e da repressão social, oriundos de um preconceito do seu desvio sexual.

A proibição da homossexualidade é considerada como violação aos direitos humanos pela Anistia Internacional, desde 1991.[922]

A história genética da humanidade propugna uma moral sexual mais liberal, na qual as práticas sexuais devem ser consideradas primeiro como mecanismos de união e apenas secundariamente como meios de procriação e que o comportamento homossexual tem sido censurado pelas sentinelas da moral ocidental judaico-cristã, e tratado como doença na maioria dos países.[923]

Para Desmond Morris, todavia, a função primária do comportamento sexual é a reprodução da espécie, a qual é manifestamente posta de lado no **acasalamento homossexual**, ressaltando ele que nada existe biologicamente anormal num *ato de* **pseudocópula homossexual**, o que muitas espécies fazem, em variadíssimas circunstâncias; sendo a constituição de casais homossexuais apenas despropositada sob o aspecto reprodutivo, visto que não produz descendência e que desperdiça adultos potencialmente reprodutores.[924]

Não é negando direitos à união homossexual que se fará desaparecer o homossexualismo, pois os fundamentos destas uniões se assemelham ao casamento e à união estável, sendo o afeto o vínculo que une os parceiros, à semelhança dos demais casais, e que gera efeitos jurídicos.

A homossexualidade é considerada um **distúrbio de identidade**, e não mais uma doença, não sendo hereditária nem uma opção consciente. Ensina o psicólogo Roberto Graña que a homossexualidade é fruto de um pré-determinismo psíquico primitivo, também estudado a partir das contribuições da etiologia sob a denominação de *imprinting*, originado nas relações parentais das crianças desde a concepção até os três ou quatro anos de idade.

Já aí, nessa tenra idade, constitui-se o núcleo da identidade sexual na personalidade do indivíduo, que será mais ou menos corroborada de acordo com o ambiente em que ela se desenvolva, o que posteriormente determinará sua orientação sexual definitiva. Portanto, a homossexualidade não é opção livre, é determinismo psicológico inconsciente.[925]

---

[922] BRITO, p. 43/46.
[923] WILSON, Edward. *A natureza humana*. São Paulo: Editora da USP, 1981, p. 141.
[924] SILVA, Martins da, p. 305.
[925] GUIMARÃES, Marilene Silveira. "Reflexões acerca de questões patrimoniais nas uniões formalizadas". In: *Direito de família, aspectos constitucionais, processuais e civis*, v. II, São Paulo: Revista dos Tribunais, p. 201-202.

Esclarece Oswaldo Pataro que na etiologia do homossexualismo em seres humanos, apontam-se quatro possibilidades explicativas: anomalia genética, perturbação endócrina, condição psicológica ou mistura de duas ou mais destas possibilidades.

Freud, um dos primeiros a idealizá-la, aceitava que a orientação era uma anormalidade do desenvolvimento emocional, sendo fator essencial a fixação do jovem à sua mãe e hostilidade ao pai, o que acabaria por levá-lo a uma tendência de comportamento feminino; ou seja, as formas de homossexualismo masculino e feminino representam uma espécie de imaturidade emocional decorrente da falta de identificação com o papel adulto em seu próprio sexo.

Após várias teorias, lembra Pataro que a psicanálise propôs que o homossexualismo é um *desvio adquirido* do impulso sexual, que expressa um fracasso do aparecimento edipiano e uma regressão a impulsos e fantasmas pré-genitais, derivado de diversos fatores, uns constitucionais, outros acidentais e, ainda, outros pertencentes à estrutura familiar e às personalidades dos pais.

Anote-se que a tese segundo a qual o homossexualismo provém do estado da natureza com origens biológicas e não culturais, ganha corpo atualmente, em vista de descobertas por cientistas canadenses de que a região do cérebro ligada às funções de aprendizagem é 13% maior nos homossexuais, restando sugerido que há um componente biológico na orientação sexual. Sublinhe-se, também, que o corpo caloso do cérebro, ligado à habilidade verbal e motora, é também maior naquele núcleo (Witelson, 1994); que gêmeas idênticas têm três vezes mais probabilidades de serem lésbicas que gêmeas fraternas (Pillard e Bailey, 1993); que os homossexuais têm mais **microestrias** em suas impressões digitais (Kimura, 1994), e que o hipotálamo, parte do cérebro que regula o apetite, a temperatura do corpo e o comportamento sexual, é menor nos homossexuais (Levay, 1994).

Para renomado psicanalista, toda a época produz crenças sobre a **natureza** do bem e do mal, do sujeito e do mundo, que, aos olhos dos contemporâneos, sempre aparecem como óbvias e indubitáveis.

Os séculos XIV, XV, XVI e XVII criaram a feitiçaria. E, porque a crença na bruxaria existia, **existiam bruxas**.

As bruxas eram um efeito da crença em bruxaria, e sem esta crença não haveria mulheres que sentissem ou agissem, se reconhecessem e fossem reconhecidas como bruxas. Tampouco haveria moralistas, religiosos, médicos, etc., que se debatessem em infindáveis querelas sobre as causas e as manifestações do diabolismo ou sobre a competência dos que estavam autorizados a distinguir as falsas das verdadeiras feiticeiras, mas com o advento do imaginário racionalista e cientificista dos séculos XVIII e XIX, pereceram as crenças na feitiçaria e, com elas, as feiticeiras.

Outros tempos, outras crenças, outros sujeitos.

Acrescenta ele que nas crenças a respeito da sexualidade, como as crenças da feitiçaria, também são apresentadas como fundadas em **fatos evidentes por si mesmos**.

Assim, desde o século XIX, passou-se a crer na existência de uma divisão natural dos sujeitos em **heterossexuais, bissexuais e homossexuais**, crença que se impõe como um dado imediato da consciência, como algo *intuitivo*, e, portanto, universalmente válido para todos os sujeitos em qualquer circunstância espaço-temporal.

No entanto, com um pouco de imaginação, pode-se conjeturar um futuro em que esta classificação fosse flexibilizada e enriquecida, com outros tipos sexuais, como os **multissexuais, assexuais e aliensexuais**, estes últimos homens e mulheres que se sentiriam atraídos por seres extraterrestres.

Neste universo remoto, ideologicamente copiado da cultura moral, as novas gerações aprenderiam como é que sente, sabendo que sente, uma atração multissexual ou aliensexual, daí surgindo livros, vídeos, programas, com informações sobre o assunto, encontros e conferências seriam realizados para apurar as causas, as origens genéticas, psicológicas ou históricas daquelas características sexuais, aparecendo movimentos em defesa dos direitos civis dos alien-sexuais, outros acusando de terem uma tendência sexual antinatural, posto que, se todos fossem atraídos por extraterrestres, a reprodução da espécie terráquea estaria ameaçada...

Fora deste enfoque, toda a discussão sobre a chamada **homossexualidade** corre o risco de tornar-se um exercício fútil para mentes acadêmicas, e, na linha de Wittgenstein, Foucault ou Richard Rorty, pensa-se que todos são seres de linguagem, pois nada, em a subjetividade ou sexualidade, escapa ao modo como se aprende a perceber, sentir, descrever, definir ou avaliar moralmente o que se é.

A nossa subjetividade e sexualidade são **realidades linguísticas**, não existindo uma coisa sexual objetiva que preexista à forma como se conhece linguisticamente; em outros termos, a palavra não é aquilo que se diz, falsa ou verdadeiramente, o que a suposta coisa sexual é em si, mas **aquilo que a palavra diz que ela é**.

Acredita-se que haja um heterossexual, bissexual ou homossexual porque o **vocabulário sexual** coage a identificar desta maneira; vocabulário, no entanto, que não surge do nada, nem representa, para a razão, a **verdade** sobre a homossexualidade, ignorada pelo obscurantismo dos que vieram antes.

Uma vez criados, os **dispositivos linguísticos** de crenças ou os hábitos morais e intelectuais, tornam-se quase **absolutos** na demarcação do limite de possibilidades das identificações sexuais de cada indivíduo, sem chance de se escolher as preferências sexuais, assim como não se opta pela língua materna.

As inclinações sexuais, como pensa Freud, são contingentes, arbitrárias e casuais, o que não significa que sejam gratuitas, pois se está preso ao repertório sexual da cultura, até que outras práticas linguísticas produzam novos modos de identificação moral dos indivíduos.

Entretanto, ninguém é senhor da morada sexual, pode tornar-se livre para reescrever moralmente a versão imposta à forma de amar e desejar sexualmente, eis que ninguém pode escolher que tipo de desejo ou atração sexual será a sua, mas qualquer um pode aprender a definir o que sente conforme seus padrões éticos.

Assim, discutir-se homossexualidade, partindo da premissa de que todos são heterossexuais, bissexuais ou homossexuais, significa acumpliciar-se com um jogo de linguagem que se mostrou violento, discriminador, preconceituoso e intolerante, e que já levou a acreditar que certas pessoas humanas são **moralmente inferiores**, só pelo fato de sentirem atração por outras do mesmo sexo biológico.

É possível abandonar o vocabulário onde consta a ideia de homossexualidade, assim como já se recusa a discutir sobre bruxas e bruxarias com o glossário da Inquisição.

E nesta cidade ideal da ética humanitária e democrática, as pessoas serão livres para amar sexualmente de tantas formas quantas possa inventar, e onde o único limite para a imaginação amorosa será o respeito pela integridade física e moral do semelhante.

Heterossexuais, bissexuais e homossexuais, para Freire Costa, que registrou as concepções até aqui referidas, são **figuras curiosas, nos museus de mentalidades antigas e na vida terão desaparecido**, como rostos de areia no limite do mar.[926]

Propõe o autor, então, o termo **homoerotismo** para aludir ao que hoje se chama homossexualidade, procurando evitar que o homem moderno, preso aos hábitos, desse tal sentido a quaisquer práticas eróticas entre indivíduos do mesmo sexo biológico; é que trocando o vocabulário também se mudam as perguntas, encontrando-se respostas que não podem ser achadas quando se utiliza a terminologia hétero ou homossexual.

---

[926] COSTA, Jurandir Freire. *A ética e o espelho da cultura.* Rio de Janeiro: Rocco, 2000, p. 118/122.

Como diz Rorty, **trocando-se o vocabulário, trocam-se os problemas** e com isto, algumas realidades que pareciam absolutamente importantes passam a não ter qualquer importância.[927]

A homossexualidade não existe, nunca existiu, e sim a sexualidade, voltada para um objeto qualquer de desejo, que pode ou não ter genitália igual, e isso é detalhe, mas não determina maior ou menor grau de moral ou integridade.[928]

3. O homoerotismo e a união estável

Costuma-se objetar que a relação homoerótica não se constitui em espécie de união estável, pois a regra constitucional e as Leis n°s 8.971/94 e 9.278/96 exigem a diversidade de sexos.

Neste sentido, argumenta-se que a relação sexual entre duas pessoas capazes do mesmo sexo é um irrelevante jurídico, pois a relação homossexual voluntária, em si, não interessa ao Direito, em linha de princípio; já que a opção e a prática são aspectos do exercício do direito à intimidade, garantia constitucional de todo o indivíduo (art. 5°, X), escolha que não deve gerar qualquer discriminação, em vista do preceito da isonomia.

Todavia, por mais estável que seja a união sexual entre pessoas do mesmo sexo, que morem juntas ou não, jamais se caracterizaria como uma entidade familiar, o que resulta, não de uma realização afetiva e psicológica dos parceiros, mas da constatação de que duas pessoas do mesmo sexo não formam um núcleo de procriação humana e de educação de futuros cidadãos.

É que a união entre um homem e uma mulher pode, em potência, ser uma família, porque o homem assume o papel de pai, e a mulher, de mãe, em face dos filhos; e dois parceiros do mesmo sexo, homens ou mulheres, jamais conjugam a paternidade e a maternidade em sua complexidade psicológica que os papéis exigem.

Como argumento secundário, arremata o mestre paranaense, a união de duas pessoas do mesmo sexo não forma uma família porque, primeiramente, é da essência do casamento, modo tradicional e jurídico de constituir família, a dualidade de sexos; e, depois, porque as uniões estáveis previstas na Lei Fundamental como entidades familiares são necessariamente formadas por um casal heterossexual (CF, art. 226, § 3°).

---

[927] COSTA, p.113-116.
[928] ABREU, Caio Fernando. *Pequenas epifanias.* Porto Alegre: Sulina, 1996, p. 49.

Nem porque a Constituição o diga, mas porque a concepção antropológica de família supõe as figuras de pai e de mãe, o que as uniões homossexuais não conseguem imitar.

E se numa família monoparental, o ascendente que está na companhia do filho resolve ter uma relação com terceiro do mesmo sexo, ainda que de forma continuada, isto não implica, juridicamente, trazer este terceiro para dentro da noção de família, mesmo que haja moradia comum; pois família continua sendo, aí, o ascendente e seu filho, excluído o parceiro do mesmo sexo daquele.

Não vinga o argumento de que nestas famílias monoparentais não exista a figura de pai e mãe, pois falta a figura de outro ascendente; mas a substituição só é admissível juridicamente, para o parceiro integrar o ente familiar, se houver respeito à dualidade de sexos que originariamente se apresentava, o que só acontece com nova esposa ou companheira do pai, que substitui a mãe.

Portanto, é admissível o reconhecimento judicial de uma **sociedade de fato** entre os parceiros homossexuais, se o patrimônio adquirido em nome de um deles resultou da cooperação comprovada de ambos, sendo a questão de direito obrigacional, nada tendo a ver com a família.[929]

Não é o que se adotará nesse texto, como adiante se justifica.

É que o amor e o afeto independem de sexo, cor ou raça, sendo preciso que se enfrente o problema, deixando de fazer vistas grossas a uma realidade que bate à porta da hodiernidade, e mesmo que a situação não se enquadre nos moldes da relação estável padronizada, não se abdica de atribuir à união homossexual os efeitos e natureza dela.

Nas culturas ocidentais contemporâneas, a homossexualidade tem sido, até então, a marca de um estigma, pois se relega à marginalidade aqueles que não têm suas preferências sexuais de acordo com determinados padrões de moralidade. Isso acontece não apenas com a homo e heterossexualidade, mas para qualquer *comportamento sexual anormal*, como se isto pudesse ser controlado e colocado dentro de um **padrão normal**.[930]

É que o sistema jurídico pode ser um **sistema de exclusão**, já que a atribuição de uma posição jurídica depende do ingresso da pessoa no universo de titularidades que o sistema define, operando-se a exclusão quando se negam às pessoas ou situações as portas de entrada da moldura das titularidades de direitos e deveres.

---

[929] CZAJKOWSKI, Rainer. "*Reflexos jurídicos das uniões homossexuais*". Jurisprudência brasileira, Editora. Curitiba: Juruá, 1995, p. 97-107.
[930] PEREIRA, Rodrigo da Cunha. *Direito de Família. Uma abordagem psicanalítica*. Belo Horizonte: Del Rey, 1997, p. 43.

Tal negativa, emergente de força preconceituosa dos valores culturais dominantes em cada época, alicerça-se em juízo de valor depreciativo, historicamente atrasado e equivocado, mas este medievo jurídico deve sucumbir à visão mais abrangente da realidade, examinando e debatendo os diversos aspectos que emanam das parcerias de convívio e afeto.[931]

A questão dos direitos dos casais do mesmo sexo tem sido debatida no mundo; e o argumento básico, em favor do tratamento igualitário, é no sentido de que as uniões homoeróticas devem ter os mesmos direitos que outros casais ao demonstrar um compromisso público um para o outro, em desfrutar uma vida de família, a qual pode ou não incluir crianças, o que exige isonomia legal.

É verdade que ainda permanece a restrição da Convenção Europeia e do Tribunal Europeu, que limita o casamento aos heterossexuais, inadmitindo a existência de uma **vida familiar** aos parceiros homoafetivos.

Todavia, alguns países, como a Inglaterra, no caso Martin Fitz Patrick e John Thompson, que viveram juntos até a morte prematura do último, então inquilino de um imóvel, discutiu-se a possibilidade de o primeiro permanecer naquele local, como **esposo** de Mr. Thompson ou como um **membro de sua família**, rechaçando-se a primeira questão, mas asseverando que o parceiro remanescente poderia ser tido como integrante da família, porque a relação homossexual comprometida tinha as características de amor, afeto, apoio e companheirismo, normalmente presentes nas relações familiares.

No Canadá, o Supremo Tribunal foi mais longe e defendeu que a expressão **cônjuge**, quando utilizada em determinadas partes da legislação, não deveria restringir-se aos formalmente casados, mas estendida a casais do mesmo sexo.

Desenvolvimentos mais radicais ocorreram em alguns países da Europa Setentrional, onde nações nórdicas (Dinamarca, Suécia, Noruega e Islândia) adotam a concepção de **parceria registrada**, permitindo que casais homossexuais comprometidos registrem seus relacionamentos, sendo tratados como se consorciados fossem, apenas não lhes tocando adotar crianças, o que foi já superado pelo parlamento holandês, com a possibilidade de que tais pessoas casem e adotem, cânone que passou a vigorar em 1º de abril deste ano.

Assevera Bainham que os movimentos europeus estão lastreados na noção de igualdade e neutralidade como entre diferentes tipos de relações familiares, podendo tais *reformas progressistas* ser vistas como reflexo de uma visão do compromisso com os direitos humanos.

---

[931] FACHIN, Luiz Edson. *"Aspectos jurídicos da união de pessoas do mesmo sexo"*. A nova família: problemas e perspectivas. Rio: de janeiro: Renovar, 1997, p. 114, *passim*.

No Canadá, a discriminação, com base na orientação sexual, viola a garantia constitucional da igualdade, assim os benefícios da saúde foram estendidos aos parceiros do mesmo sexo, também admitindo que pudessem ser tratados como membros de uma união estável; o governo oferece benefício médico, dentário e oftalmológico aos parceiros dos empregados homossexuais; ali, uma província reconheceu, em 1997, a possibilidade de tutela e adoção por homossexuais.

Mas há também uma dimensão adicional para os debates que dizem com o sexo e com os gêneros masculino e feminino, indagando-se o cabimento, no mundo moderno, de agarrar-se à visão tradicional de que o casamento deve envolver um homem e uma mulher ou que a parentalidade envolva necessariamente duas pessoas: um pai e uma mãe.

Diz-se que o compromisso entre duas pessoas ou em relação à criança não depende do sexo ou gênero destas pessoas, o que aceito, implicaria emergir o casamento ou a parentalidade, no futuro, como conceitos neutros quanto ao gênero, aos invés de específicos.[932]

Agregue-se que, na Hungria, a Corte Constitucional considerou que existindo o instituto do *common-law marriage*, semelhante à união estável brasileira, que reconhece aos casais heterossexuais os direitos econômicos do casamento, tal regra estende-se aos homossexuais, revisando, para tanto, a Lei de Coabitação de 1996, excetuando-se, contudo, o direito à adoção.

Nos Estados Unidos, embora o Congresso tenha aprovado a Lei de Defesa do Casamento (*Defense of marriage Act, 1997)*, pela qual os Estados não precisam reconhecer o registro de casamentos homossexuais de outros Estados, lei cuja constitucionalidade ainda se debate, o Estado de Havaí aceitou benefícios recíprocos aos casais homossexuais do quadro de seus servidores públicos; aqui se incluindo direito à pensão, saúde e indenização em caso de morte (1997), no que foi secundado pelo Estado de Oregon (1998).

Embora o campo ainda não se tenha dilatado, os Estados Unidos concedem asilo político a homossexuais, desde que comprovada a perseguição, além de atribuir indenização por abuso sexual entre pessoas de mesmo sexo. Algumas empresas, como Disney, Microsoft, IBM e Kodak, por exemplo, reconhecem a parceria doméstica entre pessoas do mesmo sexo, a fim de perceber benefícios médicos e pensão.

A França foi a primeira nação católica a reconhecer legalmente a união homossexual, ao aprovar um Pacto Civil de Solidariedade entre pessoas de mesmo sexo, garantindo direito à imigração, à sucessão e declaração de renda conjunta, excetuada a adoção (1998).

---

[932] BAINHAM, Andrew. *Direitos humanos, crianças e divórcio na Inglaterra*. Curitiba: Juruá, UFP/IB-DFam, 2001, p. 12/15.

Em Israel, a lei de Igual Oportunidade de Emprego (1992) proíbe a discriminação contra empregados baseada em sua orientação sexual, o que também acontece no Exército, tendo já acontecido decisão judicial em favor de um homossexual quanto aos benefícios previdenciários relativos ao seu parceiro enfermo.

Em Mendoza, província argentina, foram atribuídos ao parceiro os benefícios da saúde; na Espanha, foi rejeitada a lei de parceria registrada; mas na Catalunha foi aprovada a parceria doméstica para homossexuais e heterossexuais, com garantia de direitos trabalhistas e pensão; em Alemanha, Portugal e Finlândia estuda-se legislação sobre casamento entre pessoas de mesmo sexo, reconhecimento de uniões homoeróticas e parceria registrada.[933]

4. A força ativa da Constituição

Afastada a possibilidade de emoldurar a união homoerótica como forma de casamento, o que não acha respaldo na doutrina e nos repertórios dos tribunais, toca examiná-la como uma forma de comunidade familiar, aparentada com a união estável, o que, como sublinhado, encontra reação pela antinomia com a regra constitucional vigente (CF, art. 226, § 3°).

Não se desconhece posição que sustenta a inconstitucionalidade da regra invocada, por violar os princípios da dignidade humana e da igualdade ao discriminar o conceito de homossexualidade, o que cede, no entanto, à afirmação do Supremo Tribunal Federal de que a existência de hierarquia entre as normas constitucionais originárias, dando azo de uma em relação a outras, é incompossível com o sistema de Constituição rígida,[934] além de afrontar o princípio da unidade constitucional.

Todavia, a leitura do dispositivo deve mirar o espelho desse princípio, extraindo dele as sequelas que acabem por abonar a intenção deste trabalho.

A Constituição é a norma fundamental que dá unidade e coerência à ordem jurídica, necessitando ela mesma ter as mesmas características, com a superação de contradições, não através de uma lógica de exclusão de uma parte a favor da outra, mas de uma lógica dialética de síntese, através de uma solução de compromisso.

---

[933] DAGNESE, Napoleão. *Cidadania no armário.Uma abordagem sociojurídica acerca da homossexualidade.* São Paulo: LTr, 2000, p.71/75.

[934] STF, ADIn n° 815/DF, rel. Min. Moreira Alves, DJU 10.05.96.

Daí que a interpretação constitucional deve garantir uma visão unitária e coerente do Estatuto Supremo e de toda a ordem jurídica.[935]

Isso significa que o Direito Constitucional deve ser interpretado evitando-se contradições entre suas normas, sendo insustentável uma dualidade de constituições, cabendo ao intérprete procurar recíprocas implicações, tanto de preceitos como de princípios, até chegar a uma vontade unitária da *Grundnorm*.

Como consequência deste princípio, as normas constitucionais devem sempre ser consideradas como coesas e mutuamente imbricadas, não se podendo jamais tomar determinada regra isoladamente, pois a Constituição é o documento supremo de uma nação, estando as normas em igualdade de condições, nenhuma podendo se sobrepor à outra, para afastar seu cumprimento, onde cada norma se subsume e se complementa com princípios constitucionais, neles procurando encontrar seu perfil último.[936]

O princípio da unidade da ordem jurídica considera a Constituição como o *contexto superior* das demais normas, devendo as leis e normas secundárias serem interpretadas em consonância com ela, configurando a perspectiva uma subdivisão da chamada interpretação sistemática.[937]

Como corolários desta unidade interna, mas também axiológica, a Constituição é uma integração dos diversos valores aspirados pelos diferentes segmentos da sociedade, através de uma fórmula político-ideológica de caráter democrático, **devendo a interpretação ser aquela que mais contribua para a integração social** (princípio do efeito integrador); como ainda que lhe confira maior eficácia, para prática e acatamento social (princípio da máxima efetividade).

Ou seja, a interpretação da Constituição deve atualizá-la com a vivência dos valores de parte da comunidade, de modo que os preceitos constitucionais obriguem as consciências (princípio da força normativa da Constituição).[938]

A respeito é preciso lembrar, como faz Hesse, que a Constituição não configura apenas a expressão de um ser, mas também de um **dever ser**, significando mais do que simples reflexo das condições fáticas de sua vigência, particularmente as forças sociais e políticas, mas graças à pretensão de eficácia, ela procura imprimir ordem e conformação à realidade política e social.

---

[935] MAGALHÃES FILHO, Glauco Barreira. *Hermenêutica e unidade axiológica da Constituição.* Belo Horizonte: Mandamentos, 2001, p.79.
[936] BASTOS, Celso Ribeiro. *Hermenêutica e interpretação constitucional.* São Paulo: Celso Bastos, 1999, p. 102-104.
[937] MENDES, Gilmar Ferreira. *Jurisdição constitucional.* São Paulo: Saraiva, 1998, p. 223.
[938] MAGALHÃES FILHO, p. 79/80.

A norma constitucional somente logra atuar se procura construir o futuro com base na natureza singular do presente, mostrando-se eficaz e adquirindo poder e prestígio se for determinado pelo princípio da necessidade; e assentando-se na sua vinculação às forças espontâneas e às tendências dominantes do seu tempo, o que possibilita seu desenvolvimento e sua ordenação objetiva, convertendo-se a Constituição, assim, na ordem geral objetiva do complexo de relações de vida.

Desta forma, quanto mais o conteúdo de uma Constituição corresponder à natureza singular do presente, tanto mais seguro há de ser o desenvolvimento de sua força normativa.[939]

Arremata o mestre de Freiburg, que a interpretação da Constituição está submetida ao princípio da **ótima concretização da norma**, postulado que não deve ser aplicado apenas com base nos meios fornecidos pela subsunção lógica e pela construção conceitual, mas há de contemplar os fatos concretos da vida, relacionando-os com as proposições normativas da Constituição.

Desta forma, a interpretação adequada é a que consegue concretizar, de forma excelente, o sentido da proposição normativa dentro das condições reais dominantes numa determinada situação.

Ou seja, **uma mudança das relações fáticas** pode e deve provocar **mudanças na interpretação** da Constituição.

Em síntese, pode-se afirmar que a Constituição jurídica está condicionada pela realidade histórica, não podendo separar-se da verdade concreta de seu tempo, operando-se sua eficácia somente tendo em conta dita realidade.

A Carta não expressa apenas um dado momento, mas, ao contrário, conforma e ordena a situação política e social, despertando a força que reside na natureza das coisas, convertendo-se ela mesma em **força ativa** que influi e determinada dita realidade, e que será tanto mais efetiva quando mais ampla for a convicção sobre a inviolabilidade da Constituição.[940]

A norma constitucional é uma **petição de princípios** e daí a possibilidade de sua *atualização*, cumprindo a interpretação, então mero pressuposto de aplicação de um texto, importante elemento de constante renovação da ordem jurídica, atenta às mudanças acontecidas na sociedade, tanto no sentido do desenvolvimento como ainda quanto à existência de novas ideologias.[941]

---

[939] HESSE, Konrad. *A força normativa da Constituição*. Porto Alegre: Sergio Antonio Fabris Editor, 1991, p. 18, *passim*.
[940] Idem, p. 22-24.
[941] BASTOS, p. 54.

Quanto ao homoerotismo, recorde-se que os temas da sexualidade são envoltos em uma aura de **silêncio**, despertando sempre enorme curiosidade e profundas inquietações, com lenta maturação por gravitarem na esfera comportamental, existindo tendência a conduzir e controlar seu exercício, acabando por emitir-se um juízo moral voltado exclusivamente à conduta sexual.

Por ser fato diferente dos estereótipos, o que não se encaixa nos padrões é tido como imoral ou amoral, sem buscar-se a identificação de suas origens orgânicas, sociais ou comportamentais.

Entretanto, as **uniões homoafetivas são uma realidade** que se impõe e não podem ser negadas, estando a reclamar tutela jurídica; cabe ao Judiciário solver os conflitos trazidos, sendo incabível que as convicções subjetivas impeçam seu enfrentamento e vedem a atribuição de efeitos, relegando à margem determinadas relações sociais, pois a mais cruel consequência do agir omissivo é a perpetração de grandes injustiças.

Subtrair direitos de alguns e gerar o enriquecimento injustificado de outros afronta o mais sagrado princípio constitucional, o da dignidade, e se a palavra de ordem é a cidadania e a inclusão dos excluídos, uma sociedade que se deseja aberta, justa, pluralista, solidária, fraterna e democrática não pode conviver com tal discriminação.[942]

Alinhadas tais premissas, de que as relações homoeróticas constituem realidade notória, a que o Direito deve atenção; e de que a **interpretação da Constituição deva ser ativa**, relevando a vida concreta e atual, sem perder de vista a unidade e eficácia das normas constitucionais, é que se pode reler a regra constitucional que trata da família, do casamento, da união estável e das uniões monoparentais, cuidando de sua vinculação com as uniões homossexuais.

Sublinhe-se que a Constituição, contendo princípios gerais, dotados de alto grau de abstração, enunciados em linguagem vaga, mantém aberta ao tempo e sob o compromisso da mudança democrática de sentido.

Um princípio não é aplicado a uma situação de fato isoladamente, mas, sim, em conjunto com outros, através de uma ponderação, em que o predomínio de um ou outro dependerá das exigências do caso concreto, o que ordena uma harmonização prática.

Desta forma, o sentido de uma norma principiológica se completa na situação fática, oportunidade em que afloram os valores da comunidade, num ir e vir dialético entre o sentido linguístico e a realidade concreta, atualizando a norma em face das novas exigências sociais.

---

[942] DIAS, Maria Berenice. *União homossexual, o preconceito e a justiça*. Porto Alegre: Livraria do Advogado, 2000, p. 17-21.

Essa **visão autopoética**, que aceita a influência indireta da sociedade sobre o Direito num sistema de fechamento autorreferencial, sinaliza que a Constituição é *um* **sistema aberto**, trazendo um roteiro para as decisões; mas não é um sistema cerrado de soluções, o que possibilita maior liberdade criadora do intérprete, o que não apenas extrai o sentido da norma, mas o perfaz no caso concreto.[943]

O que corresponde a reputar o Direito, enquanto sistema aberto de normas, a uma **incompletude completável**, já que ele mesmo traz soluções para os casos que eventualmente deixa de regular.[944]

A Constituição afirma que a família, base da sociedade, tem especial proteção do Estado e dispõe sobre a forma e gratuidade do casamento, os efeitos do casamento religioso, para depois reconhecer a união estável entre homem e mulher como entidade familiar, ainda assim tida a comunidade formada por qualquer dos pais e seus descendentes (CF, art. 226, e §§).

Ora, desde logo se impõe aceitar que o constituinte quis apontar a existência de mais de uma entidade familiar, não depositando apenas na união matrimonializada e heterossexual a vassalagem de comunidade familiar, já que assim ainda admite a união estável e a família monoparental.

Portanto, tendo prescrito que o casamento e a união estável seriam constituídos por homem e mulher, deixou antever que a entidade familiar ainda podia ser formada por um homem (ou mulher) e seus descendentes, impelindo concluir que o texto **não é taxativo** ao conceituar como entidade familiar só as ali então descritas.

A Constituição não só possibilita, como requer que o legislador e o juiz no procedimento hermenêutico resultante da interação entre o programa da norma (texto) e seu âmbito (realidade) concretize o direito vigente, de molde a considerar os princípios democráticos e a inegável pluralidade de formas de vida amorosa, abrindo espaço para caracterização das uniões homossexuais como comunidades familiares, que não se caracterizam pelo vínculo matrimonial.[945]

Na ausência da proibição expressa ou de previsão positiva, postula-se a interpretação da Constituição de acordo com o cânone hermenêutico da **"unidade da Constituição"**, segundo o qual uma interpretação adequada do texto exige a consideração das demais normas, de modo que sejam evitadas conclusões contraditórias, pois sob o ponto do direito de família, a norma do § 3º do artigo 226 da CF/88 não exclui a união estável entre os homossexuais.

---

[943] MAGALHÃES Filho, p. 73-76.
[944] BASTOS, p. 56.
[945] RIOS, p. 134.

A Constituição erigiu como entidades familiares, as formadas pelo casamento, pela união estável e pelos grupos monoparentais.

A experiência destes dias revela a existência de numerosas unidades de vivência, além das entidades familiares constitucionais, como os pares relacionados pelo casamento, pela união estável ou comunidades monoparentais, com filhos biológicos ou filhos adotivos.

Anota-se, também, a união de parentes e pessoas que convivem em dependência afetiva, sem pai ou mãe que os chefie, como um grupo de irmãos, após o falecimento ou abandono dos progenitores; ou pessoas não aparentadas, que vivem em caráter permanente, com laços de afetividade e de ajuda mútua, sem finalidade sexual ou econômica, as uniões concubinárias, quando houver impedimento para casar de um ou de ambos os companheiros, com ou sem filhos; o grupo formado por "filhos de criação", segundo a tradição pátria, sem vínculo de filiação ou adoção.

Acrescentem-se as famílias formadas por mães com filhos de diversos pais, ou constituídas por "genitores convencionais", que reúnem crianças sem pais ou, ainda, de amigos aposentados que habitam pensionatos para prover suas necessidades.

E, por óbvio, também as uniões homossexuais.[946]

O Superior Tribunal de Justiça, em sucessivas decisões, ao examinar controvérsias que dizem com a proteção do **bem de família**, e instigado a definir o sentido da locução **entidade familiar** estatuída na Lei 8.009/90, ao garantir a tutela e a dignidade da pessoa humana, que é o princípio vetor dos fundamentos constitucionais, considera como tal os irmãos solteiros, que vivem apartamento;[947] o solteiro celibatário, viúvo sem descendentes, desquitado, divorciado;[948] a viúva e sua filha;[949] o separado que habita sozinho;[950] mãe e filhas menores;[951] devedor e sua esposa;[952] o cônjuge separado.[953]

O colegiado chega a considerar como **entidades familiares simultâneas**, para efeito de pagamento de seguro de vida, a união concubinária,

---

[946] LOBO, Paulo Luiz Netto. A personalidade das relações de família. In: *O Direito de Família e a Constituição de 1988*, coord. Carlos Alberto Bittar, São Paulo: Saraiva, 1989, p. 53-81; GOMES, Orlando. *O novo direito de família*. Porto Alegre: Sergio Antonio Fabris, 1984, p. 66.

[947] STJ, Quarta Turma, Resp. 159851- SP, rel. Min. Ruy Rosado, DJU 22.06.98.

[948] STJ, Sexta Turma, Resp. 57606-MG rel. Min. Luiz Vicente Cernichiaro, DJU 10.05.99.

[949] STJ, Terceira Turma, EDREsp. 276004-SP rel. Min. Carlos Alberto Menezes Direito, DJU 27.08.01; no mesmo sentido, Resp. 253854-SP, ainda a mesma Turma e relator, DJU 06.11.00.

[950] STJ, Quinta Turma, Resp. 205170-SP rel. Min. Gilson Dipp, DJU 07.02.00.

[951] STJ, Quarta Turma, Resp. 57606-SP rel. Min. Aldir Passarinho Júnior, DJU 02.04.01.

[952] STJ, Terceira Turma, Resp. 345933-RS, rel. Min. Nancy Andrighi, DJU 29.04.02.

[953] STJ, Quarta Turma, Resp. 218377- ES, rel. Min. Barros Monteiro, DJU 11.09.00.

de um homem que se mantenha ligado à família legítima e à lateral, com prole em ambas.⁹⁵⁴

Recentemente, em vista da consolidação dos julgamentos, referido pretório editou verbete onde afirma que o conceito de **impenhorabilidade do bem de família** abrange também o imóvel pertencente a **pessoas solteiras, separadas e viúvas** (STJ, Súmula 364), o que valoriza as famílias solitárias como outra entidade familiar diversa da relação constitucional

Desse modo, as entidades familiares referidas na Constituição não encerram uma relação hermética, fechada ou clausulada e nela se podem incluir outras que preencham determinados requisitos.

Por outro lado, é polêmica a supremacia do casamento sobre a união estável, como poderia induzir o parágrafo 3º do artigo 226, da Carta Federal, eis que tal relação não é de **menos valia**, apenas por almejar transformar-se em casamento; mas um incentivo aos conviventes que desejam casar-se sem maiores formalidades, prerrogativa que alguns doutrinadores censuram no novo Código Civil, ao ordenar que a intenção seja submetida ao Poder Judiciário, o que, vestido de inconstitucionalidade, representará fator de complicação e demora.

Tampouco deve haver qualquer hierarquia entre as entidades familiares, nem qualquer tipo de preferência por alguma delas, sob pena de se criar odiosa distinção em nenhum momento autorizada pelo constituinte.

O fato de o dispositivo relacionado com a união estável orientar o legislador no sentido de facilitar a conversão do companheirismo em casamento, não tem o condão, por alguns buscado, de revelar a primazia do casamento. Ao contrário, indica que se cuida de regime diferenciado, facultando-se aos que vivem em união estável passar ao sistema matrimonial.⁹⁵⁵

A isonomia entre as entidades deriva, precipuamente, do reflexo do princípio da isonomia prescrito na Constituição; sublinhe-se que o constituinte, ao tratar de família, omitiu a locução **"constituída pelo casamento"**, então presente na Carta de 1969 (art. 175), sem fazer qualquer substituição. Deste modo, a família ou qualquer família, foi posta sob tutela constitucional, desaparecendo a cláusula de exclusão, pois a interpretação de uma norma ampla não pode suprimir de seus efeitos situações e tipos comuns, restringindo direitos subjetivos.⁹⁵⁶

O objeto de norma não é a família, como valor autônomo, em detrimento das pessoas humanas que a integram, já que antes, a proteção se

---

⁹⁵⁴ STJ, Quarta Turma, REsp. 100.888-BA, rel. Min. Aldir Passarinho Júnior, DJU 12.03.01.
⁹⁵⁵ BARBOZA, Heloisa Helena. O Direito de Família no projeto de Código Civil: considerações sobre o "direito pessoal". In: *Revista Brasileira de Direito de Família*. Porto Alegre: Síntese, 2002, nº 11, p. 21.
⁹⁵⁶ LOBO, Paulo Luiz Netto. Entidades familiares constitucionais: para além do numerus clausus. In: *Revista Brasileira de Direito de Família*. Porto Alegre: Síntese, 2002, nº 12, p. 44-45.

voltava para a paz doméstica, considerando-se a família fundada no casamento com um bem em si mesmo.

Destarte, o *caput* do art. 226 é **cláusula geral de inclusão**, não sendo lícito eliminar qualquer entidade que preencha os requisitos da afetividade, estabilidade e notoriedade, sendo as famílias ali arroladas meramente exemplificativas, embora as mais comuns.

As demais comunidades se acham implícitas, pois se cuida de conceito constitucional amplo e indeterminado, a que a experiência de vida há de concretizar, conduzindo à tipicidade aberta, adaptável, dúctil,[957] interpretação que se reforça quando o preceito constitucional usa o termo **"também"**, contido no artigo 226, § 4º, que significa **"da mesma forma"**, **"outrossim"**, exprimindo-se uma ideia de inclusão destas unidades, sem afastar outras não previstas.

Assim, pode-se concluir que, mesmo sem lei que as regule, as uniões homoeróticas são reconhecidas pela Constituição como verdadeiras entidades familiares, para alguns como entidades distintas, em vista de sua natureza, e para outros, onde ainda me filio, como verdadeiras uniões estáveis.

5. A união homoerótica e o princípio da dignidade humana

A partida para a confirmação dos direitos dos casais homoeróticos está, precipuamente, no texto constitucional brasileiro, que aponta como valor fundante do Estado Democrático de Direito, o princípio da dignidade da pessoa humana (CF, art. 1º, III), a liberdade e a igualdade sem distinção de qualquer natureza (CF, art. 5º), a inviolabilidade da intimidade e da vida privada (CF, art. 5º, X); o que, como assevera Luiz Edson Fachin, formam a base jurídica para a construção do **direito à orientação sexual como direito personalíssimo**, atributo inerente e inegável da pessoa e que, assim, como direito fundamental, é um prolongamento de direitos da personalidade, imprescindíveis para a construção de uma sociedade que se quer livre, justa e solidária.[958]

O Princípio da Dignidade da Pessoa Humana é prólogo de várias cartas constitucionais modernas (Lei Fundamental da República Federal Alemã, art. 1º; Constituição de Portugal, art. 1º; Constituição da Espanha, art. 1º; Constituição Russa, art. 21; Constituição do Brasil, art. 1º, III, etc.).

---
[957] LOBO, Paulo Luiz Netto. p. 44-45.
[958] FACHIN, p. 114.

Alicerça-se na afirmação kantiana de que o homem existe como um fim em si mesmo, e não como mero meio (imperativo categórico), diversamente dos seres desprovidos de razão que têm valor relativo e condicionado e se chamam *coisas;* os seres humanos são **pessoas**, pois sua natureza já os designa com um fim, com valor absoluto.

Reputa-se que o princípio da dignidade não é um conceito constitucional, mas um dado apriorístico, preexistente a toda experiência, verdadeiro **fundamento** da República brasileira, atraindo o conteúdo de todos os direitos fundamentais; não é só um princípio da ordem jurídica, mas também da ordem econômica, política, cultural, com densificação constitucional.

É um **valor supremo** e acompanha o homem até sua morte, por ser da essência da natureza humana. A dignidade não admite discriminação alguma e não estará assegurada se o indivíduo é humilhado, perseguido ou depreciado, sendo norma que subjaz a concepção de pessoa como um ser ético-espiritual que aspira determinar-se e desenvolver-se em liberdade.

Não basta a liberdade formalmente reconhecida, pois a dignidade da pessoa humana, como fundamento do Estado Democrático de Direito, reclama condições mínimas de existência digna conforme os ditames da justiça social como fim da ordem econômica.[959]

Assim, a ideia de dignidade humana não é conhecimento puramente anterior, mas algo que deve concretizar-se no plano histórico-cultural, e para que não se desvaneça como mero apelo ético impõe-se que seu conteúdo seja determinado no contexto da situação concreta da conduta estatal e do comportamento de cada pessoa.

Nesse sentido, assume particular relevância a constatação de que a dignidade da pessoa humana é simultaneamente **limite e tarefa** dos poderes estatais e da comunidade em geral, de todos e de cada um, condição dúplice que também aponta para uma simultânea dimensão defensiva e protecional da dignidade.

Como limite da atividade dos poderes públicos, a dignidade é algo que pertence necessariamente a cada um e que não pode ser perdido e alienado, pois se não existisse, não haveria fronteira a ser respeitada; e como tarefa (prestação) imposta ao Estado, a dignidade da pessoa reclama que este guie as suas ações tanto no sentido de preservar a dignidade existente, quanto objetivando a promoção da dignidade, especialmente **criando condições** que possibilitem o pleno **exercício e fruição da dignidade**, que é dependente da ordem comunitária, já que é de perquirir até que ponto é possível o indivíduo realizar, ele próprio, parcial ou totalmente, suas necessidades existenciais básicas ou se necessita para tanto do concurso do Estado ou da comunidade.

---

[959] SILVA, José Afonso. "A dignidade da pessoa humana como valor supremo da democracia". *Revista de Direito Administrativo*, n° 212, p. 91-93.

Uma dimensão dúplice da dignidade manifesta-se enquanto simultaneamente expressão da **autonomia da pessoa humana**, vinculada à ideia de autodeterminação no que diz com as decisões essenciais à respeito da própria existência, bem como da necessidade de sua proteção (assistência) por parte da comunidade e do Estado, especialmente quando fragilizada ou até mesmo quando ausente a capacidade de autodeterminação.[960]

A contribuição da Igreja na afirmação da dignidade da pessoa humana como princípio elementar sobre os fundamentos do ordenamento constitucional brasileiro, antes da Assembleia Constituinte, se efetivou em declaração denominada *"Por uma Nova Ordem Constitucional";* e nela os cristãos foram instados a acompanhar e posicionarem-se quando se tentasse introduzir na nova carta elementos incompatíveis com a dignidade e a liberdade da pessoa.

Ali constou que todo o ser humano, qualquer que seja sua idade, sexo, raça, cor, língua, condição de saúde, confissão religiosa, posição social, econômica, política, cultural, é portador de uma dignidade inviolável e sujeito de direitos e deveres que o dignificam, em sua relação com Deus, como filho, com os outros, como irmão, e com a natureza, como Senhor."[961]

Desta forma, a consagração do princípio da dignidade humana implica considerar-se o **homem como centro do universo jurídico**, reconhecimento que abrange todos os seres, e que não se dirige a determinados indivíduos, mas a cada um individualmente considerado; de sorte que os efeitos irradiados pela ordem jurídica não hão de manifestar-se, a princípio, de modo diverso ante duas pessoas.

Daí segue que a igualdade entre os homens representa obrigação imposta aos poderes públicos, tanto na elaboração da regra de Direito quanto em relação à sua aplicação, já que a consideração da pessoa humana é um conceito dotado de universalidade, que não admite distinções.[962]

No exame do conteúdo do princípio da dignidade humana no que toca à orientação sexual, entendida como a identidade atribuída a alguém em função da direção de seu desejo e/ou condutas sexuais para outra pessoa do mesmo sexo (homossexualidade), do sexo oposto (heterossexualidade) ou de ambos os sexos (bissexualidade), evidencia-se sua pertinência no âmbito da proteção daquele postulado constitucional.

Com efeito, na construção da individualidade de uma pessoa, a sexualidade consubstancia uma dimensão fundamental em sua subjetividade, alicerce indispensável para o livre desenvolvimento da personalidade.

---

[960] SARLET, Ingo Wolfgang. *Dignidade da pessoa humana e direitos fundamentais.* Porto Alegre: Livraria do Advogado, 2001, p. 46/49.

[961] ALVES, Cleber Francisco. *O princípio constitucional da dignidade da pessoa humana: o enfoque da Doutrina Social da Igreja.* Rio de Janeiro: Renovar, 2001, p. 157-159.

[962] NOBRE JÚNIOR, Edilson Pereira. "O direito brasileiro e o princípio da dignidade humana". *Revista dos Tribunais,* nº 777, p. 475.

A relação entre a proteção da dignidade da pessoa humana e a orientação homossexual é direta, pois o respeito aos traços constitutivos de cada um, sem depender da orientação sexual, é previsto no artigo 1º, inciso 3º da Constituição; e o Estado Democrático de Direito promete aos indivíduos, muito mais que a abstenção de invasões ilegítimas de suas esferas pessoais, a promoção positiva de suas liberdades.

De fato, ventilar-se a possibilidade de desrespeito ou prejuízo de alguém, em função de sua orientação sexual, seria dispensar tratamento indigno ao seu humano, não se podendo ignorar a condição pessoal do indivíduo, legitimamente constitutiva de sua identidade pessoal, em que aquela se inclui.

Nessa linha, pode-se afirmar que, assim como nas uniões heterossexuais, o estabelecimento de relações homossexuais fundadas no **afeto** e na **sexualidade**, de forma livre e autônoma, sem qualquer prejuízo a terceiros, diz com a proteção da dignidade humana.[963]

A afirmação da dignidade humana no direito brasileiro repele quaisquer providências, diretas ou indiretas, que esvaziem a força normativa desta noção fundamental, tanto pelo seu enfraquecimento na motivação das atividades estatais, quanto por sua pura e simples desconsideração.

De fato, ventilar-se a possibilidade de desrespeito ou prejuízo a alguém em função de sua orientação sexual é dispensar tratamento indigno ao ser humano, não se podendo ignorar a condição pessoal do indivíduo, legitimamente constitutiva de sua identidade pessoal, como se tal aspecto não se relacionasse com a dignidade humana.

Diante destes elementos, conclui-se que o respeito à orientação sexual é aspecto fundamental para afirmação da dignidade humana, não sendo aceitável, juridicamente, que preconceitos legitimem restrições de direitos, fortalecendo estigmas sociais e espezinhando um dos fundamentos constitucionais do Estado Democrático de Direito.[964]

6. A união homoerótica e o princípio da igualdade

O alcance do princípio da igualdade não se restringe a nivelar os cidadãos diante da norma legal posta, mas que a própria lei não pode ser editada em desconformidade com a isonomia.

---

[963] RIOS, Roger Raup, *A Homossexualidade*, p. 89, *passim*.

[964] RIOS, Roger Raup. *Dignidade da pessoa humana, homossexualidade e família: reflexões sobre as uniões de pessoas do mesmo sexo*. Trabalho de pós-graduação, inédito.

Ou seja, a lei não deve ser fonte de privilégios ou perseguições, mas o instrumento regulador da vida social que necessita tratar equitativamente a todos, sendo este o conteúdo político ideológico absorvido pelo princípio da isonomia e juridicizado pelos textos constitucionais em geral.

Em suma, dúvida não padece que, ao se cumprir uma lei, todos os abrangidos por ela hão de receber tratamento parificado, sendo certo, ainda, que ao próprio ditame legal é interdito deferir disciplinas diversas para situações equivalentes.[965]

A concretização da igualdade em matéria de sexo, exponencializada pela proibição de discriminação, se examinada com cuidado, alcança o âmbito da orientação sexual homossexual.

De fato, quando alguém atenta para a direção do envolvimento, por mera atração, ou pela conduta sexual de outrem, valoriza a direção do desejo, isto é, o sexo da pessoa com que o sujeito deseja se relacionar ou efetivamente se relaciona, mas esta definição (da direção desejada, de qual seja a orientação sexual do sujeito, isto é, pessoa do mesmo sexo ou de sexo oposto) resulta tão só da combinação dos sexos de duas pessoas.

Ora, se um for tratado de maneira diferente de uma terceira pessoa, que tenha sua sexualidade direcionada para o sexo oposto, em razão do sexo da pessoa escolhida, conclui-se que a escolha que o primeiro fez suporta um tratamento discriminatório unicamente em função de seu sexo.

Fica claro, assim, que a discriminação fundada na orientação sexual do sujeito esconde, na verdade, uma discriminação em virtude de seu próprio sexo.

O sexo da pessoa escolhida, se homem ou mulher, em relação ao sexo do sujeito, vai continuar qualificando a orientação sexual como causa de tratamento diferenciado ou não, em relação àquele.

Não se diga, outrossim, que inexiste discriminação sexual porque prevalece tratamento igualitário para homens e mulheres diante de idêntica orientação sexual, pois o argumento peca duplamente, ao buscar justificar uma hipótese de discriminação (homossexualismo masculino) invocando outra hipótese de discriminação (homossexualismo feminino).

O raciocínio desenvolvido acerca da relação entre o princípio da igualdade e a orientação sexual é uma espécie de discriminação por motivo de sexo, isso significando que, em linha de princípio, são vedados no ordenamento jurídico pátrio os tratamentos discriminatórios fundados na orientação sexual.

---

[965] MELLO, Celso Antonio Bandeira de. *Conteúdo jurídico da igualdade*. 3ª ed. São Paulo: Malheiros, 1999, p. 9-10.

Tem-se de investigar, de um lado, aquilo que é adotado como critério discriminatório; de outro lado, cumpre verificar se há justificativa racional, isto é, fundamento lógico para, à vista do traço desigualador acolhido, atribuir o específico tratamento jurídico construído em função da desigualdade proclamada.

Finalmente, impende analisar se a correlação ou fundamento racional abstratamente existente é afinado, em concreto, com os valores prestigiados no sistema normativo constitucional, se guarda harmonia com eles.[966]

A ideia da igualdade interessa particularmente ao Direito, pois ela se liga à ideia de Justiça, que é a regra das regras de uma sociedade e que dá o sentido ético de respeito a todas as outras regras.

Na esteira da igualdade dos gêneros e com a evolução dos costumes, principalmente a partir da década de 60, desmontam-se privilégios e a suposta superioridade do masculino sobre o feminino; e a sexualidade legítima autorizada pelo Estado começa a deixar de existir unicamente por meio do casamento, eis que, com a evolução do conhecimento científico, torna-se possível a reprodução mesmo sem ato sexual.[967]

7. A união homoerótica e a analogia

A analogia consiste em aplicar a uma hipótese não prevista em lei a disposição relativa a um caso semelhante, devendo os fatos semelhantes ser regulados de modo idêntico.

Funda-se a analogia em princípio de verdadeira justiça, de *igualdade jurídica*, o qual exige que as espécies semelhantes sejam reguladas por normas semelhantes.

Assim, pressupõe: a) uma hipótese não prevista; b) a relação contemplada no texto, embora diversa da que se examina, deve ser semelhante, ter com ela um elemento de identidade; c) e tal elemento não pode ser qualquer e, sim, **essencial,** fundamental, isto é, o fato jurídico que deu origem ao dispositivo.

Não bastam afinidades aparentes ou semelhança formal, mas se exige a real, verdadeira igualdade sob um ou mais aspectos, consistente no fato de se encontrar, num e outro caso, o mesmo princípio básico e

---

[966] RIOS, Roger Raup. "Direitos fundamentais e orientação sexual: o direito brasileiro e a homossexualidade". Brasília. Conselho da Justiça Federal, *Revista do Centro de Estudos Judiciários Brasileiros*, v. 6, 1998, p. 29-30.

[967] PEREIRA, Rodrigo da Cunha. *A sexualidade vista pelos tribunais*. Belo Horizonte: Del Rey, 2000, p. 61-62.

de ser uma só a ideia geradora tanto na regra existente como da que se busca.[968]

Por outro lado, a atividade interpretativa extensiva ou ampliativa permanece sempre dentro da significação de uma palavra, embora se busque atribuir-lhe um significado máximo, para chegar-se, na analogia, à construção de uma regra hipotética similar por identidade de razões entre o caso regulamentado e aquele não disciplinado.

Em outras palavras, a utilização da analogia não pode ser definida como pertencente à atividade interpretativa, já que não se extrai o significado mais exato da norma, justamente por esta não existir para o caso concreto.

Contudo, não deixa de ter o mesmo fim buscado pela interpretação, na busca da solução para um caso concreto e, ademais, usar-se de uma regra paradigma que, sem dúvida, terá de ser interpretada para se verificar a identidade de razões entre o caso regulado e o não regulado.[969]

A equiparação das uniões homossexuais à união estável, pela via analógica, implica a atribuição de um regime normativo originariamente destinado à situação diversa de tais relações, qual seja, a comunidade familiar formada pela união estável entre um homem e uma mulher.

A semelhança autorizadora seria a ausência de vínculos formais e a presença substancial de uma comunidade de vida afetiva, sexual, duradoura e permanente entre companheiros do mesmo sexo, assim como ocorre com pessoas de sexos diferentes, argumento que avança no sentido da concretização da Constituição; pois confere uma unidade diante da realidade histórica, fazendo concorrer com os princípios informativos do Direito de Família, também presentes na Carta Federal, outros princípios constitucionais, como o da isonomia e a proibição de discriminação por motivo de sexo e orientação sexual, como também o da dignidade humana.[970]

Não há como se fugir da analogia com as demais relações que têm o afeto por causa e, assim, reconhecer a existência de uma entidade familiar à semelhança do casamento e da união estável, pois o óbice constitucional, estabelecendo a distinção de sexos ao definir a união estável, não impede o uso de tal forma integrativa do sistema jurídico: é que a identidade sexual, assim como a esterilidade do casal, não serve de justificativa para se buscar qualquer outro ramo do Direito que não o Direito de Família.

Destarte, a solução dos relacionamentos homossexuais só pode encontrar subsídios na instituição com que guarda semelhanças, que é a

---

[968] MAXIMILIANO, Carlos. *Hermenêutica e aplicação do Direito*. Rio de Janeiro: Forense, 1979, p. 206, *passim*.
[969] BASTOS, p. 57-58.
[970] RIOS, Roger Raup. *A homossexualidade no Direito*. Porto Alegre: Livraria do Advogado, 2001, p. 121-123.

família, calcada na solidariedade, enquadrando a que se forma pelo casamento como a que se estrutura pela união estável.

Comprovada a existência de um relacionamento em que haja **vida comum, coabitação e laços afetivos**, está-se em frente de uma **entidade familiar**, que goza de proteção constitucional, nada se justificando que se desqualifique o reconhecimento de sua existência, assegurando-se aos conviventes do mesmo sexo os direitos garantidos aos heterossexuais.[971]

Dir-se-á que a utilização da analogia apenas socorre para preencher alguma lacuna (LICC, art. 4º, e CPC, art. 126), mas, na verdade o ordenamento jurídico, visto como um todo, encarrega determinados órgãos, no caso os juízes, para atribuírem soluções aos casos concretos, mesmo naquelas situações em que não existem regras legais específicas, eis que, como asseveram Aftalión, Garcia y Vilanova, *contra la opinión de algunos autores que hay sostenido que en el ordenamiento jurídico existen lagunas- o sea, casos o situaciones no previstas – que serían necesario llenar o colmar a medida que las circunstancias mostrasen la conveniencia de hacerlo, debemos hacer notar que el ordenamiento juridico es pleno: todos os casos en que puedan presentarse se encuentran previstos en él (...) No hay lagunas, porque hay jueces.*[972]

Se o juiz não pode, sob a alegação de que a aplicação do texto da lei à hipótese não se harmoniza com seu sentimento de justiça ou equidade, substituir-se ao legislador para formular, ele próprio, a regra de direito aplicável,[973] não é menos verdade que a hermenêutica não deve ser formal, mas antes de tudo real, humana e socialmente útil; e se ele não pode tomar liberdades inadmissíveis com a lei, decidindo contra ela, alude o Ministro Sálvio de Figueiredo, pode e deve, por outro lado, **optar interpretação que mais atenda às aspirações da Justiça e do bem comum**,[974] já que a proibição de decidir pela equidade não há de ser entendida como vedando se busque alcançar a justiça no caso concreto, com atenção ao disposto no artigo 5º da Lei de Introdução.[975]

É imperioso que, através de uma interpretação analógica, se passe a aplicar o mesmo regramento legal, pois inquestionável que se trata de um relacionamento que tem base no amor.[976]

---

[971] DIAS, p. 87-88.
[972] TJRS, Oitava Câmara Cível, AGI 599 075 496, rel. Des. Breno Moreira Mussi, j. 17.06.99, quando se decidiu pela competência da Vara de Família para apreciar demandas que envolvessem relações de afeto (homossexuais).
[973] STF, RBDP nº 50/159.
[974] RSTJ nº 26/378.
[975] RSTJ, nº 83/168.
[976] DIAS, Maria Berenice. *"Efeitos patrimoniais das relações de afeto"*. Repensando o direito de família. Belo Horizonte: IBDFam, 1999, p. 57.

Uma **hermenêutica construtiva**, baseada numa interpretação atualizada e dialética, afirma que a partilha da metade dos bens havidos durante a comunhão de vida mediante colaboração mútua é um exemplo de via que pode ser trilhada, expondo perante o próprio sistema jurídico suas lacunas; daí por que equívoca a base da formulação doutrinária e jurisprudencial acerca da diversidade dos sexos como pressuposto do casamento.

O mestre paranaense lembra que a técnica engessada das fórmulas acabadas não transforma o tema em algo perdido no ar quando ensinar é percorrer a geografia do construir, exigindo o estudo, em seu mapa cartográfico do saber, *o construído*, e não a indução ao **dado**.

Não se deve, então, conviver com uma atitude de indiferença ou de renúncia a uma posição avançada na inovação e mesmo na revisão e superação dos conceitos, atribuindo, abertamente, para fomentar questionamentos e fazer brotar inquietude que estimule o estudo e a pesquisa comprometidos com seu tempo e seus dilemas.[977]

Além disso, as uniões estáveis de natureza homossexual podem ter relevância jurídica em outros planos e sob outras formas, não como modalidade de casamento.[978]

É necessário, pois, qualificar a relação homoerótica como entidade familiar, com uso analógico dos institutos jurídicos existentes e dos princípios do Direito, timbrando-a como espécie de união estável.

A família não suporta mais a estreita concepção de núcleo formado por pais e filhos, já que os laços biológicos, a heterossexualidade, a existência de, pelo menos, duas gerações, cederam lugar aos compromissos dos vínculos afetivos, sendo um espaço privilegiado para que os opostos possam vir a se tornar complementares.

Atualmente, a família, além da sua função de reprodução biológica, produz também sua própria reprodução social, através da função ideológica que exerce ao vincular a introjeção, por seus membros, de valores, papéis, padrões de comportamento que serão repetidos pelas sucessivas gerações, deixando a família nuclear de se constituir em modelo prevalente.

A progressão do número de divórcios, filhos criados pelo pai ou pela mãe, filhos criados em famílias reconstruídas por novos casamentos, aconchegam os novos arranjos cada vez mais frequentes na sociedade, não comportando mais a simples reprodução dos antigos modelos para o exercício dos papéis de mães e pais, experiência que vai além do fato biológi-

---

[977] FACHIN, Luiz Edson. *Elementos críticos de direito de família*. Rio de Janeiro: Renovar, 1999, p. 2, *passim*.

[978] OLIVEIRA, José Lamartine Corrêa de. *Direito de Família. Direito matrimonial*. Porto Alegre: Sergio Antonio Fabris Editor, 1990, p. 215.

co natural, mas adquire o estatuto de uma experiência psicológica, social, que pode ou não acontecer, independentemente da fecundação, gestação e do dar à luz e amamentar.

Ressignificar a família na função balizadora do périplo existencial é um imperativo de nossos dias, revitalizá-la com o aporte de novas e mais satisfatórias modalidades de relacionamento entre os seus membros é indispensável para se aperfeiçoar a convivência humana. **Repensá-la** é tarefa a ser por todos compartida por sua transcendência com a condição humana.[979]

A família contemporânea não corresponde àquela formatada pelo Código Civil, constituída por pai e mãe, unidos por um casamento regulado pelo Estado, a quem se conferiam filhos legítimos, eis que o grande número de famílias não matrimonializadas, oriundas de uniões estáveis, ao lado de famílias monoparentais, denota a abertura de possibilidade às pessoas, para além de um único modelo.

Hoje, a nova família busca construir uma história em comum, não mais a união formal, eventualmente sequer se cogita do casal, o que existe é uma comunhão afetiva, cuja ausência implica a falência do projeto de vida, já não se identifica o pai como marido, eis que papéis e funções são diversos; e a procura de outro desenho jurídico familiar passa pela superação da herança colonial e do tradicional modo de ver os sujeitos das relações familiares como entes abstratos.[980]

Flagra-se o descompasso entre o avanço constitucional do direito de família e a existência de algumas famílias sociológicas, que ainda se mantém à margem da família jurídica, diante dos valores e princípios constitucionais que norteiam o ordenamento brasileiro, tais como as uniões sexuais entre parentes, pai e filha, e as famílias de fato, resultantes da união de pessoas do mesmo sexo.

Embora aceitando que alguns valores e princípios tradicionais ainda prevalecem em matéria de conjugalidade, o que obsta que relações entre pessoas de mesmo sexo, pois a sexualidade se vincula ainda à procriação, impedindo outros modelos; reconhece o mestre carioca que a realidade fática de ditas uniões, tal como ocorreu com a união livre, deve percorrer caminho também difícil e tortuoso, mas vai atingir o *status* de família em tempos não muito distantes.[981]

---

[979] ZAMBERLAN, Cristina de Oliveira. *Os novos paradigmas da família contemporânea: uma perspectiva interdisciplinar*. Rio de Janeiro: Renovar, 2001, p. 13-14 e 149-151.
[980] FACHIN, Rosana Amara Girardi. *Em busca da família do novo milênio. Uma reflexão crítica sobre as origens históricas e as perspectivas do Direito de Família brasileiro contemporâneo*. Rio de Janeiro: Renovar, 2001, p. 7, *passim*.
[981] GAMA, Guilherme Calmon Nogueira da. *Família não- fundada no casamento*. Revista dos Tribunais, nº 771/p. 62 e 68.

8. A união homoerótica e a jurisprudência

Para os tribunais, é possível o processamento e o reconhecimento de união estável entre os homossexuais, ante os princípios fundamentais da Constituição Federal que vedam qualquer discriminação, inclusive quanto ao sexo, sendo descabida discriminação quanto à união homossexual; e é justamente agora, quando uma onda renovadora se estende pelo mundo, com reflexos acentuados em nosso país, destruindo preconceitos arcaicos, modificando conceitos e impondo a serenidade científica da modernidade no trato das relações humanas, que as posições devem ser marcadas e amadurecidas, para que os avanços não sofram retrocesso; e para que as individualidades e as coletividades possam andar seguras na tão almejada busca da felicidade, direito fundamental de todos.[982]

Posteriormente, ao dirimir a partição de bens entre homossexuais, aludiu-se que não se permite mais o farisaísmo de desconhecer a existência de uniões entre pessoas do mesmo sexo e a produção de efeitos jurídicos derivados dessas relações homoafetivas, realidades ainda permeadas de preconceitos; mas que o Judiciário não pode ignorar mesmo em sua natural atividade retardatária, pois nelas remanescem consequências semelhantes às que vigoram nas uniões de afeto, buscando-se sempre a aplicação da analogia e dos princípios gerais do direito, prestigiados os princípios da dignidade humana e da igualdade.[983]

Em outro escólio diz-se que o Judiciário não se deve distanciar das questões pulsantes, revestidas de preconceitos só porque desprovidas de norma legal, devendo a união homossexual ter a mesma atenção dispensada às outras relações.

Portanto, a companheira tem direito assegurado de partilhar os bens adquiridos durante a convivência, ainda que se trate de pessoas do mesmo sexo, desde que dissolvida a união estável.[984]

9. Conclusão

Assim, não é desarrazoado, firme nos princípios constitucionais da dignidade da pessoa humana e da igualdade, considerada a visão unitária e coerente da Constituição, com o uso da analogia e suporte nos princípios

---
[982] TJRS, Oitava Câmara Cível, APC 598 362 655, rel. Des. José Siqueira Trindade, j. 01.03.2000.
[983] TJRS, Sétima Câmara Cível, APC 70001388982, rel. Des. José Carlos Teixeira Giorgis, j. 14.04.2001.
[984] TJBA, Terceira Câmara Cível, APC 16313-9/99, rel. Des. Mário Albiani, j. 04.04.201.

gerais do direito, ter-se a **união homoerótica como forma de entidade familiar similar à união estável**, aplicando-se os **efeitos** desta última à mesma; desde que se divisem, na relação, os pressupostos da notoriedade, da publicidade, da coabitação, da fidelidade, de sinais explícitos de uma verdadeira comunhão de afetos.

Como fruto desta decisão, de movimentos das entidades homossexuais e de resultados de seminários e conferências, por instância da consciência jurídica nacional, está proposto acréscimo ao artigo 1.727 do vigente Código Civil, mandando aplicar, no que couber, suas disposições às uniões fáticas de pessoas capazes, que viviam em economia comum, de forma pública e notória, desde que não contrariem as normas de ordem pública e os bons costumes.[985]

Embora se possam endereçar críticas à redação da proposta, que envolve conceitos indeterminados e até preconceituosos, cuida-se de passo importante para reconhecer a união homoerótica como entidade familiar a que se endereçam os **mesmos efeitos da união estável**.

— # —

A inclusão desse artigo na obra tem prevalentes razões sentimentais, pois derivou da decisão que segundo generosas opiniões, fora pioneira em estender os mesmos efeitos da união estável aos direitos emergentes das relações entre casais de mesmo sexo;[986] e a que seguiram outros eruditos acórdãos tanto no tribunal gaúcho como no território brasileiro.[987]

O texto foi referido, ainda, em livros sobre direitos sexuais, trabalhos de graduação, dissertações e teses de pós-graduação, além de contar com a gentileza de transcrição em decisões judiciais, até escólio da Suprema Corte.

Como predica um vínculo entre a união estável e a relação homoerótica, calcado em alguns princípios constitucionais, analogia e entendimento jurisprudencial, o provimento tornou possível a cogitação de adoção por casal homoparental, eis que sabida a possibilidade do companheiro acolher o filho de sua parceira, tal como acontece entre os cônjuges.[988]

---

[985] Projeto de Lei nº 6960, de 2002

[986] TJRS, Sétima Câmara Cível, APC 70001388982, rel. Des. José Carlos Teixeira Giorgis, j. 14.04.2001.

[987] Decisões semelhantes às referidas no texto foram tomadas, à exaustão, pelo tribunal gaúcho APC 70009550070, 70003967676, 70005488812, 70012836755, 70013801592, entre outras, convivendo com outras ainda mais recentes.

[988] TJRS, Sétima Câmara Cível, APC 70013801592, rel. Des. Luiz Felipe Brasil Santos, j. 05.04.06, que aceitando a relação de lésbicas como entidade familiar, possibilitou a adoção de uma criança.

Referências bibliográficas

ABREU, Caio Fernando. *Pequenas epifanias.* Porto Alegre: Sulina, 1996.

ALBERGARIA, Jason. *Adoção simples e adoção plena.* Rio de Janeiro: Aide, 1990.

ALMEIDA, Maria Christina de. *Investigação de paternidade e DNA: aspectos polêmicos.* Porto Alegre: Livraria do Advogado, 2001.

ALVES, Cleber Francisco. *O princípio constitucional da dignidade da pessoa humana:* o enfoque da Doutrina Social da Igreja. Rio de Janeiro: Renovar, 2001.

ALVIM, Arruda; ALVIM, Teresa Arruda. *Manual de Direito Civil. Parte Geral.* 4ª ed. São Paulo: Revista dos Tribunais, v I, 1994.

——; ——. *Manual de Direito Processual Civil.* 4ª ed. São Paulo: Revista dos Tribunais, 1994, v. 2.

ARIÈS, Philippe. *História social da criança e da família.* Rio de Janeiro: Zahar, 1973.

ASSIS, Araken de. *Da execução de alimentos e prisão do devedor.* 4ª ed. São Paulo: Revista dos Tribunais, 1998.

——. *Doutrina e Prática do Processo Civil Contemporâneo.* São Paulo: Revista dos Tribunais, 2001.

——. *Eficácia civil da sentença penal.* São Paulo: Revista dos Tribunais, 1993.

——. *Manual do processo de execução,* 6ª ed. São Paulo: Revista dos Tribunais, 2000.

ÁVILA. Humberto Bergmann. *A distinção entre princípios e regras e a redefinição do dever de proporcionalidade.* Revista de Direito Administrativo, v. 215/172.

AZEVEDO, Álvaro Villaça de. *Bem de família,* 3ª ed. São Paulo: Revista dos Tribunais, 1996, p. 169.

——. *Prisão civil por dívida.* São Paulo: Revista dos Tribunais, 1993.

AZEVEDO, Antonio Danilo Moura de. *A teoria dinâmica de distribuição do ônus da prova no direito processual brasileiro.* Jus Navigandi, Teresina, 11.08.07. Disponível em <http://jus2.uol.com.br/doutrina/texto.asp?id=10264> Acesso em 08.08.08.

AZEVESO, Álvaro Villaça. *Estatuto da família de fato.* 2ª ed. São Paulo: Atlas, 2002.

BAINHAM, Andrew. *Direitos humanos, crianças e divórcio na Inglaterra.* Curitiba: Juruá, UFP/IBDFam, 2001.

BARACHO, José Alfredo de Oliveira. *Teoria Geral dos Conceitos Legais Indeterminados.* Santa Cruz do Sul: Editora Revista Direito, nº 9/10, 1988.

BARBOZA, Heloisa Helena. O direito de família brasileiro no final do século XX. *A nova família: problemas e soluções.* Vicente Barreto, organizador. Rio de Janeiro, Renovar, 1997, p. 110.

——. O Direito de Família no projeto de Código Civil: considerações sobre o "direito pessoal". In: Revista *Brasileira de Direito de Família.* Porto Alegre: Síntese, 2002, nº 11.

BARROS, Sérgio Resende de. *A ideologia do afeto.* Revista Brasileira de Direito de Família, Porto Alegre: Síntese, v. 14.

BASTOS, Celso Ribeiro. *Hermenêutica e interpretação constitucional.* São Paulo: Celso Bastos, 1999.

BENEVIDES FILHO, Maurício. *Direito à intimidade e o processo de investigação de paternidade: direito à recusa ao exame hematológico. Dos Direitos Humanos aos Direitos Fundamentais.* Porto Alegre: Livraria do Advogado Editora, 1997.

BENFICA. Francisco Silveira. *O estudo do DNA e suas aplicações forenses.* São Leopoldo. Estudos Jurídicos. V. 25.

BENTHAM, J. *Tratado de las pruebas judiciales.* V.II. Buenos Aires: Ejea, 1971.

BEVILÁQUA, Clóvis. *Código Civil Comentado. Direito de Família.* Rio de Janeiro: Francisco Alves, 1954.
——. *Código Civil dos Estados Unidos do Brasil Comentado.* Rio de Janeiro: Francisco Alves, 1917, v. II.
——. *Direito de Família.* 8ª ed. Rio de Janeiro: Freitas Bastos, 1956.
BITTAR, Carlos Alberto. *Direito de Família.* Rio de Janeiro: Forense Universitária, 1993.
——. *Os direitos da personalidade.* Rio de Janeiro: Forense Universitária, 1999.
BITTENCOURT, Edgard de Moura. *Alimentos.* 2ª ed. São Paulo: Universitária de Direito, 1975.
——. *Concubinato.* São Paulo: Universitária de Direito, 1988.
——. *O concubinato no direito brasileiro.* 2ª ed. Rio de Janeiro: Jurídica e Universitária, 1969.
BOBBIO, Norberto. *Teoria do Ordenamento Jurídico.* 9ª ed. Brasília: Editora Universidade de Brasília, 1997.
BORDALLO, Galdino Augusto Coelho. Da adoção. Em *O novo Código Civil do Direito de Família.* Heloisa Maria Daltro Leite (coord.), Rio de Janeiro: Freitas Bastos, 2002.
BOSSERT, Gustavo. *Concubinato.* Obbis, 1968.
BRITO, Fernanda de Almeida. *União afetiva entre homossexuais e seus aspectos jurídicos.* São Paulo: Editora LTr, 2000.
BRITO, Nágila Maria Sales. *O contrato de convivência: uma decisão inteligente,* Revista Brasileira de Direito de Família: IBDFAM, Síntese, Porto Alegre, v.2, n. 8, 2001.
BYDLOVSKI, Sérgio Paulo; MOURA NETO, Rodrigo e Munôz, Daniel Romero. *Teste de paternidade através do DNA. Recomendações para laboratórios.* Rio de Janeiro: Editora Regional, 1999.
CAHALI, Francisco José. Efeitos não patrimoniais da união estável. *Direito de família, aspectos constitucionais, civis e processuais.* São Paulo: Revista dos Tribunais, 1995, v.1.
CAHALI, Yussef Said, referindo posição de Heredia de Onis. *Dos alimentos,* 2ª ed. São Paulo: Revista dos Tribunais, 1993.
——. *Divórcio e separação.* 10ª ed. Revista dos Tribunais: São Paulo, 2002.
——. *Dos alimentos.* 4ª ed. São Paulo: Revista dos Tribunais, 2002.
CALAMANDREI, Piero. *Eles, os juízes, vistos por nós, os advogados.* 6ª ed. Lisboa: Clássica.
CAMBI, Eduardo. *A prova civil. Admissibilidade e relevância.* São Paulo: Editora Revista dos Tribunais, 2006.
CANARIS, Claus Wilhelm. *Pensamentos istemático e conceito de sistema na ciência jurídica.* 2ª ed. Lisboa: Fundação Calouste Gulbenkian, 1996.
CANOTILHO, J. J. Gomes. *Direito Constitucional.* Coimbra: 1993.
——. *Direito Constitucional.* 6ª ed. Coimbra: Almedina, 1993.
——. *Direito Constitucional e Teoria da Constituição.* 7ª ed. Coimbra: Almedina, 2006.
——. *Direito Constitucional.* Coimbra: Livraria Almedina, 1989.
CARBONERA, Silvana Maria. *O papel jurídico do afeto nas relações familiares.* In: Repensando fundamentos do Direito Civil Brasileiro Contemporâneo. Luiz Edson Fachin (coord.). Rio de Janeiro: Renovar, 1998.
CARNELUTTI, Francesco *As misérias do processo penal.* São Paulo: Conan, 1995.
CARVALHO, João Andrades. *Regime de bens.* Rio de Janeiro: Aide, 1999.
CASADO, Maria. *Bioética, derecho y sociedad.* Valladolid: Editorial Trotta, 1998.
CHAVES, Antonio. *Comentários ao Estatuto da Criança e do Adolescente.* Munir Cury e outros (coord.), São Paulo: Malheiros, 1992.
——. *Adoção, adoção simples e adoção plena.* São Paulo: Revista dos Tribunais, 1983.
——. *Tratado de Direito Civil. Direito de Família.* 2ª ed. São Paulo: Revista dos Tribunais, 1993, tomo II.
CINTRA, Grinover e Dinamarco. *Teoria Geral do Processo:* São Paulo: Revista dos Tribunais, 1976.
COLTRO, Antonio Carlos Mathias. A união estável: um conceito?. In: *Direito de Família - aspectos constitucionais, civis e processuais.*
COMTE-SPONVILLE, André. *A vida humana.* São Paulo: Martins Fontes, 2007.
CORTIANO JUNIOR, Eroulths. *Direitos da personalidade: direito à vida, ao próprio corpo e ao cadáver.* Dissertação de Mestrado, Universidade Federal do Paraná, 1993.
COSTA, Jurandir Freire. *A ética e o espelho da cultura.* Rio de Janeiro: Rocco, 2000.
COULANGES, Fustel de. *A cidade antiga.* São Paulo: Hemus, 1975.

CUNHA, Ivo Gabriel da. *A dispensa do ônus da inalienabilidade e a decisão judicial*. Revista Ajuris, n° 10/26.

CURY, Garrido e Marçura. *Estatuto da Criança e do Adolescente Anotado*: São Paulo: Revista dos Tribunais, 1991.

CZAJKOWSKI, Rainer. *A impenhorabilidade do bem de família*, 2ª ed. Curitiba: Juruá, 1995.

———. "Reflexos jurídicos das uniões homossexuais". *Jurisprudência brasileira*, Curitiba: Juruá, 1995.

DAGNESE, Napoleão. *Cidadania no armário.Uma abordagem sociojurídica acerca da homossexualidade*. São Paulo: LTr, 2000.

DALL'AGNOLL Junior, Antonio Janyr. *Comentários ao Código de Processo Civil*. Porto Alegre: Lejur, 1885.

———. *Distribuição dinâmica dos ônus probatórios*. Porto Alegre: Revista Jurídica, n° 280, p. 5/20.

DE CUPIS, Adriano. *Os direitos da personalidade*. Lisboa: Livraria Morais, 1961.

DIAS, Adahyl Lourenço. *A concubina e o direito brasileiro*. 2ª ed. São Paulo: Saraiva 1975.

DIAS, Maria Berenice. "Efeitos patrimoniais das relações de afeto". *Repensando o direito de família*. Belo Horizonte: IBDFam, 1999, p. 57.

———. Da separação e do divórcio, in: *Direito de Família e o novo Código Civil*. Maria Berenice Dias e Rodrigo da Cunha Pereira (coord.). Editora Del Rey: Belo Horizonte, 2001.

———. *Manual de Direito das Famílias*. 4ª ed. São Paulo: Revista dos Tribunais, 2007.

———. *Manual de Direito das Famílias*. Porto Alegre: Livraria do Advogado: 2005.

———. *Manuel das Sucessões*. São Paulo: Revista dos Tribunais, 2008.

———. *União homossexual, o preconceito e a justiça*. Porto Alegre: Livraria do Advogado, 2000.

DINAMARCO, Cândido Rangel. *Execução civil*: São Paulo: Revista dos Tribunais, 1973.

DINIZ, Márcio Augusto Vasconcellos. *A concessão de medida liminar em processo cautelar e o princípio constitucional da proporcionalidade*. Revista Forense, v. 318/103.

DINIZ, Maria Helena. *Código Civil Anotado*. São Paulo: Saraiva 1995.

———. *Curso de Direito Civil Brasileiro. Direito de Família*. 23ª ed. São Paulo: Saraiva, 2008, v.5.

———. *Direito Civil Brasileiro. Direito de Família*. São Paulo: Saraiva, 2002, 5° v.

DIREITO, Carlos Alberto Menezes. *Da união estável como entidade familiar*, RT 667/23.

DUPUIS, Jacques. *Em nome do pai.Uma história da paternidade*. Rio: Martins Fontes, 1989.

DURKHEIM, Émile. *Ética e sociologia da moral*. São Paulo: Landy, 2006, p. 89.

ENGELS, Friedrich. *A origem da família, da propriedade privada e do Estado*. Rio de Janeiro, 1964.

ENGISCH, Karl. *Introdução ao pensamento jurídico*, 3ª ed. Lisboa: Fundação Calouste Gulbenkian, 1977.

ESPÍNOLA, Eduardo. *A Família no Direito Brasileiro*. Rio de Janeiro: Gazeta Judiciária, 1954.

ESTROUGO, Mônica Guazzelli. Visão analítica da tutela cautelar. Em *Tutela de urgência*. Porto Alegre:

FABRÍCIO, Adroaldo Furtado. A coisa julgada nas ações de alimentos. In: *Ensaios de Direito Processual*. Rio de Janeiro: Forense, 2003.

FACHIN, Luiz Edson. *Comentários ao novo Código Civil*. Rio de Janeiro: Forense, 2003, v. XVIII.

———. *Elementos críticos de direito de família*. Rio de Janeiro: Renovar, 1999.

———. "Aspectos jurídicos da união de pessoas do mesmo sexo". In: *A nova família*: problemas e perspectivas. Rio de Janeiro: Renovar, 1997.

———; Ruzyk, Carlos Eduardo Pianovski. *Código Civil Comentado. Direito de Família. Casamento*, São Paulo: Atlas, 2003, v. XV.

FACHIN, Rosana Amara Girardi. *Dever alimentar para um novo Direito de Família*. Rio de Janeiro: Renovar, 2005.

———. *Em busca da família do novo milênio. Uma reflexão crítica sobre as origens históricas e as perspectivas do Direito de Família brasileiro contemporâneo*. Rio de Janeiro: Renovar, 2001.

FARIAS, Cristiano Chaves de; Rosenvald, Nelson. *Direito Civil. Teoria Geral*. 6ª ed. Rio de Janeiro: Lumen Juris, 2007.

FARRULA JUNIOR, Leônidas Filippone. Do regime de bens entre os cônjuges. In: *O novo Código Civil*, p. 319.

FONSECA, Antonio Cezar Lima da. *O Código Civil e o novo Direito de Família*. Porto Alegre: Livraria do Advogado Editora, 2004.

——. *Anotações aos direitos da personalidade*. Revista dos Tribunais, 715/42.

FONSECA, Arnaldo Medeiros da. *Investigação de paternidade*. Rio de Janeiro: Forense.

FRANÇA, Rubens Limongi, *Instituições de direito civil*. São Paulo: Saraiva, 1990, v. I.

FREGADOLLI, Luciana. *O direito à intimidade e a prova ilícita*. Belo Horizonte: Del Rey, 1998.

FREITAS, Juarez. *A interpretação sistemática do direito*. São Paulo: Malheiros, 1995.

FREUD, Sigmund. *Totem e tabu*. Rio de Janeiro: Imago, 2005.

GALVES, Carlos. *Manual de filosofia do direito*. Rio de Janeiro: Forense, 1996.

GAMA, Guilherme Calmon Nogueira da. *Direito Civil. Família*. São Paulo: Atlas, 2008.

——. *Família não- fundada no casamento*. Revista dos Tribunais, n° 771.

——. *O companheirismo*. São Paulo: Revista dos Tribunais.

GIORGIS, José Carlos Teixeira Giorgis. A justa causa no novo testamento. In: *Novo Código Civil. Questões Controvertidas*. Coordenação Mário Luiz Delgado e Jones Figueiredo Alves. São Paulo: Método, 2004.

——. A justa causa no novo testamento. In:*Novo Código Civil. Questões controvertidas*. Coordenação de Mário Luiz Delgado e Jones Figueiredo Alves. São Paulo: Método, 2004.

——. *A natureza jurídica da relação homoerótica*. Revista da AJURIS, Porto Alegre, n° 88, t.I.

——. *Alimentos: algumas notas*. In: Revista Magister de Direito Civil e Processual Civil. Porto Alegre: Magister, 2007, n° 19.

——. *Personalidade, intimidade e proporcionalidade*. Trabalho para a disciplina de Direito Constitucional Contemporâneo, Curso de Mestrado, PUCRS, março de 2000.

GOMES, Orlando. *Direito de família*, 7ª ed. Rio de Janeiro: Forense, 1992.

——. *Direitos de personalidade*. Rio de Janeiro: RF 216/5.

——. *Novos temas de direito civil*. Rio de Janeiro: Forense, 1983.

——. *O novo direito de família*. Porto Alegre: Sergio Antonio Fabris, 1984.

——. *Raízes históricas e sociológicas do Código Civil Brasileiro*.

——. *Sucessões*, Rio de Janeiro: Forense, 1970.

GONÇALVES, Carlos Roberto. *Direito Civil. Direito de Família*. 5ª ed. São Paulo: Saraiva, 2008.

——. *Direito Civil Brasileiro. Parte Geral*. 5ª ed. São Paulo: Saraiva, 2007, v.I.

——. *Direito Civil Brasileiro. Direito de Família*. São Paulo: Saraiva, 2005, v. VI.

——. *Princípios de Direito Civil*, 2° vol. São Paulo: Max Limonad, 1951.

GONÇALVES, Luiz Cunha. *Princípios de Direito Civil. Direito de Família. Direito das Sucessões*. São Paulo: Max Limonad, 1951, v.III.

GRAU, Eros Roberto. *O direito posto e o direito pressuposto*. São Paulo: Malheiros, 1996.

——. *Direito, conceitos e normas jurídicas*. Rio de Janeiro: Forense, 1988.

GRINBERG, Keila. *Código Civil e cidadania*. Rio de Janeiro: Zahar, 2001, p. 39.

GRISARD FILHO, Waldir. *Famílias reconstituídas. Novas uniões depois da separação*. São Paulo: Revista dos Tribunais, 2007.

GUEDES, Jefferson Carús. Do Direito patrimonial, in: *Comentários ao Código Civil Brasileiro. Direito de Família. Direito Patrimonial*. Rio de Janeiro: Forense, 2005, v. XV.

GUIMARÃES, Marilene Silveira. *"Reflexões acerca de questões patrimoniais nas uniões formalizadas"*. Direito de família, aspectos constitucionais, processuais e civis, v. II, São Paulo, Revista dos Tribunais.

HESSE, Konrad. *A força normativa da Constituição*. Porto Alegre: Sergio Antonio Fabris Editor, 1991.

HOUAISS, Antonio. *Dicionário Houaiss da Língua Portuguesa*. Rio de Janeiro: Objetiva, 2001.

ITAGIBA, Ivan Nogueira. *A Família. Comentários à Lei de sua Organização e Proteção*. Rio de Janeiro: Irmãos Pongetti, 1941.

JOBIM, Luiz Fernando. *Perícias médicas em investigação de paternidade pelos principais sistemas genéticos*. Porto Alegre: Newslab.

JUNGES, José Roque. *Bioética*. São Leopoldo: Editora Unisinos, 1999.

LAMARE, Maria Luiza de. Do casamento, in: *O novo Código Civil. Do Direito de Família*. Rio de Janeiro: Freitas Bastos: Rio de Janeiro, 2002.

LEGUISAMÓN, Héctor E. La necesaria madurez de las cargas probatórias dinâmicas. Em *Cargas probatórias dinâmicas*. Peyrano W. e White, Inês Lépori (coords.). Buenos Aires: Rubinzal, 2004.

LEITE, Eduardo de Oliveira. *Comentários ao novo Código Civil. Direito das Sucessões*. Rio de Janeiro: Forense, 2003, v. XXI.

——. *Temas de direito de família*. São Paulo:RT, 1994.

——, *Comentários aos novo Código Civil. Direito das Sucessões*. v. XXI. 3ª ed. Rio de Janeiro: Forense, 2003

LEONARDO, Rodrigo Xavier. *Imposição e inversão do ônus da prova*. Rio: Renovar, 2004.

LÉVI-STRAUSS, Claude. *As estruturas elementares do parentesco*. Petrópolis: Vozes, 2003.

LIPOVETSKY, Gilles. *A sociedade pós-moralista*. Barueri: Manole, 2005.

LISBOA, Roberto Senise. *Manual Elementar de Direito Civil. Direito de Família e Sucessões*. 2ª ed. São Paulo: Revista dos Tribunais: São Paulo, v.5.

LOBO, Paulo Luiz Netto. *Direito Civil. Famílias*. São Paulo: Saraiva, 2008.

——. *Código Civil Comentado. Direito de Família, Relações de Parentesco.Direito patrimonial*. São Paulo: Atlas, 2003, v. XVI.

——. Entidades familiares constitucionais: para além do *numerus clausus*. In: *Revista Brasileira de Direito de Família*. Porto Alegre: Síntese, 2002, nº 12.

——. Entidades familiares constitucionalizadas: para além do *numerus clausus*. In: Pereira, Rodrigo da Cunha (coord.). *Anais do II Congresso Brasileiro de Direito de Família. Família e cidadania. O novo CCB e a vacatio legis*. Belo Horizonte: Del Rey, 2002.

——. A personalidade das relações de família. In: *O Direito de Família e a Constituição de 1988*, coord. Carlos Alberto Bittar, São Paulo: Saraiva, 1989.

LOPES, João Batista. *A prova no direito processual civil*. São Paulo: Revista dos Tribunais, 2000.

LOUZADA, Ana Maria Gonçalves. *Alimentos. Doutrina e jurisprudência*. Belo Horizonte: Del Rey. 2008.

LUZ, Valdemar. *Comentários ao Código Civil. Direito de Família*. Florianópolis: OAB/SC Editora, 2004.

MADALENO, Rolf Hanssen. *A sacralização da presunção na investigação de paternidade*. Revista Síntese, julho de 1999.

——. *Curso de Direito de Família*. Rio de Janeiro: Forense, 2008.

——. *A sacralização da presunção na investigação de paternidade*. Revista Síntese, julho de 1999.

MAGALHÃES FILHO, Glauco Barreira. *Hermenêutica e unidade axiológica da Constituição*. Belo Horizonte: Mandamentos, 2001.

MAGRI, Berenice Soubhie Nogueira. *Ação anulatória: artigo 486 do CPC*. São Paulo: Revista dos Tribunais, 1999

MALHEIROS FIÇHO, Fernando. *União estável*. Porto Alegre: Síntese, 1998.

——. O problema da indexação dos alimentos ao salário mínimo. In: COAD/ADV, edição de agosto de 2006.

MALHEIROS, Fernado. Dos Regimes de Bens no casamento em face da Lei do Divórcio. *Revista da Associação dos Juízes do RS*, Porto Alegre, 1985, v. 33.

MALUF, Carlos Alberto Dabus. *Das cláusulas de inalienabilidade, incomunicabilidade e impenhorabilidade*. São Paulo: Saraiva, 1986.

MARCHAND, Claudine Guérin, *Manipulações genéticas*. Bauru: Universidade do Sagrado Coração, 1999.

MARINONI, Luiz Guilherme; Arenhart, Sérgio Cruz. *Comentários ao Código de Processo Civil*. São Paulo: Revista dos Tribunais, 2000, v.V, t.1.

MARMITT, Arnaldo. *Adoção*. Rio de Janeiro; Aide, 1993.

——. *Pensão alimentícia*. Rio de Janeiro: Aide, 1993.

MARTINS-COSTA, Judith. *A boa-fé no direito privado*. São Paulo: Revista dos Tribunais.

MAXIMILIANO, Carlos. *Hermenêutica e aplicação do Direito*, 9ª ed Rio de Janeiro: Forense, 1979.

MELLO, Celso Antonio Bandeira de. *Conteúdo jurídico da igualdade*. 3ª ed. São Paulo: Malheiros, 1999.

MENDES, Gilmar Ferreira. *Jurisdição constitucional*. São Paulo: Saraiva, 1998.

MIRANDA, Pontes de. *Tratado de direito privado*. Rio de Janeiro: Borsoi, 1955.

———. *Tratado de Direito Privado*. 3ª ed. Rio de Janeiro: Borsoi, 1971, v.VIII.

———. *Tratado de Direito Privado. Direito de Família. Direito Parental. Direito Protetivo*. 3ª ed. Rio de Janeiro: Editor Borsoi, 1971, v. IX.

MIRANDA, Vicente. *Poderes instrutórios do juiz do processo civil brasileiro*. São Paulo: Saraiva, 1993.

MOREIRA, José Carlos Barbosa. "Regras de Experiência e Conceitos Juridicamente Indeterminados". In: *Temas de Direito Processual*. São Paulo: Saraiva, 1988.

———. "Regras de experiência e conceitos juridicamente indeterminados". In: *Estudos Jurídicos em homenagem ao professor Orlando Gomes*. Rio de Janeiro: Forense, 1979.

MONTEIRO, Washington de Barros. *Curso de Direito Civil. Direito de Família*. 38ª ed. Atualizado por Regina Beatriz Tavares da Silva. São Paulo: Saraiva, 2007, v.2.

MORAES, Maria Celina Bodin de. *O direito personalíssimo à filiação e a recusa ao exame de DNA: uma hipótese de colisão de direitos fundamentais*. In: LEITE, Eduardo de Oliveira (coord.). Grandes temas da atualidade – DNA como meio de prova da filiação. Rio de Janeiro: Forense, 2000.

MOREIRA, José Carlos Barbosa. *Comentários ao Código de Processo Civil*. Rio de Janeiro: Forense, 1974, 5º v.

MORES, Maria Celina Bodin de. *Recusa à realização do exame de DNA na investigação de paternidade e os direitos da personalidade*. A nova família: problemas e perspectivas. Renovar, 1997, p 169.

MOURA, Mário Aguiar. *Processo de execução*,v.I. Porto Alegre: Emma, 1975.

———. *Concubinato*. 2ª ed. Porto Alegre: Síntese, 1980.

———. *Concubinato*. 6ª ed. Rio de Janeiro: Aide, 1987.

NERY JÚNIOR, Nelson. *Código de Processo Civil Comentado*. São Paulo: Editora Revista dos Tribunais, 1996.

———; ANDRADE NERY, Rosa Maria de. *Código de Processo Civil Comentado e Legislação Extravagante*. 9ª ed. São Paulo, Revista dos Tribunais, 2006.

———; ———. *Código de Processo Civil Comentado*. São Paulo: Revista dos Tribunais, 2006.

NEVES, M. Patrão. Sentidos da vulnerabilidade: característica, condição princípio. In: *Revista Brasileira de Bioética*. Brasília: Sociedade Brasileira de Bioética, 2006, v.2. nº 2, p. 158.

NOBRE JÚNIOR, Edilson Pereira. "O direito brasileiro e o princípio da dignidade humana". In: *Revista dos Tribunais*, nº 777.

NUNES, Lucilia. Usuários dos serviços de saúde e os seus direitos. In: *Revista Brasileira de Bioética*. Brasília: Sociedade Brasileira de Bioética, 2006, v. 2, nº2, p.215.

OLIVEIRA, Carlos Alberto Álvaro de. *A tutela de urgência e o Direito de Família*. 2ª ed. São Paulo: Saraiva 2000.

OLIVEIRA, Euclides de. *União estável. Do concubinato ao casamento*. 6ª ed. São Paulo: Método, 2003.

———; Hironaka, Giselda Maria. *Do casamento em Direito de Família e o novo Código Civil*. Dias, Maria Berenice e Pereira, Rodrigo da Cunha, Belo Horizonte: Del Rey, 2001.

OLIVEIRA, Flávio Luís de. *A antecipação da tutela dos alimentos provisórios e provisionais cumulados à ação de investigação de paternidade*. São Paulo: Malheiros, 1999.

OLIVEIRA, J. M. Leoni Lopes. *Alimentos e sucessão no casamento e na união estável*. 3. ed. Rio de Janeiro: Lumen Júris, 1997.

OLIVEIRA, José Lamartine Corrêa de; MUNIZ, Francisco José Ferreira. *Direito de Família. Direito Matrimonial*. Porto Alegre: Sergio Antonio Fabris Editor, 1990.

OLIVEIRA, José Sebastião de. *Fundamentos constitucionais do Direito de Família*. São Paulo: Revista dos Tribunais, 2002.

OLIVEIRA FILHO, Bertoldo Mateus. *Alimentos e investigação de paternidade*. 4ª ed. Belo Horizonte: Del Rey, 2007.

PAIVA, Vanildo de. *Família e Igreja-Reconciliáveis*. São Paulo: Paulus, 2003.

PASQUALINI, Alexandre. *Hermenêutica e Sistema Jurídico*. Porto Alegre: Livraria do Advogado Editora, 1999.

PEIXOTO, Adriana. Sumarização do processo e do procedimento. Em *Tutela de urgência*. Porto Alegre: Síntese. 1997.

PENA, Sérgio D. J. *Determinação da paternidade pelo estudo direto do DNA: estado da arte no Brasil*, In: Diretos de família e do menor. Belo Horizonte: Del Rey, 1992.
PEREIRA, Áurea Pimentel. *Alimentos no Direito de Família e no Direito de Companheiros*. 2ª ed. Rio de Janeiro: Renovar, 2003.
PEREIRA, Caio Mário da Silva. *Instituições do Direito Civil. Direito de Família*. 14ª ed. Atualizada por Tânia da Silva Pereira. Rio de Janeiro: Forense, 2004, v. 5.
——. *Instituições de Direito Civil. Direito das Sucessões*. 16ª ed. Atualizada por Carlos Roberto Barbosa Moreira. Rio de Janeiro: Forense, 2007, v. 6.
PEREIRA, Rodrigo da Cunha. *A sexualidade vista pelos tribunais*. Belo Horizonte: Del Rey, 2000.
——. *Comentários ao novo Código Civil. Da união estável, da tutela e da curatela*. Rio de Janeiro: Forense, v. XX, 2003.
——. *Concubinato e união estável*. 2ª ed. Belo Horizonte: Del Rey, 1995.
——. *Direito de Família. Uma abordagem psicanalítica*. Belo Horizonte: Del Rey Editora, 1997.
——. *Novo Código Civil da Família Anotado*. Porto Alegre: Síntese, 2003.
——. *Princípios fundamentais norteadores do Direito de Família*. Belo Horizonte: Del Rey, 2006.
PEREIRA, Sérgio Gischkow. *Ação de alimentos*. 4ª ed. Porto Alegre, Livraria do Advogado, 2007.
——. Concubinato. União estável In: *Repensando o Direito de Família*: IBDFAM, Belo Horizonte, 1999.
PERLINGIERI, Pietro. *Perfis do Direito Civil*. Rio de Janeiro: Renovar, 1999.
PERROT, Michelle. *O nó e o ninho*. São Paulo: Veja 25: reflexões para o futuro, 1993.
PESSINI, Léo. *Problemas atuais de bioética*. São Paulo: Loyola, 1997
PEYRANO, Jorge W. *Aspectos procesales de la responsabilidad profesional*, em *Las responsabilidades profesionales* coord Augusto M.Morello e outros. La Plata: LEP, 1992.
——. Nuevos lineamentos de las cargas probatórias dinâmicas. In: *Cargas probatórias dinâmicas*. Peyrano, W.Jorge e White, Inês Lépori (coordenadores). Buenos Aires: Rubinzal, 2004.
PINTO, Teresa Arruda Alvim. Entidade familiar e casamento formal: aspectos patrimoniais. *Direito de família. Aspectos Constitucionais, civis e processuais*. Coord.Teresa Arruda Alvim Pinto. São Paulo: Revista dos Tribunais. v. 1.
PORTO, Sérgio Gilberto. *Doutrina e prática dos alimentos*. 3ª ed. São Paulo: Revista dos Tribunais, 2003.
——. *Prova: generalidades da teoria e particularidades do direito de família*. Porto Alegre: Revista Ajuris.
——. *Sobre o Ministério Público no processo não criminal*. 2ª ed. Rio de Janeiro: Aide, 1998.
——; Ustárroz, Daniel. *Lições de Direitos Fundamentais no Processo Civil*. Porto Alegre: Livraria do Advogado, 2009.
POSADA, Adolphe. *Théories modernes sur lês origines de la famille, de la societá et de l'État*. Paris: V. Giard & E. Briére Libraires-Éditeurs, 1896.
PRUDENTE, Mauro Godoy. *Bioética, conceitos fundamentais*, Porto Alegre: Editora do Autor, 2000.
RANGEL, Rui Manuel de Freitas. *O Ônus da prova no processo civil*. 2ª ed. Coimbra: Almedina, 2002.
RASKIN, Salmo. *Investigação de paternidade. Manual prático do DNA*. Curitiba, Juruá, 1998.
REIS, Telmo. *Doença de Parkinson*. Porto Alegre: Pallotti, 2004.
RIOS, Roger Raupp. "Direitos fundamentais e orientação sexual: o direito brasileiro e a homossexualidade". Brasília. Conselho da Justiça Federal, Revista do Centro de Estudos Judiciários Brasileiros, v. 6, 1998.
——. "Direitos humanos, homossexualidade e uniões homossexuais". *Direitos humanos, ética e direitos reprodutivos*. Porto Alegre: Themis, Assessoria Jurídica e Estudos de Gênero, 1998.
——. *A homossexualidade no Direito*. Porto Alegre: Livraria do Advogado, 2001.
——. *Dignidade da pessoa humana, homossexualidade e família: reflexões sobre as uniões de pessoas do mesmo sexo*. Trabalho de pós-graduação, inédito.
RIZZARDO, Arnaldo. *Casamento e concubinato. Efeitos patrimoniais*. Rio de Janeiro: Aide, 1985.
——. *Direito de Família*. 2ª ed. Rio de Janeiro: Forense, 2004.
RODRIGUES, Rafael Garcia. A pessoa e o ser humano no novo Código Civil. In: *A parte geral do novo Código Civil*. 2ª ed. Coordenador Tepedino, Gustavo. Rio de Janeiro: Renovar, 2003.

RODRIGUES, Sílvio. *Direito Civil. Direito de Família.* 27ª ed. Atualizado por Francisco José Cahali. São Paulo: Saraiva, 2002, v. 6.

———. *Direito das Sucessões*, 18ª ed. São Paulo: Saraiva, 1993, v. VII.

ROUDINESCO, Elisabeth. *A família em Desordem.* Rio de Janeiro: Jorge Zahar Editor, 2002.

ROUSSEAU, Jean-Jacques. *Contrato social.* Rio: Martins Fontes, 1977.

RUSSEL, Bertrand. *O Poder.* Rio de Janeiro: Zahar, 1979.

RUZYK, Carlos Eduardo Pianovski. *Famílias simultâneas: da unidade codificada à pluralidade constitucional.* Rio de Janeiro: Renovar, 2005, p.116/117. São Paulo: Martins Fontes, 2003.

SÁ JÚNIOR, Renato Maciel de. *A prova fonográfica.* São Paulo, Revista dos Tribunais, v. 574/302.

SABINO JÚNIOR, Vicente. *O menor, sua guarda e seus direitos:* São Paulo: Editora Juriscredi, 1973.

SALLES, José Carlos de Moraes. *Recurso de agravo.*São Paulo: Revista dos Tribunais, 1998.

SAMPAIO. José Adércio, Leite. *Direito à intimidade e à vida privada.* Belo Horizonte: del Rey, 1997.

SANRA MARIA, Jose Serpa de. *Direitos da personalidade e a sistemática civil geral.* São Paulo: Julex, 1987.

SANTOS, Armindo dos. *Antropologia do parentesco e da família.* Lisboa: Instituto Piaget, 2006.

SANTOS, João Manoel Carvalho dos. *Código Civi Brasileiro Interpretado.* 2ª ed. Rio de Janeiro: Freitas Bastos, 1937, v. 5.

SANTOS, Regina Beatriz Tavares da Silva Papa. Causas culposas na separação judicial, em *Direito de Família- aspectos constitucionais, civis e processuais.*

SARLET, Ingo Wolfgang. *Dignidade da pessoa humana e direitos fundamentais.* Porto Alegre: Livraria do Advogado, 2001.

SCHLÜTER, Wilfried. *Código Civil alemão. Direito de Família (BGB Familienrecht).* Porto Alegre: Sergio Antonio Fabris Editor, 2002.

———. *Código Civil Alemão. Direito de Família.* Porto Alegre: Sergio Antonio Fabris Editor, 2002.

SCHOLLER, Heinrich. *O princípio da proporcionalidade no direito constitucional e administrativo*

SILVA, Clóvis Couto e. *Direito patrimonial de família no projeto de Código Civil Brasileiro e no Direito Português.* São Paulo, Revista dos Tribunais, n. 520, p. 20-21.

SILVA, Edson Ferreira da. *Direito à intimidade.* São Paulo: Editora Oliveira Mendes, 1998.

SILVA, Eduardo Silva da. *Projeto do Código Civil. A importância das cláusulas gerais na regulação do direito pessoal e patrimonial de família.* Revista da Faculdade de Direito da Universidade Federal do Rio Grande do Sul: Editora Síntese, Porto Alegre, 1997.

SILVA, José Afonso. *Curso de Direito Constitucional positivo*, 15ª ed. São Paulo: Malheiros, 1998.

———. "A dignidade da pessoa humana como valor supremo da democracia". In: *Revista de Direito Administrativo*, nº 212.

SILVA, José Luiz Mônaco da. *A família substituta no Estatuto da Criança e do Adolescente*: São Paulo: Saraiva, 1995.

SILVA, José Afonso. *Curso de direito constitucional positivo.* São Paulo. Malheiros. 1992.

SILVA, Ovídio A. Baptista. *Curso de Processo Civil.* 2ª ed. São Paulo: Revista dos Tribunais, 1998, v. 3.

———; Gomes, Fabio. *Teoria geral do processo.* 2ª ed. São Paulo: Revista dos Tribunais, 2002.

SILVA, Reinaldo Pereira e. *Biodireito: a nova fronteira dos direitos humanos.* São Paulo: LTr, 2003.

SILVA FILHO, Artur Marques da. *O regime jurídico da adoção estatutária.* São Paulo: Revista dos Tribunais, 1997.

SIMMEL, Georg. *Filosofia do amor.* São Paulo: Martins Fontes, 2006.

SIQUEIRA, José Eduardo. Ensaio sobre a vulnerabilidade humana. In: *Revista Brasileira de Bioética.* Brasília: Sociedade Brasileira de Bioética, 2006, v. 2, nº 2, p. 233.

SZANIAWSKI, Elimar. *Direitos da personalidade e a sua tutela.* São Paulo: Revista dos Tribunais, 1993.

TABORDA, José G. V.; Chalub, Miguel; Abdalla Filho, Elias. *Psiquiatria Forense.* Porto Alegre: Artmed, 2004.

TALAMINI, Eduardo. *Coisa julgada e sua revisão.* São Paulo: Revista dos Tribunais, 2005.

TARTUCE, Flávio; Simão, José Fernando. *Direito Civil. Direito das Sucessões.* São Paulo; Método, 2007, v.6.

———; ———. *Direito Civil. Direito de Família.* 2ª ed. São Paulo: Método, v.5, 2007.

TAVARES, Daniela Faria. Do regime de separação dos bens. In: *O novo Código Civil do Direito de Família*. Rio de Janeiro: Freitas Bastos, 2002.

TELLES JÚNIOR, Gofredo. *Direito, filosofia e poesia*. São Paulo: Saraiva, 1992.

TEPEDINO, Gustavo. *A nova propriedade e o seu conteúdo mínimo, entre o Código Civil, a legislação ordinária e a Constituição*. Revista Forense.

——. *Temas de Direito Civil*. Rio de Janeiro: Renovar, 1999.

TEPEDINO, Maria Celina B. M. *A caminho de um direito civil constitucional*. Revista de Direito Civil, 65-21.

TESHEINER, José Maria Rosa. *Elementos para uma teoria geral do processo*. São Paulo: Saraiva, 1993.

TRACHTEMBERG, Anita. *O poder e as limitações dos testes sangüíneos na determinação da paternidade*. Revista Ajuris, 63/324.

TUCCI, Rogério Lauria. *Ação rescisória*. Em Enciclopédia Saraiva de Direito. São Paulo: Saraiva v.3.

USTÁRROZ, Daniel. *Prova no processo civil*. Porto Alegre: Verbo Jurídico, 2007.

VARJÃO, Luiz Augusto Gomes. *União estável Requisitos e efeitos*. São Paulo: Juarez de Oliveira, 1999.

VELOSO, Zeno. *A sacralização do DNA na investigação de paternidade*. In: LEITE, Eduardo de Oliveira (coord.). Grandes temas da atualidade – DNA como meio de prova da filiação. Rio de Janeiro: Forense, 2000.

——. *Código Civil Comentado. Direito de Família. Bem de família. União estável. Tutela e Curatela*. São Paulo: Atlas, 2003, v. XVII.

VENOSA, Sílvio de Salvo. *Direito Civil. Direito de Família*, 3ª ed. São Paulo: Atlas, 2006, v.6.

——. *Direito Civil. Direito das Sucessões*. 3ª ed. São Paulo: Atlas, 2003, v.7.

VIANNA, Marco Aurélio S. *Da união estável*. São Paulo: Saraiva, 1999.

VITAGLIANO, José Arnaldo. *Coisa julgada e ação anulatória*. Curitiba: Juruá, 2008.

WALTER, Belmiro Pedro. *Investigação de paternidade*. Porto Alegre: Síntese, 1999, tomo II.

WAMBIER, Luiz Rodrigues; Wambier, Teresa Arruda Alvim; Medina, José Miguel Garcia. *Breves comentários à nova sistemática processual civil*. 3ª ed. São Paulo: Revista dos Tribunais, 2005.

WAMBIER, Teresa Arruda Alvim, "*Questões de fato, conceito vago e a sua controlabilidade através de Recurso Especial*". In: Aspectos Polêmicos e Atuais do Recurso Especial e do Recurso Extraordinário, São Paulo: Editora Revista dos Tribunais, 1997.

——. *Nulidades do processo e da sentença*; 4ª ed. São Paulo: Revista dos Tribunais, 1997.

——. *O ônus da prova*. Revista Jurídica Consulex, Brasília, n° 200, p. 40.

WELTER, Belmiro Pedro. *Alimentos no Código Civil*. Porto Alegre: Síntese, 2003.

WESTERMARCK, R. *Historia del matrimonio en la espécie humana*. Madrid: La Espana Moderna, 1896.

WHITE, Inês Lépori. *Cargas probatórias dinâmicas*. Em *Cargas probatórias dinâmicas. Peyrano, Jorge W. e White, Inês Lépori* (coords.). Buenos Aires: Rubinzal, 2004.

WILSON, Edward. *A natureza humana*. São Paulo: Editora da USP, 1981.

ZAMBERLAN, Cristina de Oliveira. *Os novos paradigmas da família contemporânea: uma perspectiva interdisciplinar*. Rio de Janeiro: Renovar, 2001.

ZULIANI, Ênio Santarelli. Alimentos. In: *Revista Magister de Direito Civil e Processo Civil*, Porto Alegre, 2009, n° 29.

Impressão:
Evangraf
Rua Waldomiro Schapke, 77 - P. Alegre, RS
Fone: (51) 3336.2466 - Fax: (51) 3336.0422
E-mail: evangraf.adm@terra.com.br